古代歷史文化^{研究}^{輯刊}

古代歷史文化 研究輯刊

十 編

王 明 蓀 主編

第 26 冊

分合與互動：
清代廣東墟市經濟地理（1644～1911）（上）

湯 苑 芳 著

國家圖書館出版品預行編目資料

分合與互動：清代廣東墟市經濟地理（1644～1911）（上）／
湯苑芳 著 — 初版 — 新北市：花木蘭文化出版社，2013〔民
103〕
目 4+260 面；19×26 公分
（古代歷史文化研究輯刊 十編；第 26 冊）
ISBN：978-986-322-354-2（精裝）
1. 經濟地理　2. 清代
618　　　　　　　　　　　　　　　　　102014432

ISBN-978-986-322-354-2

9 789863 223542

古代歷史文化研究輯刊
十 編　第二六冊　　　　　　　ISBN：978-986-322-354-2

分合與互動：清代廣東墟市經濟地理（1644～1911）（上）

作　　者　湯苑芳
主　　編　王明蓀
總 編 輯　杜潔祥
出　　版　花木蘭文化出版社
發 行 所　花木蘭文化出版社
發 行 人　高小娟
聯絡地址　235 新北市中和區中安街七二號十三樓
　　　　　電話：02-2923-1455／傳真：02-2923-1452
網　　址　http://www.huamulan.tw 信箱 sut81518@gmail.com
印　　刷　普羅文化出版廣告事業
初　　版　2013 年 9 月
定　　價　十編 35 冊（精裝）新台幣 62,000 元

謹以此書獻給導師

陳偉明教授與師母戴雲老師

分合與互動：
清代廣東墟市經濟地理（1644～1911）（上）

湯苑芳　著

作者簡介

湯苑芳，暨南大學歷史地理學博士。主要從事嶺南港澳歷史地理研究，代表作為：《從元詩看元代酒文化》、《自然環境與清代嶺南少數民族頭飾文化的演變及特色——以〈皇清職貢圖〉為中心》、《民國廣州河涌治理對當今水環境整治的借鑒》、《廣州西關地域變遷考——論近代城市化過程中的人水關係》等。

提　要

清代廣東墟市自成系統，與環境互動互應。清代廣東墟市系統，在時間維上呈現：「生長壯大（清前期）——全盛（清中期）——枯榮共存（清後期）」的演化軌迹。在此過程中，墟市系統分化舊組分，整合新內容，在保型演化中成功轉型，湧現時代新特性。

清代廣東墟市系統，在空間上分爲珠江流域、韓江流域、廣東南路三個子系統。有清一代，廣東墟市經濟最發達者位於珠三角、南肇慶府、西海岸及瓊州府北部。若從動態角度考察，清代廣東墟市經濟發達區之空間演化具有三大特點：面積擴大；連片發展；趨海態勢。

清代廣東墟市，獨具粵地特色，形成墟市群落。此群落包含鎮層次、墟市層次、季節性層次、層間經濟體（街）等結構。清代廣東墟市群落的演替序列有量變與質變兩系列。量變系列包括：墟市通過子母市的形式進行增殖、獨立墟市向墟市群落發展。質變系列則包括：墟向市過渡、墟市向鎮過渡。在鎮形成後，其範圍內的墟與市仍然存續與演化，故鎮整合墟市，而非取代墟市。清末廣東大鎮主要有巡檢司鎮及墟市鎮兩種，其與巡檢司及墟市淵源頗深。

清代廣東墟市與物流相生共榮。運輸環節頗具特色，運輸路線甚爲怪異。

清代廣東墟市網絡發達，城鄉物資交換，中外物産流通，外來商業文化隨之滲入廣東鄉村。

緒　論

一、問題緣起

　　清代是一個包容、多變的時代。清代是一個交融的時代，古今中外各種元素在這一時期大規模、大面積地相遇碰撞、相互影響；清代中國是一個多變的舞臺，其在鴉片戰爭前後分屬兩個截然不同的世界，其間上演的或是「中華戲曲」，或是「西洋歌劇」，又或是兩者之聯袂之作。清代廣東，處在時代變局中的風口浪尖位置，是中外探索互動模式過程中的試驗田，是各種新舊因素交鋒的前沿陣地。通過廣東，特別是珠江三角洲地區，資本主義世界與古老中國在源源不斷地進行物質與意識的交流。因此，清代廣東之變是時代變化的最早脈動。

　　市場是社會經濟環境轉變的風向標，其為「生產－分配－交換－消費」鏈條中靠後的環節，能集中反映社會的各種變動。因此，市場是研究時代變化的理想載體。墟市則是市場網絡中層次最低、最基礎的節點，各種時代新元素只有與社會各方面經過長期接觸、充分浸潤、充分反應之後，才會影響到基層墟市，因此，墟市格局的變化能準確、全面地反映各種新因素在社會各個方面長期相互作用的情況。由此可見，清代廣東墟市的演化軌迹能深刻地體現時代變化的影響。

　　充滿多樣性、差異性、複雜性的清代環境，由其塑造的廣東墟市系統，必定呈現豐富、多樣、複雜的整體湧現性，故清代廣東墟市演化極具研究意義。其如何調整？結果怎樣？有何影響？都是些有趣的問題。

　　清代廣東墟市在全國墟市系統中一枝獨秀，它是清代多變的環境與廣東

獨特的自然、社會條件共同孕育的成果。對其進行歷史地理方面的考察，或許可以爲清代歷史經濟地理的百花園增添一株爛漫山花。

二、研究現狀

「墟市是屬於市場形態的歷史範疇。研究它的歷史狀況和發展規律，是中國經濟史上的重要課題。」〔註1〕因此，墟市研究是經濟史研究中的熱點，而清代墟市研究的著述亦頗爲豐碩。

清代廣東的墟市，其中有相當一部分是地方性的農村小市場。這些墟市是附近幾個村莊農民的農副產品或家庭手工業品交換之所。爲封建地主把持，接受商品經濟的滲透。部分位於交通要道上的新興的墟市，不同程度地衝破了封建宗法勢力的阻撓，跨越了地域界線，和其他墟市聯成一片，構成商品流通的網絡，成爲廣東地方經濟的動脈。〔註2〕

本文在進行清代墟市學術史回顧的同時，亦對市鎮研究的成果加以展現。原因有二：其一，「中國古代的市鎮發展大體上經歷了秦漢的定期市、魏晉隋唐的草市、宋元時期的草市鎮、明清市鎮這幾個重要階段，演變軌迹十分明顯」〔註3〕，因此，市鎮是墟市發展的下一階段，市鎮研究論著多牽涉與墟市有關的問題。其二，「許多學者承認，市的名稱各地不一，北方稱集，兩廣、福建稱墟，川黔稱場，江西稱圩，湖廣稱市，江南則將具有相當規模的市稱爲鎮」〔註4〕，可見，市鎮的研究對象與墟市的研究對象有重疊的部分。基於以上兩點，本文認爲市鎮研究與墟市研究關係密切，故墟市研究綜述包括市鎮研究部分。

（一）清代墟市（含市鎮，下同）

經濟研究的學術歷程大致可分爲以下幾個階段：

〔註1〕 李龍潛：《明清時期廣東墟市的類型及其特點》，《學術研究》，1982（6），第85～91頁。

〔註2〕 參考李龍潛：《明清時期廣東墟市的類型及其特點》，《學術研究》，1982（6），第85～91頁。

〔註3〕 任放：《明清市鎮的發展狀況及其評價指標體系（上）——以長江中游地區爲中心》，載陳鋒：《明清以來長江流域社會發展史論》，武漢：武漢大學出版社，2006年，第187頁。

〔註4〕 任放：《明清市鎮的發展狀況及其評價指標體系（上）——以長江中游地區爲中心》，載陳鋒：《明清以來長江流域社會發展史論》，武漢：武漢大學出版社，2006年，第189～190頁。

1、第一階段

20 世紀 30～50 年代。這一階段，清代墟市經濟研究的成果開始湧現。1934年日本學者加藤繁發表《清代村鎮的定期市》〔註5〕，這是一篇研究明清市鎮經濟的力作。加藤繁詳細考察了直隸、山東、河南、山西、福建、廣東、廣西七省村鎮的定期市，剖析了定期市的開市日期、定期市與附近村落的關係、定期市交易的貨物及交易人、定期市與牙行及斗科人役、定期市與課稅、定期市的設備及其設立等相關問題。〔註6〕繼加藤繁之後，有福田節生、森田明《清代農村市場的構造》〔註7〕；張次溪《清人竹枝詞中之燕都市場與廟會史料》〔註8〕；北村敬直《關於清代的商品市場》〔註9〕。

而這一階段關於清代廣東墟市的研究成果有：增井經夫《廣東的墟市──關於市場近代化的研究》〔註10〕；陳學文：《明清時代佛山經濟的初步研究》〔註11〕；今堀誠二《清代農村機構的近代化（一）（二）──廣東省香山縣東海地方共同體的推轉過程》〔註12〕；徐俊鳴：《廣東都市的興起及其發展》〔註13〕；等等。

2、第二階段

20 世紀 60～70 年代。這一時期，清代墟市經濟研究步入成熟階段。代表學者有：經濟史家傅衣淩、臺灣學者劉石吉與美國人類學家施堅雅（G. William Skinner）。他們的研究論著確立了學術規範，且在研究的理論框架方面取得了重大突破。〔註14〕（1）傅衣淩先生的代表作有 1964 年發表的《明清時代江

〔註5〕　加藤繁：《清代村鎮的定期市》，《東洋學報》，1934 年 23 卷 2 期，王興瑞譯，載《食貨》，1937 年 5 卷（1）。

〔註6〕　任放：《二十世紀明清市鎮經濟研究》，《歷史研究》，2001 年（5）。本文所評介日本學者的研究成果，主要參考此文。此文亦為本文對明清市鎮研究的學術史回顧提供了重要的參考。

〔註7〕　福田節生、森田明：《清代農村市場的構造》，《史淵》76 輯，1958 年。

〔註8〕　張次溪：《清人竹枝詞中之燕都市場與廟會史料》，《正風》，1935 年 1 卷（8）。

〔註9〕　北村敬直：《關於清代的商品市場》，《經濟學雜誌》，1953 年 28 卷 3～4 期。

〔註10〕　增井經夫：《廣東的墟市──關於市場近代化的研究》，《東亞論叢》第 4 集，1941 年。

〔註11〕　陳學文：《明清時代佛山經濟的初步研究》，《理論與實踐》，1959（8）。

〔註12〕　今堀誠二：《清代農村機構的近代化（一）（二）──廣東省香山縣東海地方共同體的推轉過程》，《歷史學研究》，191 號，1956（1）（2）。

〔註13〕　徐俊鳴：《廣東都市的興起及其發展》，南方日報，1957 年 2 月 22 日。

〔註14〕　任放：《二十世紀明清市鎮經濟研究》，《歷史研究》，2001 年（5）。

南市鎮經濟的分析》〔註 15〕，以及《明清社會經濟變遷論》（人民出版社，1989 年），後者為清代墟市經濟研究提供了可資參考的寫作文本的範式。（2）施堅雅於 1964～1965 年發表的《中國農村的市場和社會結構》〔註 16〕反映了將歷史學和社會學、經濟學、地理學、統計學、生態學、人類學、政治學等多學科相結合的西方歷史學研究的新方法。施堅雅先生研究成果的最大特點是運用中心地理論解剖中國城鎮，此理論在其主編的《中華帝國晚期的城市》〔註 17〕中得以體現，他為清代墟市經濟研究提供了方法論的參考。（3）臺灣學者劉石吉於 1975 年發表了碩士論文《清代江南商品經濟的發展與市鎮的興起》，又於 1978 年發表了《太平天國亂後江南市鎮的發展（1865～1911）》〔註 18〕、《明清時代江南地區的專業市鎮》〔註 19〕、《明清時代江南市鎮之數量分析》〔註 20〕等三篇有代表性意義的文章，對墟市研究的貢獻頗大。

　　這一時期的日本史學界也有學者對明清時期華北、湖廣、江南地區的定期市展開研究，較有代表性的成果如：山根幸夫的《明清時代華北的定期市》〔註 21〕、《明、清初的華北市集和紳士豪民》〔註 22〕；栗林宣夫：《明清時代的小市集》〔註 23〕及《明清時代華北市集的牙行》〔註 24〕；森田明《關於清代湖廣地方的定期集市》〔註 25〕；石原潤《明、清、民國時代河北省的定期市》〔註 26〕；川勝守《中國近世都市的社會構造──關於明末清初的江南都

〔註 15〕 傅衣凌：《明清時代江南市鎮經濟的分析》，《歷史教學》，1964 年（5）。
〔註 16〕 William Skinner：《Marketing and Social Structure in Rural China》, Part 1, 2, 3,《The Journal of Asian Studies》24.1（1964）；24.2（1965）；24.3 （1965）. 參見《中國農村的市場和社會結構》，史建雲、徐秀麗譯，中國社會科學出版社，1998 年。
〔註 17〕 G. William Skinner：《The City in Late Imperial China》, Stanford University Press, Stanford, California（1977）.
〔註 18〕 劉石吉：《太平天國亂後江南市鎮的發展（1865～1911）》，《食貨》，1978 年 7 卷（11）。
〔註 19〕 劉石吉：《明清時代江南地區的專業市鎮》（上）（中）（下），《食貨》，1978 年 8 卷（6～8）。
〔註 20〕 劉石吉：《明清時代江南市鎮之數量分析》，《思與言》，1978 年 16 卷（2）。
〔註 21〕 山根幸夫：《明清時代華北的定期市》，《史論》，1960 年 8 卷。
〔註 22〕 山根幸夫：《明、清初的華北市集和紳士豪民》，《中山論叢》，燎原書店，1977 年。
〔註 23〕 栗林宣夫：《明清時代的小市集》，《宗教社會史研究》，1977（10）。
〔註 24〕 栗林宣夫：《明清時代華北市集的牙行》，《星論集》，紀念事業會，1978 年。
〔註 25〕 森田明：《關於清代湖廣地方的定期集市》，《商經論叢》，1964 年 3 卷（1）。
〔註 26〕 石原潤：《明、清、民國時代河北省的定期市》，《地理學評論》，1973 年 46

市》〔註27〕。

　　而這一時期大陸學者的研究成果也不少。計有李國祁、朱鴻《清代金華府的市鎮結構及其演變》〔註28〕；黃葦《中國近代集鎮墟場的興衰存廢問題》〔註29〕；等等。

　　3、第三階段

　　20世紀80～90年代。清代墟市經濟研究在此階段進入了空前繁盛時期。表現為研究成果豐碩：

　　（1）學術專著方面

　　主要著作有：William T. Rowe, HANKOW：《Commerce and Society in a Chinese City》〔註30〕；劉石吉的《明清時代江南市鎮研究》〔註31〕；樊樹志的《明清江南市鎮探微》〔註32〕；施堅雅主編、王旭譯的《中國封建社會晚期城市研究》〔註33〕；陳學文的《明清時期杭嘉湖市鎮史研究》〔註34〕；羅一星的《明清佛山經濟發展與社會變遷》〔註35〕；王興亞的《明清河南集市廟會會館》〔註36〕；鍾文典主編的《廣西近代圩鎮研究》〔註37〕；另外，有些學者的著作雖不是以研究清代墟市為指歸，但亦有涉及清代墟市經濟或其背景的內容，如吳承明《中國資本主義與國內市場》〔註38〕、《市場・近代化・經濟史論》〔註39〕；龍登高《中國傳統市場發展史》〔註40〕；趙

　　　　　　卷（4）。
〔註27〕川勝守：《中國近世都市的社會構造——關於明末清初的江南都市》，《史潮》（新）1979年（6）。
〔註28〕李國祁、朱鴻：《清代金華府的市鎮結構及其演變》，《國立臺灣師範大學歷史學報》，1979年（7）。
〔註29〕黃葦：《中國近代集鎮墟場的興衰存廢問題》（上）（下），《學術月刊》，1979（3）（4）。
〔註30〕William T. Rowe, HANKOW：《Commerce and Society in a Chinese City》，1796-1889, Stanford University Press, 1984。
〔註31〕劉石吉：《明清時代江南市鎮研究》，中國社會科學出版社，1987年。
〔註32〕樊樹志：《明清江南市鎮探微》，復旦大學出版社，1990年。
〔註33〕施堅雅主編，王旭譯：《中國封建社會晚期城市研究》，吉林教育出版社，1991年。
〔註34〕陳學文：《明清時期杭嘉湖市鎮史研究》，群言出版社，1993年。
〔註35〕羅一星：《明清佛山經濟發展與社會變遷》，廣東人民出版社，1994年。
〔註36〕王興亞：《明清河南集市廟會會館》，中州古籍出版社，1998年。
〔註37〕鍾文典主編：《廣西近代圩鎮研究》，廣西師範大學出版社，1998年。
〔註38〕吳承明：《中國資本主義與國內市場》，中國社會科學出版社，1985年。
〔註39〕吳承明：《市場・近代化・經濟史論》，雲南大學出版社，1996年。

岡《中國歷史上的城鎮與市場》〔註 41〕；施堅雅主編，史建雲、徐秀麗譯
《中國農村的市場和社會結構》〔註 42〕；顧朝林：《中國城鎮體系：歷史‧
現狀‧展望》〔註 43〕；鍾興永《中國集市貿易發展簡史》〔註 44〕；陳樺的《清
代區域社會經濟研究》〔註 45〕；劉秀生《清代商品經濟與商業資本》〔註 46〕；
吳量愷《清代經濟史研究》〔註 47〕；鄭昌淦《明清農村商品經濟》〔註 48〕；
陳學文《中國封建晚期的商品經濟》〔註 49〕；傅衣凌的《明清福建社會與
鄉村經濟》〔註 50〕；蔣兆成《明清杭嘉湖社會經濟史研究》〔註 51〕；〔日〕
川勝守《明清江南農村經濟史研究》〔註 52〕；羅侖等《蘇州社會經濟（明
清卷）》〔註 53〕；〔美〕黃宗智《長江三角洲的小農家庭和鄉村發展》〔註 54〕；
王笛《跨出封閉的世界——長江上游區域社會研究（1644～1911）》〔註 55〕；
叢翰香主編《近代冀魯豫鄉村》〔註 56〕；姜守鵬《明清北方市場研究》〔註 57〕；
許檀《明清時期山東商品經濟的發展》〔註 58〕；周宏偉《清代兩廣農業地
理》〔註 59〕。

〔註40〕 龍登高：《中國傳統市場發展史》，人民出版社，1997 年。
〔註41〕 趙岡：《中國歷史上的城鎮與市場》，《食貨》，1983 年 13 卷（5～6），收入趙
岡、陳鍾毅著：《中國經濟制度史論》，臺北聯經出版公司，1986 年。
〔註42〕 施堅雅主編，史建雲、徐秀麗譯：《中國農村的市場和社會結構》，中國社會
科學出版社，1998 年。
〔註43〕 顧朝林：《中國城鎮體系：歷史‧現狀‧展望》，商務印書館，1992 年。
〔註44〕 鍾興永《中國集市貿易發展簡史》，成都科技大學出版社，1996 年。
〔註45〕 陳樺：《清代區域社會經濟研究》，中國人民大學出版社，1996 年。
〔註46〕 劉秀生：《清代商品經濟與商業資本》，中國商業出版社，1993 年。
〔註47〕 吳量愷《清代經濟史研究》，華中師範大學出版社，1991 年。
〔註48〕 鄭昌淦《明清農村商品經濟》，中國人民大學出版社，1989 年。
〔註49〕 陳學文《中國封建晚期的商品經濟》，湖南人民出版社，1989 年。
〔註50〕 傅衣凌：《明清福建社會與鄉村經濟》，廈門大學出版社，1987 年。
〔註51〕 蔣兆成：《明清杭嘉湖社會經濟史研究》，杭州大學出版社，1994 年。
〔註52〕 〔日〕川勝守《明清江南農村經濟史研究》，東京大學出版會，1992 年。
〔註53〕 羅侖等：《蘇州社會經濟（明清卷）》，南京大學出版社，1993 年。
〔註54〕 〔美〕黃宗智：《長江三角洲的小農家庭和鄉村發展：1350～1988 年》，中華
書局，1992 年。
〔註55〕 王笛：《跨出封閉的世界——長江上游區域社會研究（1644～1911）》，中華書
局，1993 年。
〔註56〕 叢翰香主編：《近代冀魯豫鄉村》，中國社會科學出版社，1995 年。
〔註57〕 姜守鵬：《明清北方市場研究》，東北師範大學出版社，1996 年。
〔註58〕 許檀：《明清時期山東商品經濟的發展》，中國社會科學出版社，1998 年。
〔註59〕 周宏偉：《清代兩廣農業地理》，湖南教育出版社，1998 年。

（2）學術論文方面

　　江南一枝獨秀的學術格局被多區域百花齊放的態勢所取代。但江南仍然是被重點研究的區域。主要成果有：小島淑男《清朝末期的都市與農村——以江南地方爲中心》〔註60〕；何榮昌《明清時期江南市鎮的發展》〔註61〕；樊樹志《明清長江三角洲的市鎮網絡》〔註62〕；陳學文：《明清時期杭州府仁和縣三個市鎮的歷史考察》〔註63〕；樊樹志的《明清長江三角洲糧食業市鎮與米市》〔註64〕；宋家泰等《江南地區小城鎮形成發展的歷史地理基礎》〔註65〕；張華：《明代太湖流域專業市鎮興起的原因及其作用》〔註66〕。

　　廣東是此階段墟市研究的另外一個熱點，與墟市研究直接相關的文章有：林和生：《明清時代廣東的墟和市——有關傳說的市場形態和機能的考察》〔註67〕；李龍潛：《明清時期廣東墟市的類型及其特點》〔註68〕；葉顯恩，譚棣華：《清珠江三角洲農業商業化與墟市的發展》〔註69〕；羅一星：《清代前期嶺南二元中心市場說》〔註70〕、羅一星：《試論清代前期嶺南市場中心地的分佈特點》〔註71〕、《清代前期嶺南市場的商品流通》〔註72〕；胡波：《嶺南墟市文化論綱》〔註73〕；葉農：《香港地區早期的墟市》〔註74〕；李華關於明

〔註60〕　小島淑男：《清朝末期的都市與農村——以江南地方爲中心》，《史潮》8 號，1980 年。
〔註61〕　何榮昌：《明清時期江南市鎮的發展》，《蘇州大學學報（哲學社會科學版）》，1984（3）。
〔註62〕　樊樹志：《明清長江三角洲的市鎮網絡》，《復旦學報（社會科學版）》，1987（2）。
〔註63〕　陳學文：《明清時期杭州府仁和縣三個市鎮的歷史考察》，《歷史地理》第 5 輯，1987 年。
〔註64〕　樊樹志：《明清長江三角洲糧食業市鎮與米市》，《學術月刊》，1990（12）。
〔註65〕　宋家泰等：《江南地區小城鎮形成發展的歷史地理基礎》，《南京大學學報》，1990（4）。
〔註66〕　張華：《明代太湖流域專業市鎮興起的原因及其作用》，《南京大學學報》，1990（4）。
〔註67〕　林和生：《明清時代廣東的墟和市——有關傳說的市場形態和機能的考察》，《史林》，1980（1）。
〔註68〕　李龍潛：《明清時期廣東墟市的類型及其特點》，《學術研究》，1982（6）。
〔註69〕　葉顯恩、譚棣華：《清珠江三角洲農業商業化與墟市的發展》，廣東社會科學 1984（2）。
〔註70〕　羅一星：《清代前期嶺南二元中心市場說》，《廣東社會科學》，1987（4）。
〔註71〕　羅一星：《試論清代前期嶺南市場中心地的分佈特點》，《開放時代》，1988（9）。
〔註72〕　羅一星：《清代前期嶺南市場的商品流通》，《學術研究》，1991（2）。
〔註73〕　胡波：《嶺南墟市文化論綱》，《學術研究》，1998（1）。

清廣東墟市的研究〔註75〕亦有相當價值。與墟市研究間接相關的文章有：黃挺、杜經國：《宋至清閩粵贛邊的交通及經濟聯繫》〔註76〕；司徒尚紀：《香港歷史地理的變遷》〔註77〕；杜瑜：《閩粵間對外窗口》〔註78〕；高王淩：《傳統模式的突破——清代廣東農業的崛起》〔註79〕；司徒尚紀：《海南島歷史上土地開發的研究》〔註80〕；等等。

其他區域的研究成果主要有：周鳴進行了魯西南城鎮體系的歷史溯源〔註81〕，徐浩探索了清代華北的農村市場〔註82〕，等等。

此外，以全國墟市爲研究對象的文章，有許檀《明清時期農村集市的發展》〔註83〕及張研《清代市鎮管理初探》〔註84〕等。

（3）學術史方面

有鍾興永《近十年中國集市貿易史研究概述》〔註85〕；范毅軍《明清江南市場聚落史研究的回顧與展望》〔註86〕；龍登高《中國傳統市場成熟形態的探討——江南地區市場研究的學術史回顧》〔註87〕。

但此階段的研究，對墟市的具體地理布局及其變遷的研究較少，存在較大的空白。

4、第四階段

21 世紀前十年。清代墟市經濟研究在這十年開創了新局面：一方面，是

〔註74〕葉農：《香港地區早期的墟市》，《港澳經濟》，1998（8）。

〔註75〕轉引自任放：《二十世紀明清市鎮經濟研究》，《歷史研究》，2001 年（5），第168～182 頁。

〔註76〕黃挺，杜經國：《宋至清閩粵贛邊的交通及經濟聯繫》，汕頭大學學報（人文科學版）1995（2）。

〔註77〕司徒尚紀：《香港歷史地理的變遷》，《熱帶地理》，1997（2）。

〔註78〕杜瑜：《閩粵間對外窗口》，《海交史研究》，1997（2）。

〔註79〕高王淩：《傳統模式的突破——清代廣東農業的崛起》，《清史研究》，1993（3）。

〔註80〕司徒尚紀：《海南島歷史上土地開發的研究》，《文獻》，1987（1）。

〔註81〕周鳴：《魯西南城鎮體系的歷史溯源》，《城市規劃》，1987（3）。

〔註82〕徐浩：《清代華北的農村市場》，《學習與探索》，1999（4）。

〔註83〕許檀：《明清時期農村集市的發展》，《中國經濟史研究》，1997 年（2）。

〔註84〕張研：《清代市鎮管理初探》，《清史研究》，1999，（1）。

〔註85〕鍾興永：《近十年中國集市貿易史研究概述》，《中國史研究動態》，1998 年（4）。

〔註86〕范毅軍：《明清江南市場聚落史研究的回顧與展望》，《新史學》，1998 年 9 卷（3）。

〔註87〕龍登高：《中國傳統市場成熟形態的探討——江南地區市場研究的學術史回顧》，《中國史研究動態》，1998 年（10）。

歷史地理學的加盟。歷史經濟地理學、歷史鄉村地理學、歷史城市地理學等的廣泛介入，爲清代墟市研究帶來了學科交叉的研究新方法，拓展了研究新空間，增加了研究新內容。另一方面，作爲研究對象的區域有所增加。此階段的主要研究成果有：

以全國墟市整體爲研究對象的有：施堅雅《中華帝國晚期的城市》〔註88〕；徐東升《明清市場名稱的歷史演變——以市、鎮、墟、集、場爲中心》〔註89〕；黃東風《近十年來鄉村集市研究述評》〔註90〕；任放：《二十世紀明清市鎮經濟研究》〔註91〕；鄒逸麟：《清代集鎮名實初探》〔註92〕；等等。以下分區陳述此階段的研究成果：

西北：究異軍突起，代表作主要包括：劉景純《清代黃土高原城鎮地理研究》〔註93〕及《從地志資料看清代黃土高原地區市鎮及其相關的幾個問題》〔註94〕；張萍《地域環境與市場空間——明清陝西區域市場的歷史地理學研究》〔註95〕，張萍《黃土高原原梁區商業集鎮的發展及地域結構分析一以清代宜川縣爲例》〔註96〕，此文以清代宜川縣商業集鎮的發展進程及其在空間上的分佈爲例，探討了陝北黃土原梁溝壑區部分典型縣域的集鎮發展及地域分佈規律。張萍研究員還有三篇類似的研究成果，分別是《明代陝北蒙漢邊界區軍事城鎮的商業化》〔註97〕、《明清陝西廟會市場研究》〔註98〕和《明清

〔註88〕施堅雅主編，葉光庭等譯，陳橋驛校：《中華帝國晚期的城市》，北京：中華書局，2000 年，2002 年重印。

〔註89〕徐東升：《明清市場名稱的歷史演變——以市、鎮、墟、集、場爲中心》，徐州師範大學學報（哲學社會科學版）》，2008，（2）。

〔註90〕黃東風：《近十年來鄉村集市研究述評》，《徐州師範大學學報（哲學社會科學版）》，2008，（2）。

〔註91〕《二十世紀明清市鎮經濟研究》，《歷史研究》，2001 年（5《中國經濟史研究》，2007（3）。。

〔註92〕鄒逸麟：《清代集鎮名實初探》，《清史研究》，2010（2）。

〔註93〕劉景純：《清代黃土高原城鎮地理研究》，北京：中華書局，2005 年。

〔註94〕劉景純：《從地志資料看清代黃土高原地區市鎮及其相關的幾個問題》，《中國歷史地理論叢》，2004 年（4）。

〔註95〕張萍：《地域環境與市場空間——明清陝西區域市場的歷史地理學研究》，北京：商務印書館，2006 年。

〔註96〕張萍：《黃土高原原梁區商業集鎮的發展及地域結構分析——以清代宜川縣爲例》，《中國歷史地理論叢》，2003（3）。

〔註97〕張萍：《明代陝北蒙漢邊界區軍事城鎮的商業化》，《民族研究》，2003（6）。

陝西集市的發展及地域分佈特徵》〔註99〕，其博士論文《明清陝西
商業地理研究》〔註100〕亦屬這一範疇。此外，西北墟市研究文章還
有武少鋒：《清代隴東地區市鎮發展和集市演變研究》〔註101〕等等。

東北：陸萬昌：《清代達斡爾族貿易初探》〔註102〕；等等。

華北：王慶成：《晚清華北的集市和集市圈》〔註103〕；鄧玉娜：《清代河
南集鎮的集期》〔註104〕；周泓：《商域與宗族：楊柳青商鎮形態與
基礎結構》〔註105〕；周泓：《北方市鎮與「商域宗族」──兼論「圈
層格局」》〔註106〕等等。

華中：任放《明清長江中游市鎮經濟所依託的自然及人文環境》〔註107〕，
其另一文《明清長江中游市鎮的管理機制》〔註108〕認爲明清時期
長江中游地區市鎮的管理機制主要包括三個方面，即官方進駐機構
及文武要員、兵士，鄉村基層組織，介於官商之間的牙行及牙人。
由於管理權限多頭並存，相互之間缺乏有效的協調，從而影響到市
鎮的管理效率。

江南：王玉茹、郭錦超：《近代江南市鎮和華北市鎮的比較研究》〔註109〕，
文章從市鎮的類型、特點和作用等方面研究江南和華北市鎮在發展
過程中的共同點。從市鎮的發展情況、分佈格局、經濟功能和市場
發育等方面研究它們的差異，進而探討近代華北市鎮發展落後的原

〔註98〕 張萍：《明清陝西廟會市場研究》，《中國史研究》，2004（3）。

〔註99〕 張萍：《明清陝西集市的發展及地域分佈特徵》，《人文雜誌》，2008（1）。

〔註100〕 張萍：《明清陝西商業地理研究》，陝西師範大學博士論文2004年。

〔註101〕 武少鋒：《清代隴東地區市鎮發展和集市演變研究》，陝西師範大學碩士論文
2008。

〔註102〕 陸萬昌：《清代達斡爾族貿易初探》，《黑龍江民族叢刊》，2010（2）。

〔註103〕 王慶成：《晚清華北的集市和集市圈》，《近代史研究》，2004（4）。

〔註104〕 鄧玉娜：《清代河南集鎮的集期》，《清史研究》，2005（3）。

〔註105〕 周泓：《商域與宗族：楊柳青商鎮形態與基礎結構》，《西北民族研究》，2010
（3）。

〔註106〕 周泓：《北方市鎮與「商域宗族」──兼論「圈層格局」》，《民族研究》，2010
（1）。

〔註107〕 任放《明清長江中游市鎮經濟所依託的自然及人文環境》，《歷史地理》第19
輯，2003年。

〔註108〕 任放：《明清長江中游市鎮的管理機制》，《歷史地理論叢》第1輯，2003年。

〔註109〕 王玉茹，郭錦超：《近代江南市鎮和華北市鎮的比較研究》，《江蘇社會科學》，
2003（6）。

因，以期爲當今中國小城鎮的發展建設提供借鑒和參考。另外還有，樊樹志《明清江南市鎮》〔註110〕；鄭衡泌：《城市郊區城鎮化的歷史繼承性──以寧波鄞州區爲例》〔註111〕；等。

西南：彭福榮：《重慶民族地區清代場鎮的分佈、市期和啓示》〔註112〕；宋健：《唐代西南地區農村市場與商品流通》〔註113〕；等等。

江西：黃志堅，黃志繁：《清代贛南的鄉族勢力與農村墟市》〔註114〕；張文鋒，李平亮：《清中葉江西農村墟市的發展及其內涵》〔註115〕；等等。

福建：劉永華：《墟市、宗族與地方政治──以明代至民國時期閩西四保爲中心》〔註116〕；姜修憲，張忠福：《開埠通商與腹地商業──以閩江流域墟市的考察爲例》〔註117〕；等等。

廣東：卜奇文《論明清時期嶺南地區市場中心地分佈的差異性》〔註118〕；周建新、周王利：《明清以來粵東梅縣墟市的發展形態與地方社會》〔註119〕；無名氏之《嶺南人文圖說之二──墟市（番禺小谷圍島）》〔註120〕；鄺慧清：《西北江下游的集市形態》〔註121〕；許檀：《清

〔註110〕樊樹志《明清江南市鎮》，復旦大學出版社，2005年。

〔註111〕鄭衡泌：《城市郊區城鎮化的歷史繼承性──以寧波鄞州區爲例》，《經濟地理》，2010（5）。

〔註112〕彭福榮：《重慶民族地區清代場鎮的分佈、市期和啓示》，《重慶社會科學》，2006年第7期。

〔註113〕宋健：《唐代西南地區農村市場與商品流通》，西南大學碩士論文2010年。

〔註114〕黃志堅，黃志繁：《清代贛南的鄉族勢力與農村墟市》，《江西社會科學》，2003（2）。

〔註115〕張文鋒，李平亮：《清中葉江西農村墟市的發展及其內涵》，《農業考古》，2006年（6）。

〔註116〕劉永華：《墟市、宗族與地方政治──以明代至民國時期閩西四保爲中心》，《中國社會科學》，2004（6）。

〔註117〕姜修憲，張忠福：《開埠通商與腹地商業──以閩江流域墟市的考察爲例》，《歷史教學（高校版）》，2008，（7）。

〔註118〕卜奇文：《論明清時期嶺南地區市場中心地分佈的差異性》，《廣東史志》，2001（2）。

〔註119〕周建新、周王利：《明清以來粵東梅縣墟市的發展形態與地方社會》，《贛南師範學院學報》，2003（2）。

〔註120〕作者缺：《嶺南人文圖說之二──墟市（番禺小谷圍島）》，《學術研究》，2003年（8）。

〔註121〕鄺慧清：《西北江下游的集市形態》，華南理工大學碩士論文，2005年。

代中葉廣東的太平關及其商品流通》〔註 122〕；李龍潛：《明清時期廣東圩市租稅的徵收》〔註 123〕；楊承舜《清代珠江三角洲市鎮管理研究》〔註 124〕；周雪香：《明清閩粵邊客家地區的商品流通與城鄉市場》〔註 125〕；邢君：《從郎士寧〈羊城夜市圖〉看清初廣東墟市》〔註 126〕；申小紅《論明清時期佛山的墟市》〔註 127〕；梁莎：《明清時期番禺城鎮研究》〔註 128〕；張偉龍：《明清東莞城鎮地理初步研究》〔註 129〕；張亞紅：《明清香山縣城鎮地理初步研究》〔註 130〕；等等。

（二）清代墟市經濟研究的主要內容

1、清代墟市研究的對象

（1）清代墟市的概念、緣起及演變軌迹。從現有研究成果看，學者們對清代墟市的概念界定尚未達成一致。

（2）清代墟市的結構、功能、特點及其歷史意義。清代墟市的結構，主要包括墟市的地理空間、人口構成、市場類型、商人集團等層面。

（3）從城市化和近代化的角度探討。劉石吉認爲，明清江南專業市鎮的繁庶在許多方面都超過了傳統行政中心的縣城甚至府城；許檀指出，明清時期城鄉網絡體系的形成和發展是中國近代化過程中的一項重要內容；王瑞成則稱，宋代直至明清時期，在以手工業和農村商品經濟爲內容的商業化條件下，中國城市化走了一條獨特的市鎮化道路，這表明中國獨立的城市化還處在較低的層次。〔註 131〕

〔註 122〕許檀：《清代中葉廣東的太平關及其商品流通》，《歷史檔案》，2005（4）。

〔註 123〕李龍潛：《明清時期廣東圩市租稅的徵收》，《學術研究》，2006（2）。

〔註 124〕楊承舜：《清代珠江三角洲市鎮管理研究》，暨南大學碩士論文 2006 年。

〔註 125〕周雪香：《明清閩粵邊客家地區的商品流通與城鄉市場》，《中國經濟史研究》，2007（2）。

〔註 126〕邢君：《從郎士寧〈羊城夜市圖〉看清初廣東墟市》，《華中建築》，2008（8）。

〔註 127〕申小紅：《論明清時期佛山的墟市》，http://www.ccmedu.com/bbs40_81734.html，2009 年。

〔註 128〕梁莎：《明清時期番禺城鎮研究》，暨南大學碩士論文 2010 年。

〔註 129〕張偉龍：《明清東莞城鎮地理初步研究》，暨南大學碩士論文 2010 年。

〔註 130〕張亞紅：《明清香山縣城鎮地理初步研究》，暨南大學碩士論文 2010 年。

〔註 131〕任放：《二十世紀明清市鎮經濟研究》，《歷史研究》，2001 年（5），第 168～182 頁。

（4）清代墟市的興衰及原因。大體而言，清代墟市經濟發展經歷了兩個高峰期：清代乾隆道光年間及19世紀中葉之後。現有研究成果多從以下兩個方面去衡量市鎮的興衰：其一，直接指標。包括：市鎮的數量與密度、開市的頻率、規模的擴展、市鎮的影響等。其二，間接指標。包括：商品流通、商人活動、專業化分工、商稅徵收、人口增長等。

多數研究從以下兩方面解釋墟市興衰的原因：①自然地理因素（尤其是水路交通條件）的影響，如鄺慧清的《西北江下游的集市形態》〔註132〕分析了近代西北江下游地區（珠江三角洲的一部分）河流湧道對市鎮發展的影響，且對清代河涌密佈的佛山的墟市進行了較為詳細的研究。②商品經濟的發展水平的影響，代表作有：劉石吉的碩士論文《清代江南商品經濟的發展與市鎮的興起》。

（5）其他方面。以下這些內容，在目前的清代墟市經濟研究中多有涉及：市鎮名稱、市鎮網絡、市鎮結構、市鎮經濟類型的劃分、市鎮的歷史價值、市鎮在中國城市化進程中的角色、江南專業市鎮的個案分析、江南農村綜合型產業結構、商人集團及其組織系統、宗族，等等。

2、清代廣東墟市的主要研究內容

縱觀清代廣東墟市研究，其內容主要有以下幾個方面：

（1）農村市場近代化，如：《增井經夫：廣東的墟市——關於市場近代化的研究》〔註133〕；今堀誠二的《清代農村機構的近代化（一）（二）——廣東省香山縣東海地方共同體的推轉過程》〔註134〕。

（2）微觀墟市。①佛山經濟及墟市研究。如：陳學文的《明清時代佛山經濟的初步研究》〔註135〕；羅一星的《明清佛山經濟發展與社會變遷》〔註136〕；申小紅《論明清時期佛山的墟市》〔註137〕，此文從宗族影響的角度進行研究。②香港墟市研究。如：葉農的《香港地區早期的墟市》〔註138〕；

〔註132〕鄺慧清：《西北江下游的集市形態》，華南理工大學碩士論文，2005年。

〔註133〕增井經夫：《廣東的墟市——關於市場近代化的研究》，《東亞論叢》第4集，1941年。

〔註134〕今堀誠二：《清代農村機構的近代化（一）（二）——廣東省香山縣東海地方共同體的推轉過程》，《歷史學研究》，191號，1956（1）（2）。

〔註135〕陳學文：《明清時代佛山經濟的初步研究》，《理論與實踐》，1959（8）。

〔註136〕羅一星：《明清佛山經濟發展與社會變遷》，《廣東人民出版社》，1994年。

〔註137〕申小紅：《論明清時期佛山的墟市》，http://www.ccmedu.com/bbs40_81734.html，2009年。

〔註138〕葉農：《香港地區早期的墟市》，《港澳經濟》，1998（8）。

司徒尚紀的《香港歷史地理的變遷》〔註139〕，此文對鴉片戰爭後英國實行殖民統治的空間擴張過程、市鎮發展、經濟崛起等歷史地理變遷進行了分析。③廣州墟市研究。如：佚名之《嶺南人文圖說之二——墟市（番禺小谷圍島）》〔註140〕；邢君《從郎士寧〈羊城夜市圖〉看清初廣東墟市》〔註141〕，此文從建築史方面入手。④粵東地區墟市研究。周雪香：《明清閩粵邊客家地區的商品流通與城鄉市場》〔註142〕等。

（3）墟市的類型與特點。如：李龍潛的《明清時期廣東墟市的類型及其特點》〔註143〕。

（4）墟市的形態與演化。如：徐俊鳴的《廣東都市的興起及其發展》〔註144〕；葉顯恩、譚棣華的《清珠江三角洲農業商業化與墟市的發展》〔註145〕；司徒尚紀的《珠江三角洲經濟地理網絡的嬗變》〔註146〕；周建新、周王利《明清以來粵東梅縣墟市的發展形態與地方社會》〔註147〕；鄺慧清：《西北江下游的集市形態》〔註148〕，從建築史的角度研究西北江下游的墟市形態。

（5）墟市管理。如：李龍潛《明清時期廣東圩市租稅的徵收》〔註149〕；楊承舜《清代珠江三角洲市鎮管理研究》〔註150〕。

（6）市場研究（中心的形成及移動、中心地、形態、機能、商品流通、村莊與市場比例等）。如：林和生的《明清時代廣東的墟和市——有關傳說的

〔註139〕司徒尚紀：《香港歷史地理的變遷》，熱帶地理 1997（2）。

〔註140〕作者缺：《嶺南人文圖說之二——墟市（番禺小谷圍島）》，《學術研究》，2003 年（8）。

〔註141〕邢君：《從郎士寧〈羊城夜市圖〉看清初廣東墟市》，《華中建築》，2008（8）。

〔註142〕周雪香：《明清閩粵邊客家地區的商品流通與城鄉市場》，《中國經濟史研究》，2007（2）。

〔註143〕李龍潛：《明清時期廣東墟市的類型及其特點》，《學術研究》，1982（6）。

〔註144〕徐俊鳴：《廣東都市的興起及其發展》，南方日報，1957 年 2 月 22 日。

〔註145〕葉顯恩，譚棣華：《清珠江三角洲農業商業化與墟市的發展》，《廣東社會科學》，1984（2）。

〔註146〕司徒尚紀：《珠江三角洲經濟地理網絡的嬗變》，《中山大學學報（自然科學）論叢》（23），1990（4）。

〔註147〕周建新，周王利：《明清以來粵東梅縣墟市的發展形態與地方社會》，《贛南師範學院學報》，2003（2）。

〔註148〕鄺慧清：《西北江下游的集市形態》，華南理工大學碩士論文，2005 年。

〔註149〕李龍潛：《明清時期廣東圩市租稅的徵收》，《學術研究》，2006（2）。

〔註150〕楊承舜：《清代珠江三角洲市鎮管理研究》，暨南大學碩士論文，2006。

市場形態和機能的考察》〔註151〕；羅一星在《清代前期嶺南二元中心市場說》〔註152〕提出了嶺南二元中心市場說，認爲到了清代前期，由於佛山鎮的崛起，嶺南區域內出現了兩大功能不同的中心市場──廣州是「洋貨」和「土產」的集散中心，佛山是「廣貨」和「北貨」的集散中心。另外還有：羅一星《試論清代前期嶺南市場中心地的分佈特點》〔註153〕和《清代前期嶺南市場的商品流通》〔註154〕；施堅雅主編，史建雲、徐秀麗譯的《中國農村的市場和社會結構》〔註155〕，研究了19世紀90年代廣東村莊與市場的比例；黃挺和杜經國的《宋至清閩粵贛邊的交通及經濟聯繫》〔註156〕，研究了閩粵贛邊經濟區域的形成及貿易中心的南移等問題。

　　（7）墟市文化。如：胡波《嶺南墟市文化論綱》。〔註157〕

　　（8）商業交通。如：陳偉明先生的《宋代嶺南交通路線變化考略》〔註158〕，此文中認爲：到了宋代，嶺南交通的重要功能開始向經濟型轉變。正因爲這種既有量又有質的改變，使宋代嶺南交通路線成爲眞正意義上的經濟動脈，對當時的社會特別是明清時期商品經濟的高度發展不無影響。陳先生的相關著作還有：《全方位與多功能：歷史時期嶺南交通地理的演變發展》〔註159〕。此外，同類型文章還有：王振忠《清代徽州與廣東的商業與商路──歙縣茶商抄本〈萬里雲程〉研究》〔註160〕；吳宏岐教授的《大黃滘地名考》〔註161〕；吳宏岐教授與張亞紅合作的《近代廣州城西南的「澳門航道」與划船比賽》

〔註151〕林和生：《明清時代廣東的墟和市──有關傳說的市場形態和機能的考察》，《史林》，1980（1）。

〔註152〕羅一星：《清代前期嶺南二元中心市場說》，《廣東社會科學》，1987年（4）。

〔註153〕羅一星：《試論清代前期嶺南市場中心地的分佈特點》，開放時代1988（9）。

〔註154〕羅一星的《清代前期嶺南市場的商品流通》，學術研究1991（2）。

〔註155〕施堅雅主編，史建雲、徐秀麗譯：《中國農村的市場和社會結構》北京：中國社會科學出版社，1998年。

〔註156〕黃挺，杜經國：《宋至清閩粵贛邊的交通及經濟聯繫》，汕頭大學學報（人文科學版）1995（2）76～84。

〔註157〕胡波：《嶺南墟市文化論綱》，學術研究1998（1）第66～70頁。

〔註158〕陳偉明：《宋代嶺南交通路線變化考略》，學術研究1987（3）。

〔註159〕陳偉明：《全方位與多功能：歷史時期嶺南交通地理的演變發展》，廣州：暨南大學出版社，2006年。

〔註160〕王振忠：《清代徽州與廣東的商業與商路──歙縣茶商抄本〈萬里雲程〉研究》，歷史地理第17輯，2001年。

〔註161〕吳宏岐《大黃滘地名考》，嶺南文史2007（4）。

〔註162〕，文章認爲：「澳門航道」成爲洋商由廣州取道內河航線到澳門的重要通道；等等。

（9）其他能爲墟市研究提供參考背景的相關研究。如陳偉明先生的《明清澳門與內地移民》〔註163〕，除此還有：杜瑜《閩粵間對外窗口》〔註164〕著重論述了明清時期漳州、廈門、潮州、汕頭、南澳島港口發展的地理條件，分析了這些港口城市的經濟腹地、海外走私貿易及其發展的局限性，認爲客觀條件限制了它們，使它們難以發展成像廣州、泉州那樣的對外貿易門戶，只能是地方港、中轉港，僅僅起到對外窗口的作用；周宏偉《清代兩廣農業地理》〔註165〕；湯開建《祝淮〈新修香山縣志·澳門志〉》〔註166〕；湯開建《雍正〈廣東通志·澳門圖〉研究》〔註167〕；卜奇文《清代澳門與廣州經濟互動問題研究》〔註168〕；陳麗《清代後期汕頭的對外貿易（1860～1911）》〔註169〕。

通過對以上研究現狀的分析，亦可見清代墟市經濟研究的新趨勢主要表現在以下幾個方面：

其一，在研究方法上，研究方法的學科來源呈多樣化趨勢，如出現了用建築史的方法研究清代墟市的文章，還出現了運用讀圖方法還原清代墟市面貌的文章。運用或檢驗施堅雅模式的文章在經歷一個湧現高峰後平穩增加，運用歷史地理的理論與方法進行研究的成果也不斷增加。

其二，在研究內容上，有細化與綜合化的趨勢。中觀上的分區研究趨勢明顯，微觀研究成果不斷增多。

其三，在地域分佈上，研究成果出現分佈不均的態勢。長江流域仍然是研究的熱點區域，關於此區的研究成果最多。西北地區主要是陝西地區，近十年來的研究成果大量增加，大有趕超嶺南之勢。而嶺南地區的墟市研究，

〔註162〕吳宏岐、張亞紅：《近代廣州城西南的「澳門航道」與划船比賽》，徐州師範大學學報（哲學社會科學版），2009（1）。

〔註163〕陳偉明：《明清澳門與內地移民》，北京：中國華僑出版社，2002年。

〔註164〕杜瑜的《閩粵間對外窗口》，海交史研究1997（2）。

〔註165〕周宏偉：《清代兩廣農業地理》，湖南教育出版社，1998年。

〔註166〕湯開建：《祝淮〈新修香山縣志·澳門志〉研究》，暨南學報2000（3）。

〔註167〕湯開建：《雍正〈廣東通志·澳門圖〉研究》，暨南學報2000（6）。

〔註168〕卜奇文：《清代澳門與廣州經濟互動問題研究》，廣州：暨南大學博士論文2003年。

〔註169〕陳麗：《清代後期汕頭的對外貿易（1860～1911）》，廣州：暨南大學碩士論文，2003年。

在經歷了 20 世紀 90 年代以前的迅速發展後，在新世紀的前十年似乎有慢慢沉寂之勢，雖有李龍潛先生《明清時期廣東圩市租稅的徵收》﹝註170﹞等力作，但還是無法在「分而治（研究）之」的局勢中維持昔日的鼎立地位。新世紀以來，清代廣東墟市研究多爲微觀研究。這或許與傳統研究材料有限有關，或許與多如繁星的墟市的研究難度高有關，又或許與新方法引入未成氣候有關。

　　而對於清代廣東墟市，目前的研究特點主要有以下幾點：（1）以經濟史的視角進行研究的成果較多。（2）研究成果的篇幅一般較小，系統、全面地分析清代廣東墟市的文章較少；論文成果較多，論著較少。（3）多見運用傳統的經濟史方法研究的論著，少見利用新的歷史地理學方法（如施堅雅模式）進行研究的成果，偶見利用建築史方法的論文。

三、理論建構

　　本文嘗試建構以下兩個理論：清代廣東墟市系統論、清代廣東墟市群落理論。

（一）清代廣東墟市系統﹝註171﹞

1、定義與特徵

　　清代廣東墟市系統：清代廣東地區的墟市相互聯繫與互動互應所形成的統一整體。

　　清代廣東墟市系統具有多元性、相關性、整體性特徵。清代廣東墟市系統包含若干個墟市，這些墟市按照一定的方式相互聯繫在一起。這些墟市是清代廣東墟市系統的組分，又可稱爲系統的元素。清代廣東墟市系統由多個墟市組成，屬於多元素系統，具有多元性特徵。清代廣東墟市系統的不同墟市之間按一定方式相互聯繫、相互作用，不存在與其他墟市無任何聯繫的孤立墟市，不可能把系統劃分爲若干彼此孤立的部分。因此，清代廣東墟市系統具有相關性。上述之多元性與相關性結合，就形成了清代廣東墟市的整體性與統一性。

2、系統與環境

　　清代廣東墟市系統之外的一切事物或系統的總和，稱爲該系統的環境。

﹝註170﹞李龍潛：《明清時期廣東圩市租稅的徵收》，《學術研究》，2006（2）。
﹝註171﹞主要參考苗東升：《系統科學精要》，北京：中國人民大學出版社，2006 年。

清代廣東墟市的系統性既有對環境開放的一面，又有對環境封閉的一面。清代廣東墟市系統與環境間的相互作用、相互聯繫，是通過交換物質、能量、信息實現的，其能夠與環境進行交換的特性，叫作開放性。清代廣東墟市系統是一種具有耗散結構的系統，其以對環境開放作為保持自己的必要條件，而且其只能在不斷與環境進行物質、能量和信息的交換中維持自己。同時，清代廣東墟市系統又具有抵制與環境交換的特性，此為封閉性。可見，清代廣東墟市的系統性是封閉性與開放性的對立統一。開放性利於清代廣東墟市系統對外交流，從而抑制自身的正熵流；封閉性有利於系統保存自我的獨特性。所以，開放性與封閉性都是清代廣東墟市系統存在與發展的保障。

清代廣東墟市系統接受環境的選擇。環境為清代廣東墟市系統提供生存發展的資源，並對其施加一定的限制和壓力。因此，環境對清代廣東墟市系統的生成、運行、演化具有評價和選擇作用，從而迫使清代廣東墟市系統以適應清代廣東的環境為標準，來整合組分，組織自己，改變自己。由於清代廣東的環境充滿多樣性、差異性、複雜性，故其所塑造出來的清代廣東墟市系統也呈現豐富、多樣、複雜的特徵。環境在塑造清代廣東墟市系統的同時，也或多或少被清代廣東墟市系統所改變，進而又改變其對清代廣東墟市系統的後續塑造。清代廣東墟市系統和清代廣東的環境是互相塑造的，它們在互相塑造中尋找平衡點，以求共生共榮。

清代廣東墟市系統遵循環境選擇原理。據載：「環境選擇原理在系統自組織過程中，一種結構或模式，特別是活的結構或模式，要接受環境的評價和選擇，被環境選擇的系統不一定是各方面最優者，但必定是能與環境協調共存者，至少是為環境允許存在者。這是廣義達爾文原理。」〔註172〕因此，清代廣東墟市系統是與清代廣東自然、社會環境相適應的系統。

清代廣東墟市系統與環境的適應又是相對的。清代廣東墟市系統自身的變化，或環境的變化，或二者同時變化，總會導致清代廣東墟市系統對環境或大或小的不適應，有時為強烈的不適應。這就對清代廣東墟市系統形成演化壓力，必須通過改變其組分特別是結構，或者改變其與環境相互作用的方式和力度，以求同環境達成新的適應。

3、系統的演化

廣義的清代廣東墟市系統演化，包括清代廣東墟市系統的孕育、發生、

〔註172〕苗東升：《系統科學精要》，北京：中國人民大學出版社，2006年，第137頁。

成長、完善、轉化、消亡，以及系統的任何可能變化。狹義的清代廣東墟市系統演化，就清代廣東墟市系統內部看，指系統結構方式的根本變化，從一種結構轉變爲另一種性質不同的結構；從清代廣東墟市系統外部整體地看，指系統整體形態和行爲方式的根本變化，從一種形態變爲另一種性質不同的形態，或從一種行爲模式變爲另一種性質不同的模式。

　　清代廣東墟市系統演化的動因。清代廣東墟市系統系統演化的終極動因在於相互作用。清代廣東墟市系統演化的內因：清代廣東墟市系統的元素之間、子系統之間、層次之間難以窮盡的相互作用。其導致組分和結構的變化，進而導致系統與環境相互關係的變化。而外部環境的變化〔註173〕，系統與環境互動方式的變化，則構成清代廣東墟市系統演化的外因。

　　清代廣東墟市系統演化的方向有二。從清代廣東墟市系統演化的起點到終點的走向，代表清代廣東墟市系統演化的方向。從總體上看，清代廣東墟市系統既有向上的前進的演化（即系統從無序到有序，從無組織到有組織，從低度有序到高度有序，從簡單到複雜），又有向下的後退的演化（即系統從有序到無序，從有組織到無組織，從高度有序到低度有序，從複雜到簡單），但前進的演化占主導地位。

　　清代廣東墟市系統的兩個演化階段：成型演化階段與保型演化（轉型演化）階段。（1）成型演化。清代廣東墟市系統，從孕育、產生、成長到成熟的演化過程，稱爲它的成型演化。清代廣東墟市系統的成型演化過程，是系統的生長過程。清代廣東墟市系統首先經歷創生，以解決從無到有的問題，然後再經歷成長過程，以解決從差到好的問題。清代廣東墟市系統的生長經過發育、完善、成熟等階段。清代廣東墟市系統所經歷的最簡單的自我完善，就是系統規模的增大，即系統組分的不斷增加，此爲自生長。（2）保型演化（轉型演化）。清代廣東墟市系統，越過其發展的頂峰後，從開始衰落到消亡的演化，稱爲它的保型演化。清代廣東墟市系統具有一定的自我保護能力，此爲系統的維生能力。清代廣東墟市系統會通過發揮其維生力的作用，來維護舊有的模式。然而，清代廣東墟市系統的一種原有形態或模式，在越過它的頂峰時，就歷史地而且內在地開始孕育取代它的新形態或新模式，從而啓動了新形態新模式的成型演化，這意味著清代廣東墟市系統進入轉型演化。清代廣東墟市系統的轉型演化，是舊形態的保型演化和新形態的成型演化的

───────────────

〔註173〕即資源供應或承受壓力的變化。

矛盾統一。清代廣東墟市系統在其整個存在過程中，經歷了多次轉型演化，形成由低級到高級的轉型演化序列。

清代廣東墟市系統通過漲落來轉型。「狀態量對其平衡值的偏離，稱為漲落。」〔註174〕清代廣東墟市系統通過漲落去觸發舊結構的失穩，探求新結構。清代廣東墟市系統在新舊模式的分叉點上，依靠漲落來實現對稱破缺選擇，從而建立新結構。

4、系統的整合

清代廣東墟市新系統產生的基本方式是整合差異。清代廣東墟市系統的差異整合，既包含創制或選擇組分的操作，也有在組分之間建立一定相互聯繫、相互作用的操作，以便形成一個能夠和清代廣東環境互動互應的統一體。清代廣東墟市系統的有序性，是在其生成過程中，通過對組分的創制和整合而建立起來的。差異整合需要被整合者相互協同，這是重要前提；但不限於彼此協同，整合還包括對組分的限制、約束甚至強制，捨此不能形成有序結構。總之，僅僅講差異的協同是片面的，差異的整合才是清代廣東墟市系統生成論的基本原理。許多被當作清代廣東墟市未來系統的元素和子系統的事物或實體，經過整合而形成具有新的湧現性的統一整體，這就是新系統的創生過程。

清代廣東墟市系統組分間的兩種互動形式。清代廣東墟市系統組分之間的相互作用，大體分為合作和競爭兩種形式，都是清代廣東墟市系統發展的動力。沒有清代廣東墟市系統組分之間的合作，沒有清代廣東墟市系統與環境之間的合作，不會有新結構的出現。沒有清代廣東墟市系統組分之間的競爭，特別是沒有清代廣東墟市系統與環境中其他系統的競爭，也不會有新結構出現。

整合貫穿於清代廣東墟市系統演化過程的始終。整合作用不只存在於清代廣東墟市系統的形成組建階段，也貫穿於系統生存發展的全過程。形成階段解決的是從無序到有序的問題，然後才能解決從低序到高序、從不完善到比較完善的發展問題。清代廣東墟市系統的不同子系統之間、不同組分之間的互礙互斥和矛盾衝突不斷產生出破壞系統有序性的力量和趨勢，必須在系統生存發展過程中不斷解決，或者維護現存的有序性，或者創造新的整合方式以改進系統的有序性。

〔註174〕苗東升：《系統科學精要》，北京：中國人民大學出版社，2006 年，第 137 頁。

　　清代廣東墟市系統整體與部分的關係。清代廣東墟市系統的整合和組織過程，既給部分以激發和推動，也對部分施加約束、限制，約束和限制的效果是把部分的某些性質屏蔽起來，在清代廣東墟市系統的整體中看不見它們，只有解構清代廣東墟市系統整體、還原爲部分才能釋放出來。

　　清代廣東墟市系統也與環境進行整合。在清代廣東墟市系統生成、發展、演化過程中的整合，不限於組分之間，還包含系統與環境的整合，即清代廣東墟市系統與環境建立穩定有序的互動互應關係。

5、系統的湧現

　　清代廣東墟市系統的整體湧現性。由各組分按照某種方式相互聯繫而形成的清代廣東墟市系統，具有它的組分及組分總和所沒有的新性質，即系統質或整體質。這種新性質只能在清代廣東墟市系統整體中表現出來，一旦把整體還原爲它的組分，其將不復存在。這種部分及其總和沒有而清代廣東墟市系統整體所具有的性質，叫作清代廣東墟市系統的整體湧現性。清代廣東墟市新系統形成的標誌是產生了整體湧現性。

　　清代廣東墟市系統湧現的產生機制。（1）非線性相互作用。清代廣東墟市系統的整體湧現性的來源，歸根結底在於清代廣東墟市系統的組分（要素和子系統）之間、層次之間、系統與環境之間的相互作用，湧現性是清代廣東墟市的組分之間、層次之間、系統和環境之間互動互應所激發出來的系統整體效應。如果按照一定結構模式把清代廣東墟市的組分整合在一起，把清代廣東墟市系統和它的環境整合在一起，所有組分之間、層次之間、系統和環境之間處於眞實的相互聯繫、相互作用之中，必然在清代廣東墟市系統的整體層次上，湧現出特定的激發效應來。（2）差異的整合。湧現的前提是存在多樣性和差異性，特別是系統內部的種種差異。清代廣東墟市系統是異質性顯著的系統，即組分花色品種多、彼此差異大。其豐富、複雜的組分被有序地整合在一起，形成有效結構，產生組織效應，產生豐富複雜的整體湧現。清代廣東墟市系統組分的整合，存在兩種湧現效應。其一，若組分之間互補互惠，協同行動，相互促進，和諧共生，系統將產生正面的湧現效應；其二，若組分之間相互掣肘、拆臺，系統將產生負面的湧現效應。（3）清代廣東墟市系統湧現的等級層次結構。清代廣東墟市系統是複雜系統，從其組分層次到其整體層次的湧現，是分級呈現的，不可能僅通過一次整合來完成，而需要經過多次逐級整合，才能逐級湧現，才能完全實現從元素質到系統質的飛

躍。只有經過 k 次逐級整合，才能完成 k 次部分質變，而最終達成總的質變（根本質變），從而獲得清代廣東墟市總系統的整體湧現性。

不能只從系統內部考察湧現問題，整體湧現也是環境塑造系統的結果。

6、系統的層次

清代廣東墟市系統從整體層次開始，可以劃分出若干個一級子系統，如珠江流域墟市子系統、韓江流域墟市子系統、南路子墟市系統；再把一級子系統劃分為若干個二級子系統，如珠江流域墟市一級子系統，可劃分為珠江三角洲墟市子系統、西江流域墟市子系統、東江流域墟市子系統等若干個二級子系統；而最後一級子系統將會劃分到不可再分的元素，即還原到元素層次，如「南海縣沙頭墟新市的花市」是清代廣東墟市系統劃分到最後一級的元素型子系統。清後期南海縣的沙頭墟分出舊市與新市兩個市，新舊兩市又各自擁有多個墟市，花市就是其中一個，其位於新市之中，所以，「南海縣沙頭墟新市的花市」是清代廣東墟市系統中不可再分的組分，故其為清代廣東墟市系統的元素，是最低一級的子系統。可見，清代廣東墟市系統的子系統是分層的，不同層次的子系統不能混為一談。

（二）墟市群落 〔註175〕

1、墟市群落的定義

墟市群落 〔註176〕：社會經濟生活中的墟市，有「市」、「墟」等多種類型，每一種類型的墟市都擁有許多個體，並佔有一定空間，形成許多大小不等的個體群。這些個體群，稱為墟市種群。另外，不同種群的墟市會以一定的方式整合在一起，形成有機整體，稱為墟市聯合體。墟市種群與墟市聯合體的集合就是墟市群落。

墟市群落的整體性。墟市群落是一個相互聯繫的整體。墟市群落中的任何一個環節的變化，都會引起其他環節的變化。群落中的任何一種類型的墟市或墟市聯合體，不僅依賴著環境，而且也直接或間接地和其他同類型的墟市（墟市聯合體）或不同類型的墟市（墟市聯合體）相互依賴。每一個類型的墟市或墟市聯合體都可以在它們存在的地區找到其生存與發展所必需的一切物質。

〔註175〕主要參考劉南威：《自然地理學》，北京：科學出版社，2000 年。
〔註176〕又可稱為集市群落。

墟市群落的互助性與互補性。墟市群落中墟市（墟市聯合體）與墟市（墟市聯合體）合作互助的現象，使群落內的墟市得以存在且穩定。墟市間合作互助現象取決於每一種類型墟市（墟市聯合體）的生存特性，一般而言，墟市群落多由不同類型的墟市或墟市聯合體組成，它們的特性各不相同，因此，它們對環境的要求也會有所不同，那麼，它們的要求也會比較容易協調，那麼它們所形成的群落也因此而較爲穩固、持久。

墟市群落的環境選擇性。墟市群落與外界環境有很密切的關係。不同的外界環境條件會導致不同類型的墟市與不同類型的墟市聯合體進行集合，從而產生不同的墟市群落。而在類似的環境條件下則會產生類似的墟市群落。

2、墟市群落的組成

（1）優勢種。優勢種是指在群落中佔優勢的種類，它包括群落每層中數量最多、經濟實力最強、對環境影響最大的墟市（墟市聯合體）種類。各層的優勢種或許有多個，其統稱爲共優種。此外，墟市群落主要層的優勢種，稱爲建群種。建群種在個體數量上不一定占絕對優勢，但決定著群落內部的結構和群落內部的特殊環境。若在墟市群落的主要層上有兩個以上的建群種，則可將其稱爲共建種。

（2）伴生種。某些類型的墟市或墟市聯合體雖然在墟市群落中出現，並參加到群落的組成中去，但對群落內的環境所產生的影響則不及優勢種，它們在群落中的作用不盡相同，有的是墟市群落中常見的，即相當穩定地與優勢種伴生在一起，其可作爲墟市群落分類的一個參考。有的墟市（墟市聯合體）種類由於受外界因素影響而偶然出現在墟市群落之中，其可被稱爲偶遇種。

優勢種與伴生種的相互取代性。墟市群落中的優勢種與伴生種的具體組成不是固定不變的，即某種起著優勢作用的墟市，常常只是一定條件下的產物。隨著時間和環境的改變，原有的優勢種與伴生種的地位也有可能發生變動，也有可能消失。

3、墟市群落的演替

（1）定義：墟市群落演替是指一個墟市群落被另一個墟市群落代替的過程。

（2）演替類型劃分：①按原生與否爲標準，可將墟市群落演替劃分爲原生演替與次生演替兩種類型。原生演替：墟市（墟市聯合體）從形成到消亡，

都沒有發生過位移，此爲墟市群落之原生演化。次生演替：墟市（墟市聯合體）遷移到新的地區後繼續發展，屬於次生演替。原有墟市（墟市聯合體）衰亡後，在當地再興起的新墟市（墟市聯合體），也屬於次生演替。②按發展方向爲標準，可將墟市群落演替劃分爲順行演替與逆行演替兩種類型。順行演替：墟市（墟市聯合體）朝著向前、向上的方向演化，屬於順行演替。逆行演替：墟市（墟市聯合體）朝著向後、向下的方向演化，屬於逆行演替。

（3）演替序列。從墟開始形成，到演替成爲穩定墟市群落的過程，叫做演替序列。

4、墟市聯合體：鎮

鎮是墟市聯合體，屬於墟市群落中的重要組成部分。鎮是墟、市、街的有機集合。鎮之四大要素爲：鎮中心區（包括街）、鄉村、市、墟。鎮形成後，其範圍內的墟與市仍然存續與演化。因此，鎮的形成不會使墟市消失，鎮包含了一定數量的墟與市。因此，不是鎮取代了墟市，而是鎮整合了墟市。

鎮中心區是與鄉村相對的一個概念。鎮中心區包括多種公共服務設施、街區（由街道、商店、市場、居民區等組成），鎮中心區商業網點有連片分佈的現象（如出現商業街），鎮中心區居民以非農業人口爲主。鎮域內的鄉村，由農業用地及居民區組成，居民多爲農業人口。市主要服務於鎮中心區部分，故市多分佈在鎮中心區之內；墟主要服務於鎮的鄉村部分，故墟常布局在鄉村或城鄉交接地帶。鎮域內的街、墟、市等各類墟市種是競爭合作的關係，共同支撐鎮的經濟運轉。

鎮雖然不屬於墟市的範疇，但鎮是若干墟市整合的結果，其爲墟市聯合體。因此，鎮亦存在於墟市群落之中。墟市群落的組分既包括單個的墟市，也包括如鎮一般的墟市聯合體。

墟市的鎮化過程是墟市發展成爲鎮中心的過程。鎮可以有多個中心。

5、清代廣東墟市群落
（1）清代廣東墟市群落的定義

清代廣東的任何一個墟市（墟市聯合體）都不是單獨存在的，而是和其他墟市（墟市聯合體）互動而存的，這種墟市（墟市聯合體）之間，以及墟市（墟市聯合體）與它們賴以生存的經濟環境之間，都保持著密切的聯繫，從而形成一種相對穩定的具有一定規律的集體群，叫做清代廣東墟市群落。

（2）清代廣東墟市種群的類型

按照市場的組織者不同，可分為民間墟市與官方墟市。按照經營內容的不同，可分為綜合墟市與專業墟市。按照市場興起的時間不同，可分為傳統市場與新興市場。按照所在區域的地貌類型，可分為平地墟市與山區墟市。按照所在區位條件，可分為沿海墟市和內陸墟市。按所在陸地四周環水與否，可分為大陸型墟市與島嶼型墟市。按氣候類型，可分為熱帶墟市與亞熱帶墟市。按墟市的形成原因，可分為經濟成因型墟市與政治成因型墟市。

（3）清代廣東墟市群落的結構

清代廣東墟市群落可以按照經濟實力不同而明顯地劃分出鎮層次、墟層次、市層次等不同層次。鎮層次又可以劃分為大鎮、中鎮、小鎮三個亞層次；墟市層次又可劃分為大墟、中墟、小墟等亞層次。市層次也可以劃分出大市、中市、小市等亞層次。上述各層次為清代廣東墟市群落的基本層次。

除上述基本層次之外，清代廣東墟市群落結構中還有一些特殊的層次架構：

①季節性層次。有些墟市種群僅在特定的時間內出現，成為季節性層次。如季節性墟市、某些地區的埠。

②層間經濟體：街。街，並不單獨形成一個層次，而是分佈在整個墟市群落的各個層次的經濟實力體中，因此，街可被稱為墟市層間經濟體。街，出現在各級墟市中，出現在墟市聯合體中。街，有時可以指代整個「墟市聯合體」，有時亦可指代單個的墟市。另外，街與商業密不可分，街上往往有配套的商業服務設施。

（4）清代廣東墟市群落的演替

①量變系列：

A、墟市增殖——子母市。墟市增殖，指墟市繁殖式地增加，其原有墟市與新增墟市是母子關係，表現為原有墟市與新增墟市同名，只是在新增墟市的名稱中加上「上」與「下」、「新」與「舊」等進行區分。清代廣東墟市的增殖形式主要有以下兩種：一變二的墟市增殖；一變三的墟市增殖。B、獨立墟市向墟市群落發展，即各種分散的市場向混為一體的市場群落發展。有普通墟市的集群與專業墟市的集群兩種形式。墟市集群會形成墟、市、街、行等不同的組合類型，從而形成墟市集群的各種結構。墟市集群是把墟、市、街、行、埠等不同組分整合到一個墟市系統之中，組分之間存在競爭。

②質變系列：

A、墟向市過渡。首先，交易時間延長。其次，墟轉變爲市。B、墟市向鎮過渡。墟市向鎮的過渡，主要指墟市演化成鎮的中心區，其演化過程具體表現爲：「墟市增加（包括增殖）－墟市集群－群內分工－街區形成」的鎮化過程。

四、研究範圍及相關概念

（一）清代廣東墟市的定義及種類

1、清代廣東墟市的定義

清代廣東地方志對墟市所進行的各種解釋。

墟市是鄉村物資互通有無的貿易中心。首先，墟市是商品雲集的貿易中心。據《茂名縣志》光緒十四年刊本載：「又案葉石洞云：『昔者聖人日中爲市，聚則盈散則虛。』今北名集，從聚也；南名墟，從散也。又商賈貨物輻輳處謂之務，謂之集，亦謂之墟。……。村鎮趕集者謂之趕墟，亦曰趁墟。」〔註177〕又據《海陽縣志》光緒二十六年刊本載：「謹案商賈貨物輻輳之地，古謂之『務』，或曰『集』，曰『墟』。」〔註178〕可見，墟市是商賈貨物輻輳之處。其次，墟市爲鄉村生活服務。據光緒十四年修之《化州志》載：「黃志曰：『日中爲市』，由來已久。蓋貿遷有無，使民生日用之資不致，農有餘粟、女有餘布者，胥籍乎此也。然熙攘之所不可無道以處之。《周禮・地官》有司市、司武虎之職要，不外平物價息爭訟，使無陵暴無售僞焉耳。……。」〔註179〕又《臨高縣志》光緒十八年刊本有謂：「古者日中爲市，貿有無通緩急也。臨濱海徼荒，無商賈輻輳、百貨麕集，爲是日用之所需，負販之所聚，不有以惠之，雖久亦廢。是墟市者，亦爲政之所宜留心也。（舊志）」〔註180〕可見，墟市是鄉村物資交流的中心。

墟市爲位於鄉村地區能「通有無，疏貨財，便民而利商」的貿易場所，

〔註177〕〔清〕鄭業崇等修，楊頤纂，《廣東省茂名縣志》卷二建置墟，臺北：成文出版社，1967版，第77頁。

〔註178〕〔清〕盧蔚獻修，吳道鎔纂，《廣東海陽縣志》卷二十二建置略六，臺北：成文出版社，1967版，第212～213頁。

〔註179〕〔清〕彭貽蓀修，彭步瀛纂，《廣東省化州志》卷二市集，臺北：成文出版社，1974版，第172頁。

〔註180〕〔清〕聶緝慶修；桂文熾纂，《廣東省臨高縣志》卷五建置墟市，臺北：成文出版社，1974年，第307頁。

其一般選址在「村圍適中之地」。據《從化縣志》（康熙四十九年修，宣統元年重刊，民國十九年鉛印本）載：「古者日中而市，所以通有無，疏貨財，便民而利商也。惟通都市鎮商賈輻輳之區，貿易無時。若從陽僻居山隅，素稱凋瘠，民之荷籚而市者，或擇以地，或間以日，則有所謂墟。爲墟者，於村圍適中之地，架木爲梁，覆茅代瓦，以蔽風雨，髣髴太古之窠窟焉，故日墟也。其在北方則名爲集，其在粵中則名爲墟，義實一耳。」〔註181〕

墟與市有別：市位於經濟力量相對雄厚的大鎮或大村中。墟是數村或十數村在適中的位置建立的交易場所。據《石城縣志》民國二十年鉛印本載：「我粵貿遷百貨，隨地流通，凡名鎮巨都，貨物豐盈，商賈輻輳，即謂之市；其或統遠近村莊於適中處所，定期而會，以求日用饔殖之資，晨聚而午罷，則謂之墟。石城風氣簡樸，力穡者眾，逐末之氓十僅一二，故墟多而市少雲。（蔣志）」〔註182〕又據《順德縣志》咸豐三年刊本載：「按葉志稱：『昔者日中爲市，聚則盈，散則墟，今北人稱集指聚而言，南方稱墟言乎其散也。』廣管生齒日繁，貿遷百貨隨地通流，凡名鎮巨村必有購求物力之地，即謂之市。大率所在備饔殖爲多，其或合數村、十數村於適中處所，晨朝趨至迄午而罷。一旬之內咸定以期，所近各不相復，則謂之墟。」〔註183〕市爲「名鎮巨村購求物力之地」，貨物豐盈，商賈輻輳。即市位於經濟力量相對雄厚的大鎮或大村中，規模較大。墟是數村或十數村在適中的位置建立的交易場所，其貿易內容爲日常所需，常常「晨朝趨至迄午而罷」，有固定的墟期，相鄰各墟的墟期各不相同。

清代廣東有大市。如上所述之「名鎮巨村購求物力之地」、貨物豐盈、商賈輻輳者爲大市。且大市以有定居而別於墟。據《海陽縣志》光緒二十六年刊本載：「推原命名「墟」者，虛也，聚散不常，瞬息而虛也。《易‧繫辭》：日中爲市，交易而退。又《史記‧平準書》注：古未有市，民朝聚井汲，將物於井邊貨賣，日：市井。似市亦墟類然。《周禮‧冬官》：前朝後市。張平子《西京賦》又云：廓開九市，通闤帶闠。張平子《西京賦》又云：廓開九

〔註181〕〔清〕郭遇熙等纂，《廣東省從化縣志》疆域，臺北：成文出版社，1974年，第69頁。

〔註182〕〔民國〕鍾喜焯修，江珣纂，《廣東省石城縣志》卷三建置志墟市，臺北：成文出版社，1974年，第277頁。

〔註183〕〔清〕郭汝誠修，馮奉初等纂，《廣東省順德縣志》卷五建置略二墟市，臺北：成文出版社，1974年版，第449頁。

市，通闤帶闠。此則後世市有定居，全與墟別矣。」〔註184〕

　　清代廣東有小市。小市：規模小於墟，爲日用所需的恒常供應地。清代廣東有些市的規模比墟要小。據《新會縣志》道光二十一年刊本載：「按粵東墟市並稱，而日中爲市著於經，墟則未見。虛，古墟字，戰國策孟嘗君謂：市朝則滿，夕則虛。南越中埜市曰虛，即墟之名，所由昉也。蓋粵中墟十日或三會或四會，聚時少而散時多，故謂之墟。而邑王志先市而後墟，蓋名從其朔。今依阮志例先墟後市，亦先大後小之意云。」〔註185〕此則材料認爲墟比市大。又據（光緒）《四會縣志》民國十四年刊本載：「蓋墟大市小，墟有定期，而市則日用晨夕恒於斯取給焉者也。」〔註186〕小市爲日用晨夕恒於斯取給焉者。

　　清代廣東有大墟。此類墟比市大，尤大者稱「埠」。據《開平縣志》民國二十二年鉛印本載：「舊稱貿易之場，小曰市，大曰墟，尤大者曰埠。稽諸古意，市立爲先；按諸今制，市稱爲普。茲無問大小齊之曰市，所以一觀聽而示等夷也。其興廢變遷之可考者，附注本市下。」〔註187〕可見，墟比市大，埠比墟大。如上述《順德縣志》咸豐三年刊本所云之由數村或十數村共建〔註188〕的墟爲大墟。

　　清代廣東有亦有小墟。若上文所載，從化的墟位於經濟不發達地區，設施簡陋：「若從陽僻居山隅，素稱凋瘵，民之荷簣而市者，或擇以地，或間以日，則有所謂墟。爲墟者，於村圍適中之地，架木爲梁，覆茅代瓦，以蔽風雨，髣髴太古之窠窟焉，故曰墟也。其在北方則名爲集，其在粵中則名爲墟，義實一耳。」〔註189〕且墟的服務範圍小，多有輻射一村之墟：「由此而東走則有曰蔴村墟，離城二十里，以一六爲期，蔴村一村人赴之。自東而東之則有

〔註184〕〔清〕盧蔚獻修，吳道鎔纂，《廣東海陽縣志》卷二十二建置略六，臺北：成文出版社，1967年，第212～213頁。

〔註185〕〔清〕林星章修，黃培芳等纂：《廣東省新會縣志》卷四津梁，臺北：成文出版社，1966年版，第110頁。

〔註186〕〔清〕陳志喆等修，吳大猷纂：《廣東省四會縣志》編二下墟市，臺北：成文出版社，1967年版，第212頁。

〔註187〕〔民國〕余榮謀修，張啓煌纂，《廣東省開平縣志》卷十二建置下，臺北：成文出版社，1966年版，第86頁。

〔註188〕〔清〕郭汝誠修，馮奉初等纂：《廣東省順德縣志》卷五建置略二墟市，臺北：成文出版社，1974年版，第449頁。

〔註189〕〔清〕郭遇熙等纂：《廣東省從化縣志》疆域，臺北：成文出版社，1974年版，第69頁。

曰太平墟，離城十里，以二七爲期，楓院一村人赴之。自西而西之則有曰烏柏墟，亦離城十里，以三八爲期，近大凹嶺下，故大凹一村人赴之。若夫南山之南則有曰烏石墟，離城二十里，以二七爲期，西嶺人之所赴也。」〔註190〕像從化那樣的經濟落後地區的墟，服務範圍小，設施簡陋，則爲小墟。小墟的貿易內容並不豐富：「……，貿易無他奇，不過魚米鹽畜布麻諸物，然鄉民散處，日用所需，一皆倚便於墟，……。」〔註191〕

　　市、埠、鎮之間的區別：市，爲規模最小、層次最低的貿易處所，無官將禁防，亦無關口征稅。鎮，爲交通條件優越的大型貿易處所，有官將禁防，亦有關口征稅。埠，爲高於市而次於鎮且無官司者。據《澄海縣志》嘉慶二十年刊本載：「舊志曰：民人屯聚之所爲村；商賈貿易之所爲□（市）；遠商興販所集，車輿輻輳，爲水陸要衝，而或設□（官）將以禁防焉，或設關口以征稅焉，爲鎮；次於鎮而無官司者爲埠。此四者，其定名也。亦有不設官司而稱鎮，既設官而仍稱村稱市者，從俗也。凡天□（下）縣邑皆然。澄邑之村，既散見於前各鄉都而□□鮀浦設官彈壓，南關外亦有關部抽分，皆不謂□鎮埠而曰村市，仍舊志書之無，亦所謂從俗者□。」〔註192〕由材料可知，村，爲民人屯聚之所。市，爲商賈貿易之所。鎮，一般爲遠商興販所集，爲水陸要衝而或設官將以禁防，或設關口以征稅之所。但有的鎮是不設官司的。埠，爲次於鎮而無官司者。清代廣東的墟市稱謂具有一定的延續性。有時墟市已經升級，地位已經改變，但還會延續舊有的稱謂，如「有不設官司而稱鎮」者，也有「設官而仍稱村稱市」者。

　　清代廣東墟市，除包括鄉村墟市外，還包括縣城之中及其附近的墟市。據《增城縣志》（嘉慶二十五年刊本，同治十年補刊本）載：城坊內有市1（曰親民街市），有墟1（曰西門墟）〔註193〕再據《新會縣志》道光二十一年刊本載，道光新會有城內墟：「朱紫街墟（城內）」〔註194〕，有城內市：「縣前街市、

〔註190〕〔清〕郭遇熙等纂：《廣東省從化縣志》疆域，臺北：成文出版社，1974 年版，第 69 頁。

〔註191〕〔清〕彭貽蓀修，彭步瀛纂：《廣東省化州志》卷二市集，臺北：成文出版社，1974 版，第 171 頁。

〔註192〕〔清〕李書吉等修，蔡繼紳等纂：《廣東省澄海縣志》卷八埠市，臺北：成文出版社，1967 年，第 80～81 頁。

〔註193〕〔清〕熊學源修，李寶中纂：《廣東省增城縣志》卷之一里墟，臺北：成文出版社，1974 年，第 176 頁。

〔註194〕〔清〕林星章修，黃培芳等纂：《廣東省新會縣志》卷四津梁，臺北：成文出

東門市、南門市、西門市、十字街市（俱在城內）」〔註195〕還有城外市：「務前市、驛前市、濠橋市（俱在城外）」〔註196〕。又據光緒十四年修之《化州志》載，有城外街之墟：「沙頭墟（東門外沙頭街）」〔註197〕有城門墟：「南門墟（南門外）」〔註198〕有附城墟：「東關上墟（附城，雙日市期）」、「南關下墟（附城，雙日市期）」〔註199〕。

因此，本文所研究的「墟市」的定義爲：墟市是在鄉村及城〔註200〕、鎮中，能「通有無，疏貨財，便民而利商」的貿易中心。其中，墟與市有別。墟，常常「晨朝趨至迄午而罷」，有固定的墟期。市，每天都進行貿易。墟與市皆有大小之分。大墟：由數村或十數村共建〔註202〕，輻射範圍大，貿易內容豐富，貿易時間長。小墟：輻射範圍小，設施簡陋，貿易內容單調，貿易時間短。大市：位於經濟力量相對雄厚的大鎮或大村中，爲「名鎮巨村購求物力之地」，貨物豐盈，商賈輻輳，規模較大。小市：規模較小，爲日用所需的恒常供應地。

2、清代廣東墟市的種類

清代廣東墟市名稱多樣，主要有以下幾種稱謂：墟、市、欄、行、埠、務、港、營、街市、圩、街、鎮、鋪市，等等。另外，在清代廣東墟市的名稱中，還有墟市並稱、墟市名稱互換等現象。

墟市有稱行者。據《南海縣志》宣統二年刊本載，某些墟市稱爲某行，如「布行」〔註202〕。墟市稱爲行者。光緒四會縣志，民國十四年刊本：四會

版社，1966 年，第 110 頁。

〔註195〕〔清〕林星章修，黃培芳等纂：《廣東省新會縣志》卷四津梁，臺北：成文出版社，1966 年，第 111 頁。

〔註196〕〔清〕林星章修，黃培芳等纂：《廣東省新會縣志》卷四津梁，臺北：成文出版社，1966 年，第 111 頁。

〔註197〕〔清〕彭貽蓀修，彭步瀛纂：《廣東省化州志》卷二市集，臺北：成文出版社，1974 版，第 165 頁。

〔註198〕〔清〕彭貽蓀修，彭步瀛纂：《廣東省化州志》卷二市集，臺北：成文出版社，1974 年，第 165 頁。

〔註199〕〔清〕彭貽蓀修，彭步瀛纂：《廣東省化州志》卷二市集，臺北：成文出版社，1974 年，第 166 頁。

〔註200〕城指縣城。

〔註202〕〔清〕郭汝誠修，馮奉初等纂：《廣東省順德縣志》卷五建置略二墟市，臺北：成文出版社，1974 年，第 449 頁。

〔註202〕〔清〕鄭藝等修，桂坫等纂：《廣東省南海縣志》卷六建置略，臺北：成文出

有稱「行」者：牛行、谷行〔註203〕墟市有稱埠者。據《澄海縣志》澄海（嘉慶二十年刊本）載，嘉慶澄海有「埠」、「市」之稱，沒有「墟」之稱，澄海市埠共 16 個，其中埠有 3 個，市有 13 個。〔註204〕又據《徐聞志》（宣統三年修，民國二十五年重刊本）卷之一輿地載：宣統徐聞市埠共 45，其中市 19，埠 25。〔註205〕又有謂：「（南海）柴埠（在水南鄉崔宣義祠前河面）」〔註206〕，又「蜆埠（在北村鄉觀音廟前海面）」〔註207〕又據《封川縣志》（道光十五年修，民國二十四年鉛印本）的「墟市」記載，封川有市 1，有墟 9，有埠 4：賀江口埠，螺髻埠，河兒口埠，乾河埠。〔註208〕

　　市亦可稱街。據《吳川縣志》（光緒十四年刊本）卷一墟市載：「南門街，附城，每日早晚二市；芷芎街，城西南十里，每日早晚二市。」〔註209〕又《臨高縣志》（光緒十八年刊本）載：臨高墟市中有名為「州前街」者。〔註210〕除此之外，還有的墟市被稱為街市，如道光廣寧有墟市共 16 個，其中，街市 1 個，埠 4 個，墟 11 個。〔註211〕

　　墟市稱欄者。據載，宣統番禺的墟市有稱欄者，如魚欄、果欄。〔註212〕

　　墟市稱營者。《華縣志》（光緒十六年重刊本）載：花縣墟市總數為 9，其

版社，1974 年，第 773 頁。

〔註203〕　〔清〕陳志喆等修，吳大猷纂：《廣東省四會縣志》編二下墟市，臺北：成文出版社，1967 年，第 213 頁。

〔註204〕　〔清〕李書吉等修，蔡繼紳等纂：《廣東省澄海縣志》卷八埠市，臺北：成文出版社，1967，第 80～81 頁。

〔註205〕　〔清〕王輔之等纂修：《廣東省徐聞志》卷之一輿地，臺北：成文出版社，1974年，第 124～126 頁。

〔註206〕　〔清〕鄭榮等修，桂坫等纂：《廣東省南海縣志》卷六建置略，臺北：成文出版社，1974 年，第 774 頁。

〔註207〕　〔清〕鄭榮等修，桂坫等纂：《廣東省南海縣志》卷六建置略，臺北：成文出版社，1974 年，第 774 頁。

〔註208〕　〔清〕溫恭修，吳蘭修纂：《廣東省封川縣志》墟市，臺北：成文出版社，1974年，第 87 頁。

〔註209〕　〔清〕毛昌善修，陳蘭彬纂：《廣東省吳川縣志》卷一墟市，臺北：成文出版社，1967 年，第 45 頁。

〔註210〕　〔清〕聶緝慶修，桂文熾纂：《廣東省臨高縣志》卷五建置墟市，臺北：成文出版社，1974 年，第 306 頁。

〔註211〕　〔清〕黃思藻纂修：《廣東省廣寧縣志》卷三疆域，臺北：成文出版社，1967年，第 44～45 頁。

〔註212〕　〔民國〕梁鼎芬等修，丁仁長等纂：《廣東省番禺縣續志》卷六建置墟市，臺北：成文出版社，1967 年，第 110 頁。

中，稱墟者八，稱營者一。〔註213〕

墟市稱鋪市者。據《平遠縣志》卷之一疆域載：平遠墟市中有稱鋪市者，如烏石岡鋪市、壩頭鋪市。〔註214〕

墟市稱鎮者。民國二十五年鉛印本《儋縣志》載，民國儋縣稱市鎮而不稱墟市〔註215〕，又謂：「長坡鎮：商店數十間，鐵工、製熟牛皮；長坡鎮距縣治三十里，自前清康熙年間改立。……。」〔註216〕可見，長坡鎮在清代就已經成為「鎮」，故清代瓊州府已有墟市發展成「鎮」的現象。

墟市並稱者。據《平遠縣志》卷之一疆域載：平遠的墟市除稱鋪市、市外，餘皆墟市並稱，無單獨稱墟者。而稱鋪市者占 20%，稱市者占 20%，稱墟市者占 60%。其墟市並稱者有：長田墟市、八尺墟市、中坑墟市、柚樹墟市。〔註217〕

「墟」與「圩」可互換。據《興寧縣志》（咸豐六年修，民國十八年鉛印本）載：興寧的「墟」與「圩」在名稱上可以互換，如新陂墟又稱新陂圩，水口墟又稱水口圩，永和墟又稱永和圩，等等。〔註218〕

墟、市名稱互換。某些墟市既可被稱為墟，又可被稱為市，如《光緒四會縣志》（民國十四年刊本）載：下僚墟亦名長興市，豬市亦稱豬墟，豬仔市亦稱豬仔墟，黃岡墟原名舟官市。〔註219〕又《永安縣三志》有謂：道光永安的某些墟市既稱墟又稱市，如中心埗墟（即塔門市，在上鎮），再如鳳凰市（即苦竹派墟）。〔註220〕

〔註213〕〔清〕王永名修，黃士龍等纂：《廣東省花縣志》卷三水利，臺北：成文出版社，1967 年，第 349～350 頁。

〔註214〕〔清〕盧兆鰲等修，歐陽蓮等纂：《廣東省平遠縣志》卷之一疆域，臺北：成文出版社，1974 年，第 58 頁。

〔註215〕〔民國〕彭元藻修，王國憲纂：《廣東省儋縣志》卷二輿地市鎮，臺北：成文出版社，1974 年，第 124 頁。

〔註216〕〔民國〕彭元藻修，王國憲纂：《廣東省儋縣志》卷二輿地市鎮，臺北：成文出版社，1974 年，第 126 頁。

〔註217〕〔清〕盧兆鰲等修，歐陽蓮等纂，《廣東省平遠縣志》卷之一疆域，臺北：成文出版社，1974 版，第 58 頁。

〔註218〕〔清〕仲振履原本，張鶴齡續纂，《廣東省興寧縣志》卷一封域志堡鄉，臺北：成文出版社，1966 版，第 12 頁。

〔註219〕〔清〕陳志喆等修，吳大猷纂，《廣東省四會縣志》編二下墟市，臺北：成文出版社，1967 年版，第 213 頁。

〔註220〕〔清〕葉廷芳等纂修《廣東省永安縣三志》卷之一地理都里，臺北：成文出

　　清代廣東，某些縣的墟市全稱「墟」或「市」。據《茂名縣志》（光緒十四年刊本）載，光緒茂名的墟市全被稱爲墟。〔註221〕又據《瓊山縣志》（咸豐七年刊本）載：瓊山墟市全部被稱爲市。〔註222〕又《惠來縣志》（雍正九年刊本）載：惠來「市鎮」條目下皆稱「市」。〔註223〕

　　因此，清代廣東墟市的種類包括：墟、市、欄、行、埠、務、港、營、街市、圩、街、鋪市，等等。

3、墟名字數

　　清代廣東墟市在名稱上多爲三字墟市，如防城墟〔註224〕、石湖墟〔註225〕、仙村墟〔註226〕、漁滃墟〔註227〕、淡水墟〔註228〕、黃崗市〔註229〕、神泉市〔註230〕、南門市〔註231〕、東門市〔註232〕等。但也有在名稱上多於或少於三字的墟市。

　　　　　版社，1974版，第171頁。

〔註221〕〔清〕鄭業崇等修，楊頤纂，《廣東省茂名縣志》卷二建置墟，臺北：成文出版社，1967版，第77頁。

〔註222〕〔清〕李文恒修；鄭文彩纂，《廣東省瓊山縣志》卷五建置六市，臺北：成文出版社，1974年版，第501～504頁。

〔註223〕〔清〕張玿美纂修《廣東惠來縣志》卷二疆域，臺北：成文出版社，1968版，第110頁。

〔註224〕〔清〕徐成棟修：〔康熙〕《廉州府志》卷之二地理志，康熙六十一年刻本，廣東省地方史志辦公室輯：《廣東歷代方志集成》，廣州：嶺南美術出版，2006年，第344頁。

〔註225〕〔清〕舒懋官修，王崇熙等纂，《廣東省新安縣志》上卷墟市，臺北：成文出版社，1974年版，第83頁。

〔註226〕〔清〕鄒兆麟修，蔡逢恩纂，《廣東省高明縣志》卷二地理墟市，臺北：成文出版社，1974年版，第100頁。

〔註227〕〔清〕溫恭修，吳蘭修纂：《廣東省封川縣志》墟市，臺北：成文出版社，1974年版，第87頁。

〔註228〕〔清〕章壽彭等修，陸飛纂，《廣東省歸善縣志》卷七公署，臺北：成文出版社，1967版，第76頁。

〔註229〕〔清〕張玿美纂修《廣東惠來縣志》卷二疆域，臺北：成文出版社，1968版，第110頁。

〔註230〕〔清〕郝玉麟纂修：〔雍正〕《廣東通志》卷之十八都坊，廣東省地方史志辦公室輯：《廣東歷代方志集成》，廣州：嶺南美術出版社，2006年，第495頁。

〔註231〕〔清〕鄭俊修，宋紹啓纂，《廣東省海康縣志》上卷三十六，臺北：成文出版社，1974年版，第84頁。

〔註232〕〔清〕聶緝慶修；桂文熾纂，《廣東省臨高縣志》卷五建置墟市，臺北：成文出版社，1974年版，第305頁。

二字墟市。如南海：花市、燈市、鴨欄、谷埠、豬墟，[註233] 新墟、蠶市 [註234] 等等。

四字墟市。如海豐：水亭後市，羊牡埔墟 [註235] ；普寧：溪東仔墟，流沙溪墟 [註236] ；平遠：壩頭鋪市，蟠龍墟市，太平橋市，長田墟市，八尺墟市，中坑墟市，柚樹墟市 [註237] ；石城：牛墟仔墟 [註238] ；吉水仔墟 [註239] 。

五字墟市。如平遠：烏石岡鋪市，思藍塘墟市 [註240] ；新安：塘頭下新墟 [註241] ；清遠：上下四九墟 [註242] 。

六字墟市。如陸豐：碣石衛東門市 [註243] ；新安：城內四牌樓市 [註244] ，西鄉大廟前市 [註245] 。

七字墟市。如番禺：鱟橋北帝廟前市 [註 246] ；新安：大鵬城西門街市

〔註233〕〔清〕鄭夢玉等修，梁紹獻等纂，《廣東省南海縣志》卷五建置略二，臺北：成文出版社，1967 年版，第 129 頁。

〔註234〕〔清〕鄭蔡等修，桂坫等纂，《廣東省南海縣志》卷六建置略，臺北：成文出版社，1974 年版，第 773 頁。

〔註235〕〔清〕于卜雄纂修《廣東省海豐縣志》十四建置，臺北：成文出版社，1966 版，第 79 頁。

〔註236〕〔清〕蕭麟趾修，梅奕紹纂，《廣東省普寧縣志》卷之一墟市，臺北：成文出版社，1974 版，第 117 頁。

〔註237〕〔清〕盧兆鰲等修，歐陽蓮等纂，《廣東省平遠縣志》卷之一疆域，臺北：成文出版社，1974 版，第 58 頁。

〔註238〕〔民國〕鍾喜焯修，江珣纂，《廣東省石城縣志》卷三建置志墟市，臺北：成文出版社，1974 版，第 277 頁。

〔註239〕〔民國〕鍾喜焯修，江珣纂，《廣東省石城縣志》卷三建置志墟市，臺北：成文出版社，1974 版，第 278 頁。

〔註240〕〔清〕盧兆鰲等修，歐陽蓮等纂，《廣東省平遠縣志》卷之一疆域，臺北：成文出版社，1974 版，第 58 頁。

〔註241〕〔清〕舒懋官修，王崇熙等纂，《廣東省新安縣志》上卷墟市，臺北：成文出版社，1974 年版，第 84 頁。

〔註242〕〔清〕李文烜修，朱潤芸等纂，《廣東省清遠縣志》卷二輿地，臺北：成文出版社，1967 年版，第 27 頁。

〔註243〕〔清〕，王之正修，沈展才等纂，《廣東省陸豐縣志》卷二墟市街巷，臺北：成文出版社，1966 版，第 27 頁。

〔註244〕〔清〕舒懋官修，王崇熙等纂，《廣東省新安縣志》上卷墟市，臺北：成文出版社，1974 年版，第 81 頁。

〔註245〕〔清〕舒懋官修，王崇熙等纂，《廣東省新安縣志》上卷墟市，臺北：成文出版社，1974 年版，第 82 頁。

〔註246〕〔民國〕梁鼎芬等修，丁仁長等纂，《廣東省番禺縣續志》卷六建置墟市，臺

〔註 247〕。

4、墟名雅俗

清代廣東墟市常有雅俗二名。據《廣東省瓊東縣志（舊名會同縣志）》（嘉慶二十五年修，民國十四年鉛印本）載：會同墟市多有雅俗二名，如：福田市（俗名調懶市）、鎮安市（俗名長坡市）。〔註 248〕又據《茂名縣志》（光緒十四年刊本）載：茂名金塘墟，舊志稱其爲「崩塘」〔註 249〕。

墟名雅化。清代廣東，某些墟名似乎曾經雅化。據載：光緒高州墟市鼇頭原名牛頭，龍起又名田頭，安鋪舊名暗鋪。〔註 250〕又據《石城縣志》（民國二十年鉛印本）載：石城吉水墟舊名急水。〔註 251〕又據《番禺縣志》（同治十年刊本）載：「大同墟（在江村前，一名江村墟。）」〔註 252〕又《番禺縣續志》（民國二十年刊本）載：「桃林市（即牛墟）在廣九鐵路吉山站後。」〔註 253〕

清代廣東墟市亦存在名稱俗化現象。清代廣東墟市名稱在雅化的同時，也存在俗化現象。據《清遠縣志》（光緒六年刊本）載：「後岡墟，舊名興隆市。」〔註 254〕又據《茂名縣志》（光緒十四年刊本）載：「大路坡墟（舊志桃洞墟）」。〔註 255〕

北：成文出版社，1967 年版，第 109 頁。

〔註 247〕〔清〕舒懋官修，王崇熙等纂，《廣東省新安縣志》上卷墟市，臺北：成文出版社，1974 年版，第 84 頁。

〔註 248〕〔清〕陳述芹纂修《廣東省瓊東縣志（舊名會同縣志）》建置卷三，臺北：成文出版社，1974 年版，第 87 頁。

〔註 249〕〔清〕鄭業崇等修，楊頤纂，《廣東省茂名縣志》卷二建置墟，臺北：成文出版社，1967 版，第 77 頁。

〔註 250〕〔清〕楊霽修，陳蘭彬纂，《廣東省高州府志》卷十建置三墟市，臺北：成文出版社，1967 版，第 129 頁。

〔註 251〕〔民國〕鍾喜焯修，江珣纂，《廣東省石城縣志》卷三建置志墟市，臺北：成文出版社，1974 版，第 277 頁。

〔註 252〕〔清〕李福泰修，史澄等纂，《廣東省番禺縣志》卷十八建置略五，臺北：成文出版社，1967 年版，第 213 頁。

〔註 253〕〔民國〕梁鼎芬等修，丁仁長等纂，《廣東省番禺縣續志》卷六建置墟市，臺北：成文出版社，1967 年版，第 110 頁。

〔註 254〕〔清〕李文煊修，朱潤芸等纂，《廣東省清遠縣志》卷二輿地，臺北：成文出版社，1967 年版，第 27 頁。

〔註 255〕〔清〕鄭業崇等修，楊頤纂，《廣東省茂名縣志》卷二建置墟，臺北：成文出版社，1967 版，第 77 頁。

（二）清代的廣東

廣東是清朝的一個省級行政單位。其下有廣州府、肇慶府、羅定直隸州、韶州府、南雄州、惠州府、潮州府、嘉應州、高州府、雷州府、廉州府、瓊州府等府級（或次府級）行政單位。府下又有南海、番禺、順德、東莞、新會、香山、高要、陽江、曲江、英德、歸善、博羅、海陽、大埔、興寧、茂名、海康、徐聞、合浦、瓊山、文昌、澄邁等縣。

（三）分合與互動

分合：分指分化與分異。合指整合與聯合。

互動：包含「互動」與「互應」兩方面。

五、研究內容及主要意義

基於目前的研究狀況，若能通過借鑒前人的研究成果，本論題在歷史地理學領域尚有較大的發揮空間。本文嘗試從以下幾個方面進行探討：

（一）清代廣東墟市系統的時間演化規律

清代廣東墟市系統在時間上的演化規律，即是清代廣東墟市作為一個整體而在時間維度上的變化軌跡。文章將清代劃分為前、中、後三個時期，先分別考察每一時期內廣東墟市的變化狀況，然後再將三個時段內的狀況進行對比，以探求廣東墟市在 1644～1911 的清代整個時段內的演化狀況，從中提煉出清代廣東墟市的時間演化規律。

對清代廣東墟市系統的時間演化規律的研究，有助於從宏觀上展現清代廣東墟市的整體演進特徵，有利於反映清代不同時期的不同社會因素對廣東墟市系統的影響。

（二）清代廣東墟市系統的空間演化規律

空間性特徵，是清代廣東墟市地理研究必不可少的部分。文章將清代廣東劃分為珠江流域、韓江流域、南路等三個大區，每個區域內的墟市自成小系統，又共同組成清代廣東的墟市大系統。墟市空間分佈是一個具有長、寬、高的三維概念。其只反映墟市在地表上的布局狀況，而墟市空間演化則是一個時空交織的四維概念，其不僅包括由長寬高所組成的立體空間維，還包括前後替代、永不重複、永不回溯的時間維。所以，文章在清代前、中、後三個時期內，分別比較珠江流域、韓江流域、南路等三個墟市子系統的發展狀況，然後再將三

大子系統在三個時期的對比情況串聯起來，從而得出三大墟市子系統在清代時段內的關係模式變化，進而尋找清代廣東墟市的空間演化規律。

　　清代廣東墟市空間演化規律的研究，有利於展現廣東各地墟市小系統的區域差異。只有有差異，才會有互動。只有有互動，才會有自身系統的調整。只有有調整，才會有單獨系統的分化，以及不同系統之間或不同元素之間的整合。因此，研究清代廣東墟市系統的空間演化規律，有助於突顯清代廣東墟市「分合與互動」的時代主題。

（三）清代廣東墟市系統的自身演化規律

　　若上述之清代廣東墟市的時間演化規律與空間演化規律，是系統與環境之間或系統與系統之間互動、整合的結果，那麼，清代廣東墟市的自身演化規律則是墟市系統的元素（墟市個體）與環境之間或元素與元素之間互動及整合的結果。本文通過對清代廣東墟市群落的分析，來完成對清代廣東墟市自身演化規律的探索。

　　對清代廣東墟市的自身演化規律的研究，展現了墟市系統的在微觀層面上的「分合與互動」，有助於更加全面地建構清代墟市系統在複雜多變的環境下，以「分化與整合」的方式進行調適的機制，以及進一步揭示這一機制存在的意義。

（四）清代廣東的墟市、物流與文化傳遞

　　清代廣東墟市是物流網絡的節點。清代廣東物流網絡是一個覆蓋廣東城鄉的動態網絡，其網絡節點爲清代廣東的各級經濟中心，其中包括墟市。通過這一網絡，廣東鄉村的物資得以走向世界，外國產品也能夠深入廣東鄉村。其次，清後期的廣東物流格局頗爲奇特，帶有「半封建半殖民地」社會的深深烙印，其對清後期廣東墟市格局的影響至關重要。所以清代廣東物流網絡也是本文費墨頗多的一章。文章主要從「物流概況」、「物流中心」、「主要線路」、「物流路線選擇原則」等方面編織一個點、線、面齊備的清代物流網絡。

　　清代廣東物流網絡不僅輸送物資，還傳遞文明。中外文明、城鄉文化在物資輸送的過程中碰撞、整合，然後慢慢地改造清代廣東墟市的生存環境，進而影響墟市的演化。

　　本文作爲歷史經濟地理學科的一種嘗試，力圖實現以下學術價值和參考意義：

　　（1）以歷史地理學的理論、知識與研究方法爲依託，借鑒相關學科的研

究方法，希望在清代廣東墟市經濟地理研究方面有所貢獻。

（2）力圖實現宏觀研究與微觀研究結合、縱向對比與橫向對比結合，爲系統、全面地展現清代廣東墟市的變動格局而努力。

（3）從中外交流、粵港澳互動的時代大背景出發，結合地理環境的影響，探究清代廣東墟市格局演變的原因及意義，希望能進而揭示其演化規律。

（4）從墟市發展的角度探討城鎮化，著力於探尋鎮化的動態過程。

（5）以哲學的系統論、生物學的群落理論，及歷史地理學、經濟學等學科的理論爲基礎，嘗試探求有助於清代廣東墟市研究的理論模型。

由於筆者水平有限，文中難免存在疏漏與不足，懇請各位專家與讀者給予批評指正。

第一章　清代廣東墟市的
生存發展環境

　　清代廣東墟市存在於一定的自然、人文環境之中，其在與環境進行物質、
能量和信息的交換中不斷演化。清代廣東的自然與人文環境都是豐富、多樣、
複雜的。

第一節　自然環境

　　清代廣東地處清朝之南疆，北依南嶺、東北爲武夷山，南臨南海，海岸
線綿長，沿海港灣、島嶼眾多。

　　地勢大體北高南低，境內山川縱橫，具有丘陵廣谷交錯的特色。據載：「（廣
東）境內地形，海拔 500m 以上的山地面積約占 34%（≥800m 者約占一半），
所以山地並不算多。以海拔 100m 以上者爲丘陵與山地計算，則其面積占全省
60%左右。海拔 100m以下的面積中，21.9%爲平原。這些山地、丘陵、臺地、
平原在區內的分佈，多以河谷爲單位有規律地組合，所以地表顯出丘陵廣谷
交錯的特色。」〔註1〕

　　有南北兩個主要山帶：「（廣東）本區山地，有北部的南嶺和南部沿海兩
個山帶。沿海山帶多受北東向構造線控制，自東而西有蓮花山、羅浮山、九
連山、青雲山、天露山、雲霧山、雲開大山等。北部南嶺山地，既受東西構

〔註 1〕　韓淵豐編著《華南地區自然環境及其開發利用》，北京：高等教育出版社，1992
　　　　年版，第 132 頁。

造線控制，又有北東構造線制約，所以山段走向零亂，例如，騎田嶺爲近東西向，大庾嶺爲北東向，瑤山又成南北向。」〔註2〕

　　平原與臺地多在沿海。廣東的平原與臺地主要分佈在沿海地區：「沿海地帶的平原和臺地很突出，珠江三角洲平原、潮汕平原以及漠陽江、鑒江下游平原等，都屬河口區的平原。雷州半島的第四系玄武岩臺地，是沿海臺地中最特殊的區域。」〔註3〕

　　寬廣的谷地和盆地錯落分佈。「主要有東江谷地、梅江谷地、北江谷地、西江谷地、漠陽江谷地和燈塔盆地、南雄盆地、羅定盆地等。盆地多分佈在河川上游支流流經的山區，廣谷則處於丘陵地帶。廣谷和盆地底部多爲沖積平原、臺地和緩丘，外圍以高丘同山地相連。丘陵形態隨岩性而異，如仁化、坪石等爲下第三系厚層紫紅色礫岩和砂礫岩，發育有多崖壁的丹霞地形，南雄、懷集、羅定、燈塔等地的白堊系紅色砂葉岩則成爲紅色丘陵，英德、韶關、樂昌等地的上古生界灰岩發育成峰林石山地形，而多見的花崗岩丘陵則外貌渾圓，並在近海地帶出現石蛋地形。」〔註4〕

　　丘陵〔註5〕散佈於全省各地。丘陵與其他地形組合，形成丘陵、盆地和廣谷相間分佈的廣東特色地貌。〔註6〕

　　海南島是清代廣東最大的島嶼，其自然環境自成一體。據載：「瓊州地居海中，東西距九百七十里，南北距九百七十五里。自徐聞渡海半日可至。瓊爲都會，居島之北，儋居西陲，崖居南陲，萬居東陲，內包黎峒萬山峻拔，外匝大海，遠接島夷諸國。」〔註7〕海南島是以臺地爲主的大陸島；熱帶季風

〔註2〕　韓淵豐編著《華南地區自然環境及其開發利用》，北京：高等教育出版社，1992年版，第134頁。

〔註3〕　韓淵豐編著《華南地區自然環境及其開發利用》，北京：高等教育出版社，1992年版，第134頁。

〔註4〕　韓淵豐編著《華南地區自然環境及其開發利用》，北京：高等教育出版社，1992年版，第134頁。

〔註5〕　丘陵：地殼輕度上升的情況下，古地面受到強烈的侵蝕、破壞而成。相對高度（200m 以下）和坡度（7°～25°）較小，面積小，分佈零散，走向不明顯，風化殼較厚。（據劉南威主編《自然地理學》，北京：科學出版社，2000年版，第373頁。）

〔註6〕　韓淵豐編著《華南地區自然環境及其開發利用》，北京：高等教育出版社，1992年版，第134頁。

〔註7〕　〔清〕明宜修；張岳崧纂，《廣東省瓊州府志》卷三輿地，臺北：成文出版社，1967年版，第55頁。

氣候；水資源珍貴；生物資源種類繁多。〔註8〕其各區域的大體情況如下：（1）東北部沙質臺地區，本區僅指文昌縣，是海南島地平、多風害的區域。本區陸路距海口不遠，海路到雷州半島、香港方便。（2）中北部南渡江中下游臺地區，本區指海口、瓊山、澄邁、定安等地。大體上以南渡江中下游爲中軸連貫全區，包括北部的玄武岩臺地、中部的南渡江河岸平原和南部的臺地、丘陵。（3）西北部丘陵臺地區，本區包括儋縣、臨高兩縣。颱風影響較弱，沿海港口多。（4）西部乾旱區，主要指昌化與感恩之間的地區，包括中部山區的一小部分，區內濱海臺地的乾旱。（5）南部盆地和濱海區，本區主要指崖州地區，是海南島熱效應最好的地區之一。（6）東南部盆地和濱海區，主要指陵水地區，這是海南島水熱條件最好的區域，也是東部地區颱風正面襲擊較少、降水量略低的區域。（7）東部臺地平原區（包括萬州、會同地區，這是海南島降水最多、颱風正面登陸頻繁的區域。地表主要是丘陵、臺地和平原。（8）中部山地區，是海南島山地集中分佈區。這裏，東西兩側降水不同，南北部氣溫有異，但總體的特點是氣溫比周圍沿海區低、水濕條件比周圍沿海區高，缺乏海岸線。〔註9〕海南島的情況同樣反映出丘陵、盆地和廣谷相間的廣東地貌特色。

　　清代廣東是自然災害多發區。首先，廣東山脈多爲東北－南西走向，大致與海岸線平行，山脈受走向影響，與來自海洋的暖濕氣流成直交和斜交之勢，故海洋氣流易受山地擡升而形成降水，此爲地形雨。地形雨造成迎風坡降雨量和降水強度均大於背風坡。其次，廣東山地、丘陵與平原、臺地相間分佈，形成了不少向南開口的喇叭口地形。這種地形容易使南來的水汽輻合，從而增大局部地區的降雨量。以上兩點導致廣東的降水與河流徑流在空間上分佈很不均勻：少雨地區常易發生乾旱，如海南島西部因「焚風效應」而造成的乾旱現象特別明顯；多雨地區又易發生洪澇，如江河下游三角洲和濱海平原洪澇頻發。再有，廣東夏秋季節易受颱風及風暴潮災害的襲擊，從而引發多種次生災害。一言以蔽之，清代廣東地區的主要自然災害有：水災、旱災、風災。

　　過嶺轉水貿易，是物流「最短距離」基本原則與廣東實際結合的結果。廣

〔註8〕　韓淵豐編著《華南地區自然環境及其開發利用》，北京：高等教育出版社，1992
　　　　年版，第 264～291 頁。

〔註9〕　參考韓淵豐編著《華南地區自然環境及其開發利用》，北京：高等教育出版社，
　　　　1992 年版，第 294～298 頁。

東地區丘陵、盆谷、平原相間分佈，山地常常成爲不同河流的分水嶺，跨過山嶺，則可進入不同流域，因此，過嶺轉水貿易通過水陸聯運，充分利用不同流域的水運條件，是「最短距離」原則在廣東丘陵地區的應用。故在河流上游山嶺間的河谷、盆地常有墟市形成。例如，汀江自福建進入廣東，首先流經潮州府大埔縣，其在大埔石上及虎頭沙以北河段不能通航貨船，據《康熙埔陽志》載：「凡潮惠仕商赴京入閩者，舟止石上埠，轉運絡繹不絕。」〔註10〕又有謂：「邑東虎頭山，路通永定，兩崖壁立，商貨起岸處也。」〔註11〕所以，北往貨物至石上或虎頭沙，需登岸而改爲肩挑，南來貨物到此二地即可下水運輸。這種水陸聯運的運輸方式可以稱爲過嶺轉水貿易，其爲清代廣東貿易的一大特色，也是最短距離的運輸原則在廣東丘陵地區的特殊體現，其催生了轉運地的墟市。

第二節　社會條件

清代廣東墟市不僅是自然環境的產物，還是社會環境的產物，對清代社會環境進行分析，有利於進一步瞭解清代廣東墟市的人文內涵。以下將從政區、交通、人口、商業、技術、戰爭、僑匯、外資等方面，對推動清代廣東墟市演化的社會條件進行分析。

一、政區劃分

廣東是清朝中央管轄的一個省級行政單位。清初因明制，省下設有廣州府、肇慶府、羅定直隸州、韶州府、南雄州、惠州府、潮州府、嘉應州、高州府、雷州府、廉州府、瓊州府等府級（或次府級）行政單位；府下又有南海、番禺、順德、東莞、新會、香山、高要、陽江、曲江、英德、歸善、博羅、海陽、大埔、興寧、茂名、海康、徐聞、合浦、瓊山、文昌、澄邁等縣。清政府從雍正年間開始對廣東的部分行政單位進行調整，增設了一批直隸州、直隸廳、散州與散廳，至清後期，廣東「爲府九，直隸州七，直隸廳三，散州四，散廳一，縣七十九。」〔註12〕清朝通過在廣東的省－府（直隸州、

〔註10〕 〔清〕宋嗣京修；藍應裕等纂：《康熙埔陽志》卷一地紀，中國地方志集成（廣東府縣志輯，21），上海書店出版社，2003年，第325頁。
〔註11〕 〔清〕李應珏：《廣東便覽》卷一，光緒年間刻本，第37頁。
〔註12〕 上海古籍出版社、上海書店編：《二十五史》清史稿上，上海：上海古籍出版

直隸廳）一縣（散州、散廳）各級行政單位中設立封建政治機構，推行封建宗法制度，從而牢牢地把廣東納入到其統一的、獨立的中央集權的封建國家之中。

二、交通發展

清代，隨著經濟的發展、技術的進步，廣東的交通條件有所改善，這在水上交通及陸上交通兩方面都有所體現。

1、航運技術發展，水路交通效率提升

水路是廣東墟市貿易的主要運輸方式。如，四會隆慶市居交通要道，坑艇往來，溝通周邊墟市：「隆慶市於嘉慶二年設，市北陸路通廣寧縣江屯，市西陸路通廣寧縣潭土布市，南陸路通蓮子逕出田東地，當三縣交界處要區也。」〔註13〕再如光緒惠州歸善：「東新橋墟，舊有貨船二十餘，貿易繁盛。」〔註14〕又如清遠蔗市：「邑中所種玉蔗少糖蔗多，賣糖趁朝市列船成行，十月至正月每朝或五六十船、或七八十船，泊二碼頭對面。（採訪冊）」〔註15〕又：（道光英德）白牛坑市……柴船極多，水邊墟柴皆在此交收。〔註16〕渡頭是水路交通的節點，往往會形成墟市，如：佛山渡頭旁形成了蛋家沙市：「蛋家沙市（在佛山渡頭）。（俱佛山堡）」〔註17〕

鴉片戰爭後，先進的航運技術在廣東得以推廣。據《拱北關十年報告（一）》（1882 年～1891 年）稱：「試圖描述每一種民船是不可能的。但有二種船不能不說幾句——裝有中心升降板的帆船（這種船在鄰近地區沿淺水海岸，特別是到陽江進行貿易）和由一個裝在船尾的輪子推動的船。前一種在中艙裝有一個楔形的升降板，靠其較小的一端固定在一個樞軸上移動，可在淺水區

　　　社、上海書店，1986 年，第 9109 頁。
〔註13〕〔清〕陳志喆等修，吳大猷纂，《廣東省四會縣志》編二下墟市，臺北：成文出版社，1967 年版，第 213 頁。
〔註14〕〔清〕劉桂年，張聯桂修；鄧掄斌，陳新銓纂：《光緒惠州府志》卷八建置，《中國地方志集成》，上海：上海書店出版社，2003 年，第 126 頁。
〔註15〕〔清〕李文煊修，朱潤芸等纂，《廣東省清遠縣志》卷二輿地，臺北：成文出版社，1967 年版，第 28 頁。
〔註16〕〔清〕黃培爍，劉濟寬修；陸殿邦纂：《道光英德縣志》卷之四輿地略下風俗，《中國地方志集成》，上海：上海書店出版社，2003 年，第 314 頁。
〔註17〕〔清〕潘尚楫修，鄧士憲等纂：〔道光〕《南海縣志》卷十三建置略五，廣東省地方史志辦公室輯：《廣東歷代方志集成》，廣州：嶺南美術出版社，2007 年，第 289 頁。

扯起，在深水區去降下。可以通過升降板的木釘來保持所需的高度。至於後一種，第一艘由裝在踏車或中國的鏈泵系統上的尾輪推動的，用腳踏操作船出現在廣東，還只是這幾年的事。實踐已證明，這種船在節省時間，節約費用方面都勝過帆船。所以逐漸地大部分定期在內地水域航行的商船都裝上了這種尾輪，現在到處都用這種船。這種船甚至上行到廣西省的梧州府。最近又有一項新措施，就是用汽艇牽（拖）客船，以保證航行更有規律性，還可以抵抗海盜襲擊，加強安全。」〔註 18〕航運技術的進步有利於縮小墟市貿易點之間的距離而擴展墟市貿易的空間。

2、陸路交通改善

陸路也是清代廣東墟市貨、客流通的重要通道。有清一代，不僅傳統的道路得以修整，而且新型的鐵路也建成並投入運行。

（1）道路修整

修墟路。如：水東墟在縣西南七十里，嘉慶十八年博茂大使蔣厚傳倡捐，寓客監生黃趣督修石道，以便行人。〔註 19〕又：「馬踏墟在縣東北三十里，山路崎嶇，監生楊時溉修治數里為坦途，行人稱便。」〔註 20〕墟市間道路條件的改善有利於提高墟市物流的運輸效率，從而為墟市經濟的發展提速。

（2）鐵路交通發展

粵漢鐵路是清代廣東的一條重要鐵路，其加強了珠三角與粵北地區的聯繫。據載：「粵漢鐵路自光緒二十六年盛宣懷以督辦大臣名義與美國合興公司訂約承築，二十七年先築三水支路。三十一年兩湖總督張之洞奏准廢約自辦，三十二年四月商辦公司成立，工程間始進行路線，由廣州南海縣屬黃沙起，……。」〔註 21〕粵漢鐵路途徑清遠：「粵漢鐵路，……，（光緒）三十四年築至本縣，計本縣內佔路七十餘里，隨築隨即通車。（禺山訪冊）」〔註 22〕

〔註 18〕拱北海關志編輯委員會編：《拱北關史料集》，珠海：拱北海關 1998 年，第 253 頁。

〔註 19〕〔清〕葉廷芳撰《廣東省電白縣志》卷八建置，臺北：成文出版社，1968 版，第 372 頁。

〔註 20〕〔清〕葉廷芳撰《廣東省電白縣志》卷八建置，臺北：成文出版社，1968 版，第 374 頁。

〔註 21〕鄧士芬修；黃佛頤，凌鶴書等纂：《民國英德縣續志》卷之四建置略，《中國地方志集成》，上海：上海書店出版社，2003 年，第 586～587 頁。（記事至宣統三年）

〔註 22〕〔民國〕吳鳳聲，余榮謀修；朱汝珍纂：《民國清遠縣志》卷十一市政，《中

粵漢鐵路會帶動沿途地區發展：「益以粵漢鐵路之告成，縱貫邑境，從此南馳北走，瞬息四達，其於文化之輸進，物力之轉移，必有日新月盛，……。」〔註23〕粵漢鐵路也經過英德，其在英德境內的主要站點又有：「……，宣統三年八月通車至本邑之黎洞站，……，爲連江口站，……，爲英德站，由英德站至英德城計三里，……，爲河頭站，……，爲沙口站，……」〔註24〕英德沙口過後，「則爲曲江所屬之大坑站矣。」〔註25〕

廣九鐵路也是清代廣東的一條主要鐵路。番禺的部分墟市就在廣九鐵路的站點附近：梅溪市在廣九鐵路南岡站前；桃林市（即牛墟）在廣九鐵路吉山站後。〔註26〕鐵路站點爲附近的墟市帶來了客流、物流與商機。

水陸交通條件的改善，有利於提高物資的流通速度，亦有利於帶動沿途墟鎮的經濟發展。

三、人口流動

清代廣東人口流動現象較爲明顯。據載：「黎埠的同冠村村民多於乾隆至道光年間從惠州遷來。」〔註27〕再如：「（高要）富灣人亦多經商於廣西，日久占籍，成爲巨族」〔註28〕；又：「鐘錶爲應用之品，應用益多，修理益繁。省港澳之熟習此藝者，邑人占其大半，梧州鐘錶行工人則全系邑人也。」〔註29〕又「（高要）雕板之精細與雕石等，邑人習此藝者甚眾，類皆營業於各

國地方志集成》，上海：上海書店出版社，2003 年，第 371 頁。

〔註23〕〔民國〕吳鳳聲，余榮謀修；朱汝珍纂：《民國清遠縣志》卷一序，《中國地方志集成》，上海：上海書店出版社，2003 年，第 2 頁。

〔註24〕鄧士芬修；黃佛頤，凌鶴書等纂：《民國英德縣續志》卷之四建置略，《中國地方志集成》，上海：上海書店出版社，2003 年，第 586～587 頁。（記事至宣統三年）

〔註25〕鄧士芬修；黃佛頤，凌鶴書等纂：《民國英德縣續志》卷之四建置略，《中國地方志集成》，上海：上海書店出版社，2003 年，第 586～587 頁。（記事至宣統三年）

〔註26〕〔民國〕梁鼎芬等修，丁仁長等纂，《廣東省番禺縣續志》卷六建置墟市，臺北：成文出版社，1967 年版，第 110 頁。

〔註27〕譚偉倫、曾漢祥主編：《陽山、連山、連南的傳統社會與民俗》（上），香港：國際客家學會、海外華人資料研究中心、法國遠東學院2006，第 32 頁。

〔註28〕〔清〕馬呈圖纂輯：《廣東省宣統高要縣志》卷十一食貨篇二實業，臺北：成文出版社，1974 年版，第 483 頁。

〔註29〕〔清〕馬呈圖纂輯：《廣東省宣統高要縣志》卷十一食貨篇二實業，臺北：成文出版社，1974 年版，第 492 頁。

埠，梧州之雕板工亦皆邑人也。」〔註30〕又「（清遠）商賈工技，皆資別邑。」〔註31〕「康熙初，英德、長樂人來佃種，未幾龍川、永樂人亦至。當清丈時，客民占業寖廣，益引嘉應人雜空谷峒間，客民遂成土著焉。（據增城志修）」〔註32〕

　　特別是清中後期，廣東的人口流動愈加頻繁。如四會人口從清中期開始頻頻外流：「乾嘉以前，……，民無越境以謀生者，士之藉授徒以糊口者，亦上至廣寧而止。嘉慶末年，乃有遣子弟學工藝佐懋遷於佛山省城者，……。道光之初，……，遂相率往佛山、省城、以圖生計，而士亦多就館於省鎮南海各鄉。」又海陽：「工多奇技，商大小列廛，其挾貲以遊者，雖遠涉重洋而不爲憚。（康雍時服賈極遠，止及蘇松、乍浦、汀、贛、廣、惠之間，近數十載則海邦徧歷，而新加坡、暹羅尤多，列肆而居。）」〔註33〕

　　人口的流動引起地區人口置換。如南雄府始興縣，既出現了人口流出現象，亦出現了人口流入現象。首先，始興人多往外地謀生。據載：「清乾隆乙亥舊志淩元駒曰：……。所謂有可耕之人而無可耕之地也。以故就食者半在江湖，抑或散寄佛山、韶關、樂昌、保昌以及南安租鋪貿易以營生者，更復比比。……。」〔註34〕其次，到始興謀生者亦多。據〔民國〕《始興縣志》〔註35〕載：「若夫日常所需，如木器、竹器、鐵器、首飾、縫紉、刺繡、建築等工作，本境之工足供本境之求，惟油漆、藥材、銅器、錫器，邑人爲之者少，往往需諸外地工人焉。」〔註36〕又：「統計全邑貿易總額約一百六十萬元，輸出輸入各居其半，其輸出貨品只紙、炭兩項，有佛山、清遠商人來境販運，其餘則皆本邑

〔註30〕〔清〕馬呈圖纂輯：《廣東省宣統高要縣志》卷十一食貨篇二實業，臺北：成文出版社，1974 年版，第 492 頁。

〔註31〕〔清〕金光祖纂修：〔康熙〕《廣東通志》卷二十一風俗，廣東省地方史志辦公室輯：《廣東歷代方志集成》，廣州：嶺南美術出版社，2006 年，第 1443 頁。

〔註32〕〔清〕戴肇辰等修，史澄、李光廷等纂：〔光緒〕《廣州府志》卷九輿地略一，廣東省地方史志辦公室輯：《廣東歷代方志集成》，廣州：嶺南美術出版社，2007 年，第 167 頁。

〔註33〕〔清〕盧蔚獻修，吳道鎔纂，《廣東海陽縣志》卷七輿地略六，臺北：成文出版社，1967 版，第 62 頁。

〔註34〕〔民國〕陳及時等纂修《廣東省始興縣志》卷六建置略都里，臺北：成文出版社，1974 版，第 397～398 頁。

〔註35〕訖於宣統三年。

〔註36〕〔民國〕陳及時等纂修《廣東省始興縣志》卷四輿地略實業，臺北：成文出版社，1974 版，第 311～313 頁。

資本家爲之。各墟營業商店，邑人約占十之七，外地商人約占十之三，外地商人以廣州爲多，江西、福建、嘉應州次之，本境商業大略如此。」〔註 37〕又：「化柴爲炭，名曰雜炭，各山俱有，惟清遠港江工人較邑人爲擅長，每歲出產七八百萬斤，……。」〔註 38〕又：「海味（土人名曰京果）、鹹魚、欖豉、醬料、缸瓦、蜜餞、糖果、蕉荔柑橙俱由廣州運來，業此多南海之石井及周村人，每歲銷行價值七八萬元。」〔註 39〕這種清初人口流出，清末人口流入的現象，或許能反映始興經濟在清代取得了較大的發展。

　　清代廣東的人口流動伴隨著技術的傳播、商品的擴散、資金的流轉，這些都對墟市經濟的發展起到推動作用。同時，人流、物流、商流在運動過程中隱含著文化意識流的傳遞，這對傳統鄉村文化更新具有積極的意義。

四、商業傳統

　　廣東有商業傳統。據載：「（廣東）人物富庶，商賈阜通。（陳若沖記）」〔註 40〕珠三角沿海地區貿易興旺，如「郡城之俗，大抵尚文。而其東近質，其西過華，其南多貿易之場，而北則荒涼。」〔註 41〕又如番禺：「番禺大府，俗雜五方。海舶貿易，商賈交湊。」又「番禺大府，節制五嶺。秦漢以來，號爲都會。俗雜五方，海舶貿易，商賈輻輳。……（餘靖志）」〔註 42〕又如南海：「南海廣東一都會也。襟帶五嶺，控制百粵。海舶賈番以珠犀爲之貨，……。（趙叔盎《千佛塔記》）」〔註 43〕又東莞：「（東莞）商能致遠。」〔註 44〕又新寧：

〔註 37〕　〔民國〕陳及時等纂修《廣東省始興縣志》卷四輿地略實業，臺北：成文出版社，1974 版，第 318～319 頁。

〔註 38〕　〔民國〕陳及時等纂修《廣東省始興縣志》卷四輿地略實業，臺北：成文出版社，1974 版，第 314～316 頁。

〔註 39〕　〔民國〕陳及時等纂修《廣東省始興縣志》卷四輿地略實業，臺北：成文出版社，1974 版，第 317 頁。

〔註 40〕　〔清〕郝玉麟纂修：〔雍正〕《廣東通志》卷五十一風俗，廣東省地方史志辦公室輯：《廣東歷代方志集成》，廣州：嶺南美術出版社，2006 年，第 1598 頁。

〔註 41〕　〔清〕汪永瑞修：〔康熙〕《廣州府志》卷七風俗，廣東省地方史志辦公室輯：《廣東歷代方志集成》，廣州：嶺南美術出版社，2007 年，第 46 頁。

〔註 42〕　〔清〕郝玉麟纂修：〔雍正〕《廣東通志》卷五十一風俗，廣東省地方史志辦公室輯：《廣東歷代方志集成》，廣州：嶺南美術出版社，2006 年，第 1602 頁。

〔註 43〕　〔清〕郝玉麟纂修：〔雍正〕《廣東通志》卷五十一風俗，廣東省地方史志辦公室輯：《廣東歷代方志集成》，廣州：嶺南美術出版社，2006 年，第 1602 頁。

〔註 44〕　〔清〕汪永瑞修：〔康熙〕《廣州府志》卷七風俗，廣東省地方史志辦公室輯：

「（新寧）士農工商相參互作，士不廢耕，工商各業多行於農隙。」〔註45〕內陸地區也有悠久的商業歷史：如樂昌：「（樂昌）自瀧徑通行，商賈繽紛。」〔註46〕如連州：「連州人物富庶，商賈阜通。（宋陳若沖記）」〔註47〕又「（韶州）商不富，賈不巨，工不良，技不巧，歲時不事晏遊。爲農者不力於耕而運販鹽鈔，歲可以致富。（明統志）」〔註48〕故粵省從商者眾，據載：「夫粵地狹民稠，力穡者罕，逐末之氓十居六七」〔註49〕，即清代廣東從事商業的人口有可能超過半數。

外貿傳統。廣東外貿歷史悠久，至唐已興，據載：「海外諸國，日以通商。齒革羽毛之殷，魚鹽蜃蛤之利。上足以備庫之用，下足以贍江漢之求。（張九齡《大瘐嶺記》）」〔註50〕又有云：「舶貨『貨通獅子國』，昌黎嘗有是詩矣，山海爲天地，寶藏珍貨從出，有中國之所無，風化既通，梯航交集，以此之有易彼之無，古人貿通之良法也。廣爲蕃舶湊集之所，寶貨叢聚，……」〔註51〕至明尤盛。浪白澳、濠鏡澳都曾是中外貿易的主要地點。萬曆後，廣州還會舉行夏、冬兩次的外貿集市。〔註52〕由於對外貿易比對內貿易利潤要高，故廣東濱海之地，如高雷廉瓊皆私自與諸夷貿易，同時還帶動了爲出口服務的手工業生產。〔註53〕廣東對外貿易的傳統延續到清代，《乾隆廣州府志》

《廣東歷代方志集成》，廣州：嶺南美術出版社，2007 年，第 47 頁。

〔註45〕 〔清〕汪永瑞修：〔康熙〕《廣州府志》卷七風俗，廣東省地方史志辦公室輯：《廣東歷代方志集成》，廣州：嶺南美術出版社，2007 年，第 45 頁。

〔註46〕 〔清〕金光祖纂修：〔康熙〕《廣東通志》卷二十一風俗，廣東省地方史志辦公室輯：《廣東歷代方志集成》，廣州：嶺南美術出版社，2006 年，第 1444 頁。

〔註47〕 〔清〕汪永瑞修：〔康熙〕《廣州府志》卷七風俗，廣東省地方史志辦公室輯：《廣東歷代方志集成》，廣州：嶺南美術出版社，2007 年，第 45 頁、第 48 頁。

〔註48〕 〔清〕郝玉麟纂修：〔雍正〕《廣東通志》卷五十一風俗，廣東省地方史志辦公室輯：《廣東歷代方志集成》，廣州：嶺南美術出版社，2006 年，第 1598 頁。

〔註49〕 〔清〕鄭夢玉等修，梁紹獻等纂，《廣東省南海縣志》卷五建置略二，臺北：成文出版社，1967 年版，第 127～128 頁。

〔註50〕 〔清〕郝玉麟纂修：〔雍正〕《廣東通志》卷五十一風俗，廣東省地方史志辦公室輯：《廣東歷代方志集成》，廣州：嶺南美術出版社，2006 年，第 1602 頁。

〔註51〕 〔元〕陳大震、呂桂孫纂修：〔大德〕《南海志》卷七物產，廣東省地方史志辦公室輯：《廣東歷代方志集成》，廣州：嶺南美術出版社，2007 年，第 19 頁。

〔註52〕 李龍潛：《明代廣東三十六行考釋——兼論明代廣州、澳門的對外貿易和牙行制度》，李龍潛：《明清廣東社會經濟研究》，上海：上海古籍出版社，2006 年，第 202～229 頁。

〔註53〕 李龍潛：《明代廣東對外貿易及其對社會經濟的影響》，李龍潛：《明清廣東社會經濟研究》，上海：上海古籍出版社，2006 年，第 171～201 頁。

卷二《輿圖》云：「夷目番兵自爲守治，夷人皆按年輪派，冬去秋回，與中國貿易，自明至今其來亦云矣。夷性雖甚狡獷，然米薪皆仰給於香山、新會諸縣，有急則禁絕之，亦控制之一端云。」〔註54〕清代十三行貿易曾天下聞名。據載：「十三行互市天下大利也，而全粵賴之中外之貨坌集，天下四大鎮殆未如也。蠻樓矗起干雲，油窗粉壁，青鎖碧欄，竟街兼巷，無詐無虞，文螺翠羽，留犁撓酒，炰羔擘豚，乾嘉之間，其極盛者乎。」即使後來「十三行」被大火焚毀，廣州的對外貿易區幾易其地，但外貿仍在進行：「乃咸豐丙辰，天奪其魄，盡毀於火。後移市河南鼇洲等處，營繕草創，瑰麗巍峨，迥不逮昔。蓋各商樂居香港，獨司事留耳。迨己未，忽又言定移市中流沙，殆即拾翠洲，俗稱沙面。三城冶遊極繁華地，不思同鼹鼠飲河，乃欲如精衛填海。白鵝前導，香象未焚，沿岸各炮臺餘址鼇石尚多，盡徙而投之江，無過問者，復量沙畚土以實之。珠湄歌舫遷泊谷埠，謂將恢宏圖而復理故業也，費至二十餘萬，均由都門犒賞撥扣。昔之珠簾繡柱，煙波畫船，玉簫金管，頓作衰草黃沙，殘石廢堞，荒涼滿目，東海揚塵，滄桑遽閱耶，是可傷已。又自北岸開沖，起煤炭廠，迄油埠頭，各修石磡，並於石磡上築直路至連興街，接連塡平俗稱鬼基，乃八九年中始新建樓觀六七座，屹然如窣堵波湧，現樓臺於佛界，頗極莊嚴，誰尋閭巷於新豐，回異疇曩，似舉棋不定，仍享帚而自珍，乃至聚優伶誘博簺，黔驢之技殆可知已。」對外貿易不僅關乎廣東民生，而且涉及社會穩定及清皇朝的統治問題：「……，而市泊之利獨鉅。雖尋恆貨殖與蕃商水火無交者，亦因市泊之豐歉爲贏縮，倘仍舊觀，則百物駢臻，商賈輻輳，而全粵乂安矣。全粵乂安，戎氛永靖，然未敢必也。且吳楚閩越移市等處，亦未聞其珍藏盈牣也。甕算之愚，古今一轍，殆卒兩敗俱傷耳。（據南越遊記檔冊、採訪冊參修。）謹按檔冊塡海修路經費，半由官發給，半由各段紳民發給。其官發給之半，英法兩國僅認其半，又許歲輸僦值九十九圓三毫。附錄於此。」〔註55〕可見外貿經濟支撐廣東社會多個方面的發展，有利於促進社會的安定繁榮。

在重農不抑商的環境下，清代廣東墟市經濟獲得了較大的發展空間。

〔註54〕張海鵬主編《中葡關係史資料集》上卷，四川人民出版社，1999年，第86～87頁。

〔註55〕〔清〕鄭夢玉等修，梁紹獻等纂，《廣東省南海縣志》卷五建置略二，臺北：成文出版社，1967年版，第127～128頁。

五、特殊因素

鴉片戰爭後，促進廣東墟市經濟發展的特殊因素。鴉片戰爭前的廣東經濟，以自給自足的自然經濟爲主；鴉片戰爭後，廣東逐步淪爲半殖民地半封建社會，一系列新因素出現在廣東的社會經濟生活中，其中部分新因素對廣東墟市經濟發展具有積極意義：

（一）技術應用

商業環境得到進一步改善。據《粵海關十年報告（1882～1891）》載：「通過電報通訊，廣州已經和大清帝國最遙遠的地方聯結起來了；它已經有了自己的大眾化報紙和電燈；它擁有世界上最大的造幣廠；它的鄰近水域擠滿了本地人的小氣船；新的工業已開始出現，舊的工業也進行了種種改造；……。」〔註56〕又有謂：「至於出口方面，沒有出現引人注意的發展，只有草席和生絲這兩個重要商品中，才可以看到一些實質性的進展。這兩種商品的生產，從生產方法到設計，都有改進。」〔註57〕新技術的運用有利於新產品通過墟市貿易而向農村推廣。如清後期煤油能廣泛地滲入鄉村，則得益於廣東手工製造業對煤油燈生產新技術的掌握：「（瓊州）煤油進口的增加，在一方面來說，是廣東製造的煤油燈價格低廉的結果。……。（Trade Reports，1885 年，瓊州，p.361.）」〔註 58〕「煤油燈價格的低廉無疑地有利於煤油在鄉村人民中的銷行。……。（Trade Reports，1889 年，瓊州，p.497.）」〔註 59〕

（二）戰爭影響

戰爭使農村市場的資本及消費需求都有所增長。戰爭會使原來活躍於城市的資金與人口部分地流入鄉村。每當戰亂之時，城市的居民常會避難於鄉村，清初如此，據（康熙）《南海縣志》「國朝鼎新，……。省會兵馬雲屯，

〔註56〕 廣州市地方志編纂委員會辦公室，廣州海關志編纂委員會編譯：《近代廣州口岸經濟社會概況——粵海關報告彙集》，廣州：暨南大學出版社，1996 年，第851～852 頁。

〔註57〕 據廣州市地方志編纂委員會辦公室，廣州海關志編纂委員會編譯：《近代廣州口岸經濟社會概況——粵海關報告彙集》，廣州：暨南大學出版社，1996 年，第 858 頁。

〔註58〕 姚賢鎬：《中國近代對外貿易史資料（1840～1895）》第三冊，北京：中華書局，1962 年，第 1447 頁。

〔註59〕 姚賢鎬：《中國近代對外貿易史資料（1840～1895）》第三冊，北京：中華書局，1962 年，第 1447 頁。

故家巨室竄居村落。」〔註 60〕清後期亦如此，據《粵海關十年報告（1882～1891）》稱：「由於中法間局勢緊張，從 1882 年底到 1886 年初，本地（廣州）的歷史是一篇熾熱的備戰記錄。其間，不利於貿易的情況接連出現：其一，受中法之間的戰事影響，通往廣州的深水道－後航道－在（1884 年）9 月 8 日通知發出 4 小時後封閉了，因此，黃埔成了吃水較深船舶的唯一拋錨地。虎門（Bogue）以下的部分河道，需有能避水雷的引水員引領才能通行，而且夜間禁止航行。其二，有錢階層擔心廣州會遭到炮轟而把貴重物品和眷屬轉移到鄉間。其三，全省之內衝突不斷，如反基督教會及其信奉者的「暴動」，再如惠州起因於鹽稅爭端的大規模「騷亂」，等等。其四，1885 年西江和北江之間的洪水災害，據說造成了 2 萬多人死亡。局勢如此之動蕩，貿易自然疲滯不振，1882 年至 1886 年，廣州地區經濟一片蕭條。」〔註 61〕可見，清後期由於中法間局勢緊張，從 1882 年底到 1886 年初，全省之內，反教會、反鹽稅等爭端引起衝突不斷，廣州處於備戰狀態，封閉了珠江後航道。巨室竄居村落，大量的資金也會隨之轉移到鄉村地區，清後期的「有錢階層擔心廣州會遭到炮轟而把貴重物品和眷屬轉移到鄉間」就是明證之一。如此的富裕階層進入廣東鄉村，首先使鄉村的消費能力得到提升；其次，這部分人進入到鄉村地區後，還會對當地的手工業、商業等進行投資，直接為當地墟市經濟的運轉注入資金。

（三）僑匯推動

僑匯推動部分地區墟市經濟的發展。清中後期，廣東鄉村出洋謀生的民眾不斷增加，光緒年間「廣東出洋謀食者無慮數百萬人」〔註 62〕，他們彙回家鄉的僑匯，是當地墟市發展的動力之一。如高要：「回龍人則多往外洋，雪梨埠尤多，其民優裕勝於他區。（採訪冊）」〔註 63〕再如四會：「同治以來更遠赴外洋各埠矣。男既輕去其鄉，婦亦從而傚之，而奢華之習乃日甚一日，至

<hr>

〔註 60〕〔清〕郭爾伿、胡雲客修，冼國幹等纂：〔康熙〕《南海縣志》卷六風俗志，廣東省地方史志辦公室輯：《廣東歷代方志集成》，廣州：嶺南美術出版社，2007 年，第 120 頁。

〔註 61〕據廣州市地方志編纂委員會辦公室，廣州海關志編纂委員會編譯：《近代廣州口岸經濟社會概況——粵海關報告彙集》，廣州：暨南大學出版社，1996 年，第 848～850 頁。

〔註 62〕〔清〕李應珏：《廣東便覽》后言，光緒年間刻本，第 5 頁。

〔註 63〕〔清〕馬呈圖纂輯：《廣東省宣統高要縣志》卷十一食貨篇二實業，臺北：成文出版社，1974 年版，第 483 頁。

於今爲極。還醇反樸未知何時，有心人不禁翠然高望者矣。」〔註64〕又開平：「此素風大變。於光緒中葉以來，又男多出洋，女司耕作」〔註65〕；「邑中作賈於各省者司徒族人爲多，餘或向美洲發展，則又工富商貧，以貨稅太重，難獲利也。」〔註66〕又恩平：「邑人向業耕稼，遠出逐利者少。光緒而後，聞鄰邑經商海外者纍載而歸，心焉嚮往，乃抛棄父母妻子，近適南洋，遠至歐美，或洗衣裳或種瓜菜，得以汗血所蓄，彙歸故鄉，邑中得此灌輸，困難稍減，……。〔註67〕其遠涉重洋者所得資財雖較內地爲優，但競尙奢華，勢難持久。」〔註68〕僑匯提升地區消費能力，從而拉動墟市經濟發展。

（四）外資刺激

鴉片戰爭之後，外國資本在廣東投資設廠，使更多的勞動者轉移到手工行業。不斷增加的手工業工人的日常所需皆依賴於市場，導致市場的需求量呈上升之勢，這一力量帶動墟市發展。據載：「（汕頭）抽紗屬於家庭工業，起源於約二十三年前，由美國浸禮會授予女基督教徒的職業。產品都送到美國出售，利潤一部分分給女工們，一部分用來興辦教育，……。抽紗一家一家地逐漸傳佈開來，不久，又開設了一些抽紗店鋪，許多人，包括一些基督教徒，都因此致富。抽紗業的繁盛就是依靠賤價的勞動和出口免稅的特許。……約十年前，經營抽紗的店鋪只有十幾家，近來店鋪和抽紗的人家數目都大大增加。除很少幾家自己雇有工人（女工）的資本家企業外，抽紗品物大多從揭陽、潮陽、澄海等地收購，送至潮州府刺繡，然後來到汕頭洗滌包裝輸往香港、廈門、上海、印度、安南，再從這些地方運往歐美。大抽紗行直接將貨物運往西洋市場，小販也直接賣給路過該口岸的輪船乘客，由於這些負販，和很多抽花都是用包裹運出，所以每年的產量不可能得到一個可靠的數字，最高的利潤是由直接運往歐美銷售的抽紗獲得的。（Decennial

〔註64〕〔清〕陳志喆等修，吳大猷纂，《廣東省四會縣志》編一風俗，臺北：成文出版社，1967 年版，第 108～109 頁。

〔註65〕〔民國〕余榮謀修，張啓煌纂，《廣東省開平縣志》卷五輿地下，臺北：成文出版社，1966 年版，第 46 頁。

〔註66〕〔民國〕余榮謀修，張啓煌纂，《廣東省開平縣志》卷五輿地下，臺北：成文出版社，1966 年版，第 46 頁。

〔註67〕〔民國〕余丕承等修；桂玷等纂，《廣東省恩平縣志》卷之四輿地三風俗，臺北：成文出版社，1974 年版，第 166～167 頁。

〔註68〕〔民國〕余丕承等修；桂玷等纂，《廣東省恩平縣志》卷之四輿地三風俗，臺北：成文出版社，1974 年版，第 182～183 頁。

Reports, 1912-1921, Vol. II, pp.178-179）」〔註69〕清後期汕頭外資抽紗業形成了一定規模的生產及銷售鏈條，其中抽紗女工及商人、小販的衣食住行都要依靠市場來解決，其抽紗產品亦需在市場上交換，這是一股帶動潮汕地區市場（包括墟市）發展的強大力量。

（五）外貿需求

外貿市場需求量的增長，也是促進清代廣東墟市發展的因素之一。清代，特別是清後期，國外市場對廣東產品保持一定的需求量，據《粵海關十年報告（1892～1901）》載：「根據我們的統計，出口一般皆有下降。但是，這並不意味著市場對廣東產品的需求已經減少，實際上，需求遠遠超過供應。只不過由於出口貿易的大部分是由民船運載去香港的，因而未能在我們的統計數字上反映出來。⋯⋯。在許多情況下，貨物直接由民船運往香港，然後就在香港直接轉裝上遠洋巨輪。」〔註70〕外國市場的需求，引起了廣東手工業的變革，從而導致墟市商品品類的增加。據載：「出口的草席達 228,929 捆，價值 123,957 磅，主要輸往美國，⋯⋯。在英國草席的用途不大，不過製造商對此很關心，他們表示，如果有關方面經常鼓勵，中國人將會常改進他們原來的樣式，現在正在編織一百多種不同的花樣，來代替三十多年前我初到這裏的時候所看到的那三種時髦樣式。（Commercial Reports，1889 年，廣州，pp.2-3.）」〔註71〕由此似乎可以推斷，在外國需求的影響下，清後期廣東墟市的草席種類就比以前增加了大概一百種。

清代廣東變動的社會條件，推動清代廣東墟市系統向複雜多變的方向演化。

第三節　產業狀況

農業、手工業、礦業等產業是清代廣東墟市發展的基礎。首先，農、工、礦各業為墟市貿易提供用於銷售的產品；其次，農、工、礦各業為墟市貿易

〔註69〕彭澤益編：《中國近代手工業史資料》（第二卷），北京：中華書局，1962 年，第 410～411 頁。

〔註70〕據廣州市地方志編纂委員會辦公室，廣州海關志編纂委員會編譯：《近代廣州口岸經濟社會概況——粵海關報告彙集》，廣州：暨南大學出版社，1996 年，第 911～912 頁。

〔註71〕姚賢鎬：《中國近代對外貿易史資料（1840～1895）》第三冊，北京：中華書局，1962 年，第 1452 頁。

培育消費人群。所以，農業、手工業、礦業等行業的發展，意味著墟市貿易的供應量與需求量同時增加，墟市經濟在其拉動下亦會取得一定的發展。

一、農 業

清代廣東農業，門類齊全，計有種植業、林業、畜牧業、漁業等部門。

（一）種植業

1、糧食作物種植業

主要糧食產品有稻、麥、豆、薯等：南海穀〔註72〕；香山穀〔註73〕；龍門穀〔註74〕；番禺稻〔註75〕；石岐大米和稻穀〔註76〕；江門大米和稻穀〔註77〕；新會河沿岸各港口大米和稻穀〔註78〕；翁源米〔註79〕；英德穀〔註80〕；石城稻粱〔註81〕；英德麥〔註82〕；龍門麥〔註83〕；英德豆〔註84〕；香山荷蘭

〔註72〕〔清〕鄭夢玉等修，梁紹獻等纂：《廣東省南海縣志》卷五建置略二，臺北：成文出版社，1967年版，第129頁。

〔註73〕資料來源：〔清〕屬式金修，汪文炳、張丕基纂：《廣東省香山縣志》卷二輿地，臺北：成文出版社，1967年版，第69頁。

〔註74〕〔民國〕招念慈修，鄔慶時等纂：《廣東省龍門縣志》卷六縣民志二，臺北：成文出版社，1974年版，第112頁。

〔註75〕〔清〕屈大均：《廣東新語》，北京：中華書局，1985年，2006年重印，第634頁。

〔註76〕拱北海關志編輯委員會編：《拱北關史料集》，珠海：拱北海關1998年，第271頁。

〔註77〕拱北海關志編輯委員會編：《拱北關史料集》，珠海：拱北海關1998年，第271頁。

〔註78〕拱北海關志編輯委員會編：《拱北關史料集》，珠海：拱北海關1998年，第271頁。

〔註79〕〔民國〕陳及時等纂修：《廣東省始興縣志》卷六建置略墟市，臺北：成文出版社，1974版，第464頁。

〔註80〕〔清〕黃培爍，劉濟寬修；陸殿邦纂：《道光英德縣志》卷之四輿地略下風俗，《中國地方志集成》，上海：上海書店出版社，2003年，第313頁。

〔註81〕〔民國〕鍾喜焯修，江珣纂：《廣東省石城縣志》卷二輿地志下實業，臺北：成文出版社，1974版，第191～192頁。

〔註82〕〔清〕黃培爍，劉濟寬修；陸殿邦纂：《道光英德縣志》卷之四輿地略下風俗，《中國地方志集成》，上海：上海書店出版社，2003年，第313頁。

〔註83〕〔民國〕招念慈修，鄔慶時等纂：《廣東省龍門縣志》卷六縣民志二，臺北：成文出版社，1974年版，第112頁。

〔註84〕〔清〕黃培爍，劉濟寬修；陸殿邦纂：《道光英德縣志》卷之四輿地略下風俗，《中國地方志集成》，上海：上海書店出版社，2003年，第313頁。

薯〔註85〕；石城番薯〔註86〕；等等。

2、經濟作物種植業

（1）種茶業。茶葉種植地區較爲分散。如珠三角的廣州有河南三十三村茶〔註87〕、南海西樵茶〔註88〕、新安茶〔註89〕。粵北與西江地區也有茶葉的種植：「茶葉種植於本省北部高地和西江右岸地區」〔註90〕，粵北茶有英德山茶〔註91〕及清遠茶〔註92〕等類型。新會河沿岸也產粗茶〔註93〕。

（2）種煙業。種煙業主要集中在粵北及新會地區，據載：「煙草種植於梅嶺關北部的南雄州地區以及靠近澳門的新會地區。〔註94〕」。廣東煙的品種主要有：始興黃菸〔註95〕；始興黑菸〔註96〕；江門煙葉〔註97〕；等等。

〔註85〕　資料來源：〔清〕屬式金修，汪文炳、張丕基纂：《廣東省香山縣志》卷二輿地，臺北：成文出版社，1967 年版，第 69 頁。

〔註86〕　〔民國〕鍾喜焯修，江珣纂：《廣東省石城縣志》卷二輿地志下實業，臺北：成文出版社，1974 版，第 191～192 頁。

〔註87〕　〔清〕屈大均：《廣東新語》，北京：中華書局，1985 年，2006 年重印，第 384 頁。

〔註88〕　〔清〕屈大均：《廣東新語》，北京：中華書局，1985 年，2006 年重印，第 384 頁。

〔註89〕　〔清〕張嗣衍修，沈廷芳纂：〔乾隆〕《廣州府志》卷四十八物產，廣東省地方史志辦公室輯：《廣東歷代方志集成》，廣州：嶺南美術出版社，2007 年，第 1065 頁。

〔註90〕　據廣州市地方志編纂委員會辦公室，廣州海關志編纂委員會編譯：《近代廣州口岸經濟社會概況──粵海關報告彙集》，廣州：暨南大學出版社，1996 年，第 886 頁。

〔註91〕　〔清〕黃培燦，劉濟寬修；陸殿邦纂：《道光英德縣志》卷之四輿地略下風俗，《中國地方志集成》，上海：上海書店出版社，2003 年，第 313 頁。

〔註92〕　〔民國〕吳鳳聲，余榮謀修；朱汝珍纂：《民國清遠縣志》卷十四土產物，《中國地方志集成》，上海：上海書店出版社，2003 年，第 454 頁。

〔註93〕　拱北海關志編輯委員會編：《拱北關史料集》，珠海：拱北海關 1998 年，第 271 頁。

〔註94〕　據廣州市地方志編纂委員會辦公室，廣州海關志編纂委員會編譯：《近代廣州口岸經濟社會概況──粵海關報告彙集》，廣州：暨南大學出版社，1996 年，第 887 頁。

〔註95〕　〔民國〕陳及時等纂修：《廣東省始興縣志》卷四輿地略實業，臺北：成文出版社，1974 版，第 315 頁。

〔註96〕　〔民國〕陳及時等纂修：《廣東省始興縣志》卷四輿地略實業，臺北：成文出版社，1974 版，第 315 頁。

〔註97〕　拱北海關志編輯委員會編：《拱北關史料集》，珠海：拱北海關 1998 年，第 271 頁。

（3）糖料作物種植業。清代的廣東的糖料作物主要是甘蔗。清代廣東甘蔗主要在北回歸線以南地區種植，據載：「甘蔗種植在汕頭地區、東江兩岸、番禺、東莞、增城、陽春、雷州府和海南。」〔註98〕

（4）油料作物種植業。清代廣東的油料作物品種較多，主要有茶子、花生、脂麻等。

茶子多在粵北：連州茶子〔註99〕、始興茶子〔註100〕；花生種植廣泛：如有英德花生〔註101〕、石城花生〔註102〕，又有清遠花生：「（清遠）落花生，邑人多植之，八九月時收成，……」〔註103〕又有開平花生：「（開平）花生，……。從前邑人近山者多種之，尤以長塘洞、蜆岡等地方為最多。除當小品啖食外，概用以榨油，其渣為豆麩，可糞田，利甚溥。為邑中出產一大宗。」〔註104〕。脂麻盛產於高州府：如電白與石城產脂麻，據載：「脂麻，……，電白沙院多，石城所產尤盛，通行外洋」〔註105〕。

（5）調料作物種植業。桂：羅定州肉桂（肉桂只在西江南岸的羅定州種植〔註106〕）；高要桂〔註107〕。薑：番禺薑〔註108〕；肇慶薑、西北部薑（生薑

〔註98〕 據廣州市地方志編纂委員會辦公室，廣州海關志編纂委員會編譯：《近代廣州口岸經濟社會概況——粵海關報告彙集》，廣州：暨南大學出版社，1996 年，第 886～887 頁。

〔註99〕 〔清〕屈大均：《廣東新語》，北京：中華書局，1985 年，2006 年重印，第 634 頁。

〔註100〕 〔清〕屈大均：《廣東新語》，北京：中華書局，1985 年，2006 年重印，第 634 頁。

〔註101〕 〔清〕黃培燦，劉濟寬修；陸殿邦纂：《道光英德縣志》卷之四輿地略下風俗，《中國地方志集成》，上海：上海書店出版社，2003 年，第 313 頁。

〔註102〕 〔民國〕鍾喜焞修，江珣纂，《廣東省石城縣志》卷二輿地志下實業，臺北：成文出版社，1974 版，第 191～192 頁。

〔註103〕 〔清〕李文煊修，朱潤芸等纂，《廣東省清遠縣志》卷二輿地，臺北：成文出版社，1967 年版，第 28 頁。

〔註104〕 〔民國〕余榮謀修，張啓煌纂，《廣東省開平縣志》卷六輿地下，臺北：成文出版社，1966 年版，第 58 頁。

〔註105〕 〔清〕楊霽修，陳蘭彬纂，《廣東省高州府志》卷七輿地七物產，臺北：成文出版社，1967 版，第 86 頁。

〔註106〕 據廣州市地方志編纂委員會辦公室，廣州海關志編纂委員會編譯：《近代廣州口岸經濟社會概況——粵海關報告彙集》，廣州：暨南大學出版社，1996 年，第 886 頁。

〔註107〕 〔清〕馬呈圖纂輯：《廣東省宣統高要縣志》卷十一食貨篇二實業，臺北：成文出版社，1974 年版，第 484 頁。

〔註108〕 〔清〕屈大均：《廣東新語》，北京：中華書局，1985 年，2006 年重印，第

生長在毗鄰苗族地區的丘陵地帶和本省西北部，據說那裏廣泛種植這種植物。西江肇慶府也種植生薑）〔註109〕；新興薑〔註110〕。另有八角、蒜頭等：八角產於北海附近地區〔註111〕，石城出蒜頭〔註112〕。

（6）布料作物種植業。在布料作物中，葛的類型較爲多樣，計有石城正葛〔註113〕，澄邁、樂會、臨高等地的美人葛〔註114〕，順德龍江葛〔註115〕，陽春春葛〔註116〕，博羅善政葛〔註117〕，朝陽鳳葛〔註118〕，等等。另有棉花、苧麻、吉貝等產品，如高州棉花、〔註119〕新會細苧〔註120〕、南海吉貝〔註121〕等。

（7）編料作物種植業。編料作物主要用於編織地席、斗笠等產品，最爲著名的是新會的蒲葵及東莞的席草。據載：「蒲葵：……。新會之西沙頭、西

706 頁。

〔註109〕據廣州市地方志編纂委員會辦公室，廣州海關志編纂委員會編譯：《近代廣州口岸經濟社會概況——粵海關報告彙集》，廣州：暨南大學出版社，1996 年，第 886 頁。

〔註110〕〔清〕屈大均：《廣東新語》，北京：中華書局，1985 年，2006 年重印，第 706 頁。

〔註111〕據廣州市地方志編纂委員會辦公室，廣州海關志編纂委員會編譯：《近代廣州口岸經濟社會概況——粵海關報告彙集》，廣州：暨南大學出版社，1996 年，第 887 頁。

〔註112〕〔民國〕鍾喜焯修，江珣纂，《廣東省石城縣志》卷二輿地志下實業，臺北：成文出版社，1974 版，第 191～192 頁。

〔註113〕〔清〕屈大均：《廣東新語》，北京：中華書局，1985 年，2006 年重印，第 423 頁。

〔註114〕〔清〕屈大均：《廣東新語》，北京：中華書局，1985 年，2006 年重印，第 423 頁。

〔註115〕〔清〕屈大均：《廣東新語》，北京：中華書局，1985 年，2006 年重印，第 423 頁。

〔註116〕〔清〕屈大均：《廣東新語》，北京：中華書局，1985 年，2006 年重印，第 423 頁。

〔註117〕〔清〕屈大均：《廣東新語》，北京：中華書局，1985 年，2006 年重印，第 423 頁。

〔註118〕〔清〕屈大均：《廣東新語》，北京：中華書局，1985 年，2006 年重印，第 423 頁。

〔註119〕〔清〕彭貽蓀修，彭步瀛纂，《廣東省化州志》卷二物產，臺北：成文出版社，1974 版，第 207 頁。

〔註120〕〔清〕屈大均：《廣東新語》，北京：中華書局，1985 年，2006 年重印，第 423 頁。

〔註121〕據〔清〕屈大均：《廣東新語》，北京：中華書局，1985 年，2006 年重印，第 634 頁。

湧、禮樂、新魁滘諸鄉多種之，名曰葵田，最宜為扇。扇大者二三尺可以蔽日，其葉末作蓑笠、蕈席、坐團，亦以編屋代瓦，凡新會男女所以資生多出蒲葵焉。……，大抵貨之遠近精粗皆有。」〔註122〕又有謂：「（地席）織造之佳，東莞為最，是以人爭購之，頗為獲利。連灘所出之席，則不甚佳，乃因風雨太多，致傷草質。聞得東莞之草，亦有運往連灘織造者，乃因該處工廉故也。（光緒三十四年九龍口華洋貿易情形論略，通商各關華洋貿易總冊，下卷，頁100）〔註123〕」由此可以推斷，東莞的席草種植業發展較好。除此之外，其它編料作物還有：陽江油葵〔註124〕、恩平油葵〔註125〕、高要芏草〔註126〕、東莞席草〔註127〕、連灘席草〔註128〕。

（8）瓜果作物種植業。水果品種豐富。水果大宗為荔枝及龍眼，荔枝生產主要集中在珠三角一帶，如有：南海荔枝〔註129〕、番禺荔枝〔註130〕、香山荔枝〔註131〕、順德荔枝〔註132〕、東莞荔枝〔註133〕、增城荔枝〔註134〕；另新

〔註122〕〔清〕林星章修，黃培芳等纂，《廣東省新會縣志》卷二物產，臺北：成文出版社，1966 年版，第 63 頁。

〔註123〕彭澤益編：《中國近代手工業史資料》（第二卷），北京：中華書局，1962 年，第 408 頁。

〔註124〕〔清〕屈大均：《廣東新語》，北京：中華書局，1985 年，2006 年重印，第 664 頁。

〔註125〕〔清〕屈大均：《廣東新語》，北京：中華書局，1985 年，2006 年重印，第 664 頁。

〔註126〕〔清〕馬呈圖纂輯：《廣東省宣統高要縣志》卷十一食貨篇二實業，臺北：成文出版社，1974 年版，第 485 頁。

〔註127〕彭澤益編：《中國近代手工業史資料》（第二卷），北京：中華書局，1962 年，第 407 頁。

〔註128〕彭澤益編：《中國近代手工業史資料》（第二卷），北京：中華書局，1962 年，第 407 頁。

〔註129〕〔清〕屈大均：《廣東新語》，北京：中華書局，1985 年，2006 年重印，第 634 頁。

〔註130〕〔清〕屈大均：《廣東新語》，北京：中華書局，1985 年，2006 年重印，第 622 頁。

〔註131〕資料來源：〔清〕厲式金修，汪文炳、張丕基纂，《廣東省香山縣志》卷二輿地，臺北：成文出版社，1967 年版，第 69 頁。

〔註132〕〔清〕屈大均：《廣東新語》，北京：中華書局，1985 年，2006 年重印，第 622 頁。

〔註133〕〔清〕屈大均：《廣東新語》，北京：中華書局，1985 年，2006 年重印，第 625 頁。

〔註134〕〔清〕屈大均：《廣東新語》，北京：中華書局，1985 年，2006 年重印，第 621、634 頁。

興也有香荔〔註 135〕。龍眼有：香山龍眼〔註 136〕；番禺龍眼〔註 137〕；廉州龍
眼〔註 138〕；順德龍眼〔註 139〕。其它蕉、欖、梅、柑、檳榔、椰子等數不勝
數：香山烏欖〔註 140〕；番禺柑桔、梅、香蕉、梨、栗、橄欖等〔註 141〕；歸
善欖〔註 142〕；增城仁面〔註 143〕；香山大蕉〔註 144〕；四會魚凍柑〔註 145〕；
四會柑橘、四會香櫞〔註 146〕；新興柑橘〔註 147〕；曲江大庾多梅〔註 148〕；
博羅羅浮梅〔註 149〕；檳榔——檳榔樹的果實——生產於海南島和西部海岸一
帶。〔註 150〕「檳榔、椰子、南椰」〔註 151〕；茂名欖〔註 152〕；海康欖〔註 153〕；

〔註 135〕〔清〕屈大均：《廣東新語》，北京：中華書局，1985 年，2006 年重印，第
　　　　　623 頁。
〔註 136〕資料來源：〔清〕屬式金修，汪文炳、張丕基纂，《廣東省香山縣志》卷二興
　　　　　地，臺北：成文出版社，1967 年版，第 69 頁。
〔註 137〕〔清〕屈大均：《廣東新語》，北京：中華書局，1985 年，2006 年重印，第
　　　　　622～626 頁。
〔註 138〕〔清〕屈大均：《廣東新語》，北京：中華書局，1985 年，2006 年重印，第
　　　　　626 頁。
〔註 139〕〔清〕屈大均：《廣東新語》，北京：中華書局，1985 年，2006 年重印，第
　　　　　622 頁。
〔註 140〕資料來源：〔清〕屬式金修，汪文炳、張丕基纂，《廣東省香山縣志》卷二興
　　　　　地，臺北：成文出版社，1967 年版，第 69 頁。
〔註 141〕〔清〕屈大均：《廣東新語》，北京：中華書局，1985 年，2006 年重印，第
　　　　　633～634 頁。
〔註 142〕〔清〕屈大均：《廣東新語》，北京：中華書局，1985 年，2006 年重印，第
　　　　　628 頁。
〔註 143〕〔清〕屈大均：《廣東新語》，北京：中華書局，1985 年，2006 年重印，第
　　　　　639 頁。
〔註 144〕資料來源：〔清〕屬式金修，汪文炳、張丕基纂，《廣東省香山縣志》卷二興
　　　　　地，臺北：成文出版社，1967 年版，第 69 頁。
〔註 145〕〔清〕屈大均：《廣東新語》，北京：中華書局，1985 年，2006 年重印，第
　　　　　633 頁。
〔註 146〕〔清〕屈大均：《廣東新語》，北京：中華書局，1985 年，2006 年重印，第
　　　　　634 頁。
〔註 147〕〔清〕屈大均：《廣東新語》，北京：中華書局，1985 年，2006 年重印，第
　　　　　634 頁。
〔註 148〕〔清〕屈大均：《廣東新語》，北京：中華書局，1985 年，2006 年重印，第
　　　　　634 頁。
〔註 149〕〔清〕屈大均：《廣東新語》，北京：中華書局，1985 年，2006 年重印，第
　　　　　634 頁。
〔註 150〕據廣州市地方志編纂委員會辦公室，廣州海關志編纂委員會編譯：《近代廣州
　　　　　口岸經濟社會概況——粵海關報告彙集》，廣州：暨南大學出版社，1996 年，
　　　　　第 887 頁。

檳榔〔註154〕；檳榔〔註155〕；石城柑橙〔註156〕；等等。瓜菜類作物也不少，
如：南海瓜菜〔註157〕；番禺西瓜、金瓜〔註158〕；石岐新鮮蔬菜〔註159〕；江
門新鮮蔬菜〔註160〕；香山椰菜〔註161〕；等等。

（二）林　業

清代廣東林業主要集中在山區發展，如粵北是重要的杉木生產基地，據
載：「杉木產地，始興占十之八，南雄、仁化、曲江占十之二」〔註162〕。此
外，始興竹木〔註163〕、清遠杉〔註164〕、始興杉木〔註165〕、始興松木〔註166〕

〔註151〕〔清〕陳述芹纂修《廣東省瓊東縣志（舊名會同縣志）》建置卷三，臺北：成文出版社，1974年版，第74～75頁。
〔註152〕〔清〕屈大均：《廣東新語》，北京：中華書局，1985年，2006年重印，第628頁。
〔註153〕〔清〕屈大均：《廣東新語》，北京：中華書局，1985年，2006年重印，第628頁。
〔註154〕〔清〕屈大均：《廣東新語》，北京：中華書局，1985年，2006年重印，第628頁。
〔註155〕〔清〕屈大均：《廣東新語》，北京：中華書局，1985年，2006年重印，第628頁。
〔註156〕〔民國〕鍾喜焯修，江珣纂，《廣東省石城縣志》卷二輿地志下實業，臺北：成文出版社，1974版，第191～192頁。
〔註157〕〔清〕鄭夢玉等修，梁紹獻等纂，《廣東省南海縣志》卷五建置略二，臺北：成文出版社，1967年版，第129頁。
〔註158〕〔清〕屈大均：《廣東新語》，北京：中華書局，1985年，2006年重印，第705頁。
〔註159〕拱北海關志編輯委員會編：《拱北關史料集》，珠海：拱北海關1998年，第271頁。
〔註160〕拱北海關志編輯委員會編：《拱北關史料集》，珠海：拱北海關1998年，第271頁。
〔註161〕資料來源：〔清〕厲式金修，汪文炳、張丕基纂，《廣東省香山縣志》卷二輿地，臺北：成文出版社，1967年版，第69頁。
〔註162〕〔民國〕陳及時等纂修《廣東省始興縣志》卷四輿地略實業，臺北：成文出版社，1974版，第314頁。
〔註163〕〔民國〕陳及時等纂修《廣東省始興縣志》卷六建置略墟市，臺北：成文出版社，1974版，第464頁。
〔註164〕〔民國〕吳鳳聲，余榮謀修；朱汝珍纂：《民國清遠縣志》卷十四土產物，《中國地方志集成》，上海：上海書店出版社，2003年，第454頁。
〔註165〕〔民國〕陳及時等纂修《廣東省始興縣志》卷四輿地略實業，臺北：成文出版社，1974版，第314頁。
〔註166〕〔民國〕陳及時等纂修《廣東省始興縣志》卷四輿地略實業，臺北：成文出版社，1974版，第315頁。

等也是重要的林業產品。另有廣寧、懷集杉竹〔註167〕；龍門杉木、苗竹、丹竹〔註168〕；等等。

（三）飼養業

清代廣東主要飼養雞鴨、鵝、豬、牛、羊等家禽家畜，據載：「畜牧之業，牛羊雞豕，家自豢養，⋯⋯。」〔註169〕飼養業各地都有，故產品種類多樣，如有：南海豬〔註170〕、龍門生豬〔註171〕、陽江豬〔註172〕、高州豬〔註173〕、水東豬〔註174〕、雷州豬〔註175〕、南海雞鴨〔註176〕、番禺雞鵝鴨〔註177〕、龍門雞鵝鴨〔註178〕、南海貓狗〔註179〕，等等，另有南海蠶〔註180〕的飼養。

〔註167〕〔清〕陳志喆等修，吳大猷纂，《廣東省四會縣志》編一物產，臺北：成文出版社，1967 年版，第 121 頁。

〔註168〕〔民國〕招念慈修，鄔慶時等纂，《廣東省龍門縣志》卷六縣民志二，臺北：成文出版社，1974 年版，第 112 頁。

〔註169〕〔民國〕鍾喜焯修，江珣纂，《廣東省石城縣志》卷二輿地志下實業，臺北：成文出版社，1974 版，第 192 頁。

〔註170〕〔清〕鄭夢玉等修，梁紹獻等纂，《廣東省南海縣志》卷五建置略二，臺北：成文出版社，1967 年版，第 129 頁。

〔註171〕〔民國〕招念慈修，鄔慶時等纂，《廣東省龍門縣志》卷六縣民志二，臺北：成文出版社，1974 年版，第 112 頁。

〔註172〕拱北海關志編輯委員會編：《拱北關史料集》，珠海：拱北海關 1998 年，第 271 頁。

〔註173〕拱北海關志編輯委員會編：《拱北關史料集》，珠海：拱北海關 1998 年，第 271 頁。

〔註174〕拱北海關志編輯委員會編：《拱北關史料集》，珠海：拱北海關 1998 年，第 271 頁。

〔註175〕拱北海關志編輯委員會編：《拱北關史料集》，珠海：拱北海關 1998 年，第 271 頁。

〔註176〕〔清〕鄭夢玉等修，梁紹獻等纂，《廣東省南海縣志》卷五建置略二，臺北：成文出版社，1967 年版，第 129 頁。

〔註177〕〔民國〕梁鼎芬等修，丁仁長等纂，《廣東省番禺縣續志》卷六建置墟市，臺北：成文出版社，1967 年版，第 109 頁。

〔註178〕〔民國〕招念慈修，鄔慶時等纂，《廣東省龍門縣志》卷六縣民志二，臺北：成文出版社，1974 年版，第 112 頁。

〔註179〕〔清〕鄭夢玉等修，梁紹獻等纂，《廣東省南海縣志》卷五建置略二，臺北：成文出版社，1967 年版，第 129 頁。

〔註180〕〔清〕鄭夢玉等修，梁紹獻等纂，《廣東省南海縣志》卷五建置略二，臺北：成文出版社，1967 年版，第 129 頁。

（四）水產業

廣東地區河流眾多，海岸線長，漁業發達。其中，珠江三角洲的水產養殖業最爲發達，蠔田蜆塘隨處可見，如有：南海蠔田、蜆塘〔註181〕；東莞蠔田〔註182〕；香山蠔田〔註183〕；新安蠔田〔註184〕；番禺白蜆塘〔註185〕；等等。水產品豐富，如有：九江魚花〔註186〕；南海魚種〔註187〕；高要魚苗〔註188〕；九江魚〔註189〕；南海塘魚〔註190〕；番禺魚〔註191〕；高要塘魚〔註192〕；番禺茭塘村蠔〔註193〕；東莞蠔〔註194〕；香山蠔〔註195〕；新安蠔〔註196〕；番禺泥

〔註181〕〔清〕屈大均：《廣東新語》，北京：中華書局，1985 年，2006 年重印，第 576 頁。

〔註182〕〔清〕屈大均：《廣東新語》，北京：中華書局，1985 年，2006 年重印，第 576 頁。

〔註183〕〔清〕屈大均：《廣東新語》，北京：中華書局，1985 年，2006 年重印，第 577 頁。

〔註184〕〔清〕屈大均：《廣東新語》，北京：中華書局，1985 年，2006 年重印，第 576 頁。

〔註185〕〔清〕屈大均：《廣東新語》，北京：中華書局，1985 年，2006 年重印，第 578 頁。

〔註186〕〔清〕屈大均：《廣東新語》，北京：中華書局，1985 年，2006 年重印，第 556～557 頁。

〔註187〕〔清〕鄭夢玉等修，梁紹獻等纂，《廣東省南海縣志》卷五建置略二，臺北：成文出版社，1967 年版，第 129 頁。

〔註188〕〔清〕馬呈圖纂輯：《廣東省宣統高要縣志》卷十一食貨篇二實業，臺北：成文出版社，1974 年版，第 486 頁。

〔註189〕〔清〕屈大均：《廣東新語》，北京：中華書局，1985 年，2006 年重印，第 556～557 頁。

〔註190〕〔清〕鄭夢玉等修，梁紹獻等纂，《廣東省南海縣志》卷五建置略二，臺北：成文出版社，1967 年版，第 129 頁。

〔註191〕〔民國〕梁鼎芬等修，丁仁長等纂，《廣東省番禺縣續志》卷六建置墟市，臺北：成文出版社，1967 年版，第 109 頁。

〔註192〕〔清〕馬呈圖纂輯：《廣東省宣統高要縣志》卷十一食貨篇二實業，臺北：成文出版社，1974 年版，第 487 頁。

〔註193〕〔清〕屈大均：《廣東新語》，北京：中華書局，1985 年，2006 年重印，第 557 頁。

〔註194〕〔清〕屈大均：《廣東新語》，北京：中華書局，1985 年，2006 年重印，第 576 頁。

〔註195〕〔清〕屈大均：《廣東新語》，北京：中華書局，1985 年，2006 年重印，第 577 頁。

〔註196〕〔清〕屈大均：《廣東新語》，北京：中華書局，1985 年，2006 年重印，第 576 頁。

蝦〔註197〕；新會蝦春、香山蝦、新寧蝦、新安蝦；〔註198〕等等。除珠三角外，東、西海岸以及瓊州府等各沿海地區，漁業亦很發達。如陸豐烏土敢市「多貿易海產」〔註199〕。水產豐富使得廣東的水產加工品種類也很多，僅瓊山一地就有「曬蜆、魚漂、海參、蝦苗醬」〔註200〕等水產加工品。

清代廣東農業商品化有加深的趨勢，產業水平得到進一步提高，這表現在專業分工細緻、產品品類繁多等方面。清代農業如此之發展狀況，直接或間接地推動清代廣東墟市的發展。

二、手工業

清代廣東的手工業已經具備相當的水平，其中，紡織業、編織業，以及器具加工業最為發達，其分佈範圍廣，產品種類豐富。其它行業也各具特色。

（一）紡織業

清代廣東的紡織業發達。

其一，紡織業的分佈範圍廣。清代廣東各地盛產各種紡織原料，單是葛類就幾乎遍及全省，據載「所謂廣葛也，以雷葛為最。雷葛之精者，細滑而堅，色若血牙為錦囊。其出博羅者為善政葛，潮陽者為鳳葛，出瓊州、澄邁、臨高、樂會者為美人葛，出陽春者為春葛，出廣州者為龍江葛，皆係全葛也，其尤細者為女兒葛，出增城，……。」〔註201〕另有絲、棉、麻等分佈範圍也較廣，所以，清代廣東紡織業遍佈全省。

其二，紡織業產品種類繁多。（1）絲、綢：順德、南海、香山絲〔註202〕；

〔註197〕〔清〕屈大均：《廣東新語》，北京：中華書局，1985 年，2006 年重印，第594 頁。

〔註198〕〔清〕屈大均：《廣東新語》，北京：中華書局，1985 年，2006 年重印，第593 頁。

〔註199〕〔清〕，王之正修，沈展才等纂，《廣東省陸豐縣志》卷二墟市街巷，臺北：成文出版社，1966 版，第 27 頁。

〔註200〕〔清〕李文恒修：鄭文彩纂，《廣東省瓊山縣志》卷三下輿地八物產，臺北：成文出版社，1974 年版，第 332～334 頁。

〔註201〕〔清〕郝玉麟纂修：〔雍正〕《廣東通志》卷五十二物產，廣東省地方史志辦公室輯：《廣東歷代方志集成》，廣州：嶺南美術出版社，2006 年，第 1663頁。

〔註202〕據廣州市地方志編纂委員會辦公室，廣州海關志編纂委員會編譯：《近代廣州口岸經濟社會概況──粵海關報告彙集》，廣州：暨南大學出版社，1996 年，第 886 頁。

香山蠶絲〔註203〕；高要蠶絲〔註204〕；徐聞絲、絲綢、水綢、絲經；〔註205〕
土綢〔註206〕；等。（2）紗、布：南海紗〔註207〕；增城葛布〔註208〕；南海布
〔註209〕；佛山長青布〔註210〕；佛山沖青布〔註211〕；；新安薯布〔註212〕；三
水土布〔註213〕；四會蕉布〔註214〕；長樂蕉布〔註215〕；高要毛巾、土布〔註216〕；
高要蕉布〔註217〕；新興都落布〔註218〕；香山夏布〔註219〕；陽春葛布〔註220〕；

〔註203〕 資料來源：〔清〕厲式金修，汪文炳、張丕基纂，《廣東省香山縣志》卷二輿
地，臺北：成文出版社，1967 年版，第 69 頁。

〔註204〕 〔清〕馬呈圖纂輯：《廣東省宣統高要縣志》卷十一食貨篇二實業，臺北：成
文出版社，1974 年版，第 485 頁。

〔註205〕 〔清〕王輔之修；駱克良等纂：《宣統徐聞縣志》，《中國地方志集成》，上海：
上海書店出版社，2003 年，第 452 頁。

〔註206〕 〔清〕李文恒修；鄭文彩纂，《廣東省瓊山縣志》卷三下輿地八物產，臺北：
成文出版社，1974 年版，第 327～329 頁。

〔註207〕 〔清〕鄭夢玉等修，梁紹獻等纂，《廣東省南海縣志》卷五建置略二，臺北：
成文出版社，1967 年版，第 129 頁。

〔註208〕 〔清〕屈大均：《廣東新語》，北京：中華書局，1985 年，2006 年重印，第
425 頁。

〔註209〕 〔清〕鄭夢玉等修，梁紹獻等纂，《廣東省南海縣志》卷五建置略二，臺北：
成文出版社，1967 年版，第 129 頁。

〔註210〕 彭澤益編：《中國近代手工業史資料》（第二卷），北京：中華書局，1962 年，
第 246 頁。

〔註211〕 彭澤益編：《中國近代手工業史資料》（第二卷），北京：中華書局，1962 年，
第 246 頁。

〔註212〕 〔清〕屈大均：《廣東新語》，北京：中華書局，1985 年，2006 年重印，第
424 頁。

〔註213〕 彭澤益編：《中國近代手工業史資料》（第二卷），北京：中華書局，1962 年，
第 460～461 頁。

〔註214〕 〔清〕屈大均：《廣東新語》，北京：中華書局，1985 年，2006 年重印，第
424 頁。

〔註215〕 〔清〕屈大均：《廣東新語》，北京：中華書局，1985 年，2006 年重印，第
426 頁。

〔註216〕 〔清〕馬呈圖纂輯：《廣東省宣統高要縣志》卷十一食貨篇二實業，臺北：成
文出版社，1974 年版，第 492～493 頁。

〔註217〕 〔清〕屈大均：《廣東新語》，北京：中華書局，1985 年，2006 年重印，第
425～426 頁。

〔註218〕 〔清〕屈大均：《廣東新語》，北京：中華書局，1985 年，2006 年重印，第
424 頁。

〔註219〕 資料來源：〔清〕厲式金修，汪文炳、張丕基纂，《廣東省香山縣志》卷二輿
地，臺北：成文出版社，1967 年版，第 69 頁。

〔註220〕 〔清〕屈大均：《廣東新語》，北京：中華書局，1985 年，2006 年重印，第

興寧布〔註 221〕；仁化竹布〔註 222〕；翁源苧霜布〔註 223〕；石城布〔註 224〕；高州葛布〔註 225〕；高州之棉布；麻布；蠶布；〔註 226〕化州之葛布、棉布、苧麻布、青麻布、黃麻布、蕉麻布、土絹、棉花；〔註 227〕徐聞之棉布、葛布、踏區布、苧麻布、黃麻布、青麻布〔註 228〕、瓊山之葛布（出瓊山、澄邁、樂會、臨高者爲美人葛（通志）〔註 259〕）、蕉布、麻布（俗謂菠蘿麻，所在皆有之，其出定安、文昌者尤細，……。（郡志）〔註 230〕）（3）另有黎幕、黎單、黎被、黎錦；〔註 231〕鵝毛布、椒布、花被」〔註 232〕；儋州生絲帳〔註 233〕；等。

　　其三，紡織產品的銷售半徑大。清代廣東紡織品不僅售於本省，而且通行全國。據載：「幣，布帛常物也。粵產亦微，有異精者行天下，粗者不出其境。至乃洋布黎單，陸離五色，中州所售皆繇粵通其貨幣云。」〔註 234〕

425 頁。

〔註 221〕彭澤益編：《中國近代手工業史資料》（第二卷），北京：中華書局，1962 年，第 246 頁。

〔註 222〕〔清〕屈大均：《廣東新語》，北京：中華書局，1985 年，2006 年重印，第 424 頁。

〔註 223〕〔清〕屈大均：《廣東新語》，北京：中華書局，1985 年，2006 年重印，第 404 頁。

〔註 224〕〔清〕屈大均：《廣東新語》，北京：中華書局，1985 年，2006 年重印，第 423 頁。

〔註 225〕〔清〕屈大均：《廣東新語》，北京：中華書局，1985 年，2006 年重印，第 423 頁。

〔註 226〕〔清〕楊霽修，陳蘭彬纂，《廣東省高州府志》卷七輿地七物產，臺北：成文出版社，1967 版，第 98 頁。

〔註 227〕〔清〕彭貽蓀修，彭步瀛纂，《廣東省化州志》卷二物產，臺北：成文出版社，1974 版，第 207 頁。

〔註 228〕〔清〕王輔之修；駱克良等纂：《宣統徐聞縣志》，《中國地方志集成》，上海：上海書店出版社，2003 年，第 452 頁。

〔註 259〕〔清〕李文恒修；鄭文彩纂，《廣東省瓊山縣志》卷三下輿地八物產，臺北：成文出版社，1974 年版，第 327 頁。

〔註 230〕〔清〕李文恒修；鄭文彩纂，《廣東省瓊山縣志》卷三下輿地八物產，臺北：成文出版社，1974 年版，第 327～328 頁。

〔註 231〕〔清〕郝玉麟纂修：〔雍正〕《廣東通志》卷五十二物產，廣東省地方史志辦公室輯：《廣東歷代方志集成》，廣州：嶺南美術出版社，2006 年，第 1664 頁。

〔註 232〕〔清〕李文恒修；鄭文彩纂，《廣東省瓊山縣志》卷三下輿地八物產，臺北：成文出版社，1974 年版，第 327～329 頁。

〔註 233〕〔清〕屈大均：《廣東新語》，北京：中華書局，1985 年，2006 年重印，第 421 頁。

〔註 234〕〔清〕郝玉麟纂修：〔雍正〕《廣東通志》卷五十二物產，廣東省地方史志辦公

更有某些紡織產品行銷國外，據《粵海關十年報告（1902～1911）》載：「土貨輸出有所增加，特別是蠶絲、……。」〔註235〕

（二）編織業

清代廣東的編織業亦發達。其中，草席編織業最為發達，其工藝精良，如「黃村席，出澄邁，染茜為飾，歲久愈滑。（瓊州志）」〔註236〕；再如「蒲席，出端州者細滑勝他處，名賽龍鬚。……。（雜記）」〔註237〕；又如「流黃席，出潮州流黃鎮，與虎邱席相似，而柔細過之，佳者每一金。」〔註238〕。另外，高要製扇業及織造業〔註239〕、新會蒲葵加工業〔註240〕、東莞連灘織席業〔註241〕、五羊、汾水藤器加工業〔註242〕等也具有一定規模。清代廣東的編織業產品繁多，以席、笠、扇製品為主，兼有其他：（1）席：東莞莞席、新會通草席、澳門莢紋席〔註243〕；始興織草鞋、草席〔註244〕；高要通草席、高明龍鬚席、廣寧龍鬚席、新會蒲席；〔註245〕高要草席及草席製品〔註246〕；藤

室輯：《廣東歷代方志集成》，廣州：嶺南美術出版社，2006年，第1662頁。

〔註235〕據廣州市地方志編纂委員會辦公室，廣州海關志編纂委員會編譯：《近代廣州口岸經濟社會概況——粵海關報告彙集》，廣州：暨南大學出版社，1996年，第956頁。

〔註236〕〔清〕郝玉麟纂修：〔雍正〕《廣東通志》卷五十二物產，廣東省地方史志辦公室輯：《廣東歷代方志集成》，廣州：嶺南美術出版社，2006年，第1659頁。

〔註237〕〔清〕郝玉麟纂修：〔雍正〕《廣東通志》卷五十二物產，廣東省地方史志辦公室輯：《廣東歷代方志集成》，廣州：嶺南美術出版社，2006年，第1660頁。

〔註238〕〔清〕郝玉麟纂修：〔雍正〕《廣東通志》卷五十二物產，廣東省地方史志辦公室輯：《廣東歷代方志集成》，廣州：嶺南美術出版社，2006年，第1660頁。

〔註239〕〔清〕馬呈圖纂輯：《廣東省宣統高要縣志》卷十一食貨篇二實業，臺北：成文出版社，1974年版，第490～493頁。

〔註240〕〔清〕屈大均：《廣東新語》，北京：中華書局，1985年，2006年重印，第453～454頁。

〔註241〕彭澤益編：《中國近代手工業史資料》（第二卷），北京：中華書局，1962年，第327～328頁。

〔註242〕〔清〕屈大均：《廣東新語》，北京：中華書局，1985年，2006年重印，第727頁。

〔註243〕〔清〕屈大均：《廣東新語》，北京：中華書局，1985年，2006年重印，第454～455頁。

〔註244〕〔民國〕陳及時等纂修《廣東省始興縣志》卷四輿地略實業，臺北：成文出版社，1974版，第311～313頁。

〔註245〕〔清〕屈大均：《廣東新語》，北京：中華書局，1985年，2006年重印，第453～455頁。

〔註246〕〔清〕馬呈圖纂輯：《廣東省宣統高要縣志》卷十一食貨篇二實業，臺北：成

席、椰葉席、檳榔席、澄邁黃村席、定安席〔註247〕；等。（2）笠：新會蒲葵笠等〔註248〕；竹笠、椰葉笠；〔註249〕瓊山之「油紙笠、篾笠、葵笠、藤笠」〔註250〕；瓊東之藤笠、葵笠、蔑笠〔註251〕；蒲葵帽、麥草帽〔註252〕；（3）扇：高要竹絲紙扇〔註253〕；新會蒲葵扇〔註254〕；（4）其他：高要金渡村以龍鬚草織成檳榔包〔註257〕；新會蒲葵蓑、坐團等〔註256〕；陽江油葵製品、恩平油葵製品〔註257〕；等等。

（三）造紙業

清代廣東的紙產品品種較多，計有：東莞香蜜紙〔註258〕；高州火紙〔註259〕；龍門竹紙〔註260〕；始興紙〔註261〕；石岐紙〔註262〕；從化流溪紙〔註263〕；

文出版社，1974 年版，第 490 頁。

〔註247〕〔清〕屈大均：《廣東新語》，北京：中華書局，1985 年，2006 年重印，第 454～455 頁。

〔註248〕〔清〕屈大均：《廣東新語》，北京：中華書局，1985 年，2006 年重印，第 453～454 頁。

〔註249〕〔清〕屈大均：《廣東新語》，北京：中華書局，1985 年，2006 年重印，第 667 頁。

〔註250〕〔清〕李文恒修；鄭文彩纂，《廣東省瓊山縣志》卷三下輿地八物產，臺北：成文出版社，1974 年版，第 336 頁。

〔註251〕〔清〕陳述芹纂修《廣東省瓊東縣志（舊名會同縣志）》土產卷二，臺北：成文出版社，1974 年版，第 76 頁。

〔註252〕〔清〕屈大均：《廣東新語》，北京：中華書局，1985 年，2006 年重印，第 454 頁。

〔註253〕〔清〕馬呈圖纂輯：《廣東省宣統高要縣志》卷十一食貨篇二實業，臺北：成文出版社，1974 年版，第 490 頁。

〔註254〕〔清〕屈大均：《廣東新語》，北京：中華書局，1985 年，2006 年重印，第 453～454 頁。

〔註257〕〔清〕屈大均：《廣東新語》，北京：中華書局，1985 年，2006 年重印，第 459 頁。

〔註256〕〔清〕屈大均：《廣東新語》，北京：中華書局，1985 年，2006 年重印，第 453～454 頁。

〔註257〕〔清〕屈大均：《廣東新語》，北京：中華書局，1985 年，2006 年重印，第 658 頁。

〔註258〕〔清〕屈大均：《廣東新語》，北京：中華書局，1985 年，2006 年重印，第 427 頁。

〔註259〕〔清〕楊霽修，陳蘭彬纂：《廣東省高州府志》卷七輿地七物產，臺北：成文出版社，1967 版，第 98 頁。

〔註260〕〔民國〕招念慈修，鄔慶時等纂：《廣東省龍門縣志》卷六縣民志二，臺北：成文出版社，1974 年版，第 112 頁。

陳村紙〔註264〕；長樂谷紙〔註265〕；江門紙〔註266〕；等等。

（四）榨油業

　　清代廣東榨油業既分散又集中。清代廣東油料作物分佈廣泛，特別是花生，其幾乎遍布全省，所以花生油及其副產品生產各處皆有，如：陽江榨油業〔註267〕；高州榨油業〔註268〕；水東榨油業〔註269〕；雷州榨油業〔註270〕；始興榨油〔註271〕；等等。然而，由於各地的花生種植規模與產量有所不同，所以，花生油的生產又呈現出向某些地區集中的狀況，據載：「至粵省民間素用花生油，……。故土產之貨，花生油花生枯爲大宗；高廉兩府，生理尤大。」〔註272〕可見，高廉兩府是清代廣東花生油及花生枯的主要產地。此外，還可見其他油類產品，如：高州豆油、脂麻油、山茶油、茱子油、桐油、烏桕油、樟木油（豆油最盛，咸豐來其利大興）；〔註273〕瓊東之山柚油、海棠油、桐子

〔註261〕〔民國〕陳及時等纂修：《廣東省始興縣志》卷六建置略墟市，臺北：成文出版社，1974 版，第 464 頁。

〔註262〕拱北海關志編輯委員會編：《拱北關史料集》，珠海：拱北海關 1998 年，第 271 頁。

〔註263〕〔清〕屈大均：《廣東新語》，北京：中華書局，1985 年，2006 年重印，第 428 頁。

〔註264〕拱北海關志編輯委員會編：《拱北關史料集》，珠海：拱北海關 1998 年，第 271 頁。

〔註265〕〔清〕屈大均：《廣東新語》，北京：中華書局，1985 年，2006 年重印，第 428 頁。

〔註266〕拱北海關志編輯委員會編：《拱北關史料集》，珠海：拱北海關 1998 年，第 271 頁。

〔註267〕拱北海關志編輯委員會編：《拱北關史料集》，珠海：拱北海關 1998 年，第 271 頁。

〔註268〕拱北海關志編輯委員會編：《拱北關史料集》，珠海：拱北海關 1998 年，第 271 頁。

〔註269〕拱北海關志編輯委員會編：《拱北關史料集》，珠海：拱北海關 1998 年，第 271 頁。

〔註270〕拱北海關志編輯委員會編：《拱北關史料集》，珠海：拱北海關 1998 年，第 271 頁。

〔註271〕〔民國〕陳及時等纂修：《廣東省始興縣志》卷四輿地略實業，臺北：成文出版社，1974 版，第 311～313 頁。

〔註272〕姚賢鎬：《中國近代對外貿易史資料（1840～1895）》第三冊，北京：中華書局，1962 年，第 1389 頁。

〔註273〕〔清〕楊霽修，陳蘭彬纂，《廣東省高州府志》卷七輿地七物產，臺北：成文出版社，1967 版，第 98 頁。

油〔註274〕；化州油〔註275〕；等等。

（五）製糖業

清代廣東適宜甘蔗種植的地區較多，所以，製糖業的分佈也較爲廣泛，如有：陽江製糖業〔註276〕；高州製糖業〔註277〕；水東製糖業〔註278〕；雷州製糖業〔註279〕；增城製糖業〔註280〕；陽春製糖業〔註281〕；等等。其主要產品有：陽江糖〔註282〕；高州糖〔註283〕；水東糖〔註284〕；雷州糖〔註285〕；瓊山糖〔註286〕；化州糖〔註287〕；清遠糖〔註288〕；等。

（六）製鹽業

〔註274〕〔清〕陳述芹纂修《廣東省瓊東縣志（舊名會同縣志）》土產卷二，臺北：成文出版社，1974 年版，第 75 頁。

〔註275〕〔清〕王輔之修；駱克良等纂：《宣統徐聞縣志》，《中國地方志集成》，上海：上海書店出版社，2003 年，第 452 頁。

〔註276〕拱北海關志編輯委員會編：《拱北關史料集》，珠海：拱北海關 1998 年，第 271 頁。

〔註277〕拱北海關志編輯委員會編：《拱北關史料集》，珠海：拱北海關 1998 年，第 271 頁。

〔註278〕拱北海關志編輯委員會編：《拱北關史料集》，珠海：拱北海關 1998 年，第 271 頁。

〔註279〕拱北海關志編輯委員會編：《拱北關史料集》，珠海：拱北海關 1998 年，第 271 頁。

〔註280〕〔清〕屈大均：《廣東新語》，北京：中華書局，1985 年，2006 年重印，第 689 頁。

〔註281〕〔清〕屈大均：《廣東新語》，北京：中華書局，1985 年，2006 年重印，第 689 頁。

〔註282〕拱北海關志編輯委員會編：《拱北關史料集》，珠海：拱北海關 1998 年，第 271 頁。

〔註283〕拱北海關志編輯委員會編：《拱北關史料集》，珠海：拱北海關 1998 年，第 271 頁。

〔註284〕拱北海關志編輯委員會編：《拱北關史料集》，珠海：拱北海關 1998 年，第 271 頁。

〔註285〕拱北海關志編輯委員會編：《拱北關史料集》，珠海：拱北海關 1998 年，第 271 頁。

〔註286〕〔清〕李文恒修；鄭文彩纂，《廣東省瓊山縣志》卷三下輿地八物產，臺北：成文出版社，1974 年版，第 333 頁。

〔註287〕〔清〕王輔之修；駱克良等纂：《宣統徐聞縣志》，《中國地方志集成》，上海：上海書店出版社，2003 年，第 452 頁。

〔註288〕〔民國〕吳鳳聲，余榮謀修；朱汝珍纂：《民國清遠縣志》卷十四土產物，《中國地方志集成》，上海：上海書店出版社，2003 年，第 454 頁。

清代廣東鹽場沿海分佈，據載：「生鹽在西海岸地區大量生產，採用海水蒸發的普通辦法製成，產品供應整個兩廣地區和湖南南部地區。」〔註289〕另外還有淡水製鹽業〔註290〕、化州製鹽業等。〔註291〕

（七）製香業

製香業包括松香加工業及香粉加工業。松香加工業：其原料爲松之脂膏。……。松香爲藥材、蠟燭、串炮等重要原料，……。〔註292〕香粉加工業：原料爲枯樹皮或枯葉。……。（香粉）爲玉香、腳香之用。〔註293〕清代廣東制香業分佈較廣，如珠三角之東莞產莞香〔註294〕，粵西之高要產松香〔註295〕，粵北之始興香粉〔註296〕。

（八）製屐業

屐指木底有齒的鞋子。東莞、潮州、始興、新會、香山是清代廣東的幾個較爲主要的製屐中心，其產品主要有：東莞繡花屐〔註297〕、潮州散屐〔註298〕、始興木屐〔註299〕、新會朱漆屐〔註300〕、香山屐〔註301〕等。

〔註289〕據廣州市地方志編纂委員會辦公室，廣州海關志編纂委員會編譯：《近代廣州口岸經濟社會概況——粵海關報告彙集》，廣州：暨南大學出版社，1996年，第887頁。

〔註290〕〔清〕屈大均：《廣東新語》，北京：中華書局，1985年，2006年重印，第399頁。

〔註291〕〔清〕王輔之修；駱克良等纂：《宣統徐聞縣志》，《中國地方志集成》，上海：上海書店出版社，2003年，第452頁。

〔註292〕〔清〕馬呈圖纂輯：《廣東省宣統高要縣志》卷十一食貨篇二實業，臺北：成文出版社，1974年版，第485頁。

〔註293〕〔清〕馬呈圖纂輯：《廣東省宣統高要縣志》卷十一食貨篇二實業，臺北：成文出版社，1974年版，第485頁。

〔註294〕〔清〕屈大均：《廣東新語》，北京：中華書局，1985年，2006年重印，第674～678、681頁。

〔註295〕〔清〕馬呈圖纂輯：《廣東省宣統高要縣志》卷十一食貨篇二實業，臺北：成文出版社，1974年版，第485頁。

〔註296〕〔民國〕陳及時等纂修《廣東省始興縣志》卷四輿地略實業，臺北：成文出版社，1974版，第311～313頁。

〔註297〕〔清〕屈大均：《廣東新語》，北京：中華書局，1985年，2006年重印，第453頁。

〔註298〕〔清〕屈大均：《廣東新語》，北京：中華書局，1985年，2006年重印，第453頁。

〔註299〕〔民國〕陳及時等纂修《廣東省始興縣志》卷四輿地略實業，臺北：成文出版社，1974版，第311～313頁。

（九）製皮業

清代廣東的高雷瓊三府的皮材、皮具出品豐富。高州：「牛皮最多且佳，故高州皮箱馳名天下，虎皮、麞皮出郡西北，獺皮以淡水者佳。」〔註302〕化州：狸皮、虎皮、豹皮、獺皮、麞皮、鹿皮、黃牛皮、水牛皮、蛇皮、山馬皮；〔註303〕雷州有牛皮出產〔註304〕；瓊山有「牛皮、鹿皮、麞皮、山馬皮、獺皮、蚺蛇皮、檀蛇皮、沙魚皮」〔註305〕等；瓊東有牛皮、麞皮、山馬皮、蚺蛇皮、獺皮等產品〔註306〕。其他地區的製皮業也很發達，如南海牛皮製造業〔註307〕；高要牛皮製造業〔註308〕；始興醃牛皮及製皮皷〔註309〕，等等。

（十）嗜好品加工業

酒類：瓊山之「天門冬酒、老酒、鹿蹄酒、燒酒、黃酒、三白酒、荔枝酒、菊花酒、膏粱酒、桂酒、甜酒、山柑酒、黃桐酒、桑寄生酒、龍眼花酒、粟酒、番薯酒；〔註310〕廉州之「滴酒、甜酒、泰和燒、糟燒、綠豆甜、白酒」〔註311〕；瓊東之水酒、燒酒、荔枝酒、山柑酒、黃桐酒、黏酒；

〔註300〕〔清〕屈大均：《廣東新語》，北京：中華書局，1985年，2006年重印，第453頁。

〔註301〕〔清〕屈大均：《廣東新語》，北京：中華書局，1985年，2006年重印，第453頁。

〔註302〕〔清〕楊霽修，陳蘭彬纂，《廣東省高州府志》卷七輿地七物產，臺北：成文出版社，1967版，第98頁。

〔註303〕〔清〕彭貽蓀修，彭步瀛纂，《廣東省化州志》卷二物產，臺北：成文出版社，1974版，第207頁。

〔註304〕拱北海關志編輯委員會編：《拱北關史料集》，珠海：拱北海關 1998年，第271頁。

〔註305〕〔清〕李文恒修；鄭文彩纂，《廣東省瓊山縣志》卷三下輿地八物產，臺北：成文出版社，1974年版，第336頁。

〔註306〕〔清〕陳述芹纂修《廣東省瓊東縣志（舊名會同縣志）》土產卷二，臺北：成文出版社，1974年版，第75頁。

〔註307〕〔清〕鄭夢玉等修，梁紹獻等纂，《廣東省南海縣志》卷五建置略二，臺北：成文出版社，1967年版，第129頁。

〔註308〕〔清〕馬呈圖纂輯：《廣東省宣統高要縣志》卷十一食貨篇二實業，臺北：成文出版社，1974年版，第494頁。

〔註309〕〔民國〕陳及時等纂修《廣東省始興縣志》卷四輿地略實業，臺北：成文出版社，1974版，第311～313頁。

〔註310〕〔清〕李文恒修；鄭文彩纂，《廣東省瓊山縣志》卷三下輿地八物產，臺北：成文出版社，1974年版，第331頁。

〔註311〕〔清〕張堉春修，陳治昌纂：〔道光〕《廉州府志》卷六輿地六，道光十三年刻本，廣東省地方史志辦公室輯：《廣東歷代方志集成》，廣州：嶺南美術出版，2006年，第93頁。

〔註 312〕化州酒〔註 313〕；茂名酒〔註 314〕；高要酒〔註 315〕；等。

煙類：茂名熟煙〔註 316〕；石城菸葉〔註 317〕；高要煙絲〔註 318〕；始興製墨煙〔註 319〕；等。

茶類：始興製茶〔註 320〕；靈茶〔註 321〕；瓊山茶〔註 322〕、買梅茶〔註 323〕；等。

（十一）器具加工業

清代廣東的器具加工業也很發達。主要有石器、磚瓦、陶器、竹器、木器、藤器、椰器，以及各種金屬器具的加工門類。（1）磚瓦陶石器具加工業，清代廣東石灣、高要、陽春、新興、瓊州、始興等地的磚瓦陶石器具加工業發展較好，其主要產品有：石灣陶〔註 324〕；高要石器〔註 325〕；高要石雕、雕

〔註 312〕〔清〕陳述芹纂修《廣東省瓊東縣志（舊名會同縣志）》土產卷二，臺北：成文出版社，1974 年版，第 75 頁。

〔註 313〕〔清〕王輔之修；駱克良等纂：《宣統徐聞縣志》，《中國地方志集成》，上海：上海書店出版社，2003 年，第 452 頁。

〔註 314〕〔清〕楊霽修，陳蘭彬纂，《廣東省高州府志》卷七輿地七物產，臺北：成文出版社，1967 版，第 98 頁。

〔註 315〕〔清〕馬呈圖纂輯：《廣東省宣統高要縣志》卷十一食貨篇二實業，臺北：成文出版社，1974 年版，第 494 頁。

〔註 316〕〔清〕楊霽修，陳蘭彬纂，《廣東省高州府志》卷七輿地七物產，臺北：成文出版社，1967 版，第 98 頁。

〔註 317〕〔民國〕鍾喜焯修，江珣纂，《廣東省石城縣志》卷二輿地志下實業，臺北：成文出版社，1974 版，第 191～192 頁。

〔註 318〕〔清〕馬呈圖纂輯：《廣東省宣統高要縣志》卷十一食貨篇二實業，臺北：成文出版社，1974 年版，第 485 頁。

〔註 319〕〔民國〕陳及時等纂修：《廣東省始興縣志》卷四輿地略實業，臺北：成文出版社，1974 版，第 311～313 頁。

〔註 320〕〔民國〕陳及時等纂修：《廣東省始興縣志》卷四輿地略實業，臺北：成文出版社，1974 版，第 311～313 頁。

〔註 321〕〔清〕屈大均：《廣東新語》，北京：中華書局，1985 年，2006 年重印，第 385 頁。

〔註 322〕〔清〕李文恒修，鄭文彩纂：《廣東省瓊山縣志》卷三下輿地八物產，臺北：成文出版社，1974 年版，第 331 頁。

〔註 323〕〔清〕李文恒修，鄭文彩纂：《廣東省瓊山縣志》卷三下輿地八物產，臺北：成文出版社，1974 年版，第 331 頁。

〔註 324〕〔清〕屈大均：《廣東新語》，北京：中華書局，1985 年，2006 年重印，第 409、458 頁。

〔註 325〕〔清〕馬呈圖纂輯：《廣東省宣統高要縣志》卷十一食貨篇二實業，臺北：成文出版社，1974 年版，第 488 頁。

版〔註326〕；高要磚、瓦、缸〔註327〕；陽春、新興陶器〔註328〕；瓊東之瓦器〔註329〕；始興製磚瓦〔註330〕；高要磚瓦〔註331〕；始興瓦缸〔註332〕；高要缸業〔註333〕；始興碗碟〔註334〕；石城碗〔註335〕；等等。（2）竹木藤椰器具加工業。據載：「竹器出高要新橋諸鄉。（同上。又《惠州志》竹器出長樂。）」〔註336〕又（雍正）《廣東通志》云：「藤漆出萬州。」〔註337〕又有謂：「連州為篦為傘為扇，皆取其堅。（連州志）」〔註338〕可見，清代廣東的竹木器具加工業分佈廣泛。同類產品還有：始興木礬〔註339〕；高要竹器〔註340〕；高州竹器〔註341〕；

〔註326〕〔清〕馬呈圖纂輯：《廣東省宣統高要縣志》卷十一食貨篇二實業，臺北：成文出版社，1974 年版，第 492 頁。

〔註327〕〔清〕馬呈圖纂輯：《廣東省宣統高要縣志》卷十一食貨篇二實業，臺北：成文出版社，1974 年版，第 491 頁。

〔註328〕〔清〕郝玉麟纂修：〔雍正〕《廣東通志》卷五十二物產，廣東省地方史志辦公室輯：《廣東歷代方志集成》，廣州：嶺南美術出版社，2006 年，第 1662 頁。

〔註329〕〔清〕陳述芹纂修：《廣東省瓊東縣志（舊名會同縣志）》土產卷二，臺北：成文出版社，1974 年版，第 76 頁。

〔註330〕〔民國〕陳及時等纂修：《廣東省始興縣志》卷四輿地略實業，臺北：成文出版社，1974 版，第 311～313 頁。

〔註331〕〔清〕馬呈圖纂輯：《廣東省宣統高要縣志》卷十一食貨篇二實業，臺北：成文出版社，1974 年版，第 491 頁。

〔註332〕〔民國〕陳及時等纂修：《廣東省始興縣志》卷四輿地略實業，臺北：成文出版社，1974 版，第 311～313 頁。

〔註333〕〔清〕馬呈圖纂輯：《廣東省宣統高要縣志》卷十一食貨篇二實業，臺北：成文出版社，1974 年版，第 491 頁。

〔註334〕〔民國〕陳及時等纂修：《廣東省始興縣志》卷四輿地略實業，臺北：成文出版社，1974 版，第 311～313 頁。

〔註335〕〔民國〕鍾喜焯修，江珣纂：《廣東省石城縣志》卷二輿地志下實業，臺北：成文出版社，1974 版，第 191 頁。

〔註336〕〔清〕郝玉麟纂修：〔雍正〕《廣東通志》卷五十二物產，廣東省地方史志辦公室輯：《廣東歷代方志集成》，廣州：嶺南美術出版社，2006 年，第 1662 頁。

〔註337〕〔清〕郝玉麟纂修：〔雍正〕《廣東通志》卷五十二物產，廣東省地方史志辦公室輯：《廣東歷代方志集成》，廣州：嶺南美術出版社，2006 年，第 1662 頁。

〔註338〕〔清〕郝玉麟纂修：〔雍正〕《廣東通志》卷五十二物產，廣東省地方史志辦公室輯：《廣東歷代方志集成》，廣州：嶺南美術出版社，2006 年，第 1662 頁。

〔註339〕〔民國〕陳及時等纂修：《廣東省始興縣志》卷四輿地略實業，臺北：成文出版社，1974 版，第 311～313 頁。

〔註340〕〔清〕馬呈圖纂輯：《廣東省宣統高要縣志》卷十一食貨篇二實業，臺北：成文出版社，1974 年版，第 489 頁。

〔註341〕〔清〕楊霽修，陳蘭彬纂：《廣東省高州府志》卷七輿地七物產，臺北：成文出版社，1967 版，第 98 頁。

博羅竹器〔註342〕；朝陽紫柏器具〔註343〕；博羅羅浮竹產品〔註344〕；始興木器、竹器〔註345〕；瓊山之漆器、藤器、雕帶、椰冠、椰杯；〔註346〕始興礬板、船板、樟板、橈板、櫓板、杉皮；〔註347〕等等。（3）金屬器具加工業。清代廣東的金屬器具加工業又可分為兩類：①日用品加工業，主要產品有：高要錫器加工業〔註348〕；廣州錫器〔註349〕；始興錫器〔註350〕；高要錫器〔註351〕；始興銅器〔註352〕；始興鑄鍋〔註353〕；始興鐵器〔註354〕；石城製鑊〔註355〕；白銅鎖〔註356〕；等等。②裝飾品加工業，主要產品有：始興首飾〔註357〕；開

〔註342〕〔清〕屈大均：《廣東新語》，北京：中華書局，1985 年，2006 年重印，第 683～684 頁。

〔註343〕〔清〕屈大均：《廣東新語》，北京：中華書局，1985 年，2006 年重印，第 612 頁。

〔註344〕〔清〕屈大均：《廣東新語》，北京：中華書局，1985 年，2006 年重印，第 685 頁。

〔註345〕〔民國〕陳及時等纂修：《廣東省始興縣志》卷四輿地略實業，臺北：成文出版社，1974 版，第 311～313 頁。

〔註346〕〔清〕李文恒修，鄭文彩纂：《廣東省瓊山縣志》卷三下輿地八物產，臺北：成文出版社，1974 年版，第 334～335 頁。

〔註347〕〔民國〕陳及時等纂修：《廣東省始興縣志》卷四輿地略實業，臺北：成文出版社，1974 版，第 316 頁。

〔註348〕〔清〕馬呈圖纂輯：《廣東省宣統高要縣志》卷十一食貨篇二實業，臺北：成文出版社，1974 年版，第 489 頁。

〔註349〕〔清〕屈大均：《廣東新語》，北京：中華書局，1985 年，2006 年重印，第 458 頁。

〔註350〕〔民國〕陳及時等纂修：《廣東省始興縣志》卷四輿地略實業，臺北：成文出版社，1974 版，第 311～313 頁。

〔註351〕〔清〕馬呈圖纂輯：《廣東省宣統高要縣志》卷十一食貨篇二實業，臺北：成文出版社，1974 年版，第 489 頁。

〔註352〕〔民國〕陳及時等纂修：《廣東省始興縣志》卷四輿地略實業，臺北：成文出版社，1974 版，第 311～313 頁。

〔註353〕〔民國〕陳及時等纂修：《廣東省始興縣志》卷四輿地略實業，臺北：成文出版社，1974 版，第 311～313 頁。

〔註354〕〔民國〕陳及時等纂修：《廣東省始興縣志》卷四輿地略實業，臺北：成文出版社，1974 版，第 311～313 頁。

〔註355〕〔民國〕鍾喜焯修，江琯纂，《廣東省石城縣志》卷二輿地志下實業，臺北：成文出版社，1974 版，第 191 頁。

〔註356〕〔清〕郝玉麟纂修：〔雍正〕《廣東通志》卷五十二物產，廣東省地方史志辦公室輯：《廣東歷代方志集成》，廣州：嶺南美術出版社，2006 年，第 1662 頁。

〔註357〕〔民國〕陳及時等纂修：《廣東省始興縣志》卷四輿地略實業，臺北：成文出版社，1974 版，第 311～313 頁。

平首飾〔註 358〕；（4）其他器具加工業，如瓊山有鸚鵡杯加工業：「（鸚鵡杯）螺殼爲之，形如鸚鵡，用金銀鑲嘴以爲酒器」〔註 359〕。

（十二）其　它

大石村的烏欄核加工業〔註 360〕；始興製香菰、始興製松香、始興製硝、始興造爐、始興醃鴨、始興製紙爆；〔註 361〕高要爆竹加工業〔註 362〕；南海刻板印書業〔註 363〕；南海製燈業〔註 364〕；高要鐘錶修理業〔註 365〕；南海書〔註 366〕；南海燈〔註 367〕；高要香櫞片〔註 368〕；始興雜炭〔註 369〕；始興縫紉〔註 370〕；高要爆竹〔註 371〕；始興刺繡〔註 372〕；欖醬〔註 373〕；

〔註 358〕〔民國〕余榮謀修，張啓煌纂：《廣東省開平縣志》卷六興地下，臺北：成文出版社，1966 年版，第 62 頁。

〔註 359〕〔清〕李文恒修，鄭文彩纂：《廣東省瓊山縣志》卷三下興地八物產，臺北：成文出版社，1974 年版，第 334～335 頁。

〔註 360〕〔清〕屈大均：《廣東新語》，北京：中華書局，1985 年，2006 年重印，第 639 頁。

〔註 361〕〔民國〕陳及時等纂修：《廣東省始興縣志》卷四興地略實業，臺北：成文出版社，1974 版，第 311～313 頁。

〔註 362〕〔清〕馬呈圖纂輯：《廣東省宣統高要縣志》卷十一食貨篇二實業，臺北：成文出版社，1974 年版，第 491～492 頁。

〔註 363〕〔清〕鄭夢玉等修，梁紹獻等纂：《廣東省南海縣志》卷五建置略二，臺北：成文出版社，1967 年版，第 129 頁。

〔註 364〕〔清〕鄭夢玉等修，梁紹獻等纂：《廣東省南海縣志》卷五建置略二，臺北：成文出版社，1967 年版，第 129 頁。

〔註 365〕〔清〕馬呈圖纂輯：《廣東省宣統高要縣志》卷十一食貨篇二實業，臺北：成文出版社，1974 年版，第 491～492 頁。

〔註 366〕〔清〕鄭夢玉等修，梁紹獻等纂：《廣東省南海縣志》卷五建置略二，臺北：成文出版社，1967 年版，第 129 頁。

〔註 367〕〔清〕鄭夢玉等修，梁紹獻等纂：《廣東省南海縣志》卷五建置略二，臺北：成文出版社，1967 年版，第 129 頁。

〔註 368〕〔清〕馬呈圖纂輯：《廣東省宣統高要縣志》卷十一食貨篇二實業，臺北：成文出版社，1974 年版，第 484 頁。

〔註 369〕〔民國〕陳及時等纂修：《廣東省始興縣志》卷四興地略實業，臺北：成文出版社，1974 版，第 316 頁。

〔註 370〕〔民國〕陳及時等纂修：《廣東省始興縣志》卷四興地略實業，臺北：成文出版社，1974 版，第 311～312 頁。

〔註 371〕〔清〕馬呈圖纂輯：《廣東省宣統高要縣志》卷十一食貨篇二實業，臺北：成文出版社，1974 年版，第 491～492 頁。

〔註 372〕〔民國〕陳及時等纂修：《廣東省始興縣志》卷四興地略實業，臺北：成文出版社，1974 版，第 311～313 頁。

〔註 373〕〔清〕屈大均：《廣東新語》，北京：中華書局，1985 年，2006 年重印，第

始興油漆〔註374〕；始興藥材〔註375〕；始興石灰〔註376〕；赤溪炭〔註377〕；始興紙爆〔註378〕；廉州之「醋、豆豆支、豆腐、鹽（其利最大）、蜜餞、米饊、麻彈、松子、米花、氣果、紅麴、醬、麥」〔註379〕；瓊山之「花椒、吳茱萸、鹽、醋、醬、蜂蜜〔註380〕；（蜜製天門冬、益智子、菠蘿蜜、檳榔、青梅，其味更佳。〔註381〕）佛山龍眼乾、荔枝乾、陳皮、糖梅、糖欖；〔註382〕瓊東之米粉、煮堆、米花、蜜浸、油餅、米粿；〔註383〕白蠟〔註384〕；澄邁海南木材〔註385〕；高州之香粉；〔註386〕化州之茶、醬、醋、粿、吉貝、錢、紅花；〔註387〕化州和徐聞的黃蠟、蜂蜜、翠毛；〔註388〕化州橘

697 頁。

〔註374〕〔民國〕陳及時等纂修：《廣東省始興縣志》卷四輿地略實業，臺北：成文出版社，1974 版，第 311～313 頁。

〔註375〕〔民國〕陳及時等纂修：《廣東省始興縣志》卷四輿地略實業，臺北：成文出版社，1974 版，第 311～313 頁。

〔註376〕〔民國〕陳及時等纂修：《廣東省始興縣志》卷四輿地略實業，臺北：成文出版社，1974 版，第 314 頁。

〔註377〕〔民國〕王大魯修，賴際熙纂：《廣東省赤溪縣志》卷二輿地下物產，臺北：成文出版社，1967 版，第 63 頁。

〔註378〕〔民國〕陳及時等纂修：《廣東省始興縣志》卷四輿地略實業，臺北：成文出版社，1974 版，第 316 頁。

〔註379〕〔清〕張堉春修，陳治昌纂：〔道光〕《廉州府志》卷六輿地六，道光十三年刻本，廣東省地方史志辦公室輯：《廣東歷代方志集成》，廣州：嶺南美術出版，2006 年，第 93 頁。

〔註380〕〔清〕李文恒修，鄭文彩纂：《廣東省瓊山縣志》卷三下輿地八物產，臺北：成文出版社，1974 年版，第 329～332 頁。

〔註381〕〔清〕李文恒修，鄭文彩纂：《廣東省瓊山縣志》卷三下輿地八物產，臺北：成文出版社，1974 年版，第 333 頁。

〔註382〕〔清〕潘尚楫修，鄧士憲等纂：〔道光〕《南海縣志》卷九建置略一，廣東省地方史志辦公室輯：《廣東歷代方志集成》，廣州：嶺南美術出版社，2007 年，第 207 頁。

〔註383〕〔清〕陳述芹纂修：《廣東省瓊東縣志（舊名會同縣志）》土產卷二，臺北：成文出版社，1974 年版，第 75 頁。

〔註384〕〔清〕屈大均：《廣東新語》，北京：中華書局，1985 年，2006 年重印，第 606 頁。

〔註385〕〔清〕屈大均：《廣東新語》，北京：中華書局，1985 年，2006 年重印，第 654～656 頁。

〔註386〕〔清〕楊霽修，陳蘭彬纂：《廣東省高州府志》卷七輿地七物產，臺北：成文出版社，1967 版，第 98 頁。

〔註387〕〔清〕王輔之修，駱克良等纂：《宣統徐聞縣志》，《中國地方志集成》，上海：上海書店出版社，2003 年，第 452 頁。

〔註388〕〔清〕彭貽蓀修，彭步瀛纂：《廣東省化州志》卷二物產，臺北：成文出版社，

類製品〔註 389〕；雷州水牛角〔註 390〕；會同海茶加工業〔註 391〕；始興造船〔註
392〕；等等。

清代廣東經濟，主要由市場規律進行調控，因此，生產量受到需求量的
影響。清代廣東手工業產品極大豐富，說明了市場的需求是非常旺盛的。另
外，清代廣東的手工業產品以民生日用類為主，說明了其消費群體是以普通
民眾占主體。綜合以上兩點，則可知清代廣東手工業的繁榮代表了各級市場
（特別是位於市場網絡中、低端的墟市）之興旺。

三、礦 業

清代廣東的礦業亦有所發展。據《廣東便覽》載：「廣東鐵礦四五十處，
煤礦、銅礦、錫礦各五六處，出鉛之礦可煎銀者亦十餘處。」〔註 393〕部分
地區的礦業較為重要，如：開建金礦養人〔註 394〕；河源金礦養人〔註 395〕；
南海鐵養千人〔註 396〕。除金屬礦業外還有其他類型的礦業，如始興挖煤業
〔註 397〕；英德鑿石業及運煤業〔註 398〕；始興燒石灰〔註 399〕；等等。主要的

　　　1974 版，第 207 頁。〔清〕王輔之修，駱克良等纂：《宣統徐聞縣志》，《中國
　　　地方志集成》，上海：上海書店出版社，2003 年，第 452 頁。

〔註 389〕〔清〕屈大均：《廣東新語》，北京：中華書局，1985 年，2006 年重印，第
　　　632 頁。

〔註 390〕拱北海關志編輯委員會編：《拱北關史料集》，珠海：拱北海關 1998 年，第
　　　271 頁。

〔註 391〕〔清〕屈大均：《廣東新語》，北京：中華書局，1985 年，2006 年重印，第
　　　720 頁。

〔註 392〕〔民國〕陳及時等纂修：《廣東省始興縣志》卷四輿地略實業，臺北：成文出
　　　版社，1974 版，第 311～313 頁。

〔註 393〕〔清〕李應旺：《廣東便覽》卮言，光緒年間刻本，第 6 頁。。

〔註 394〕〔清〕屈大均：《廣東新語》，北京：中華書局，1985 年，2006 年重印，第
　　　403 頁。

〔註 395〕〔清〕屈大均：《廣東新語》，北京：中華書局，1985 年，2006 年重印，第
　　　403 頁。

〔註 396〕〔清〕屈大均：《廣東新語》，北京：中華書局，1985 年，2006 年重印，第
　　　409 頁。

〔註 397〕〔民國〕陳及時等纂修：《廣東省始興縣志》卷四輿地略實業，臺北：成文出
　　　版社，1974 版，第 311～313 頁。

〔註 398〕〔清〕黃培爍，劉濟寬修；陸殿邦纂：《道光英德縣志》卷之四輿地略下風俗，
　　　《中國地方志集成》，上海：上海書店出版社，2003 年，第 313 頁。

〔註 399〕〔民國〕陳及時等纂修：《廣東省始興縣志》卷四輿地略實業，臺北：成文出
　　　版社，1974 版，第 311～313 頁。

礦產品有：電白銀〔註 400〕；長樂錫及連、興寧錫及連、英德金礦、廣寧金礦、陽江金礦、開建金礦、英德銀、東莞銀、清遠銀、始興銀、河源銀礦、河源連、永安錫、永安連、羅定鐵〔註 401〕；惠州錫〔註 402〕、四會、北江石灰〔註 403〕；等等。

　　清代廣東部分地區的礦產資源相對豐富，官方與民間都曾對部分礦藏進行一定程度的開採，當地的經濟（包括墟市經濟）都曾依賴礦業的發展而發展。

四、產業組合

　　清代廣東農業、手工業及商業的地域發展不平衡，故各地的產業組合類型多樣，大致可分為高端組合、中端組合、低端組合等三大類。

（一）高端組合

　　高端組合者，農工商各業俱佳。清代南海縣的經濟屬於高端組合。康熙時，南海經濟狀況就已經相當發達。據載：「城西一帶異省商人雜處，閩產尤多。……。陶冶之良亦甲天下。海洲、鎮湧、金甌、綠潭、沙頭、大同、九江魚桑為業，……。佛山地廣人稠，俗雜五方，白沙多煙皮為生，官窯、瓦窯、蠱雷岡逐末者眾，平洲、張槎、山南則多富室，西樵山頂十三村稍近淳樸而弦誦稀聞，其他非儒則農，間作工賈，漁稻隨處俱饒，家無積金用度自裕。」〔註 404〕首先，康熙南海的農業水平高，「漁稻隨處俱饒」。其次，康熙南海的手工業發達，如「陶冶之良亦甲天下」；又如「海洲、鎮湧、金甌、綠潭、沙頭、大同、九江魚桑為業」，即這些地區的蠶絲業發展狀態良好。所以康熙南海手工業的出品較多：「料品有樟腦，有花膏、青石（出西樵）；……；

〔註400〕　〔清〕屈大均：《廣東新語》，北京：中華書局，1985 年，2006 年重印，第404 頁。
〔註401〕　〔清〕屈大均：《廣東新語》，北京：中華書局，1985 年，2006 年重印，第402～410 頁。
〔註402〕　〔清〕郝玉麟纂修：〔雍正〕《廣東通志》卷五十二物產，廣東省地方史志辦公室輯：《廣東歷代方志集成》，廣州：嶺南美術出版社，2006 年，第 1662 頁。
〔註403〕　〔清〕陳志喆等修，吳大猷纂：《廣東省四會縣志》編一物產，臺北：成文出版社，1967 年版，第 127 頁。
〔註404〕　〔清〕郭爾伭、胡雲客修，冼國幹等纂：〔康熙〕《南海縣志》卷六風俗志，廣東省地方史志辦公室輯：《廣東歷代方志集成》，廣州：嶺南美術出版社，2007 年，第 120 頁。

有信石、有白泥（出麻奢，取燒瓦）；……；多瓦器（出石灣），多鐵鍋（出佛山），多穀紙、多草紙、多茶（出西樵），……多橙丁，多白糖。」〔註405〕再次，康熙時南海的商業興旺，不少外地商人在此定居：「城西一帶異省商人雜處，閩產尤多。」官窯、瓦窯、蟲雷岡等鄉村地區逐末者亦眾，表明這些地區的墟市經濟也很發達。就以上三方面分析而論，康熙時南海經濟屬於高端組合。宣統時南海經濟有了更進一步的發展，據載：

> 料品……，豆腐，腐乳，牛皮膠（以牛皮熬作膠，寨邊等鄉多業此）。白石堡白岡鄉林族有大糯田數畝，所出糯米純而不雜，每年四月初旬運至省城米埠，比常價倍之。松洲岡所產黑葉荔枝最良，他產弗及，惟近年所出極少。平洲堡產什葉龍眼，勝於他處，近二十年來遍地皆種桑麻柚，行銷最廣，為植物一大利源。傍海蛋民多業桑蠶，歲獲厚利。……。三江司黃邊鄉多產藥品，如花椒、淡竹、甘菊、地丁、錦地羅、南星、半夏、石南、藤稀、簽草、山枝、金櫻子、金銀花、益母草、旱蓮草之類。桂皮每年運往外洋銷售約四萬餘擔。絲苗米、銀粘米每年運往金山、新嘉坡各埠約十餘萬石。……。《廣東新語》云：南海九江村其人多以撈魚花為業，曰魚花戶。……。蠶桑之利，順德而外，以縣屬為最。向因研究無人致鮮進步。近日大吏創設蠶業研究所，力求整頓，以闢利源。茲以其業為利最巨，足裨民生，……。境內桑田以江浦、黃鼎、主簿為多，而江浦之官山、簡村、金甌、龍津，黃鼎之羅格、良溪、大岸，主簿之九江、沙頭、大同為尤最。十畝桑田濃陰綠縟，且各處均有桑市，即此數處而論，其桑田不下數千頃。若五斗所屬、神安所屬、三江所屬，寥寥而已。蠶業盛於西樵，非西樵之天氣、地質獨優也，風氣已開，日漸發達，有不期然而然者也。……。縣屬養蠶之家，以西樵各鄉為最盛，約有萬餘家，其餘所在皆有實在數目，一時未詳。……。欲知產繭之多寡，參觀繭市之旺淡。繭市以官山為大，有經紀行數間。旺造日進出繭值五六萬量，通歲繭值過百萬兩。九江、沙頭各處繭市雖不大，合之亦略與官山等。以值伸繭，則產繭之數不啻三

〔註405〕〔清〕郭爾戺、胡雲客修，冼國幹等纂：〔康熙〕《南海縣志》卷七食貨志，廣東省地方史志辦公室輯：《廣東歷代方志集成》，廣州：嶺南美術出版社，2007年，第150頁。

百餘萬兩。……。故桑與蠶相依，農民早出耕桑，晚歸飼蠶，……。縣屬無著名種商，即有亦自製種自飼育耳。惟順德龍江、龍山有數十家，前以和信、元信二號稱首，今則各家亦頗知講求。本城如聯泰、均和安等號，購辦機器一副，視用工人之多少，以爲機器之大小。……。從前絲廠以順德爲多，南海次之，新會亦有約近百家，近數年日更多設，其大廠有用至八九百工人者，大率以四五百居多。……。價值無一定，銷路則各國均有，而以美國、法國、英國商家爲大宗。……。土絲一項，全省每年約出四千萬，順德四之二，番（禺）香（山）新（會）占其一，縣屬（南海）占其一，九江、西樵、大同、沙頭出絲最盛。從前未有機器繰絲，以手工爲之，其絲略粗，只供人織綢及緔紗之用。近來洋莊絲出，其價倍昂，其利逾大。洋莊絲居十之六七，土莊十之三四而已。……。白沙鄉製造品物以煮牛膠、織藤心爲大宗，其制牛膠冬時建廠，煮熟製成條，供染料、顏料及製墨之用。……。藤貨一宗，由外洋購運藤條，以藤皮製席，藤心製椅、桌，藤絲製褥墊。每年出產約萬餘包包百勴，運往外洋行銷，今內銷亦居多。（據採訪冊修）……。鐵器多出佛山，炒鐵之爐數十，鑄鐵之爐數百，餘晝夜烹煉。……。石灣所製陶器，似古之官窯，郡人有「石灣瓦甲天下」之謠。……。諸窯以金利司爲多，……。良沙海鄉、下窖鄉磚窯林立，……。（俱據採訪冊修）〔註406〕

　　根據以上材料，對比康熙年間的狀況，可知宣統時南海的農、工、商各業都取得了長足的進展。（1）農業：大力發展經濟作物桑麻種植，特別是桑的種植面積極廣：「境內桑田以江浦、黃鼎、主簿爲多，而江浦之官山、簡村、金甌、龍津，黃鼎之羅格、良溪、大岸，主簿之九江、沙頭、大同爲尤最。」桑業生產的發展還帶動了南海地區的墟市經濟：「十畝桑田濃蔭綠綢，且各處均有桑市」。南海之蠶桑產值居於全省第二。（2）手工業：宣統南海手工業發達，如其土絲產量占全省的四分之一。絲業的大發展有賴於繰絲業的機器化生產：「本城如聯泰、均和安等號，購辦機器一副，視用工人之多少，以爲機器之大小。」絲業興旺也帶動了南海墟市的發展：「繭市以官山爲大，有經紀

〔註406〕〔清〕鄭蓁等修，桂坫等纂：〔宣統〕《南海縣志》卷四輿地略三，廣東省地方史志辦公室輯：《廣東歷代方志集成》，廣州：嶺南美術出版社，2007年，第152～158頁。

行數間。旺造日進出繭值五六萬量，通歲繭值過百萬兩。九江、沙頭各處繭市雖不大，合之亦略與官山等。」另有白沙鄉煮牛膠、織藤心等手工業，佛山鐵器製造業、石灣陶器製造業，金利司諸窯及沙海鄉、下窖鄉磚窯等。除上述之絲、繭、牛膠、藤製品、鐵器、陶器、磚瓦等手工業產品外，還有豆腐、腐乳、藥品等產品。（3）商業：宣統南海商業發達，商業的發展促成西關大面積地區的城市化：「子城太平門外率稱西關，然同、光之間，紳富初闢新寶華坊等街，已極西關之西，其地距泮塘、南岸等鄉尚隔數里。光緒中葉，紳富相率購地建屋，數十年來，甲第雲連，魚鱗櫛比，菱塘蓮渚，悉作民居，直與泮塘等處壤地相接，僅隔一水，生齒日增，可謂盛已。（據採訪冊）」〔註407〕清末南海兼有外貿，如：「桂皮每年運往外洋銷售約四萬餘擔。絲苗米、銀粘米每年運往金山、新嘉坡各埠約十餘萬石」，這又是南海產業組合處於高端的一個體現。可見，宣統南海的產業組合水平在更高的層次上取得了發展。

咸豐順德的產業組合也屬於高端組合。其農業生產條件好，民眾勤勞，手工業發達，商業興旺。據（咸豐）《順德縣志》載：「惟順德在在皆水鄉，舟航所達，川流四繞，阡陌交通，故力農尤便。至於桑田魚池之利，歲出蠶絲，男女皆自食其力，貧者佃富者田而納其租，惰安者蓋少矣。其他為匠為坊為場師，又或織麻鳴機，編竹作器，一藝一業往往遍於鄉堡，相效成風。大率耕六工二，餘則貿遷，……。順德割南海三都膏腴，人民富庶，水鄉為多，……。」〔註408〕

其他產業高端組合區，也具有農工商俱優的特點。如（雍正）東莞：「縣邑附郭，物博地廣，……，以所家近市，故商賈百工豪右輕俠雜□不純，……。茶園，邑之會也，……，富室所營嘉木，動植千樹。又其俗少農而多賈，渡嶺嶠涉湖湘，浮江淮走齊魯間，往往以糖香牟大利。」〔註409〕東莞的商業在

〔註407〕〔清〕鄭藩等修，桂坫等纂：〔宣統〕《南海縣志》卷四輿地略三，廣東省地方史志辦公室輯：《廣東歷代方志集成》，廣州：嶺南美術出版社，2007年，第147頁。

〔註408〕〔清〕郭汝誠修，馮奉初等纂：〔咸豐〕《順德縣志》卷三輿地略，廣東省地方史志辦公室輯：《廣東歷代方志集成》，廣州：嶺南美術出版社，2007年，第74頁。

〔註409〕〔清〕周天成修，鄧廷喆、陳之遇纂：〔雍正〕《東莞縣志》卷二風俗，廣東省地方史志辦公室輯：《廣東歷代方志集成》，廣州：嶺南美術出版社，2007年，第45頁。

康熙時就已經很興盛：「農力稼穡，工不求巧，商能致遠，……。」〔註 410〕
（康熙東莞墟市數量 29〔註 411〕）又「民喜遠商，北薊南滇，靡不足迹他邑，
遜之其乘舟楫之便，騁其鶩桀恣焉。以逞者多出於濱海之鄉，……。」〔註 412〕
嘉慶澄海的產業組合類型亦屬高端：「舊志曰：邑僻處海濱，號稱沃壤，農安
隴畝，女勤績紡，務本業謹蓋藏，……。地狹人眾，土田所入，縱大有年不
足供三月糧。濱海居民所恃以資生而為常業者，非商販外洋即魚鹽本港也。
前志云農工商賈皆藉船為業，信矣。」〔註 413〕

產業的高端組合一般分佈在自然條件與區位條件都很好的地區，如珠江
三角洲地區。

（二）中端組合

中端組合，是指農工商各業有一項或兩項發展較好的產業組合。首先，
有農業生產條件好者，如康熙番禺：「邑之北質而俚，農而不商，溪峒之間
豪為政。其東濱海，科第相望，文稱其質。西南邁郡，土沃民稠，……。」
〔註 414〕（康熙番禺墟市數量 14）再如康熙茂名：「田土膏腴，習尚樸厚，務
農重穀，人可自給。」〔註 415〕（康熙茂名墟市數量 14）其次，有手工業發
展較好者，如康熙陽春：「民不經商，器用貨物悉資他邑，男子惟事獵漁，
婦女紡織蕉葛頗精。」〔註 416〕（康熙陽春墟市數量 16）再次，有商業較為

〔註 410〕 〔清〕汪永瑞修：〔康熙〕《廣州府志》卷七風俗，廣東省地方史志辦公室輯：
《廣東歷代方志集成》，廣州：嶺南美術出版社，2007 年，第 47 頁。

〔註 411〕 〔清〕金光祖纂修：〔康熙〕《廣東通志》卷五坊都附，廣東省地方史志辦公
室輯：《廣東歷代方志集成》，廣州：嶺南美術出版社，2006 年，第 298～306
頁。下文「中端組合」與「低端組合」中的括號內的墟市數及腳註中的墟市
數都來源於此。。

〔註 412〕 〔清〕金光祖纂修：〔康熙〕《廣東通志》卷二十一風俗，廣東省地方史志辦公
室輯：《廣東歷代方志集成》，廣州：嶺南美術出版社，2006 年，第 1442 頁。

〔註 413〕 〔清〕李書吉等纂修：《嘉慶澄海縣志》卷之六風俗，《中國地方志集成》，上
海：上海書店出版社，2003 年，第 63 頁。

〔註 414〕 〔清〕金光祖纂修：〔康熙〕《廣東通志》卷二十一風俗，廣東省地方史志辦
公室輯：《廣東歷代方志集成》，廣州：嶺南美術出版社，2006 年，第 1442
頁。

〔註 415〕 〔清〕金光祖纂修：〔康熙〕《廣東通志》卷二十一風俗，廣東省地方史志辦公
室輯：《廣東歷代方志集成》，廣州：嶺南美術出版社，2006 年，第 1446 頁。

〔註 416〕 〔清〕金光祖纂修：〔康熙〕《廣東通志》卷二十一風俗，廣東省地方史志辦
公室輯：《廣東歷代方志集成》，廣州：嶺南美術出版社，2006 年，第 1445
～1446 頁。

發達者：光緒曲江：「工少奇巧，居肆之家多非土著，凡營造製器，悉資外匠，邑人即學一技，亦近樸拙。……。商邑當四達，百貨雲集，營利居奇多是客戶。至鄉里簡約，逐末者少。」〔註 417〕第四，有民眾勤勞者，如康熙電白：「地偏海瀕，……，民力耕作，……。」〔註 418〕（康熙電白墟市數量13）農工商都有所發展，但總體水平居中者，如光緒海陽：「邑民力耕，多為上農夫，餘逐十一之利。……。在城士秀而文，……，民質而願，皆事工賈。……。」〔註 419〕第五，有自然條件好、手工業發達者，如雍正興寧：「興寧四郊皆平疇，千山鎮合。（祝允明《水記》）」〔註 420〕光緒興寧：「……。夫棉紗用以織土布，向日該埠工藝興旺，土布為出口大宗，自日本棉法蘭絨等類流入中華以來，人多喜用。……。（光緒三十三年汕頭口華洋貿易情形論略，通商各關華洋貿易總冊，下卷，頁 89）」〔註 421〕

（三）低端組合

低端組合常常表現為農工商水平皆低，或是產業類型過於單一。（1）有以單一農業為支柱的類型，如康熙香山：「勤於農圃而不事工商，……。」〔註 422〕又康熙長寧：「邑多山嶂，民鮮詩書，皆以樹藝為業。」〔註 423〕（2）有以農業為主，商業為輔，手工業水平低的組合，如康熙增城：「先農桑而

〔註417〕〔清〕張希京修，歐樾華等纂：〔光緒〕《曲江縣志》卷三輿地書一，廣東省地方史志辦公室輯：《廣東歷代方志集成》，廣州：嶺南美術出版社，2007 年，第 228 頁。

〔註418〕〔清〕金光祖纂修：〔康熙〕《廣東通志》卷二十一風俗，廣東省地方史志辦公室輯：《廣東歷代方志集成》，廣州：嶺南美術出版社，2006 年，第 1446 頁。

〔註419〕〔清〕盧蔚獻修，吳道鎔纂：《光緒海陽縣志》卷七輿地略六，《中國地方志集成》，上海：上海書店出版社，2003 年，第 446 頁。

〔註420〕〔清〕郝玉麟纂修：〔雍正〕《廣東通志》卷五十一風俗，廣東省地方史志辦公室輯：《廣東歷代方志集成》，廣州：嶺南美術出版社，2006 年，第 1603 頁。

〔註421〕彭澤益編：《中國近代手工業史資料》（第二卷），北京：中華書局，1962 年，第 460 頁。

〔註422〕〔清〕汪永瑞修：〔康熙〕《廣州府志》卷七風俗，廣東省地方史志辦公室輯：《廣東歷代方志集成》，廣州：嶺南美術出版社，2007 年，第 47 頁。康熙香山墟市數量 9 個。

〔註423〕〔清〕金光祖纂修：〔康熙〕《廣東通志》卷二十一風俗，廣東省地方史志辦公室輯：《廣東歷代方志集成》，廣州：嶺南美術出版社，2006 年，第 1445 頁。康熙長寧墟市數量 0 個。

後商賈，工僅完足而不求淫巧。」〔註 424〕（3）有農工商發展皆欠佳的組合，如康熙清遠：「地無曠原沃壤，力耕火種最爲辛勤，無長溪洪河，肩擔皆負，最爲勞苦。（元志）城中男女罕事耕織，商賈工計皆資異縣。」〔註 425〕由於生產條件較差，清遠的產業組合至光緒時仍屬低端：「至若耕山者種茶種竹，谷深路險，擔荷艱難。邑中山多田少，上田更少，土瘠民勞，故風俗儉樸。」〔註 426〕再如康熙陽山，也屬於農工商皆欠發達的組合：「……，鮮事詩書。其民有三。曰王民，專事漁獵，無商賈屠沽工匠技藝。曰猺曰獞，則居處山峒，腰刀持弩，性獷而悍，不習拜揖，迄今遵化輸役，其王民漸知讀書慕禮，……。」〔註 427〕一言以蔽之，清代廣東各地產業組合處於低端者，其商業都不發達，除上述各地外，還有：康熙龍門：「讀書力耕，不服遠賈，婦女俱事紡織。」〔註 428〕康熙連山：「不知讀書，不事商賈，專業耕種，……。」〔註 429〕康熙曲江：「沃壤滿望，故人樂農而厭商。」〔註 430〕康熙程鄉：「民謹愿，重本薄末。」〔註 431〕康熙平遠：「土地沃饒，民惟知樹藝。商賈者少。」

〔註 424〕〔清〕汪永瑞修：〔康熙〕《廣州府志》卷七風俗，廣東省地方史志辦公室輯：《廣東歷代方志集成》，廣州：嶺南美術出版社，2007 年，第 48 頁。康熙增城墟市數量 11 個。

〔註 425〕〔清〕汪永瑞修：〔康熙〕《廣州府志》卷七風俗，廣東省地方史志辦公室輯：《廣東歷代方志集成》，廣州：嶺南美術出版社，2007 年，第 48 頁。康熙清遠墟市數量 7 個。

〔註 426〕〔清〕郭汝誠修，馮奉初等纂〔咸豐〕《順德縣志》卷二輿地，廣東省地方史志辦公室輯：《廣東歷代方志集成》，廣州：嶺南美術出版社，2007 年，第 222 頁。

〔註 427〕〔清〕汪永瑞修：〔康熙〕《廣州府志》卷七風俗，廣東省地方史志辦公室輯：《廣東歷代方志集成》，廣州：嶺南美術出版社，2007 年，第 48 頁。康熙陽山墟市數量 0 個。

〔註 428〕〔清〕汪永瑞修：〔康熙〕《廣州府志》卷七風俗，廣東省地方史志辦公室輯：《廣東歷代方志集成》，廣州：嶺南美術出版社，2007 年，第 48 頁。康熙龍門墟市數量 5 個。

〔註 429〕〔清〕汪永瑞修：〔康熙〕《廣州府志》卷七風俗，廣東省地方史志辦公室輯：《廣東歷代方志集成》，廣州：嶺南美術出版社，2007 年，第 48 頁。康熙連山墟市數量 0 個。

〔註 430〕〔清〕金光祖纂修：〔康熙〕《廣東通志》卷二十一風俗，廣東省地方史志辦公室輯：《廣東歷代方志集成》，廣州：嶺南美術出版社，2006 年，第 1443 頁。康熙曲江墟市數量 5 個。

〔註 431〕〔清〕金光祖纂修：〔康熙〕《廣東通志》卷二十一風俗，廣東省地方史志辦公室輯：《廣東歷代方志集成》，廣州：嶺南美術出版社，2006 年，第 1445 頁。康熙程鄉墟市數量 7 個。

〔註432〕康熙廣寧：「邑居山僻土，饒竹木。……。多務農而鮮工作。……。」

〔註433〕康熙封川：「農少力耕，商不遠行。」〔註434〕康熙開建：「地廣人稀，
徭獠雜居。民多健悍，男子喜習師巫而恥爲工商。」〔註435〕康熙開平：「邑
設未久，風氣未開。……。務農之外，別無生計。……。」〔註436〕

　　清代廣東墟市組合呈現出多元化特點。各種不同的產業組合，爲各地的
墟市演化提供不盡相同的局地經濟小氣候，所以，清代廣東各地的墟市經濟
各具特色，這是墟市經濟接受環境選擇的結果。換言之，因爲各地墟市的發
展與當地的環境相適應，所以，清代廣東墟市也具有多元化特點。

　　綜上所述，清代廣東的自然與人文條件複雜多樣且多變，這有利於將清
代廣東墟市系統塑造成具有豐富多彩的整體湧現性的系統。

小　結

　　自然及人文環境塑造清代廣東墟市經濟。廣東位於嶺海之間，區內水系
縱橫，丘陵散佈，因此，廣東的墟市帶上了山水特色。這在墟市的名稱上有
所反映。其一，與水相關的墟市。清代廣東與河、海、塘、湖相關的墟市較
多，例如，乾隆南海：蛋家沙市、小塘、裏水、澳邊、水頭、沙邊、裏海、
新湧、聖堂海邊；〔註437〕乾隆新會：濠橋、江門、潮透、河塘、沙塘、小澤、

〔註432〕〔清〕金光祖纂修：〔康熙〕《廣東通志》卷二十一風俗，廣東省地方史志辦
　　　　公室輯：《廣東歷代方志集成》，廣州：嶺南美術出版社，2006 年，第 1445
　　　　頁。康熙平遠墟市數量 8 個。

〔註433〕〔清〕金光祖纂修：〔康熙〕《廣東通志》卷二十一風俗，廣東省地方史志辦
　　　　公室輯：《廣東歷代方志集成》，廣州：嶺南美術出版社，2006 年，第 1446
　　　　頁。康熙廣寧墟市數量 1 個。

〔註434〕〔清〕金光祖纂修：〔康熙〕《廣東通志》卷二十一風俗，廣東省地方史志辦
　　　　公室輯：《廣東歷代方志集成》，廣州：嶺南美術出版社，2006 年，第 1446
　　　　頁。康熙封川墟市數量 3 個。

〔註435〕〔清〕金光祖纂修：〔康熙〕《廣東通志》卷二十一風俗，廣東省地方史志辦
　　　　公室輯：《廣東歷代方志集成》，廣州：嶺南美術出版社，2006 年，第 1446
　　　　頁。康熙開建墟市數量 4 個。

〔註436〕〔清〕金光祖纂修：〔康熙〕《廣東通志》卷二十一風俗，廣東省地方史志辦
　　　　公室輯：《廣東歷代方志集成》，廣州：嶺南美術出版社，2006 年，第 1446
　　　　頁。康熙開平墟市數量 0 個。

〔註437〕〔清〕張嗣衍修，沈廷芳纂：〔乾隆〕《廣州府志》卷四城池，廣東省地方史志
　　　　辦公室輯：《廣東歷代方志集成》，廣州：嶺南美術出版社，2007 年，第 130 頁。

大澤；〔註 438〕乾隆從化：沙坦、鶴橋；〔註 439〕嘉慶靈山：青塘墟、豐塘墟、三橋墟、牛江墟；〔註 440〕光緒花縣：獅嶺司屬之勝塘墟、龍潭墟、橫潭墟、河陽小墟；水西司屬之金溪墟；〔註 441〕光緒海陽：湖邊墟、內洋墟、溪口市、楓溪市、浮洋市、彩塘市、庵埠市。〔註 442〕光緒新安：典史屬之沙河墟、隔岸新墟；〔註 443〕光緒新寧：上川司屬之捕魚地墟；〔註 444〕光緒清遠：典史屬之洲心墟；〔註 445〕等等。其二，與山相關的墟市。清代廣東與岡、嶺、山等相關的墟市較多，例如，乾隆南海：橫岡、象山；〔註 446〕乾隆新會：雞籠岡、小岡；〔註 447〕乾隆從化：石嶺；〔註 448〕乾隆新寧：獨岡、腹嶺；〔註 449〕乾隆新安：天岡、黃松岡；〔註 450〕嘉慶靈山：蒙山

〔註 438〕〔清〕張嗣衍修，沈廷芳纂：〔乾隆〕《廣州府志》卷四城池，廣東省地方史志辦公室輯：《廣東歷代方志集成》，廣州：嶺南美術出版社，2007 年，第 131 頁。

〔註 439〕〔清〕張嗣衍修，沈廷芳纂：〔乾隆〕《廣州府志》卷四城池，廣東省地方史志辦公室輯：《廣東歷代方志集成》，廣州：嶺南美術出版社，2007 年，第 132 頁。

〔註 440〕〔清〕張孝詩修，梁炅纂：〔嘉慶〕《靈山縣志》卷五疆域志，廣東省地方史志辦公室輯：《廣東歷代方志集成》，廣州：嶺南美術出版社，2007 年，第 85 頁。

〔註 441〕〔清〕戴肇辰等修，史澄、李光廷等纂：〔光緒〕《廣州府志》卷六十九建置略六，廣東省地方史志辦公室輯：《廣東歷代方志集成》，廣州：嶺南美術出版社，2007 年，第 1057 頁。

〔註 442〕〔清〕盧蔚獻修，吳道鎔纂：《光緒海陽縣志》卷二十二建置略六，《中國地方志集成》，上海：上海書店出版社，2003 年，第 446 頁。

〔註 443〕〔清〕戴肇辰等修，史澄、李光廷等纂：〔光緒〕《廣州府志》卷六十九建置略六，廣東省地方史志辦公室輯：《廣東歷代方志集成》，廣州：嶺南美術出版社，2007 年，第 1057 頁。

〔註 444〕〔清〕戴肇辰等修，史澄、李光廷等纂：〔光緒〕《廣州府志》卷六十九建置略六，廣東省地方史志辦公室輯：《廣東歷代方志集成》，廣州：嶺南美術出版社，2007 年，第 1057 頁。

〔註 445〕〔清〕戴肇辰等修，史澄、李光廷等纂：〔光緒〕《廣州府志》卷六十九建置略六，廣東省地方史志辦公室輯：《廣東歷代方志集成》，廣州：嶺南美術出版社，2007 年，第 1057 頁。

〔註 446〕〔清〕張嗣衍修，沈廷芳纂：〔乾隆〕《廣州府志》卷四城池，廣東省地方史志辦公室輯：《廣東歷代方志集成》，廣州：嶺南美術出版社，2007 年，第 130 頁。

〔註 447〕〔清〕張嗣衍修，沈廷芳纂：〔乾隆〕《廣州府志》卷四城池，廣東省地方史志辦公室輯：《廣東歷代方志集成》，廣州：嶺南美術出版社，2007 年，第 131 頁。

〔註 448〕〔清〕張嗣衍修，沈廷芳纂：〔乾隆〕《廣州府志》卷四城池，廣東省地方史志辦公室輯：《廣東歷代方志集成》，廣州：嶺南美術出版社，2007 年，第 132 頁。

〔註 449〕〔清〕張嗣衍修，沈廷芳纂：〔乾隆〕《廣州府志》卷四城池，廣東省地方史志辦公室輯：《廣東歷代方志集成》，廣州：嶺南美術出版社，2007 年，第 132 頁。

〔註 450〕〔清〕張嗣衍修，沈廷芳纂：〔乾隆〕《廣州府志》卷四城池，廣東省地方史志辦公室輯：《廣東歷代方志集成》，廣州：嶺南美術出版社，2007 年，第 133 頁。

墟、平山墟、〔註451〕光緒花縣：典史屬之獅嶺墟、平山墟、象山腳墟；〔註452〕光緒曲江：火山墟；〔註453〕等等。以上為自然環境對清代廣東墟市之影響在名稱上的管窺。社會環境對清代廣東墟市經濟同樣具有塑造作用。鴉片戰爭後，廣東經濟被逐步納入世界資本主義經濟體系，越來越多的外銷產品出現，如地席，據載：「花席，產東莞，用鹹淡兩種水草為原料，以麻為經，分各色花樣編織，製造用手工，用途鋪床薦地均宜，每張約長五尺，年售出口約五百萬張，以美國為最。此外，通商各埠，均有行銷。」〔註454〕還有其他外銷產品，據《粵海關十年報告（1902～1911）》載：「土貨輸出有所增加，特別是蠶絲、各種席子、肉桂、瓷器及人髮。禁蓄辮子之令一下，中國市場人髮價格大幅度下降，人髮出口貿易激增。很可能會在下一個十年內看到該項貿易完全消失，或者至少部分消失。」〔註455〕外銷產品的生產又往往集中在某些特定地區，據載：「產絲地區——絲是廣東最值錢的產品——只限於珠江三角洲西部有限的幾個地方，包括順德、南海部分地區和香山。茶葉種植於本省北部高地和西江右岸地區。肉桂只在西江南岸的羅定州種植。葵扇是廣東的出口產品，為葵扇提供原料的葵樹，主要在新會地區種植，其主要市場是位於澳門西北約30英里的江門。」〔註456〕因此，外銷產品生產往往成為這些地區的主要經濟支柱。以上的外銷產品以農產品與手工業產品為主，這些產品常常在鄉村地區生產，而且也常在生產單位附近的墟市進行交換，例

〔註451〕〔清〕張孝詩修，梁炅纂：〔嘉慶〕《靈山縣志》卷五疆域志，廣東省地方史志辦公室輯：《廣東歷代方志集成》，廣州：嶺南美術出版社，2007年，第85頁。

〔註452〕〔清〕戴肇辰等修，史澄、李光廷等纂：〔光緒〕《廣州府志》卷六十九建置略六，廣東省地方史志辦公室輯：《廣東歷代方志集成》，廣州：嶺南美術出版社，2007年，第1057頁。

〔註453〕〔清〕張希京修，歐樾華等纂：〔光緒〕《曲江縣志》卷七輿地書五，廣東省地方史志辦公室輯：《廣東歷代方志集成》，廣州：嶺南美術出版社，2007年，第339頁。

〔註454〕〔民國〕陳伯陶纂修：〔民國〕《東莞縣志》卷十五，廣東省地方史志辦公室輯：《廣東歷代方志集成》，廣州：嶺南美術出版社，2007年，第195頁。（迄於宣統三年）

〔註455〕據廣州市地方志編纂委員會辦公室，廣州海關志編纂委員會編譯：《近代廣州口岸經濟社會概況——粵海關報告彙集》，廣州：暨南大學出版社，1996年，第956頁。

〔註456〕據廣州市地方志編纂委員會辦公室，廣州海關志編纂委員會編譯：《近代廣州口岸經濟社會概況——粵海關報告彙集》，廣州：暨南大學出版社，1996年，第886～887頁。

如外銷茶葉，據「粵海關十年報告（1882～1891）稱：在本省，茶葉是由許多小種植者經營的。他們在鄉村市場上把茶葉售給茶行，由茶行將茶葉運到通商口岸出售或就地賣給廣州商人，外國商人再從廣州商人手中進貨。……。」〔註457〕所以，清中後期的社會變動使廣東農業、手工業生產較爲普遍地帶上了外向型特徵，從而導致了廣東墟市在貿易內容、資金來源等方面也具有外向型特徵。

清代廣東墟市經濟對環境具有指示作用。特定的環境促成特定墟市類型的出現，特定的環境變化引發特定的墟市演化。某一墟市類型對應某種環境，某種墟市演化與某種環境變化密切相關。所以，墟市能指示其生存、發展環境，墟市演化能反映環境的變動。例如，順德在道光年間已有蠶桑之利：「至於桑田魚池之利，歲出蠶絲，男女皆自食其力」〔註458〕，到宣統時還成爲了全省出絲最多的地區：「土絲一項，全省每年約出四千萬，順德四之二，番（禺）香（山）新（會）占其一，縣屬（南海）占其一，……。」〔註459〕所以清中後期順德多有桑市絲墟：「馬寧司屬之絲墟、貨雜墟、蠶絲墟、桑市；都寧司屬之花市；紫泥司屬之米墟、桑市」。〔註460〕又南海歷來屬於產業組合的高端地區，所以其墟市數量一直在較多，如光緒年間南海墟市高達 133 個，位居全省之首。〔註461〕除此之外，墟市經濟還能反映出社會經濟環境的變動。如宣統年間，南海墟市數量下降到 58 個〔註462〕，這與南海經濟出現某種衰退或許相關，如：「松

〔註457〕據廣州市地方志編纂委員會辦公室，廣州海關志編纂委員會編譯：《近代廣州口岸經濟社會概況──粵海關報告彙集》，廣州：暨南大學出版社，1996 年，第 860～861 頁。

〔註458〕〔清〕郭汝誠修，馮奉初等纂：〔咸豐〕《順德縣志》卷三輿地略，廣東省地方史志辦公室輯：《廣東歷代方志集成》，廣州：嶺南美術出版社，2007 年，第 74 頁。

〔註459〕〔清〕鄭藣等修，桂坫等纂：〔宣統〕《南海縣志》卷四輿地略三，廣東省地方史志辦公室輯：《廣東歷代方志集成》，廣州：嶺南美術出版社，2007 年，第 152～158 頁。

〔註460〕〔清〕戴肇辰等修，史澄、李光廷等纂：〔光緒〕《廣州府志》卷六十九建置略六，廣東省地方史志辦公室輯：《廣東歷代方志集成》，廣州：嶺南美術出版社，2007 年，第 1055 頁。

〔註461〕〔清〕戴肇辰等修，史澄、李光廷等纂：〔光緒〕《廣州府志》卷六十九建置略六，廣東省地方史志辦公室輯：《廣東歷代方志集成》，廣州：嶺南美術出版社，2007 年，第 1054 頁。此 133 個墟市全爲南海縣主捕與各司之墟市。另在會城之中，還有 22 個屬於南海縣的墟市。

〔註462〕〔清〕鄭藣等修，桂坫等纂：〔宣統〕《南海縣志》卷六建置略，廣東省地方史志辦公室輯：《廣東歷代方志集成》，廣州：嶺南美術出版社，2007 年，第

洲岡所產黑葉荔枝最良，他產弗及，惟近年所出極少。……。三江一帶山坡
之田舊多種蔗，故業糖甚多，近因獲利甚微，已有每下愈況之勢。茶葉從前
為出口貨大宗，現在出口之數，歷年遞減。光緒十八年出口尚有六萬五千擔，
至二十八年出口不過二萬四千擔。」〔註463〕

　　清代廣東複雜多變的環境塑造出異彩紛呈的墟市系統。湧現豐富的清代
墟市系統正是清代巨變的特定反映。

---

　　　　196 頁。

〔註463〕〔清〕鄭蓁等修，桂坫等纂：〔宣統〕《南海縣志》卷四輿地略三，廣東省地
　　　　方史志辦公室輯：《廣東歷代方志集成》，廣州：嶺南美術出版社，2007 年，
　　　　第 152～153 頁。

第二章　清代廣東墟市在
時間上的演化

　　清代廣東墟市順應環境變化而演化，或興或亡，或先興後廢，或廢後再興，墟市個體的演化軌迹千差萬別，然而，若從整體觀之，清代廣東墟市整體在時間圍上的演化，有著獨特的軌迹。

第一節　清代廣東墟市發展的總體大勢

　　康熙年間的廣東墟市體系已經恢復到明後期的水平，在此基礎之上，清代廣東墟市體系繼續向前演化。這在清代廣東的方志中有所反映。本文根據部分清代廣東方志的記載，對清代廣東墟市的數量作了一個初步的統計，詳見下表。

表2-1　清代廣東墟市數量統計

	順治	康熙〔註1〕	雍正〔註2〕	乾隆	嘉慶	道光	咸豐	同治	光緒	宣統
南海		25	54	54〔註3〕		166〔註4〕		48〔註5〕	133〔註6〕	58〔註7〕
番禺		14	14					109〔註8〕	99〔註9〕	131〔註10〕
東莞		29	29						55〔註11〕	

〔註1〕　資料來源：〔清〕金光祖纂修：〔康熙〕《廣東通志》卷五坊都附，廣東省地方史志辦公室輯：《廣東歷代方志集成》，廣州：嶺南美術出版社，2006年，第298～306頁。

〔註2〕　資料來源：〔清〕郝玉麟纂修：〔雍正〕《廣東通志》卷之十八都坊，廣東省地方史志辦公室輯：《廣東歷代方志集成》，廣州：嶺南美術出版社，2006年，第489～503頁。

〔註3〕　〔清〕張嗣衍修，沈廷芳纂：〔乾隆〕《廣州府志》卷四城池，廣東省地方史志辦公室輯：《廣東歷代方志集成》，廣州：嶺南美術出版社，2007年，第130頁。

〔註4〕　〔清〕潘尚楫修，鄧士憲等纂：〔道光〕《南海縣志》卷十三建置略五，廣東省地方史志辦公室輯：《廣東歷代方志集成》，廣州：嶺南美術出版社，2007年，第288～290頁。

〔註5〕　〔清〕鄭夢玉等修，梁紹獻等纂：《廣東省南海縣志》卷五建置略二，臺北：成文出版社，1967年版，第127～129頁。

〔註6〕　〔清〕戴肇辰等修，史澄、李光廷等纂：〔光緒〕《廣州府志》卷六十九建置略六，廣東省地方史志辦公室輯：《廣東歷代方志集成》，廣州：嶺南美術出版社，2007年，第1054頁。

〔註7〕　〔清〕鄭榮等修，桂坫等纂：《廣東省南海縣志》卷六建置略，臺北：成文出版社，1974年版，第773～775頁。

〔註8〕　〔清〕李福泰修，史澄等纂：《廣東省番禺縣志》卷十八建置略五，臺北：成文出版社，1967年版，第212～213頁。

〔註9〕　〔清〕戴肇辰等修，史澄、李光廷等纂：〔光緒〕《廣州府志》卷六十九建置略六，廣東省地方史志辦公室輯：《廣東歷代方志集成》，廣州：嶺南美術出版社，2007年，第1054～1055頁。此99個墟市全屬番禺縣各司之墟市。另在省城之中，還有7個屬於番禺縣的墟市。

〔註10〕　〔民國〕梁鼎芬等修，丁仁長等纂：《廣東省番禺縣續志》卷六建置墟市，臺北：成文出版社，1967年版，第109～110頁。

〔註11〕　〔清〕戴肇辰等修，史澄、李光廷等纂：〔光緒〕《廣州府志》卷六十九建置略六，廣東省地方史志辦公室輯：《廣東歷代方志集成》，廣州：嶺南美術出版社，2007年，第1055～1056頁。

順德	36	36				96〔註12〕	88〔註13〕	
新會	24	45			69〔註14〕		62〔註15〕	
香山	9	12					31〔註16〕	
三水	17	20			25〔註17〕		22〔註18〕	
增城	11	26			43〔註19〕		29〔註20〕	
龍門	5	5					13〔註21〕	
花縣	8	8					22〔註22〕	

〔註12〕 〔清〕郭汝誠修，馮奉初等纂：《廣東省順德縣志》卷五建置略二墟市，臺北：成文出版社，1974 年版，第 449～454 頁。

〔註13〕 〔清〕戴肇辰等修，史澄、李光廷等纂：〔光緒〕《廣州府志》卷六十九建置略六，廣東省地方史志辦公室輯：《廣東歷代方志集成》，廣州：嶺南美術出版社，2007 年，第 1055 頁。

〔註14〕 〔清〕林星章修，黃培芳等纂：《廣東省新會縣志》卷四津梁，臺北：成文出版社，1966 年版，第 110～111 頁。

〔註15〕 〔清〕戴肇辰等修，史澄、李光廷等纂：〔光緒〕《廣州府志》卷六十九建置略六，廣東省地方史志辦公室輯：《廣東歷代方志集成》，廣州：嶺南美術出版社，2007 年，第 1056 頁。

〔註16〕 〔清〕戴肇辰等修，史澄、李光廷等纂：〔光緒〕《廣州府志》卷六十九建置略六，廣東省地方史志辦公室輯：《廣東歷代方志集成》，廣州：嶺南美術出版社，2007 年，第 1056 頁。

〔註17〕 〔清〕李友棻等修，鄧雲龍等纂：《廣東省三水縣志》卷之一墟市，臺北：成文出版社，1966 年版，第 47 頁。

〔註18〕 〔清〕戴肇辰等修，史澄、李光廷等纂：〔光緒〕《廣州府志》卷六十九建置略六，廣東省地方史志辦公室輯：《廣東歷代方志集成》，廣州：嶺南美術出版社，2007 年，第 1056～1057 頁。

〔註19〕 〔清〕熊學源修，李寶中纂：《廣東省增城縣志》卷之一里廛，臺北：成文出版社，1974 年版，第 176～177 頁。

〔註20〕 〔清〕戴肇辰等修，史澄、李光廷等纂：〔光緒〕《廣州府志》卷六十九建置略六，廣東省地方史志辦公室輯：《廣東歷代方志集成》，廣州：嶺南美術出版社，2007 年，第 1056 頁。

〔註21〕 〔清〕戴肇辰等修，史澄、李光廷等纂：〔光緒〕《廣州府志》卷六十九建置略六，廣東省地方史志辦公室輯：《廣東歷代方志集成》，廣州：嶺南美術出版社，2007 年，第 1056 頁。

〔註22〕 〔清〕戴肇辰等修，史澄、李光廷等纂：〔光緒〕《廣州府志》卷六十九建置略六，廣東省地方史志辦公室輯：《廣東歷代方志集成》，廣州：嶺南美術出

從化	10	12							20〔註23〕	
清遠	7	7							33〔註24〕	
新寧	13	22							58〔註25〕	
新安	18	31	41〔註26〕						24〔註27〕	
連州	0	0								
陽山	0	0								
連山	0	0								
曲江	5	21							27〔註28〕	
樂昌	2	4							10〔註29〕	
仁化	1	5							10〔註30〕	
乳源	3	1							18〔註31〕	

版社，2007年，第1057頁。

〔註23〕〔清〕戴肇辰等修，史澄、李光廷等纂：〔光緒〕《廣州府志》卷六十九建置略六，廣東省地方史志辦公室輯：《廣東歷代方志集成》，廣州：嶺南美術出版社，2007年，第1056頁。

〔註24〕〔清〕戴肇辰等修，史澄、李光廷等纂：〔光緒〕《廣州府志》卷六十九建置略六，廣東省地方史志辦公室輯：《廣東歷代方志集成》，廣州：嶺南美術出版社，2007年，第1057頁。

〔註25〕〔清〕戴肇辰等修，史澄、李光廷等纂：〔光緒〕《廣州府志》卷六十九建置略六，廣東省地方史志辦公室輯：《廣東歷代方志集成》，廣州：嶺南美術出版社，2007年，第1057頁。

〔註26〕〔清〕舒懋官修，王崇熙等纂：《廣東省新安縣志》上卷墟市，臺北：成文出版社，1974年版，第81～84頁。

〔註27〕〔清〕戴肇辰等修，史澄、李光廷等纂：〔光緒〕《廣州府志》卷六十九建置略六，廣東省地方史志辦公室輯：《廣東歷代方志集成》，廣州：嶺南美術出版社，2007年，第1057頁。

〔註28〕〔清〕林述訓等修，單興詩、歐樾華等纂：《廣東省韶州府志》卷十一輿地略墟市，臺北：成文出版社，1966版，第220～221頁。

〔註29〕〔清〕徐寶符等修，李穟等纂：《廣東省樂昌縣志》卷一猺峒墟市，臺北：成文出版社，1967版，第32頁。

〔註30〕〔清〕陳鴻修，劉鳳輝纂：〔同治〕《仁化縣志》卷一墟市，廣東省地方史志辦公室輯：《廣東歷代方志集成》，廣州：嶺南美術出版2008年，第357頁。

〔註31〕〔清〕林述訓等修，單興詩、歐樾華等纂：《廣東省韶州府志》卷十一輿地略

翁源	1	11	14 〔註32〕		25 〔註33〕	
英德	6	6			47 〔註34〕	7 〔註35〕
保昌	0	0	21 〔註36〕			
始興	0	0	13 〔註37〕	16 〔註38〕		14 〔註39〕
高要	22	22			39 〔註40〕	39 〔註41〕
四會	11	11			37 〔註42〕	
新興	24	24				
陽春	16	16				

墟市，臺北：成文出版社，1966版，第221頁。

〔註32〕〔清〕謝崇俊修，顏爾樞纂：《廣東省翁源縣志》卷之六建置，臺北：成文出版社，1974版，第265～266頁。

〔註33〕〔清〕林述訓等修，單興詩、歐樾華等纂：《廣東省韶州府志》卷十一輿地略墟市，臺北：成文出版社，1966版，第221頁。

〔註34〕〔清〕林述訓等修，單興詩、歐樾華等纂：《廣東省韶州府志》卷十一輿地略墟市，臺北：成文出版社，1966版，第221～222頁。

〔註35〕〔民國〕鄧士芬修；黃佛頤，凌鶴書等纂：《民國英德縣續志》卷之四建置略，《中國地方志集成》，上海：上海書店出版社，2003年，第587頁。（記事至宣統三年）

〔註36〕〔清〕梁宏勳等修，胡定纂：〔乾隆〕《南雄府志》卷五營建志，廣東省地方史志辦公室輯：《廣東歷代方志集成》，廣州：嶺南美術出版2007年，第406頁。

〔註37〕〔清〕鄭炳修，凌元駒纂：〔乾隆〕《始興縣志》卷五營建志，廣東省地方史志辦公室輯：《廣東歷代方志集成》，廣州：嶺南美術出版2007年，第70～71頁。

〔註38〕〔清〕胡勳裕修，鄭粹纂：〔嘉慶〕《始興縣志》卷五建置志，廣東省地方史志辦公室輯：《廣東歷代方志集成》，廣州：嶺南美術出版2007年，第341～432頁。

〔註39〕〔民國〕陳慶虞修，陳及時纂：〔民國〕《始興縣志》卷六建置略，廣東省地方史志辦公室輯：《廣東歷代方志集成》，廣州：嶺南美術出版2007年，第117～118頁。迄於宣統三年。

〔註40〕〔清〕夏修恕、屠英修，何元等纂：《廣東省高要縣志》卷三輿地略一，臺北：成文出版社，1967年版，第39頁。

〔註41〕〔清〕馬呈圖纂輯：《廣東省宣統高要縣志》卷二地理篇二村鎮，臺北：成文出版社，1974年版，第62～85頁。

〔註42〕〔清〕陳志喆等修，吳大猷纂：《廣東省四會縣志》編二下墟市，臺北：成文出版社，1967年版，第212～213頁。

陽江	26	26			65 〔註43〕			47 〔註44〕
高明	23	23					39 〔註45〕	
恩平	18	18			22 〔註46〕			
廣寧	1	1			16 〔註47〕			
開平	0	15						46 〔註48〕
德慶州	2	2						
封川	3	2			14 〔註49〕			
開建	4	5						
赤溪								12 〔註50〕
歸善	3	13	12 〔註51〕					
博羅	21	24						

〔註43〕〔清〕李沄輯：《廣東省陽江志》卷二墟市，臺北：成文出版社，1974 年版，第 151～154 頁。

〔註44〕〔民國〕張以誠修，梁觀喜纂：《民國陽江縣志》卷二，《中國地方志集成》，上海：上海書店出版社，2003 年，第 179～181 頁。（迄於宣統三年。）

〔註45〕〔清〕鄒兆麟修，蔡逢恩纂：《廣東省高明縣志》卷二地理墟市，臺北：成文出版社，1974 年版，第 99～104 頁。

〔註46〕〔清〕石臺修；馬帥元等纂：《廣東省恩平縣志》卷之四疆域，臺北：成文出版社，1966 年版，第 45～46 頁。

〔註47〕〔清〕黃思藻纂修：《廣東省廣寧縣志》卷三疆域，臺北：成文出版社，1967 年版，第 44～45 頁。

〔註48〕〔民國〕余榮謀修，張啓煌纂：《廣東省開平縣志》卷十二建置下，臺北：成文出版社，1966 年版，第 86～88 頁。（清已有墟市 46 個，民國建墟市 11，廢墟 3 個。）

〔註49〕〔清〕溫恭修，吳蘭修纂：《廣東省封川縣志》墟市，臺北：成文出版社，1974 年版，第 87 頁。

〔註50〕〔民國〕王大魯修，賴際熙纂：《廣東省赤溪縣志》卷三建置墟市，臺北：成文出版社，1967 版，第 79 頁。

〔註51〕〔清〕章壽彭等修，陸飛纂：《廣東省歸善縣志》卷六城池，臺北：成文出版社，1967 版，第 76 頁。

海豐	9	18	13 〔註52〕						
河源	2	12							
龍川	3	3							
長樂	1	13							
興寧	7	12							
和平		13							
長寧	0	0							
永安	0	8		23 〔註53〕					
連平 州		16							
陸豐									13 〔註54〕
海陽	8	9	9 〔註55〕					26 〔註56〕	
潮陽	1	1	17 〔註57〕					27 〔註58〕	
揭陽	13	26	24 〔註59〕					10 〔註60〕	

〔註52〕〔清〕于卜雄纂修：《廣東省海豐縣志》十四建置，臺北：成文出版社，1966版，第79頁。

〔註53〕〔清〕葉廷芳等纂修：《廣東省永安縣三志》卷之一地理都里，臺北：成文出版社，1974版，第171～173頁。

〔註54〕〔清〕劉桂年，張聯桂修；鄧掄斌，陳新銓纂：《光緒惠州府志》卷八建置，《中國地方志集成》，上海：上海書店出版社，2003年，第134頁。

〔註55〕〔清〕周碩勳纂修：《乾隆潮州府志》卷十四墟市，《中國地方志集成》，上海：上海書店出版社，2003年，第166～167頁。

〔註56〕〔清〕盧蔚獻修，吳道鎔纂：《廣東海陽縣志》卷二十二建置略六，臺北：成文出版社，1967版，第212頁。

〔註57〕〔清〕周碩勳纂修：《乾隆潮州府志》卷十四墟市，《中國地方志集成》，上海：上海書店出版社，2003年，第167頁。

〔註58〕〔清〕周恒重修，張其曾羽纂：《廣東省潮陽縣志》卷四墟市，臺北：成文出版社，1966年，第46頁。

〔註59〕〔清〕劉業勤修，凌魚纂：《乾隆揭陽縣志》卷之一墟市，《中國地方志集成》，上海：上海書店出版社，2003年，第271頁。

〔註60〕〔清〕王崧修，李星輝纂：《廣東揭陽縣續志》卷一墟市，臺北：成文出版社，1974版，第41～42頁。

程鄉	7	5						
饒平	5	11	17〔註61〕				19〔註62〕	
惠來	5	7	11〔註63〕					
大埔	7	15	20〔註64〕					
平遠	8	8		10〔註65〕				
普寧	0	4	11〔註66〕	13〔註67〕				
澄海	9	9	10〔註68〕	16〔註69〕				
鎮平		4						
豐順			7〔註70〕				7〔註71〕	
茂名	14	21					37〔註72〕	

〔註61〕〔清〕周碩勳纂修：《乾隆潮州府志》卷十四墟市，《中國地方志集成》，上海：上海書店出版社，2003年，第168頁。

〔註62〕〔清〕劉抃原本，惠登甲增修，黃德容、翁荃增纂：《光緒饒平縣志》卷之二城池，《中國地方志集成》，上海：上海書店出版社，2003年，第46頁。

〔註63〕〔清〕周碩勳纂修：《乾隆潮州府志》卷十四墟市，《中國地方志集成》，上海：上海書店出版社，2003年，第168～169頁。

〔註64〕〔清〕周碩勳纂修：《乾隆潮州府志》卷十四墟市，《中國地方志集成》，上海：上海書店出版社，2003年，第169頁。

〔註65〕〔清〕盧兆鼇等修，歐陽蓮等纂：《廣東省平遠縣志》卷之一疆域，臺北：成文出版社，1974版，第58頁。

〔註66〕〔清〕蕭麟趾修，梅奕紹纂：《廣東省普寧縣志》卷之一墟市，臺北：成文出版社，1974版，第117頁。

〔註67〕〔清〕周碩勳纂修：《乾隆潮州府志》卷十四墟市，《中國地方志集成》，上海：上海書店出版社，2003年，第170頁。

〔註68〕〔清〕周碩勳纂修：《乾隆潮州府志》卷十四墟市，《中國地方志集成》，上海：上海書店出版社，2003年，第169～170頁。

〔註69〕〔清〕李書吉等修，蔡繼紳等纂：《廣東省澄海縣志》卷八埠市，臺北：成文出版社，1967版，第80頁。

〔註70〕〔清〕周碩勳纂修：《乾隆潮州府志》卷十四墟市，《中國地方志集成》，上海：上海書店出版社，2003年，第170頁。

〔註71〕〔清〕葛曙纂，許普濟重纂：《廣東省豐順縣志》卷一墟市，臺北：成文出版社，1967版，第228頁。

〔註72〕〔清〕鄭業崇等修，楊頤纂：《廣東省茂名縣志》卷二建置墟，臺北：成文出

電白	13	23			32 〔註73〕			34 〔註74〕	
信宜		7						17 〔註75〕	
化州	26	20						50 〔註76〕	
吳川	11	11						16 〔註77〕	
石城		21						34 〔註78〕	
海康		23							
遂溪	10	14			29 〔註79〕				
徐聞		10							45 〔註80〕
合浦	4	5	18 〔註81〕		39 〔註82〕				

版社，1967 版，第 77 頁。

〔註73〕 〔清〕葉廷芳撰：《廣東省電白縣志》卷八建置，臺北：成文出版社，1968
版，第 371～374 頁。

〔註74〕 〔清〕楊霽修，陳蘭彬纂：《廣東省高州府志》卷十建置三墟市，臺北：成文
出版社，1967 版，第 128 頁。

〔註75〕 〔清〕楊霽修，陳蘭彬纂：《廣東省高州府志》卷十建置三墟市，臺北：成文
出版社，1967 版，第 128 頁。

〔註76〕 〔清〕彭貽蓀修，彭步瀛纂：《廣東省化州志》卷二市集，臺北：成文出版社，
1974 版，第 165～172 頁。

〔註77〕 〔清〕毛昌善修，陳蘭彬纂：《廣東省吳川縣志》卷一墟市，臺北：成文出版
社，1967 版，第 45 頁。

〔註78〕 〔清〕楊霽修，陳蘭彬纂：《廣東省高州府志》卷十建置三墟市，臺北：成文
出版社，1967 版，第 129 頁。

〔註79〕 〔清〕俞炳榮，趙鈞譓等纂：《廣東省遂溪縣志》卷之四墟市，臺北：成文出
版社，1967 年版，第 331～332 頁。

〔註80〕 〔清〕王輔之等纂修：《廣東省徐聞志》卷之一輿地，臺北：成文出版社，1974
年版，第 124～126 頁。

〔註81〕 〔清〕周碩勳修，王家憲纂：〔乾隆〕《廉州府志》卷之六建置，乾隆二十一
年刻本，廣東省地方史志辦公室輯：《廣東歷代方志集成》，廣州：嶺南美術
出版，2006 年，第 90 頁。

〔註82〕 〔清〕張堉春修，陳治昌纂：〔道光〕《廉州府志》卷九建置三，道光十三年
刻本，廣東省地方史志辦公室輯：《廣東歷代方志集成》，廣州：嶺南美術出
版，2006 年，第 197～198 頁。

欽州	6	10	12 〔註83〕	29 〔註84〕			
靈山	21	11	17 〔註85〕	31 〔註86〕			
瓊山	12	30		44 〔註87〕	51 〔註88〕		75 〔註89〕
澄邁	11	18		59 〔註90〕			
臨高	3	7		15 〔註91〕		50 〔註92〕	
定安	7	30		36 〔註93〕			

〔註83〕 〔清〕周碩勳修，王家憲纂：〔乾隆〕《廉州府志》卷之六建置，乾隆二十一年刻本，廣東省地方史志辦公室輯：《廣東歷代方志集成》，廣州：嶺南美術出版，2006 年，第 90 頁。

〔註84〕 〔清〕張堉春修，陳治昌纂：〔道光〕《廉州府志》卷九建置三，道光十三年刻本，廣東省地方史志辦公室輯：《廣東歷代方志集成》，廣州：嶺南美術出版，2006 年，第 198 頁。

〔註85〕 〔清〕周碩勳修，王家憲纂：〔乾隆〕《廉州府志》卷之六建置，乾隆二十一年刻本，廣東省地方史志辦公室輯：《廣東歷代方志集成》，廣州：嶺南美術出版，2006 年，第 90 頁。

〔註86〕 〔清〕張堉春修，陳治昌纂：〔道光〕《廉州府志》卷九建置三，道光十三年刻本，廣東省地方史志辦公室輯：《廣東歷代方志集成》，廣州：嶺南美術出版，2006 年，第 198～199 頁。

〔註87〕 〔清〕明誼修；張岳崧纂：《廣東省瓊州府志》卷九上建置都市，臺北：成文出版社，1967 年版，第 225 頁。

〔註88〕 〔清〕李文恒修；鄭文彩纂：《廣東省瓊山縣志》卷五建置六市，臺北：成文出版社，1974 年版，第 501～504 頁。

〔註89〕 〔清〕徐淦等修，李熙、王國憲纂：《民國瓊山縣志》卷五建置六都市，《中國地方志集成》，上海：上海書店出版社，2001 年，第 388～390 頁。此方志共載墟市 99 個，絕大部分有標明設立年代，其中，標明民國建立或新建者 13 個，顯示已廢者 11 個，而清代墟市則有 75 個（沒有標注年代者默認爲清代墟市）。存疑：本書記事到民國，但作者年代卻標注爲「清」。

〔註90〕 〔清〕明誼修，張岳崧纂：《廣東省瓊州府志》卷九上建置都市，臺北：成文出版社，1967 年版，第 226 頁。

〔註91〕 〔清〕明誼修，張岳崧纂：《廣東省瓊州府志》卷九上建置都市，臺北：成文出版社，1967 年版，第 229 頁。

〔註92〕 〔清〕聶緝慶修，桂文熾纂：《廣東省臨高縣志》卷五建置墟市，臺北：成文出版社，1974 年版，第 305～307 頁。

〔註93〕 〔清〕明誼修，張岳崧纂：《廣東省瓊州府志》卷九上建置都市，臺北：成文出版社，1967 年版，第 227 頁。

文昌	4	28			43 〔註94〕				
樂會	4	7			12 〔註95〕				
會同	6	12			14 〔註96〕				
儋州	6	18			33 〔註97〕				
昌化	2	2			1 〔註98〕				
萬州		19			27				
陵水		3			4 〔註99〕				
崖州		7							
感恩		1			3 〔註100〕				
羅定州	15	9							
東安	11	11							
西寧	4	4							

　　若將上表數據轉化爲圖的形式，或許能更加直觀地反映清代廣東墟市數量變化的大體趨勢。如下圖所示。

〔註94〕　〔清〕明宜修，張岳崧纂：《廣東省瓊州府志》卷九上建置都市，臺北：成文出版社，1967 年版，第 227～228 頁。
〔註95〕　〔清〕明宜修，張岳崧纂：《廣東省瓊州府志》卷九上建置都市，臺北：成文出版社，1967 年版，第 228 頁。
〔註96〕　〔清〕明宜修，張岳崧纂：《廣東省瓊州府志》卷九上建置都市，臺北：成文出版社，1967 年版，第 228 頁。
〔註97〕　〔清〕明宜修，張岳崧纂：《廣東省瓊州府志》卷九上建置都市，臺北：成文出版社，1967 年版，第 229 頁。
〔註98〕　〔清〕明宜修，張岳崧纂：《廣東省瓊州府志》卷九上建置都市，臺北：成文出版社，1967 年版，第 230 頁。
〔註99〕　〔清〕明宜修，張岳崧纂：《廣東省瓊州府志》卷九上建置都市，臺北：成文出版社，1967 年版，第 230 頁。
〔註100〕　〔清〕明宜修，張岳崧纂：《廣東省瓊州府志》卷九上建置都市，臺北：成文出版社，1967 年版，第 231 頁。

圖 2-1　清代廣東墟市數量演化趨勢

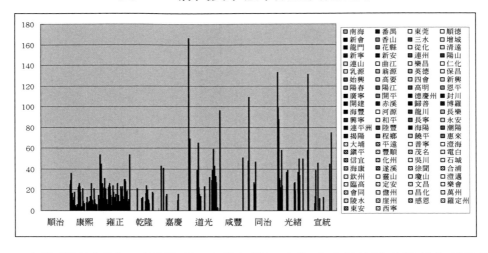

仔細觀察上圖，可以發現，光緒年間，南海及番禺的墟市數量與其他地區差別很大，從而對圖象的整體觀感有較大的影響，故將南海與番禺另圖研究。以下是剔除了南海及番禺的數據後的清代廣東墟市數量演化趨勢圖：

圖 2-2　清代廣東墟市數量演化趨勢（南海及番禺除外）

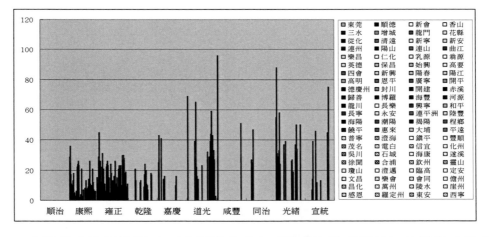

上圖較爲清晰地顯示，清代廣東墟市（除南海及番禺外）的數量大致在道咸間經歷峰值。那麼，爲了方便研究，據此將清代廣東墟市（除南海及番禺外）數量的演化過程分爲三個階段：清前期（1644～1796）〔註101〕，清中期（1796～1862）〔註102〕，清後期（1862～1911）〔註103〕。

〔註101〕約相當於順治、康熙、雍正、乾隆時期。
〔註102〕約相當於嘉慶、道光、咸豐時期。

　　下面，再嘗試對清代南海與番禺的墟市數據進行分析，看看其演化過程是否也適合採用上述三個階段的劃分方式。

　　南海與番禺在清代部分時期的墟市數據如下圖所示：

圖 2-3　清代南海與番禺的墟市數量的演化趨勢

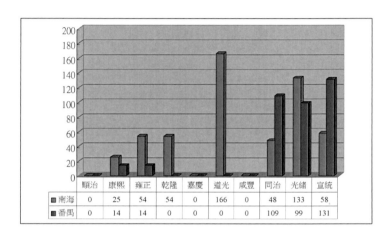

	順治	康熙	雍正	乾隆	嘉慶	道光	咸豐	同治	光緒	宣統
■南海	0	25	54	54	0	166	0	48	133	58
■番禺	0	14	14	0	0	0	0	109	99	131

　　如上圖所示，清代南海與番禺的墟市在數量上的演化，基本也是在道咸時期到達發展的頂峰，因此，清代南海與番禺的墟市數量演化與廣東其他地區的墟市數量演化的軌迹一致。

　　綜上所述，清代廣東墟市在時間上的演化過程可以劃分為三個階段：清前期（1644～1796），清中期（1796～1862），清後期（1862～1911）。

　　為了更加方便地觀察清代廣東墟市數量的變化大勢，下面將表 2-1「清代廣東墟市數量統計」表的數據按時間段重新歸併，得下表：

表 2-2　清代廣東墟市數量的分段統計

縣	清前期	清中期	清後期	縣	清前期	清中期	清後期
南海	54	166	133	長寧	0		17
番禺	14		131	永安	8	23	8
東莞	29		55	連平州	16		4
順德	36	96	88	羅定州	15		30
新會	45	69	62	東安	11		
香山	12		31	西寧	4		25
三水	20	25	22	海陽	9		26

〔註103〕約相當於同治、光緒、宣統時期。

增城	26	43	29	潮陽	17		27
龍門	5		13	揭陽	26		10
花縣	8		22	南澳廳			
從化	12		20	饒平	11		19
清遠	7		33	惠來	11		
新寧	22		58	大埔	20		
新安	31	41	24	豐順			7
佛岡				普寧	13		27
赤溪			12	澄海	10	16	10
連州	0			程鄉	7		
陽山	41	44		平遠	8	10	
連山	0			鎮平	4		3
曲江	21		27	興寧	12		
樂昌	4		10	長樂	13		
仁化	5		10	茂名	21		35
乳源	3		18	電白	23	32	34
翁源	11		25	信宜	7		17
英德	6	78	47	化州	26		50
保昌	21			吳川	11		16
始興	13	16	14	石城	21		34
高要	22	39	41	海康	23		
四會	11		37	遂溪	14	29	
新興	24			徐聞	10		45
陽春	16			合浦	18	39	40
陽江	26	65	48	靈山	21	52	38
高明	23		39	欽州	12	29	
恩平	18	22	30	防城			14
廣寧	1			瓊山	30	50	75
開平	15		46	澄邁	18	59	
德慶州	2			臨高	7	15	57
封川	3	14		定安	30	36	22
開建	5			文昌	28	43	39
歸善	13		36	樂會	7	12	6
博羅	24		25	會同	12	14	
海豐	18		14	儋州	18	33	

河源	12		27	昌化	2	1	27
龍川	3		18	萬州	19	20	
陸豐			13	陵水	3	4	
和平	13		22	崖州	7	10	16
				感恩	1	3	

根據上表數據，得出下圖：

圖 2-4　清代前中後期廣東墟市數量演化趨勢

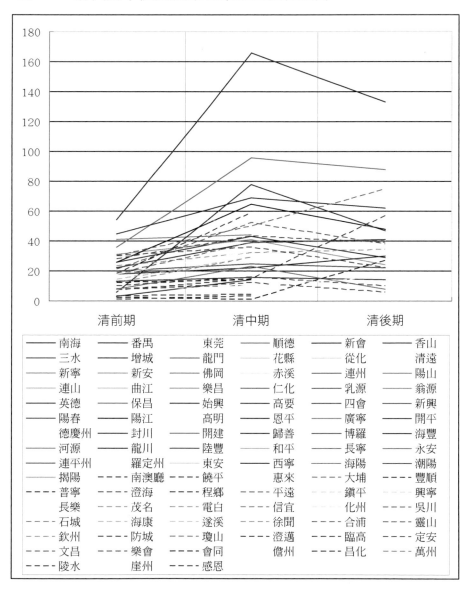

上圖反映出清代廣東墟市演化各階段的發展大勢：從清前期到清中期，廣東墟市數量呈總體上升之勢；在清中期，廣東墟市數量進入發展巔峰，隨即出現急轉直下的局面；進入清後期，廣東墟市數量變化各地有別，增減不一。

第二節　清前期廣東墟市共同發展階段：欣欣向榮，齊頭並進

這一時期的廣東墟市體系，處於不斷發展壯大的階段，這在墟市數量增長方面有所體現。

首先，康雍之間廣東墟市的總體數量有所增加。根據「清代廣東墟市數量統計」表所載，康熙廣東的墟市數為 693〔註 104〕；雍正《廣東通志》所記的廣東墟市總數為 1147〔註 105〕。故廣東墟市在康雍間增長了 454 個。

其次，將康熙《廣東通志》所載各縣與雍正《廣東通志》所載各縣的墟市數進行比較，亦發現大部分縣級行政單位的墟市數量有所增長。詳見下表：

表 2-3　康熙《廣東通志》所載各縣與雍正《廣東通志》所載各縣的墟市數（單位：個）

縣級單位名稱	康熙	雍正	縣級單位名稱	康熙	雍正	縣級單位名稱	康熙	雍正	縣級單位名稱	康熙	雍正
南海	25	54	保昌	0	0	永安	0	8	欽州	6	10
番禺	14	14	始興	0	0	連平洲		16	靈山	21	11
東莞	29	29	高要	22	22	海陽	8	9	瓊山	12	30
順德	36	36	四會	11	11	潮陽	1	1	澄邁	11	18
新會	24	45	新興	24	24	揭陽	13	26	臨高	3	7
香山	9	12	陽春	16	16	程鄉	7	5	定安	7	30
三水	17	20	陽江	26	26	饒平	5	11	文昌	4	28

〔註104〕〔清〕金光祖纂修：〔康熙〕《廣東通志》卷五城池，廣東省地方史志辦公室輯：《廣東歷代方志集成》，廣州：嶺南美術出版社，2006 年，第 298～307 頁。
〔註105〕〔清〕郝玉麟纂修：〔雍正〕《廣東通志》卷之十八都坊，廣東省地方史志辦公室輯：《廣東歷代方志集成》，廣州：嶺南美術出版社，2006年，第 489～503 頁。

增城	11	26	高明	23	23	惠來	5	7	樂會	4	7
龍門	5	5	恩平	18	18	大埔	7	15	會同	6	12
花縣	8	8	廣寧	1	1	平遠	8	8	儋州	6	18
從化	10	12	開平	0	15	普寧	0	4	昌化	2	2
清遠	7	7	德慶州	2	2	澄海	9	9	萬州		19
新寧	13	22	*封川*	*3*	*2*	鎮平		4	陵水		3
新安	18	31	開建	4	5	茂名	14	21	崖州		7
連州	0	0	歸善	3	13	電白	13	23	感恩		1
陽山	0	0	博羅	21	24	信宜		7	*羅定州*	*15*	*9*
連山	0	0	海豐	9	18	*化州*	*26*	*20*	東安	11	11
曲江	5	21	河源	2	12	吳川	11	11	西寧	4	4
樂昌	2	4	龍川	3	3	石城		21			
仁化	1	5	長樂	1	13	海康		23			
乳源	*3*	*1*	興寧	7	12	遂溪	10	14			
翁源	1	11	和平		13	徐聞		10			
英德	6	6	長寧	0	0	合浦	4	5			

　　下面，對上表所列的康熙《廣東通志》所載各縣與雍正《廣東通志》所載各縣的墟市數據進行比較分析。首先，對有效數據進行判別。上表所列的87 個縣級行政單位中，連平洲、萬州、和平、鎮平、信宜、石城、海康、徐聞、陵水、崖州、感恩等 11 個縣級行政單位，因缺失了康熙朝的數據，而成爲無效對象，所以予以剔除；連州、陽山、連山、保昌、始興、長寧等 6 者，因墟市數一直爲零，所以亦成爲了無效對象，也應該予以去除。因此剩下的70 個縣級行政單位爲有效數據。其次，對有效對象進行分類研究。在有效對象中，康雍間墟市數量有所增加者爲：南海、新會、香山、三水、增城、從化、新寧、新安、曲江、樂昌、仁化、翁源、開平、開建、歸善、博羅、海豐、河源、長樂、興寧、永安、海陽、揭陽、饒平、惠來、大埔、普寧、遂溪、合浦、欽州、瓊山、澄邁、臨高、定安、文昌、樂會、會同、儋州，共38 個，約占 70 個有效縣級行政單位的 54%；康雍間墟市數量持平者爲：番禺、東莞、順德、龍門、花縣、清遠、英德、高要、四會、新興、陽春、陽江、高明、恩平、廣寧、德慶州、龍川、潮陽、平遠、澄海、茂名、電白、吳川、昌化、東安、西寧，共 26 個，約占 70 個有效縣級行政單位的 37%；康雍間

墟市數量減少者為：乳源、封川、程鄉、化州、靈山、羅定州，共 6 個，約占 70 個有效縣級行政單位的 9%。

可見，通過對康熙《廣東通志》與雍正《廣東通志》所載各縣的墟市數量的對比分析，可知，康雍之間廣東有超過半數的縣級行政單位的墟市數量是呈增長態勢的。

除此之外，清前期廣東墟市的交易時間有所延長，據乾隆四十四年修的《揭陽縣正續志》載：揭陽 3 日／旬之墟所佔比例為 10/11（給出墟期的墟共 11 個）；〔註106〕墟市市鎮化的進程在清前期得以繼續，如雍正九年刊本《惠來縣志》，其將惠來之墟市一併稱市，且全部歸於「市鎮」條目之下，還記載了邑中巨鎮——龍江市的情況：在龍江鋪前，水陸輻輳，為邑巨鎮云。〔註107〕可見，清前期廣東墟市有市鎮化的趨勢。再者，清前期廣東有些地區的市鎮得以復興，如澄海，據載：惟是邑自展復以來，海不揚波，富商巨賈卒操□贏興販他省，上溯津門，下通臺廈，象犀金玉□□錦繡皮幣之屬，千艘萬舶悉出澄，分達諸邑，其□海南諸郡，轉輸米石者尤為全潮所仰給，每當□秋風信東西兩□，以及溪東、南關、沙汕頭、東□港之間，揚帆捆載而來者，不下千百計，高□錯處，民物滋豐，握算持籌，居奇屯積，為海隅一大都會。〔註108〕由此可見，清前期澄海市鎮的貿易輻射範圍已經相當之大。上述之墟市交易時間延長與墟市市鎮化同樣反映出清前期廣東墟市共同發展、不斷壯大的發展狀況。

第三節 清中期廣東墟市整體轉型階段：物極必反，盛極而衰

鴉片戰爭之前的廣東，自給自足小農經濟繼續發展。其時農業與紡織業緊密地結合，除自產自銷外，部分剩餘產品被用於出售。墟市在連接生產與

〔註106〕〔清〕劉業勤纂修：《廣東揭陽縣正續志》卷一墟市，臺北：成文出版社，1974 版，第 178 頁。

〔註107〕〔清〕張玿美纂修：《廣東惠來縣志》卷二疆域，臺北：成文出版社，1968 版，第 110 頁。

〔註108〕〔清〕李書吉等修，蔡繼紳等纂：《廣東省澄海縣志》卷八埠市，臺北：成文出版社，1967 版，第 80 頁。所引文字為李書吉等修、蔡繼紳等纂的《澄海縣志》（嘉慶二十年刊本）轉引舊誌之內容，根據引文中「惟是邑自展復以來」的敘述判斷，這段文字當為對清前期澄海市鎮貿易狀況的描述。

消費中起了關鍵作用。

廣東的農業商品化有所發展。一方面規模有所擴大。規模擴大使得產量增加，那麼，投放於墟市的商品亦會相應增加。產品供應量的增加，為墟市貿易的進一步發展提供了保證。另一方面分工越來越細。分工越細，互通有無就變得尤為必要，因而市場的地位也越顯重要。作為市場類型之一的墟市，其發展也會因此而得到推動。

在上述小農經濟及農業商品化環境之下，清前期廣東形成了與之相適應的傳統墟市體系。這一墟市體系隨著環境的優化而發展，其效果最為明顯的當數康乾盛世時期。清前期，社會趨向安定，人口不斷增加；同時生產力得以提高，生產量有所增長。因此，市場的需求量與供應量都在增大，民眾的購買力也在上升，所以，包括墟市在內的廣東市場出現一片欣欣向榮、蒸蒸日上的景象，為清中期廣東墟市發展達到峰值奠定了基礎。

第一次鴉片戰爭之後，外國侵略者垂涎已久的中國市場終於被強制打開。隨之而來的是中國社會發生了一系列巨變，其中對廣東墟市演化影響重大的是自給自足傳統經濟開始解體。第二次鴉片戰爭加深了這種變化。環境的改變，使得廣東原來的傳統墟市體系處於失衡狀態，許多方面都因與新環境不相適應而面臨調整。

一、清中期廣東墟市主體結構及客體結構的改變

兩次鴉片戰爭之後，大量外國產品湧入廣東，它們不但充斥城市，而且擴散至鄉村，從而波及農村墟市。

外國產品的湧入，首先促使廣東墟市貿易的客體發生改變。墟市貿易客體，是指用於墟市交換的指向物，即用於交換的物品和勞務。主要包括：物質產品、生產資料、服務、生產要素等方面的內容。鴉片戰爭前廣東墟市貿易的客體以國內產品為主，鴉片戰爭之後，廣東墟市的貿易客體普遍增加了外國產品的這一成分。據《宣統東莞縣志》載：「（廣東）乾嘉而後，蠶桑業廢，樹藝日稀，不特繅絹無聞，即蕉葛之工亦熄。然六十年前，（即 1849 年前後）邑中（東莞）婦女尤以市棉紡織為生計，觀石龍有布行會館之設，其業之盛可知。逮洋紗出而紡事漸疏，洋布興而織工並歇。⋯⋯。」〔註109〕由

〔註109〕〔民國〕陳伯陶纂修：〔民國〕《東莞縣志》卷十五，廣東省地方史志辦公室輯：《廣東歷代方志集成》，廣州：嶺南美術出版社，2007 年，第 193 頁。（迄

此觀之，乾嘉之時，東莞之蠶桑業曾經較爲發達，蕉布、葛布等傳統手工業亦繼續發展。蠶、桑、絲、絲織品、蕉布、葛布等國內產品爲當時東莞墟市客體的主要組成部分。乾嘉之後，絲織及蕉布、葛布等行業似乎走向衰落，與此同時，棉紡織行業興起，直至 1849 年前後，此業仍然盛行，從業人員仍有相當數量。且在石龍還設有布行會館，以維護及平衡行業利益。可見其時之棉紡織業曾一度繁盛，所以，第一次鴉片戰爭前後，國產的棉花、棉紗、棉布等產品曾爲東莞墟市客體的的主要成分。第二次鴉片戰爭之後，由於外國產品的大量湧入，洋紗取代了土紗，洋布侵佔了土布的市場份額，因此，清後期的東莞墟市之客體增加了洋紗、洋布等外國產品成分。

在貿易客體發生改變的同時，廣東墟市的貿易主體亦隨之改變。墟市貿易主體，是指在墟市上從事經濟活動的個人和組織體。包括：投資者、經營者、勞動者以及消費者。1840 年第一次鴉片戰爭前，廣東墟市的主體主要包括：農民（兼業商人）、專業商人、墟主、家庭作坊、手工業工場等。(1) 勞動者：農民和手工業者是墟市貿易產品的主要生產者：農民首先爲墟市貿易提供農副產品，再通過家庭作坊的生產提供手工業產品；手工業者在手工業工場中勞動，爲墟市貿易提供手工業產品。(2) 消費者：農民、手工業生產者、手工工場主、商人、墟主等都是消費者。(3) 經營者：商人及農民是墟市的主要經營者。(4) 投資者：墟主與手工業工場主是墟市貿易的主要投資者。首先，墟主有可能是地主、紳商、官員等。墟主出讓土地或商鋪，獲得墟稅或鋪稅，其爲墟市貿易的直接投資者。如墟市可提供官租，據載：「全縣境內一十一墟市，官租錢九千四百文。此九千四百文全由流沙溪墟提供，其餘墟市皆無租或由私人控制其租稅。（官租墟約占 9%）」〔註110〕再如官方可在墟市抽牛稅：「拱宸墟：在縣北十里，本府委官於此抽收牛稅。今廢。」〔註111〕又如「康熙時知縣買泥坡墟作爲文廟文昌祠祭祀、修理廟宇及課藝費用。〔註112〕」其次，墟市附近的手工業工場的主人，投資於手工業生產，其產品的一部分被投放到墟市中銷售，從而賺取利潤，間接推動了墟市的運轉，所以其爲墟市貿易的間接投資者。

於宣統三年）

〔註110〕〔清〕蕭麟趾修，梅奕紹纂：《廣東省普寧縣志》卷之一墟市，臺北：成文出版社，1974 版，第 117 頁。

〔註111〕〔清〕鄭俊修，宋紹啓纂：《廣東省海康縣志》上卷三十六，臺北：成文出版社，1974 年版，第 83 頁。

〔註112〕〔清〕仲振履原本，張鶴齡續纂：《廣東省興寧縣志》卷一封域志堡鄉，臺北：成文出版社，1966 版，第 11 頁。

鴉片戰爭後自給自足的自然經濟遭受破壞情況下的廣東墟市主體。鴉片戰爭之後，中國的經濟環境發生了重大的變化，受其影響，廣東墟市的主體也發生了改變，除了農民、手工業生產者、手工業工場主、商人、墟主、家庭作坊、手工業工場、商店等原有的成分外，還有工廠、外國商人、外國技術人員的普遍介入。如外國技師加入到蛋乾生產行業，據載：「光緒二十二年四月，海口有一洋行創建蛋乾廠一所，甫經數月，便已停工。現查此廠，又有別家洋行買賣，將欲踵而行之，由歐洲請一精巧工師，前來監工，專製蛋乾。夫以海南一島鮮蛋極多，而蛋乾又為歐洲所暢銷，則此項創辦工藝，可冀將來大有起色也。（光緒二十四年瓊州口華洋貿易情形論略，通商各關華洋貿易總冊，下卷，頁85）」〔註113〕

二、清中期廣東墟市盛極而衰

清中期，廣東墟市曾經極盛。主要表現出如下特徵：

其一，墟市多，墟期長。首先，清中期墟市數量方面的材料表明，廣東墟市十分繁榮。一方面，從墟市總數看，清中期，廣東墟市有衝向頂峰之勢。據「清前中後期廣東墟市數量演化趨勢」圖的數據反映，清中期，廣東大部分地區的墟市數基本上都比清前期與清後期的墟市數多，可見清中期，廣東墟市數量進入高峰階段。另一方面，從新增墟市數量看，清中期，廣東墟市之新增者亦較多。據《永安縣三志》載：道光永安墟市共23，其中新增者為15，約占墟市總數的65%。〔註114〕再據嘉慶年間的《新安縣志》記載，新安墟市共有41個，其中新增者有：沙井墟、昇平墟、清平墟、新墟、白龍岡墟、橋頭墟、王母墟、長洲墟、碧洲墟、大鵬城西門街市、烏石岩墟等11個，新增墟市亦占墟總數的27%。〔註115〕而且，有些地區的墟市表現出動態增長的特點，即墟市的廢棄與新增共存，當新增者多於廢棄者時，則墟市總數顯現出增長的結果。如道光《永安縣三志》記載，永安墟市已廢者為1，新增者為15，〔註116〕可見道光年間永安墟市總數增長了。因此，從墟市數量方面看，

〔註113〕彭澤益編：《中國近代手工業史資料》（第二卷），北京：中華書局，1962年，第400頁。
〔註114〕〔清〕葉廷芳等纂修：《廣東省永安縣三志》卷之一地理都里，臺北：成文出版社，1974版，第171頁。
〔註115〕〔清〕舒懋官修，王崇熙等纂：《廣東省新安縣志》上卷墟市，臺北：成文出版社，1974年版，第82～84頁。
〔註116〕〔清〕葉廷芳等纂修：《廣東省永安縣三志》卷之一地理都里，臺北：成文出

清中期似乎可被視爲廣東墟市發展的巔峰時期。其次，清中期廣東墟市的繁盛還表現在墟期較長上。據載，嘉慶時期，增城墟市較發達，不僅墟市數量多（共 43 個），而且墟期相對較長：每旬 3 日／旬者達 37 個，占增城墟市總數的 86%，更有名爲沙角墟者，墟期多達每旬 4 日，三五八十集。〔註 117〕無獨有偶，南海的大欖堡亦出現了四日墟，據載：南海大欖堡之穀墟，在官窯街馬步埠，咸豐丙辰建，二七四九日趁。〔註 118〕某些墟還由於墟期的不斷延長而成爲每日必開之市，如清中期順德的永安墟已升格爲市，咸豐三年刊本《順德縣志》的「永安」條下有注云：「今更爲市」。〔註 119〕

其二，專業墟市發展，市鎮興旺。清中期順德多有專業墟市，據《順德縣志》（咸豐三年刊本）載：「花市，在佛滘村，按村人藝花果爲業，花棣櫛比，異種頗多，以舟載出，轉售於諸村，鄉園皆資焉。就近設市而論其值。」〔註 120〕此外，清中期順德還有蠶絲墟、桑市等專業墟市。與此同時，相關市鎮也表現出一派興旺的景象。如嘉慶時會同之嘉積市，已發展成爲瓊屬巨鎮。〔註 121〕再如嘉慶三水：「肆邑村堡多設墟市，西南雄鎮更商賈輻輳，帆檣雲集，列肆諸物，或乘急而取，贏尤未危害也。……。」〔註 122〕又：「（三水縣）西南之墟，商賈輻輳，歌舞流連，……。」〔註 123〕

清中期，廣東墟市盛極而衰。系統論稱：「系統的一種原有形態或模式在越過它的頂峰時就歷史地而且內在地開始孕育取代它的新形態或新模式，從而啓動了新形態新模式的成型演化，這意味著系統進入轉型演化。轉型演化

版社，1974 版，第 171 頁。

〔註117〕〔清〕熊學源修，李寶中纂：《廣東省增城縣志》卷之一里廛，臺北：成文出版社，1974 年版，第 176～177 頁。

〔註118〕〔清〕鄭夢玉等修，梁紹獻等纂：《廣東省南海縣志》卷五建置略二，臺北：成文出版社，1967 年版，第 128 頁。

〔註119〕〔清〕郭汝誠修，馮奉初等纂：《廣東省順德縣志》卷五建置略二墟市，臺北：成文出版社，1974 年版，第 451 頁。

〔註120〕〔清〕郭汝誠修，馮奉初等纂：《廣東省順德縣志》卷五建置略二墟市，臺北：成文出版社，1974 年版，第 449～454 頁。

〔註121〕〔清〕陳述芹纂修：《廣東省瓊東縣志（舊名會同縣志）》建置卷三，臺北：成文出版社，1974 年版，第 87 頁。

〔註122〕〔清〕李友榕等修，鄧雲龍等纂：《廣東省三水縣志》卷之一墟市，臺北：成文出版社，1966 年版，第 47 頁。

〔註123〕〔清〕金光祖纂修：〔康熙〕《廣東通志》卷二十一風俗，廣東省地方史志辦公室輯：《廣東歷代方志集成》，廣州：嶺南美術出版社，2006 年，第 1443 頁。

是舊形態的保型演化和新形態的成型演化的矛盾統一，……。」〔註124〕「清前中後期廣東墟市數量演化趨勢」圖同樣反映出清中期廣東墟市盛極而衰的狀況。據此圖的數據顯示，在經歷發展巔峰之後，廣東墟市數量隨即跌向低谷。咸豐三年刊本《順德縣志》同樣表明：除典史屬墟市與丞屬墟市之數量不變外，其他各屬墟市多有減少。〔註125〕

第四節　清後期廣東墟市盛衰分異階段：差異演化，適者生存

清後期的廣東墟市系統，爲了適應環境變化而進行一系列轉型調整，淘汰不適新環境的部分，保留與環境相適應的部分，從而使清代廣東墟市舊系統轉化爲與近代廣東環境相協調的新系統。

一、清代廣東墟市舊系統的衰落

在新環境之下，清代廣東墟市舊系統的落後一面突顯。環境的變化對廣東墟市舊體系有諸多不利。隨著大量洋貨的輸入，廣東的經濟環境發生了改變，墟市主體、客體亦隨之改變。這些來自資本主義世界的、由相對先進的工廠生產出來的外國產品的廣泛介入，使得原來盛行於廣東各墟市的、由手工工廠用相對落後的傳統方法生產出來的國產商品相形見拙，同時，也反襯出廣東墟市經濟中的生產、銷售、管理等重要環節的落後情形。這些都可視爲舊有墟市經濟體系所自帶的、又必然將舊體系引向崩潰的反動因素。這些反動因素在清後期的廣東墟市經濟運行中，具體表現在以下幾個方面：

（1）原材料質量較差。首先，生產原料的質量問題源於種植不得法。例如，傳統的種植方式對製糖原料甘蔗的生長不利，據載：「本口（汕頭）糖之少出……其實咎在種植失法，肥料不分良莠，全恃天功，不明人力。（民國元年汕頭口華洋貿易情形論略，通商各關華洋貿易總冊，下卷，頁115～116）」〔註126〕其次，原材料的質量受自然災害的影響較大。廣東夏秋多颱風，颱風

〔註124〕苗東升：《系統科學精要》，北京：中國人民大學出版社，2006年，第43頁。

〔註125〕〔清〕郭汝誠修，馮奉初等纂：《廣東省順德縣志》卷五建置略二墟市，臺北：成文出版社，1974年版，第449～454頁。

〔註126〕彭澤益編：《中國近代手工業史資料》（第二卷），北京：中華書局，1962年，第287頁。

對當地農作物的破壞時有發生，如颱風對草席原材料席草的損害：「種席草之人，亦因價低虧本，更因秋間風災損害席草也。（光緒三十二年廣州口華洋貿易情形論略，通商各關華洋貿易總冊，下卷，頁 73）」〔註 127〕

　　（2）生產方法及設備落後。清代廣東傳統的手工業生產多是家庭式或作坊式的，與西方近代機器大工廠生產相比，其財力及加工能力都是有限的，這導致了廣東傳統手工業生產單位在生產方法更新及設備升級的速度都是非常緩慢的。例如製糖業，據載：「（製糖）惟甘蔗雖中國獨有之利，而製糖之法，器具不精，提煉不純，色味不潔，……榨蔗泥於古法，製糖絕少新章，故所出之糖，比洋糖未免瞠乎其後。惜此大宗生理，不幸爲之卻步也。（光緒二十九年汕頭口華洋貿易情形論略，通商各關華洋貿易總冊，下卷，頁 77）」〔註 128〕因而，傳統方法下的糖類製造效率是很低的：「乃株守成法，出糖既少，費蔗又多，製法不精，售值更濺，因循不改，轉使洋糖充斥內地，無可如何。（陳熾：續富國策，卷一，種蔗製糖說，頁 31～32）」〔註 129〕此外，製茶業亦有類似情況，據粵海關十年報告（1882～1891）指出：「……。廣州茶葉本身具有難以克服的特殊缺點，即茶青摘下後在其生長地只進行簡單加工，待一兩個星期後運到市場時，茶葉已失去新鮮，而這是無法恢復的。」〔註 130〕育蠶繅絲業也大致如此，如宣統高要，據載：「吾邑蠶絲純用舊法木車手繅，絲粗色闇，且車之四角不免膠黏，有礙紡織。近有用腳車者，其絲之光細仍不及大絲偈。故手繅、腳繅之絲只銷本省不能遠及」〔註 131〕，由此可見，技術落後導致了產品質量較差，質量限制了其銷售範圍，「因是育蠶家多售繭於大絲偈，不自繅矣。」〔註 132〕清末高要，由於設備及工藝落後，蠶絲多作爲

〔註 127〕彭澤益編：《中國近代手工業史資料》（第二卷），北京：中華書局，1962 年，第 327～328 頁。

〔註 128〕彭澤益編：《中國近代手工業史資料》（第二卷），北京：中華書局，1962 年，第 287 頁。

〔註 129〕彭澤益編：《中國近代手工業史資料》（第二卷），北京：中華書局，1962 年，第 286 頁。

〔註 130〕據廣州市地方志編纂委員會辦公室，廣州海關志編纂委員會編譯：《近代廣州口岸經濟社會概況——粵海關報告彙集》，廣州：暨南大學出版社，1996 年，第 861 頁。

〔註 131〕〔清〕馬呈圖纂輯：《廣東省宣統高要縣志》卷十一食貨篇二實業，臺北：成文出版社，1974 年版，第 485 頁。

〔註 132〕〔清〕馬呈圖纂輯：《廣東省宣統高要縣志》卷十一食貨篇二實業，臺北：成文出版社，1974 年版，第 485 頁。

原料銷售。這是一種行業的倒退：競爭導致當地絲織業的衰落，從成品輸出倒退到原料輸出。

（3）生產者、經營者的思想及知識結構落後。清代傳統手工業的生產者及經營者多數是農民或是農民出身的商人，他們的受教育程度及其生活的環境決定了他們的思想具有保守性，並且管理生產的知識儲備不足、知識結構落後。其一，生產思想保守，不知改進，亦不思改進：在製糖業中，「榨蔗熬糖，固守古制，一似祖宗成法，衣缽相傳。最可惡者，示以改良，勿爲墨守，若輩不惟如風過耳，猶謂率由舊章，已爲完善。……加以上文所謂層層障礙，勿怪洋糖入多，而土糖出少也。若永此不知改變，將漸被洋糖侵削殆盡也。（民國元年汕頭口華洋貿易情形論略，通商各關華洋貿易總冊，下卷，頁 115～116）」〔註133〕另外，在傳統的生產經營環境中，誠信常靠自律，而國民素質又未能普遍達此境界，故常會因個別經營者的意識不良而影響行業信譽。如，在織席業中，有些經營者對客戶不誠信：「（織席業）地席所銷之數（廣州出口），比去年（1902 年）多二十萬卷。據商人云：本年（1903 年）亦屬平穩，春間生意尚好，至秋間草價漸昂，業席者獲利遂微矣。春間銷流甚廣，遂有鋪戶攙用次等之貨，發售與人，恐將來此項生意因而減色。幸地席行已有禁各鋪攙銷次貨之議，惟望此議有成，否則，此項生意，將有江河日下之勢也。（光緒二十九年廣州口華洋貿易情形論略，通商各關華洋貿易總冊，下卷，頁 82）」〔註134〕可見，只要行業中存在「有鋪戶攙用次等之貨，發售與人」的現象，則有可能使整個行業的生意「因而減色」，而對經營行爲有一定約束能力的「地席行」對此亦只能作「禁各鋪攙銷次貨之議」，而且還不知此議是否能成。可見「地席行」之行會管束能力頗弱，誠信與否，多靠經營者自律。其二，勞動者素質較低，知識結構落後。例如，中資公司的工人對新技術、新設備的駕馭水平仍有待提高，另進口設備的維修周期較長也使中資公司的正常生產受到影響：「花地廣華興織造總公司，去年（1907 年）經已開辦，惟無大起色，因各工人不善運用機器，以致針管時常斷折，迫得停工，以待美洲新針再來。聞該公司於新年後，諒可再行開工。（光緒三十四年廣州口華洋

〔註133〕彭澤益編：《中國近代手工業史資料》（第二卷），北京：中華書局，1962 年，第 287 頁。

〔註134〕彭澤益編：《中國近代手工業史資料》（第二卷），北京：中華書局，1962 年，第 291 頁。

貿易貿易情形論略，通商各關華洋貿易總冊，下卷，頁 97）」〔註135〕

（4）工人權益難有保障。例如織席業，因出口量下滑而致地席收購價甚低，「至製席之人，因席價甚低，故不能獲利」。〔註136〕在不能獲利的情況下，織席工人還要受到各方的盤剝。據載：「粵省本地席生意固無利益，然最好者為行戶東家。緣織作工人，屢有停歇，釐金抽收，常有留難。（光緒二十四年廣州口華洋貿易情形論略，通商各關華洋貿易總冊，下卷，頁 65）」〔註137〕又有謂：（廣東）辦席商人……獲利均非正道。伊等所給東莞連灘兩處製席之人，均用省城小銀元；而販席出口各洋行所給席價，均照香港銀水支給，是以除去用錢之外，伊等於找換銀水之中，可獲利一百分之五，或一百分之六分五也。（光緒三十二年廣州口華洋貿易情形論略，通商各關華洋貿易總冊，下卷，頁 73）」〔註138〕

（5）地方治安不穩。清代廣東匪盜甚多，特別是隨著中後期局勢的跌宕，匪盜尤為猖獗，其禍害城鄉，洗劫貧富，這必然會對當時廣東的商業活動帶來負面影響，如：「細席自鄉間運出，中途常有遇盜，再加草本價值及工資食用各項，俱極騰貴，以致各行戶多有於年頭接定生意，議定價值；後來折算，諸多不敷，因而虧本者。有此許多事，故席之價值自然昂貴。（光緒二十四年廣州口華洋貿易情形論略，通商各關華洋貿易總冊，下卷，頁 65）」〔註139〕

（6）政府對經濟的調控能力不足。清朝政府，一直忙於應付「外憂內患」，對鴉片戰爭後紛繁複雜的經濟局面，無能亦無力進行有效的管理與調控。故有謂：「我之大利反為彼奪，固由商民愚昧，積習難回，亦在上者不能因勢利導之過也。（陳熾：續富國策，卷一，種蔗製糖說，頁 31～32）」〔註140〕

（7）稅率於國產商品不利。隨著鴉片戰爭後稅制主權的逐步喪失，稅率

〔註135〕彭澤益編：《中國近代手工業史資料》（第二卷），北京：中華書局，1962 年，第 377 頁。

〔註136〕彭澤益編：《中國近代手工業史資料》（第二卷），北京：中華書局，1962 年，第 327 頁。

〔註137〕彭澤益編：《中國近代手工業史資料》（第二卷），北京：中華書局，1962 年，第 317 頁。

〔註138〕彭澤益編：《中國近代手工業史資料》（第二卷），北京：中華書局，1962 年，第 327～328 頁。

〔註139〕彭澤益編：《中國近代手工業史資料》（第二卷），北京：中華書局，1962 年，第 317 頁。

〔註140〕彭澤益編：《中國近代手工業史資料》（第二卷），北京：中華書局，1962 年，第 286 頁。

越來越向外國商品傾斜，而對國產商品不利。據載：「洋自來火可以請半稅單，
運銷內地，而土造者不能，自爲洋自來火一大佔便宜之處。此項洋來貨物，
尤以日本國爲最多。（光緒二十二年廣州口華洋貿易情形論略，通商各關華洋
貿易總冊，下卷，頁 101）」〔註 141〕引文中的「半稅」是指「子口半稅」，即：
外國商人經營外國商品進口與出口時，只須在口岸海關交納進出口正稅，如
果要將商品運入內地或者從內地運出，則只須再交納從價 2.5% 的子口半稅，
即可銷售到中國的任何地方。這是外國商品在稅制上可以享受多種特殊優待
的其中一種。也正如引文所言，「土造者」是沒有這些待遇的，它們需要逢關
納稅遇卡抽釐，只有交納多重關稅才能內銷或外銷。例如，在洋紗大量湧入
之後，興寧成爲廣東利用洋紗織布的織造中心之一，其用洋紗織成的「土布」
銷流極廣，但成本卻較洋布爲高，其中一個主要原因，就是從原材料進口開
始到成品運銷，興寧洋紗土布就要不斷交納各種稅費：「洋紗是由汕頭輸入
的，在運往興寧以前，每件要完納關稅和釐金四兩七錢五分，合計徵從價稅
百分之六。這種（洋紗織的）布再運往佛山，再由佛山運至香港的途中，當
然還要收稅。（Report of the Mission to China of the Blackburn Chamber of
Commerce 1896-97, p.134）」。〔註 142〕

　　以上各不利因素往往會聯合起來作用於廣東各業，如此則會加速某些傳
統手工業的衰亡。據載：「中國地席出於農產成於工藝，不獨爲國內需要之物，
亦爲輸出外國重要之品。產地之良者，首推廣州，次爲寧波。自前清咸豐間
始有出口，遞年加增，至光緒二十九年計值關平銀四百一十四萬餘兩，是爲
極盛時代。以後即年年遞減。（光緒三十年至宣統元年，每年皆三百餘萬，二
年以後二百餘萬，民國二三年不及二百萬矣。）向來出口廣貨最多，浙貨最
少，此數年所減，皆屬廣貨，而浙貨反有加增。宣統三年至民國二年，廣貨
由三十五萬五千餘卷減至一十五萬七千餘卷，浙貨自一千四百餘卷增至四千
二百餘卷，足見廣東地席之日劣，失敗固屬於廣東，影響實及於全國。蓋此
數年來，日本乘我之敗退，彼之地席遂運入我國，歲歲增加。宣統三年入口
不過六萬七千餘兩，民國元年九萬五千餘兩，二年即一十五萬九千餘兩矣。
日本席草非勝於我，日本人工非廉於我，竟能壓倒我貨，奪我銷路，此必有

〔註141〕彭澤益編：《中國近代手工業史資料》（第二卷），北京：中華書局，1962 年，
　　　　第 312 頁。
〔註142〕彭澤益編：《中國近代手工業史資料》（第二卷），北京：中華書局，1962 年，
　　　　第 246 頁。

其原因矣。查中國地席敗退之原因，約有三端：一則尺寸不善變通也，二則染色不能精美也，又奸商希圖微利，將劣貨粗造之品混充良貨，敗同業之名譽，授忌妒之口實，此尤失敗之重因。（稅務處商務科勸告地席營業人改良工藝恢擴利源文（錄北京日報），直隸實業雜誌，第四年第五期，頁 17～18，1915 年 5 月 1 日）」〔註143〕如上所述，光緒二十九年開始，廣東地席業隨著全國出口量的遞減而下滑，及至清末，表現出衰頹之態，而被日本出產的地席占去了相當的市場份額。引文分析包括廣東地席在內的國產地席失敗的原因時採用了綜合分析法，認為原因有三：（1）尺寸不善變通，產品不符合市場的新要求；（2）染色不能精美，造工較差；（3）奸商將劣貨粗造之品混充良貨，敗同業之名譽。實際上，除此之外，清後期廣東地席業在與洋貨競爭中失敗的綜合原因還因該包括下幾點：（4）因種植失法及自然災害等原因，廣東席草的質量較差，連傳統的優質席草產區東莞和連灘的產品的質量都難以得到保證；（5）稅率對於廣東土產地席不利，這增加了土產地席的成本，削弱了其市場競爭力。總之，在各種不利因素的共同作用下，清末廣東乃至全國的地席業不敵洋貨，迅速敗亡。

以上各方面反動因素的綜合作用，決定了廣東墟市舊體系在新的環境中處於不利的地位，其有相當部分不能適應新環境的要求。這主要表現為廣東多個行業在與洋貨的較量中紛紛失利：在洋貨對土貨的衝擊中，土紡織業首當其衝。洋紗、洋布等外國紡織品，因其價廉而不斷佔領廣東市場，大有替代國產土紗、土布之勢。在廣東經濟核心之珠江三角洲地區有此狀況，據載：「（東莞）迨洋紗出而紡事漸疏，洋布興而織工並歇。……。〔註144〕在廣東西部經濟次中心北海亦有此情況：「1894 年，廣東北海，洋布雖因金價漲貴，而仍敵人工所織之布便宜。（關冊（中文），1894 年，下卷，頁 108。）」〔註145〕廣東南部之瓊州府也不例外，其東岸與西岸的土紡織業均受洋貨衝擊，如：「（廣東瓊州）隨著大量的洋紗進口，土紡織業已經幾乎全部停止了。（Decennial

---

〔註143〕彭澤益編：《中國近代手工業史資料》（第二卷），北京：中華書局，1962 年，第 470 頁。

〔註144〕〔民國〕陳伯陶纂修：〔民國〕《東莞縣志》卷十五，廣東省地方史志辦公室輯：《廣東歷代方志集成》，廣州：嶺南美術出版社，2007 年，第 193 頁。（迄於宣統三年）

〔註145〕彭澤益編：《中國近代手工業史資料》（第二卷），北京：中華書局，1962 年，第 232 頁。

Reports, 1882-1891，pp.620-621）」〔註146〕再如：「（感恩）婦女恒紡織吉貝為土
布，以供自用。迨洋紗通行，自紡均廢。」〔註147〕此外，洋貨對廣東其他各業
均有影響——（1）洋貨對糖業的衝擊：「所惜糖業不振，遞年短絀，今年（1903
年）又比去年（1902 年）少七萬四千四百三十一擔矣。本年他埠商賈倒閉紛紜，
而洋糖又與土糖爭長。職是之故，本埠糖商虧本不貲。……（光緒二十九年汕
頭口華洋貿易情形論略，通商各關華洋貿易總冊，下卷，頁 78）」〔註148〕（2）
洋貨對茶業的衝擊：「（南海）茶葉從前為出口貨大宗，現在出口之數，歷年遞
減。光緒十八年出口尚有六萬五千擔，至二十八年出口不過二萬四千擔。蓋西
人多向錫蘭印度購茶，以其價廉也。前後僅距十年，銷數之銳減已如是，中國
茶業之失敗，亦大略可睹矣。」〔註149〕（3）洋貨對煙業的衝擊：「（廣東）進
口紙煙似較多數，此其要非在價值之增長，然視華人之喜吸此煙者，顯見其日
用漸廣也。且紙煙既經盛行，則水煙袋可棄之無用，如年湮日久，欲往取之，
或向諸博物院，抑詢諸玩古之家斯可矣。（宣統三年北海口華洋貿易情形論略，
通商各關華洋貿易總冊，下卷，頁 140）」〔註150〕

二、清代廣東墟市舊系統的調整

　　正如任何成型、成熟的系統一樣，面對環境的改變，系統都會自發地進
行保型演化，清後期的廣東墟市經濟體系也自發的對自身進行調整，出現各
種各樣的應激反應，這首先體現在生產環節、銷售等環節上，正如《粵海關
十年報告（1882～1891）》所言：「新的工業已開始出現，舊的工業也進行了
種種改造」〔註151〕。

〔註146〕彭澤益編：《中國近代手工業史資料》（第二卷），北京：中華書局，1962 年，
　　　　第 233 頁。

〔註147〕〔民國〕周文海修，盧宗棠纂：〔民國〕《感恩縣志》卷一輿地風俗，廣東省
　　　　地方史志辦公室輯：《廣東歷代方志集成》，廣州：嶺南美術出版社，2008 年，
　　　　第 71 頁。

〔註148〕彭澤益編：《中國近代手工業史資料》（第二卷），北京：中華書局，1962 年，
　　　　第 471 頁。

〔註149〕〔清〕鄭蕚等修，桂坫等纂〔宣統〕《南海縣志》卷四輿地略三，廣東省地方
　　　　史志辦公室輯：《廣東歷代方志集成》，廣州：嶺南美術出版社，2007 年，第
　　　　153 頁。

〔註150〕彭澤益編：《中國近代手工業史資料》（第二卷），北京：中華書局，1962 年，
　　　　第 481 頁。

〔註151〕廣州市地方志編纂委員會辦公室，廣州海關志編纂委員會編譯：《近代廣州口

（一）墟市舊系統的應激反應

通過各種應激反應，清代廣東墟市舊系統進行了各種調整，在優勝劣汰的選擇機制指導下更新、重組各種新舊要素，最終在保型的過程中實現了系統的轉型。

1、以進口材料，製造傳統產品

廣東人傳統的消費慣性，導致了傳統手工製品仍有廣闊的市場空間。因此，在外國原材料被實踐證明優於國產原材料的情況下，廣東手工業出現了利用進口原材料生產傳統產品的新動向。其一，土布織造業，據載：「在洋紗輸入以前，供給廣東和廣西東部的土布，大部分來自吉安府。經贛江到贛州，然後通過梅嶺的舊日驛道，循廣東的北江，經過三水運至廣州附近的佛山。土布即在佛山染成廣東人最喜愛的青布，叫做長青布。這種布經常大量地向新加坡及廣東人常到的各個地方輸出。」〔註 152〕當洋紗擊敗土紗而充斥廣東市場時，「經常由江西、興寧及其鄰近地帶移居的客家人使用洋紗織布。他們把這種布循廣東的東江經惠州運至佛山，染成青布，叫做沖青布，即仿「長青布」。這種布和它所仿製的布一樣，大部分輸出至新加坡（Report of the Mission to China of the Blackburn Chamber of Commerce 1896-97, p.134）〔註 153〕。當然，利用洋紗織造土布者，對來自不同國家的洋紗是有所選擇的。據載：「（汕頭）華人最喜英國棉紗，因織出布質光細非常，但印度棉紗比英國每包低十五元，雖所織之布陋劣，因就價故相形遠勝也。所有洋紗俱發往興寧一帶織布，此貨及各色匹頭，獲利殊美。（光緒二十五年汕頭口華洋貿易情形論略，通商各關華洋貿易總冊，下卷，頁 66）」〔註 154〕又有云：「（1900 年）（汕頭進口）棉紗之中，印度紗實冠群紗。溯厥所由，係緣印度紗價甚相宜，恰合華市，故其進口之巨，有爲英國紗日本紗所望塵不及者也。棉紗大都運入內地，銷售興寧一帶之織布局，而潮陽貧窶婦女之日以機杼從事者，亦莫不仰給乎洋紗也。（光緒二十六年汕頭口華洋貿易情形論略，通商各關華洋貿易總冊，下卷，

　　岸經濟社會概況——粵海關報告彙集》，廣州：暨南大學出版社，1996 年，第 851～852 頁。
〔註 152〕彭澤益編：《中國近代手工業史資料》（第二卷），北京：中華書局，1962 年，第 245 頁。
〔註 153〕彭澤益編：《中國近代手工業史資料》（第二卷），北京：中華書局，1962 年，第 246 頁。
〔註 154〕彭澤益編：《中國近代手工業史資料》（第二卷），北京：中華書局，1962 年，第 217 頁。

頁 65）」〔註 155〕可見，來自印度的洋紗最宜於織造土布。而利用洋紗織造土布的興寧則成為影響洋紗進口規模的清後期廣東織造業中心。據載：「（興寧）查棉紗進口，俱為興寧縣織布之需。而所織之布，則發往各處銷售。是則棉紗進口旺弱，亦視興（寧）之布暢滯如何耳。（光緒十六年汕頭口華洋貿易情形論略，通商各關華洋貿易總冊，下卷，頁 91）」〔註 156〕不獨興寧土布織造業在利用洋紗後得以再興，三水土布織造業亦然：「（三水）棉紗一宗，毋論價值多寡，係在三水地方其民間之所以不能不買者，乃緣城鄉各處婦女約逾數萬人，咸用此紗織造土布出售，謀斯微利，恃以糊口耳。（光緒二十八年三水口華洋貿易情形論略，通商各關華洋貿易總冊，下卷，頁 90〜91）」〔註 157〕其二，土傘製造業：「（瓊州）海口各店，多有由港運來洋布傘骨等物，自行製成出售。雖此等土傘不如洋傘精美，然頗堅固耐用，即使取價略昂，亦不難於銷流也。（光緒二十二年瓊州口華洋貿易情形論略，通商各關華洋貿易總冊，下卷，頁 72）」〔註 158〕其三，皮鞋製造業：「（佛山）革履行，種類極多，貴賤不一。革之貴者曰漆皮，曰珠皮。珠皮近有土製者，牛皮之外，兼用羊皮，羊皮有來自雲南者。鞋之主要原料及其他附屬品，即至一帶一線一釘，幾無一不來自外國。其完全由外國製成運到者，更無論矣。利權外溢，實非淺鮮也。」〔註 159〕

2、以中外材料，仿製外國產品

部分輸入中國之外國產品因先進而暢銷。例如捲煙：「英美二國之洋紙捲煙，銷流甚廣，所出之煙盒，亦光滑可愛。其所貼之告白，則有繪就美人者，有設色繪就之活潑水手者，行旅可到之處，皆得而見之。原其煙捲之廣於銷流，蓋因其價甚廉，市上各物皆不及也。其所特製招牌紙一件，更無須多慮，外有齊整之綠招牌紙，內載煙捲，故經試驗，人皆悅之，其蒸蒸日上所自來也。肥皂之情形亦同。（光緒二十九年梧州口華洋貿易情形論略，通商各關華

〔註 155〕彭澤益編：《中國近代手工業史資料》（第二卷），北京：中華書局，1962 年，第 217 頁。

〔註 156〕彭澤益編：《中國近代手工業史資料》（第二卷），北京：中華書局，1962 年，第 245 頁。

〔註 157〕彭澤益編：《中國近代手工業史資料》（第二卷），北京：中華書局，1962 年，第 460 頁。

〔註 158〕彭澤益編：《中國近代手工業史資料》（第二卷），北京：中華書局，1962 年，第 293〜294 頁。

〔註 159〕〔民國〕戴曾謀修，冼寶幹纂：《佛山忠義鄉志》卷六實業，民國十二年（1923），第 10〜11 頁。

洋貿易總冊，下卷，頁96～97）」〔註160〕

　　見外國產品因先進、價廉而暢銷，國內同類產品生產者遂起仿傚之心，具體操作方式有二。其一，以本地原料仿洋貨樣式。據載：「（廣東）棠下地方距本埠（江門）十餘里，創有製造煙捲廠，揀選本處馳名煙葉，如法製成，每盒六十枝，售價洋元九角五分。（光緒三十三年江門口華洋貿易情形論略，通商各關華洋貿易總冊，下卷，頁105）」〔註161〕其二，以進口原料仿製洋貨。如（廣州）省城，現又有土製玻璃燈罩，將進口之舊玻璃罩及碎玻璃片熔煉製成。土製之罩，其樣式及顏色，均與德日兩國進口之罩相似。該公司號明新公司，設在東門，計本年製成售去之罩，約有七千打。（光緒三十四年廣州口華洋貿易情形論略，通商各關華洋貿易總冊，下卷，頁97）」〔註162〕

3、引進新技術，改造舊手工業

　　在利用本地原料或是進口原料仿製外國產品的過程中，都會涉及新工藝、新技法、新設備的引進，這實際上是對廣東傳統手工業的革新。據載，汕頭就曾從國外引進製造手織足踏機器來仿製日本尺寸之布匹：「（汕頭）去年（1906年）略見本處有人出力資助工藝，購買泰西製造手織足踏機器充用，而布尺寸改與日本同式，因買家喜用原包布，故仿而制之，較勝零剪大匹者。此項工藝關係非輕，潮商熱心勸工，應得政府注意而保護之。（光緒三十三年汕頭口華洋貿易情形論略，通商各關華洋貿易總冊，下卷，頁89）」〔註163〕更有工廠主自發改良設備、發明新方法：「盧滿殿字康民，（廣東順德縣）羊額人。生平仗信義，營絲業，發明水結功用，紡之為紗，織之為布，挽回絕大權利。」〔註164〕在設備、技法、工藝等方面進行革新之後，廣東的織造業曾一度振興，詳若下表所示。

〔註160〕彭澤益編：《中國近代手工業史資料》（第二卷），北京：中華書局，1962年，第47～頁。

〔註161〕彭澤益編：《中國近代手工業史資料》（第二卷），北京：中華書局，1962年，第340頁。

〔註162〕彭澤益編：《中國近代手工業史資料》（第二卷），北京：中華書局，1962年，第341頁。

〔註163〕彭澤益編：《中國近代手工業史資料》（第二卷），北京：中華書局，1962年，第368頁。

〔註164〕周之貞、馮葆熙修，周朝槐纂：〔民國〕《順德縣志》卷二十列傳，廣東省地方史志辦公室輯：《廣東歷代方志集成》，廣州：嶺南美術出版社，2007年，第266頁。

表 2-4　廣東興辦織布手工工場示例（1899～1912）

創辦年代	廠　　名	地區	資本〔元〕	織機臺數	工人人數	資　料　來　源
1905	振東織造有限公司	梅縣	20,000		80	彭澤益編：《中國近代手工業史資料》，北京：中華書局，1962 年，第 369 頁。
1909	陳明合織布工廠	澄海	10,000	35	70	同上，第 371 頁。
1909	連盛織造局	香山	5,000	35	50	同上，第 371 頁。
1910	香山南屏廣興織造公司	香山	7,500	29	55	同上，第 372 頁。
1910	是年城廂內外共有織布廠 13 家	廣州			33	同上，第 373 頁。
1911	衣群家族染織股份有限工廠	揭陽	10,000	14	85	同上，第 373 頁。

4、引進新技術，製造新式產品

洋貨新產品的湧入，特別是火水、火柴等新型日用品的暢銷，使廣東商人看到其利甚大，所以本地商人引進新技術與新設備，製造新產品，開始了與洋貨爭奪廣東市場的歷程。據載：「自來火一項，日本所製與本地所製者，彼此相競。目下自來火料運進口者，有加無已，因本省四周，均設有製自來火局耳。（光緒二十九年九龍口華洋貿易情形論略，通商各關華洋貿易總冊，下卷，頁 77）」〔註165〕再如：「北江清遠地方，並有採辦日本配製自來火機器物料，自行講求，振興實業。聞該處作成之自來火，與東瀛向售者無甚差別，而土人亦多樂於購用也。（光緒三十二年三水口華洋貿易情形論略，通商各關華洋貿易總冊，下卷，頁 89）」〔註166〕又有謂：「（廣州）西村文明閣自來火公司，設在粵漢鐵路首站。去年（1907 年）九月經已開辦，雇用工人二百名，男女小孩均備，只有手機一副，用以轉運自來火木料使之蘸藥，餘均人工手造製。出自來火極好，每包只售銅錢三十二枚，每包十盒，每盒百支。（光緒三十四年廣州口華洋貿易情形論略，通商各關華洋貿易總冊，下卷，頁 97。

〔註165〕彭澤益編：《中國近代手工業史資料》（第二卷），北京：中華書局，1962 年，第 332 頁。
〔註166〕彭澤益編：《中國近代手工業史資料》（第二卷），北京：中華書局，1962 年，第 332 頁。

按據 Return of Trade and Trade Reports, 1908, pp.520-521 的記載，說這個公司成立於 1908 年 10 月）」〔註167〕為了牟取暴利，還有人聘請洋監理、採用獨門技法來進行鴉片生產。據載：「汕頭商埠西北約二十英里，有村曰沙連，現有制鴉片煙廠一所，其所制之煙，與印度無異。其司理人曾在香港某洋行充當管事，又曾至檳榔嶼習得此法，不用機器，以大鐵鍋納內地鴉片煮之，和以藥物雜質，味濃氣烈。既成丸之，約重六磅，包以白罌粟葉，一切皆以女人為之。西人往求其製法，秘不與。此人本擬回華後稟官專利，恐胥吏滋擾，故只小試其法，而西人則頗懼其奪印煙之利云。（光緒二十三年十月下，農學報，第一四冊）」〔註168〕又有謂：

> 近來有人在此設立莊房，收集內地土種鴉片，濾之煉之，團之裹之，能使其形色香味，皆與外洋所製者無異。……蓋此人曾遊歷外洋各埠，故有如此智識，能從嗜服鴉片者之心。……其始也，本欲倣照西例，呈官請准專利，既而又恐吏胥，轉來滋擾，乃於鄰村，自建一屋，頗華美。所製鴉片之法，不用機器，既無煙筒噴煙之迹，亦無輪軸旋轉之聲。但雇婦女十許人，為蘸葉薰葉裹葉之事而已。此人又在香港某洋行充當管事，遂謀張掛英國旗號，販運出口，無所阻礙。所售之價，與印度同，得利甚厚。中國之人，無有或知者。
>
> 其法用一大鐵鐺，將內地之土鴉片，入鐺煮之，漸漸和以藥物雜質，總以味濃香烈，得與印度比而後已。……攪和泡製後即丸之，每丸重六磅。丸成即以罌粟葉包裹之，此皆出於女工也。每婦人每月工資，不過四、五元。數雖無多，而較他項工資，已覺過額，故諸婦人樂為之用。又以一印度婦女監理之。此印度婦，並無長技，惟加指授而為焉。其每月工資十元。又於近村餘地，墾之以種白罌粟，採摘其葉為包裹。事事妥善，只有推廣之勢，絕無禁止之時，聞其今冬，又欲設法廣製，以期暢售，盡奪印度之利，使外洋鴉片，裹足不來，始得大快於心耳。
>
> 其製成球者，則存儲於樓上，以待販運，其規例實不亞於印度之鴉

〔註167〕彭澤益編：《中國近代手工業史資料》（第二卷），北京：中華書局，1962 年，第 332～333 頁。

〔註168〕彭澤益編：《中國近代手工業史資料》（第二卷），北京：中華書局，1962 年，第 401 頁。

片公司也。吾人知其異，聞其香，嘗欲考驗其製法，無如彼自珍秘，
收存慎密，未嘗稍許探窺。故其中源委，亦言之不能詳焉。大抵約
計每丸百球，足支一月之費，且有贏餘。是其現時小試之間，已分
印度之利若此，後再行廣製，減價發售，則印度鴉片，又向何處以
求銷路乎？（汕頭土藥，倚劍生：中外大事彙記，商業彙編第七，
頁 22。錄二月大公報譯英文日日報）〔註169〕

此類新型手工業的一大特色是繼續發揮廉價勞動力的優勢。從而使國產
新式產品能在一定程度上與洋貨一比高下。

隨著洋貨的風行，其背後所蘊含的部分西方文化也部分地為廣東民眾所
接受，從而使廣東社會生活出現了某些新風尚，如西式服裝的流行：

（廣州）省城近年競尚維新，社會中人無論男女，均喜西裝服飾，
即棉線衫一項，亦銷流甚廣，計是年進口估價關平銀十三萬四千兩，
故胡禮號衛生衫褲，最為時尚。（光緒三十三年廣州口華洋貿易情形
論略，通商各關華洋貿易總冊，下卷，頁 92）〔註170〕

社會對西式服裝的需求引發了社會資本向其生產領域集聚，出現了一系
列利用新技術、新設備製造西式服裝類新產品的中資公司，例如：

此項美貨〔註171〕，現在日本與華人均能仿造。查花地河邊新設有廣
華興織造總公司，係用機器三十四副，製造長短各式洋襪；另有機
器六副，製造西式內衣。該公司併兼染洋紗，實備資本銀十萬圓，
每股十圓，俱屬華人分占，並無洋股在內。其工人亦皆華人，曾學
美國工藝者，並無西人監工。一俟布置妥當之後，該公司每日可出
洋襪一百打，棉線衫二十打。（光緒三十三年廣州口華洋貿易情形論
略，通商各關華洋貿易總冊，下卷，頁 92）〔註172〕

5、產與銷結合，革新經營方式

革新經營方式，產銷結合，統籌各種生產資源。如席莊介入草席的生產

〔註169〕彭澤益編：《中國近代手工業史資料》（第二卷），北京：中華書局，1962 年，
　　　　第 401～402 頁。
〔註170〕彭澤益編：《中國近代手工業史資料》（第二卷），北京：中華書局，1962 年，
　　　　第 377 頁。
〔註171〕指上述之西裝服飾、棉線衫等。
〔註172〕彭澤益編：《中國近代手工業史資料》（第二卷），北京：中華書局，1962 年，
　　　　第 377 頁。

與銷售，完成墟市手工業與城市貨莊的直接連結，從而使產品供求一致，適銷對路。據載：「弟滿郡字鑒衡，……與兄滿殿在（廣州）河南創一出口席莊，並在東莞、連灘等處分設支店，以工廠安插失業貧民。……。」〔註173〕同時又通過統籌安排，提升已有資源的功用，以追求利益最大化。據載：「（地席）織造之佳，東莞爲最，是以人爭購之，頗爲獲利。連灘所出之席，則不甚佳，乃因風雨太多，致傷草質。聞得東莞之草，亦有運往連灘織造者，乃因該處工廉故也。（光緒三十四年九龍口華洋貿易情形論略，通商各關華洋貿易總冊，下卷，頁100）」〔註174〕雖然產品躍過墟市貿易一環，但保證了當地織席工的產品有銷路，即保證了當地織席工的收入，使其擁有較爲穩定的購買力，即保證了當地墟市貿易的需求量及購買力。

6、倡辦工藝局，振興農工各業

洋貨的泛濫，除了損害土貨生產單位利益之外，也損害了清政府的利益，因此，清朝廣東政府及各方紳商也有相應的舉措。據載：「中外互市以來，出口土貨不如進口洋貨之多，非將內地農務、工藝、貿易、轉運諸事實力講求，不足以圖抵制。近各省官紳有鑒於此，或勸課農桑，或創興製造，或開學堂以研究新法，或設商會以聯絡眾情。（清代鈔檔：光緒二十九年八月初一日商部片）」〔註175〕其中，興辦「工藝局」是一個較爲重要的舉措。

在眾多的工藝局中，有由清政府直接興辦者：

> （廣州）廣州舊有工藝廠，在小北門內飛來廟之旁，光緒三十年署廣州府知府龔心湛籌建，招集藝徒，延師教習。製造藤器凡床幾桌椅筐籃之屬皆備，並仿造景泰青器皿，頗有可觀，銷流亦廣。惜經費未充，不久停輟。然自後市肆製藤器者日多，皆導源於此。而景泰青因成本較重，仿造較難，故無復踵行之者矣。〔註176〕

〔註173〕周之貞、馮葆熙修，周朝槐纂：〔民國〕《順德縣志》卷二十列傳，廣東省地方史志辦公室輯：《廣東歷代方志集成》，廣州：嶺南美術出版社，2007年，第266頁。

〔註174〕彭澤益編：《中國近代手工業史資料》（第二卷），北京：中華書局，1962年，第408頁。

〔註175〕彭澤益編：《中國近代手工業史資料》（第二卷），北京：中華書局，1962年，第505頁。

〔註176〕〔民國〕梁鼎芬等修，丁仁長等纂：〔民國〕《番禺縣志》卷十二實業志，廣東省地方史志辦公室輯：《廣東歷代方志集成》，廣州：嶺南美術出版 2007年，第244頁。

巡警道又設工藝廠一所，係欲與外洋布匹相頡頏，以免利源外溢起見，雖所出之貨，銷路尚好，然織工未見練熟，且形式不甚悅目，欲與洋貨相抗衡，尚欲稍需時日。（宣統二年廣州口華洋貿易情形論略，通商各關華洋貿易總冊，下卷，頁 111）〔註 177〕

（南海、番禺）南番兩縣設立勸工廠，將輕罪犯人撥入廠內，製造鞋底及棉布兩項。巡警總局，亦設習藝所，將犯人撥入所內，製造草鞋帽及竹器等類。（光緒三十三年廣州口華洋貿易情形論略，通商各關華洋貿易總冊，下卷，頁 97）〔註 178〕

（全省情況）宣統三年，兩廣總督張鳴岐奏籌辦農林工藝略稱：粵省……自光緒三十四年至宣統元年年底止……工藝一項，除工藝局由道籌設外，據各屬報設者，工藝局廠公司二十六處，工藝傳習所四處，工業會社三處，學堂五處。……臣到任後，察看情形，財政則異常困難，人民則相習遊惰，自非先議禁賭，無以入手。而欲實行禁賭，又非廣興實業，無以爲善後之計。前已飭行工藝局內籌設家族工藝傳習所，並通飭各屬擇地籌款延聘技師，趕設家族工藝廠，用資教養免流匪僻。此外籌辦森林墾牧，改良製造蠶種，整頓絲業，振興漁業，設立水產學校，調查礦產，化分礦質，開闢市場。凡關於實業之大者，均已擇要次第推廣，實力進行，務使地無棄利，人自謀生，以仰副朝廷振興實業之至意。（劉錦藻：清朝續文獻通考，卷三七八，實業一，考一一二四七）〔註 179〕

除清政府直接興辦的工藝局外，民間資本也投資經營「民辦」工藝局：

（東莞）邑中士夫，憫婦女之失業，特爲之設工藝廠，欲藉以收回利權。然成本既高，不能賤售，卒以不振。蓋人工不敵機器，事勢使然，非綿力所能挽也。〔註 180〕

〔註 177〕彭澤益編：《中國近代手工業史資料》（第二卷），北京：中華書局，1962 年，第 557 頁。

〔註 178〕彭澤益編：《中國近代手工業史資料》（第二卷），北京：中華書局，1962 年，第 557～558 頁。

〔註 179〕彭澤益編：《中國近代手工業史資料》（第二卷），北京：中華書局，1962 年，第 558 頁。

〔註 180〕〔民國〕陳伯陶纂修：〔民國〕《東莞縣志》卷十五，廣東省地方史志辦公室輯：《廣東歷代方志集成》，廣州：嶺南美術出版社，2007 年，第 193 頁。（迄

（廣東佛山鎮）工藝廠，在鷹嘴沙海口，即舊海關館。光緒三十三年陳巡檢（徵文），協同紳商聯名領得，專爲辦理地方公益之用（語在賦稅志）。宣統元年，易巡檢（閏章）任內，本鎮紳商黃奕南，黃雯綺、黃鳴皋、阮文村、區靜濤、林文緣、溫乾卿等，建議招集股份設工藝廠，共得股本三萬餘圓，如式改建，招工師藝徒，染紗織造布匹草席藤器各土貨發售。〔註181〕

因此，在手工業商品化的大背景之下，手工業的發展直接或間接地帶動其所在地墟市的發展。手工業產品進入墟市，一方面爲墟市提供貨源，另一方面使手工業從業者有較爲穩定的收入來源，爲墟市提供較爲穩定的消費人群。

7、勞動力轉移，支持新興行業

勞動力棄劣從優，自發地從沒落的行業轉移到興起的行業。如隨著土紡業爲洋紗所衝擊而難以維繼，瓊州文昌女工由紡業轉移到織業：「（廣東瓊州）隨著大量的洋紗進口，土紡織業已經幾乎全部停止了。……。文昌女工既失紡織職業，便轉入織布。據說她們的收入現在已較前些年約增加一倍。（Decennial Reports, 1882-1891，pp.620-621）」〔註182〕這種轉移使得文昌紡織女工的生活有所好轉。但同樣是面對原來從事的行業的衰敗，茶業工人的專行狀況似乎不容樂觀：「（廣東）近年華茶生理，皆爲印茶所奪。凡茶務中人，不惟盡失從前應得大利，且不得不改圖別業。又恐各業之無從鑽營也，因而自貶工價，以爲近身之階，月得無幾，每苦入不敷出。（光緒十九年拱北口華洋貿易情形論略，通商各關華洋貿易總冊，下卷，頁101）」〔註183〕除了手工業工人轉行外，農民改變農作物的種植品種，實際上也屬於勞動力行業轉移的範疇。如：「爪哇蔗圃種植之法，日異月新，故所出之糖，壟斷獨登，而土糖反見減色。因是蔗農以種蔗利薄，多改種蔬果花生等，豆與花生等油一業，大有勃勃之勢。（光緒二十九年汕頭口華洋貿易情形論略，通商各關華洋貿易

於宣統三年）
〔註181〕〔民國〕戴曾謀修，冼寶榦纂：《佛山忠義鄉志》卷六實業，民國十二年（1923），第7頁。
〔註182〕彭澤益編：《中國近代手工業史資料》（第二卷），北京：中華書局，1962年，第233頁。
〔註183〕彭澤益編：《中國近代手工業史資料》（第二卷），北京：中華書局，1962年，第281頁。

總冊，下卷，頁 78）」〔註 184〕

（二）墟市舊系統的差異分化

清代廣東墟市經濟舊系統在生產、經營等方面的調整，導致系統組分——墟市——出現分化：或繼續興盛，或就此衰落。手工業的變化，直接或間接地影響當地的墟市：直接地影響那些依靠傳統手工業支撐的墟市，間接影響那些由於傳統手工業促進地區經濟發展而帶旺的墟市。

1、系統轉型與墟市興盛

若傳統手工業轉型順利，則與之相關的墟市繼續發展。

洋紗的應用，使布匹織造業成功轉型，與之相關的墟市重煥生機。布匹織造業通過棄土紗用洋紗的方式成功地實現了轉型，其原料洋紗以及成品、半成品的運銷，都為與其相關的墟市帶來更多的人流、物流、資金流，以及商機。例如貴州黃草壩，「從商業觀點來看，黃草壩主要是因為每年輸入的大量印度棉紗及該鎮和鄰近地方用印度棉紗織出的布匹而出名（Report of the Mission to China of the Blackburn Chamber of Commerce 1896-97, p.55-56）」〔註 185〕。因而洋紗以及用洋紗織成的布匹在黃草壩鄉間的流通銷售都會在黃草壩的墟市中進行。大量的原料輸入及相當數量的成品輸出，都會給當地的墟市創造良好的發展機會。據載：「我們訪問黃草壩時，正逢七天一次的集期；給我們一個極好的機會，看到該地的各種織物。在市集廣場上擺在地上的是數不清的一堆一堆本地織機織出的染色的和未染色的窄布。有些賣布的就是織布的人，他們帶著少數布匹到市集來。而另一些都是小布販，他們向周圍農村的織戶收買若干匹布，這兩種情形，實際上都沒有分配的費用（cost of distribution）。查看擺著的各種布匹，沒有發現新的「品種」，大部分是用進口棉紗織的普通形式的平窄布。最近幾年以前，用於織這種土布的所有原料都是以漢口及華山棉花紡成的土紗。而印度棉紗的輸入，又便宜，又易於操作，而且紗支的粗度正合需要，實際上便在土紗業中引起了一個革命，跟著就完全排斥了手紡土紗。今日差不多走到任何一家農戶，都可看到，過去曾為不可少的紡車都擺在一邊，滿佈著灰塵，被遺棄了。……。（Report of the Mission to China of

---

〔註 184〕彭澤益編：《中國近代手工業史資料》（第二卷），北京：中華書局，1962 年，第 471 頁。

〔註 185〕彭澤益編：《中國近代手工業史資料》（第二卷），北京：中華書局，1962 年，第 249 頁。

the Blackburn Chamber of Commerce 1896-97, p.270-271）」〔註 186〕和國內的其
他地區一樣，洋紗紡織業的振興爲廣東墟市的提供了發展機遇。受此推動的
墟市有西江流域的三水西南：「（1989 年）土布爲本地（廣東三水）女工用印
度紗織成，赴西南早市發賣。（光緒二十四年三水口華洋貿易情形論略，通商
各關華洋貿易總冊，下卷，頁 72。）」〔註 187〕以及東江流域的東莞與興寧——
——東莞：「（東莞）印度棉紗進口加多，且價值又昂，多係運往東莞陳村等處
銷售。……聞內地各鄉需用此物以織布匹，故此銷流日廣。（光緒二十九年拱
北口華洋貿易情形論略，通商各關華洋貿易總冊，下卷，頁 88）」〔註 188〕興
寧：從汕頭入口的洋紗俱發往興寧一帶織布。〔註 189〕還有北江流域各墟市：
「印度棉紗運入北江各境城鄉墟市，借供織造土布之需，爲數甚巨。凡其所
製布匹，彼都人士，每多樂購服用，緣此遂致洋布一項，銷路亦爲之梗滯矣。
（民國元年三水口華洋貿易情形論略，通商各關華洋貿易總冊，下卷，頁
137）」〔註 190〕

　　傳統手工業的改良或新手工業的誕生，帶動相關墟市不斷發展壯大。肇
慶府高要縣當爲此模式之典型。道光時高要墟市數爲 39（市 4 墟 35）〔註 191〕，
宣統時高要墟市數亦爲 39〔註 192〕，可見清後期高要之墟市經濟保持了清中期
較高的發展水平。這與高要墟市發展的支撐鏈條多密切相關。高要墟市支撐
鏈條主要包括以下幾個方面：

　　（1）交通發達。高要位於西江下游地區，水路交通發達：溯源而上，可
通廣西、貴州、雲南等地；沿江而下，可達珠江三角洲、香港、澳門等地；

〔註 186〕彭澤益編：《中國近代手工業史資料》（第二卷），北京：中華書局，1962 年，
　　　　第 250 頁。

〔註 187〕彭澤益編：《中國近代手工業史資料》（第二卷），北京：中華書局，1962 年，
　　　　第 216 頁。

〔註 188〕彭澤益編：《中國近代手工業史資料》（第二卷），北京：中華書局，1962 年，
　　　　第 461 頁。

〔註 189〕彭澤益編：《中國近代手工業史資料》（第二卷），北京：中華書局，1962 年，
　　　　第 217 頁。

〔註 190〕彭澤益編：《中國近代手工業史資料》（第二卷），北京：中華書局，1962 年，
　　　　第 461 頁。

〔註 191〕〔清〕夏修恕、屠英修，何元等纂：《廣東省高要縣志》卷三輿地略一，臺北：
　　　　成文出版社，1967 年版，第 39 頁。

〔註 192〕〔清〕馬呈圖纂輯：《廣東省宣統高要縣志》卷二地理篇二村鎮，臺北：成文
　　　　出版社，1974 年版，第 62～85 頁。

在蘆苞可向北轉入北江而通達粵北地區。陸路交通也很發達。高要位於雲貴桂經濟區與港澳珠三角經濟區之間的經濟走廊上，各種經濟要素往來頻繁。清後期，西江通航後，肇慶可直接直航香港，大大方便了西江地區與香港經濟中心及國際市場的直接聯繫。

（2）地近市場。高要靠近珠三角、港澳等市場。高要至省佛及港澳的距離不遠，水路交通非常便利，故易於接受來自這些發達區地區的經濟輻射，而在區域分工上亦成為服務於港澳珠三角大市場的重要的手工業加工區。

（3）物產豐富。高要位於西江谷地之中，氣候適宜，其農作物品種豐富。詳見下表。

表 2-5　清代高要物產 [註 193]

名　稱	詳　細　產　地	相　關　情　況
秔稻之屬		農業品以此為大宗
桂	祿步等處多產桂	
靛	祿步等處制之為染布之要品	其原料為藍
香櫞片	製出祿步、大徑為最多	香櫞片以香櫞為之。冬日成熟，留其色香圓巧者為賀年佳果，……。（餘則切片曬乾）糖果商購之制以糖，名糖香櫞片，銷流極廣。
松香	大徑出最多	其原料為松之脂膏。……。松香為藥材、蠟燭、串炮等重要原料
香粉	祿步、大徑等處製出最多	原料為枯樹皮或枯葉。……。（香粉）為玉香、腳香之用。
蠶絲	育蠶以大小湘至祿步之兩岸為最多，桂林、黃岡亦不少，近年六、七、八、九區漸有育蠶者	
天蠶絲	祿步、新橋人往往業此。價頗昂惜不甚多	天蠶生於楓木或樟木
芏草	以金渡村為上，水邊、涌口、鎮州諸村次之	婦女搗織為席
魚苗		以大頭扁魚為最多。東江則以鮐魚為最多，其販運於外省外埠者，則旺滯殊無定也。

[註193]　〔清〕馬呈圖纂輯：《廣東省宣統高要縣志》卷十一食貨篇二實業，臺北：成文出版社，1974 年版，第 484～489 頁。

塘魚		邑人佃塘蓄魚比比皆是，城北郊外之波海、黃塘、大欖俱魚禾兩利，祿步塱之南塘，廣利之大框亦然。大灣之白沙、麥塘，沙浦之文山乃塱等地魚佳。
江魚	沿江取魚：三榕、羚羊兩峽間天然魚利取之不盡	
石料		有紫石、白石、錦石等，可用於製硯、屏風、几案、盤盂諸物
竹料	編織竹器以新橋爲最多（府志），金利、祿步次之	可製籃、篩、籮、簍、紙扇等，而以雨帽爲大宗
豬		

豐富的物產爲高要的墟市經濟發展提供了良好的基礎。如豬產品交易在高要大簡墟、廣利墟、清岐、祿步等地出現，無論交易量大小，都豐富了當地墟市的產品，活躍了當地的墟市經濟：「附城豬市平碼，同治六年創設於大簡墟，是年報效景福園費二百元，闔邑賓興局費二百元，七年加繳闔邑印金費八百元，十二年再加印金費一百元。光緒十四年始標投價銀二千五百元。二十四年票投價銀二千三百元。三十四年票投價銀四千四百一十餘兩，價格高漲，比前大相徑庭矣。廣利墟豬市，同治七年開設，每年繳闔邑賓興局銀二百元。清岐、祿步均有豬市，而無平碼，銷流亦不甚旺。」〔註194〕

（4）工藝精湛。鄉村手工業歷史悠久，基礎深厚，種類多樣。

高要的自然環境並非十分理想，這決定了當地民眾在務農之餘必須再兼別業：「境內山多田少且患水旱，故農恒勞苦，杭稻之外，近山者兼務林業，近澤者兼務副產，或佃漁或園圃或蠶桑，資以補救。近城者多入營伍，謂之食糧。自綠營廢後，盡散歸田畝矣。下瑤村民素習水性，多操漁業；黃岡以石工著名；雕刻印刷多水坑人；紡織縫衣製銅器多金利人；車玉器畫瓷器及各種機器則金利富灣人也；富灣人亦多經商於廣西，日久占籍，成爲巨族；回龍人則多往外洋，雪梨埠尤多，其民優裕勝於他區。（採訪冊）織席以三班、四班、五班爲多，附城亦有之，近益以毛巾、紙扇；四班、硯州、龍頭則多業爆竹；二班則多業竹器；頭班、祿步則多業蠶絲；而大小湘下至羚羊峽沿江一帶，率多蠶而不繅，附城有繅絲廠而未發達。女工縫紉而外織席爲多，

〔註194〕〔清〕馬呈圖纂輯：《廣東省宣統高要縣志》卷十一食貨篇二實業，臺北：成文出版社，1974年版，第493～494頁。

而工值甚廉，貧者幾無以自給，不及蠶繰遠甚。」〔註195〕如此造就了高要悠久的手工業傳統，使其擁有深厚的手工業生產基礎，以及類型多樣的手工加工業：

其一，利用本地原材料進行加工者。由於高要物產較爲豐富，且有一些獨特的產品，所以，高要的手工業加工業門類多樣，其中更有一些利用獨特原材料進行生產的特殊行業。如端硯製造業，據載，高要黃江盛產端硯的原材料紫石，且黃江還具備他處所無之制硯優勢——出產打磨石硯的細沙，所以，黃江成爲端硯製造中心，其村人更成爲端硯製造業中的生力軍：「黃江村出細沙如塵，他處所無，取磨石器，猶五道石之制硯也。（通志）故製硯工人以黃江爲最多。」〔註196〕除此之外，高要還盛產其他優質的石料，如白石、錦石等，它們被高要人用於製造其他石器，行業發展狀態良好：「白石、錦石以製屏風、几案、盤盂諸物，歲售天下逾萬金。（廣東新語）」〔註197〕與石器製造業一樣，屬於清代高要墟市經濟的支柱手工業還有：

新橋、金利、祿步的竹器編織，其產品銷流全省、香港及外洋，還在宣統時的南京賽會上獲得獎牌。〔註198〕

附城的竹絲紙扇製造業，首創於道光年間，因其價廉而銷流甚廣，暢銷南洋各埠：「此扇附城人創造，道光初年只一二店，後以價廉應用，推行漸廣。交通以來，遂暢銷於南洋各埠，附城男女多籍此藝以謀生，其法將竹絲排勻扣以線糊以紗紙成葵扇形，……。此扇有行西、魚尾、大中、二中、扇仔之分。」〔註199〕

製席業：「芏草可織席，以睡床席、包席爲大宗。包席，其應用以米包、鹽包、糖包、箱包爲最多，銀袋次之。包席亦名蒲包。包席亦名蒲包，輸出外埠甚廣。亦有編織爲帆者，曰𦀟席。」〔註200〕

〔註195〕〔清〕馬呈圖纂輯：《廣東省宣統高要縣志》卷十一食貨篇二實業，臺北：成文出版社，1974年版，第483頁。
〔註196〕〔清〕馬呈圖纂輯：《廣東省宣統高要縣志》卷十一食貨篇二實業，臺北：成文出版社，1974年版，第488頁。
〔註197〕〔清〕馬呈圖纂輯：《廣東省宣統高要縣志》卷十一食貨篇二實業，臺北：成文出版社，1974年版，第488頁。
〔註198〕〔清〕馬呈圖纂輯：《廣東省宣統高要縣志》卷十一食貨篇二實業，臺北：成文出版社，1974年版，第489頁。
〔註199〕〔清〕馬呈圖纂輯：《廣東省宣統高要縣志》卷十一食貨篇二實業，臺北：成文出版社，1974年版，第489頁。
〔註200〕〔清〕馬呈圖纂輯：《廣東省宣統高要縣志》卷十一食貨篇二實業，臺北：成

　　金利、宋隆、江口、新橋、祿步、白土、草塱等地的窯器製造業：「（甲）磚窯——磚窯以金利為最旺，宋隆、江口、新橋、祿步次之，商店約四十餘間，總計每年出磚約四千餘萬，光緒初每萬價約二十五元，十七年後價約三十餘元至四十元，光緒晚年則漲至七十元。（乙）瓦窯——瓦窯宋隆、新江、祿步均有，約二十餘間，每年出瓦約五六百萬，光緒初每萬價約十七元，三十年漲至約三十四元。（丙）缸窯——……。白土窯多為缸甕缶罍之屬，遍給百粵。（舊志）……有金魚缸、青缸之別，金魚缸為玩品，鏤以花草、人物，青缸則為商民應用品，銷流最廣。至鮓埕、茶盆、門筒、圓筒、磚格之屬，又為應用中小品矣。（採訪冊）」〔註201〕

　　織造業：「有蕉布一種，其蕉不花不實，沿山溪種之，老則斬置溪中，揉其筋織為布，亦有粗細，產於廣利、寶槎等村者佳。（郝氏通志）至於棉織品，則光緒三十一年，藝徒學堂招生，教授織造工藝。畢業後各生自行籌資設所紡織，統計城中織造毛巾、土布，已達二十餘間，女工達四百餘人。（採訪冊）」〔註202〕

　　牛皮加工業：「牛皮欄，附城及各區皆有，其製造法將生皮浸於石灰池內，約十五日乃取起，水牛皮可剝二層，黃牛皮可剝四層。（宣統元年，附城開辦屠牛捐，每宰牛一頭，繳銀二元。該款悉撥為各學校補助費，鄉間私宰從嚴拘罰。）」〔註203〕

　　釀酒業：「附城及各墟市皆有釀酒、家釀酒發售，各村民居亦有釀酒自飲不賣者。其種類有料酒、料半、雙蒸、三蒸。（光緒二十六年始收酒甂捐，每一甂竃年繳銀四元。宣統三年，全縣酒捐乃由商人承辦。）」〔註204〕

　　還有附加值較高的雕刻業：「雕刻分二：（甲）刻石——刻石以碑誌為最精細，若豐碑鉅額，尤難著手，邑人熟精此藝，為全省冠，是以各地選鐫工者，皆到肇聘請，梧州全埠之刻石工，皆邑人也。南京賽會本皆石器雕刻得

<hr />

文出版社，1974 年版，第 490 頁。
〔註201〕〔清〕馬呈圖纂輯：《廣東省宣統高要縣志》卷十一食貨篇二實業，臺北：成文出版社，1974 年版，第 490～491 頁。
〔註202〕〔清〕馬呈圖纂輯：《廣東省宣統高要縣志》卷十一食貨篇二實業，臺北：成文出版社，1974 年版，第 492～493 頁。
〔註203〕〔清〕馬呈圖纂輯：《廣東省宣統高要縣志》卷十一食貨篇二實業，臺北：成文出版社，1974 年版，第 494 頁。
〔註204〕〔清〕馬呈圖纂輯：《廣東省宣統高要縣志》卷十一食貨篇二實業，臺北：成文出版社，1974 年版，第 494 頁。

優等獎牌。（乙）雕板——雕板之精細與雕石等，邑人習此藝者甚眾，類皆營業於各埠，梧州之雕板工亦皆邑人也。」〔註205〕

　　其二，來料加工者。在高要的手工業中，還有一部分是將本地良好的生產技術與外地良好的原材料結合進行生產的行業，如煙絲加工業：「煙絲分生熟兩種。生煙葉購自南雄，熟煙葉多購於新興天堂。店商於每年五六月煙葉收成時，備價採買，足供一年之用，……附城及各墟市多業此，祿步尤多。」〔註206〕另外，附加值極高的錫器加工業亦屬此類，其從廣西賀縣進口品質優良的錫，再由本地之能工巧匠加工成鍾鼎水碗、薰香盒、琴形牙粉盒、煙草盒、茶盒、檳盒等精美產品。〔註207〕此產品銷流極廣，在吸納外來資金進入本地經濟領域、推動墟市經濟發展方面，發揮了較大的作用。

　　其三，修理業。如鐘錶修理：「鐘錶為應用之品，應用益多，修理益繁。省港澳之熟習此藝者，邑人占其大半，梧州鐘錶行工人則全係邑人也。」〔註208〕

　　（5）適時調整，產業轉型。這一點尤為重要，它使得高要手工業墟市體系在變動的環境中獲得繼續發展的機會。

　　清後期外國產品對高要手工業衝擊嚴重。豐富的物產、獨特的資源、悠久的手工業傳統、精良的技術、便利的交通，當鴉片戰爭後大量外國產品湧入、社會經濟環境發生劇烈變化之時，高要的手工業受到了嚴重衝擊：

　　如石器加工業。以端硯為代表的石器加工業，本是高要經濟的支柱手工業之一，據載：「黃江居民五百餘家，其琢紫石者半，白石、錦石者半，紫石以製硯，白石、錦石以製屏風、几案、盤盂諸物，歲售天下逾萬金。（廣東新語）黃江村出細沙如塵，他處所無，取磨石器，猶五道石之制硯也。（通志）故製硯工人以黃江為最多。」但後來因為受廢除科舉及外來商品大舉入侵的影響，高要的石器製造業大有江河日下之勢：「自科舉廢後，書法不講，用硯者少，價值遂落。惟小學尋常作字仍喜用圓硯，如能改良形式，按合學校需用，未始無起色。且日本婚禮多用雙硯為必需品，取其與墨相戀不捨，交相

〔註205〕〔清〕馬呈圖纂輯：《廣東省宣統高要縣志》卷十一食貨篇二實業，臺北：成文出版社，1974年版，第492頁。

〔註206〕〔清〕馬呈圖纂輯：《廣東省宣統高要縣志》卷十一食貨篇二實業，臺北：成文出版社，1974年版，第485頁。

〔註207〕〔清〕馬呈圖纂輯：《廣東省宣統高要縣志》卷十一食貨篇二實業，臺北：成文出版社，1974年版，第489頁。

〔註208〕〔清〕馬呈圖纂輯：《廣東省宣統高要縣志》卷十一食貨篇二實業，臺北：成文出版社，1974年版，第492頁。

磨礪歷久不渝。果能採而用之，以為束帛儷皮之佐，或竟以代儷皮，此亦土宜以為禮之義也。如此則直接以廣端硯之用途，即間接以助文藝之復興矣。或以之改刻人物花瓶、花碟、水盂、石屏，獸口書壓，種種用品、玩品亦大有可觀，即今黃江人所雕之星岩石、綠端石，如觀音、彌勒、獅虎、水盂、花盆、杯碗、硃硯等器皿，銷流亦不少，惜提倡乏人，雕鏤守舊，無正式工場，無陳列館所，雖有良美石質，不能與洋貨爭勝，殊可惜也。吾嘗遊意大利，睹其石器之精美，以為可與競勝者，其惟吾邑之石乎。願吾國人共圖之。（採訪冊）」〔註209〕

　　再如錫器。高要錫器製造業屬於來料加工的手工業，從賀州運來之錫，在高要被加工製造成為各種各樣精美的產品，銷售範圍很廣，據載：「錫來自廣西賀縣，邑人以之雕刻成器，最著者曰：鍾鼎水碗，凡大燕會非此不足以昭隆重，故肇刻水碗名盛一時。又神祠之蓮藕燈、八寶香案、圓方爐鼎，亦以此間所製為極精。餘如薰香盒、琴形牙粉盒、煙草盒、茶盒、檳盒、茶盅座、花瓶暖酒壺及香奩小品，雕刻山水、花卉、草篆、人物，靡不精巧悅目，婚嫁購用，銷流極廣」〔註210〕，然而，原本發展良好的錫器加工製造業，同樣受到相對廉價的同類外國產品的影響：「年來洋貨盛行，此種工藝大受影響矣。」〔註211〕高要錫產品市場因而遭受外國產品的瓜分。

　　高要墟市經濟，在倍受衝擊情況下進行適時調整。高要之手工業與鄉村、與墟市緊密相連，高要手工業之生產場地多數在鄉村，手工業之生產者多為各村村民。又因為高要手工業分工較細，各村不盡相同，城鄉之間、村與村之間因而會有較為強烈的產品交換的需求，高要之墟市經濟因而蓬勃發展。所以，高要的手工業與鄉村聯繫緊密：高要的鄉村是靠手工業支撐的鄉村，高要的墟市也是靠手工業支撐的墟市。因此，在高要手工業受到外國商品的嚴重衝擊之時，高要的墟市經濟亦因此而倍受考驗。對此，高要這一成熟的手工業墟市經濟系統，為了達到存續的目的而進行積極的調整，例如：

　　蠶絲業：退而求其次。據載：「吾邑蠶絲純用舊法木車手繅，絲粗色闇，

〔註209〕〔清〕馬呈圖纂輯：《廣東省宣統高要縣志》卷十一食貨篇二實業，臺北：成文出版社，1974年版，第488頁。

〔註210〕〔清〕馬呈圖纂輯：《廣東省宣統高要縣志》卷十一食貨篇二實業，臺北：成文出版社，1974年版，第489頁。

〔註211〕〔清〕馬呈圖纂輯：《廣東省宣統高要縣志》卷十一食貨篇二實業，臺北：成文出版社，1974年版，第489頁。

且車之四角不免膠黏，有礙紡織。近有用腳車者，其絲之光細仍不及大絲偈。故手繰、腳繰之絲只銷本省不能遠及，因是育蠶家多售繭於大絲偈，不自繰矣。育蠶以大小湘至祿步之兩岸為最多，桂林、黃岡亦不少，近年六、七、八、九區漸有育蠶者。」〔註212〕大絲偈即資本雄厚、利用機器生產的繰絲廠。高要傳統繰絲業「純用舊法木車手繰」，在新環境下顯得非常落後，所出產品質量相對較差：「絲粗色闇，且車之四角不免膠黏，有礙紡織」，所以，高要的繰絲業進行了第一次調整：改良設備，引進「腳車」，但如此之調整步伐似乎太小了，其生產效果雖較以往手繰為佳，但「其絲之光細仍不及大絲偈」，「故手繰、腳繰之絲只銷本省不能遠及」，可見，高要之繰絲業的第一次調整，仍然無法使其在與利用先進機器進行生產的「大絲偈」的競爭中處於有利位置。所以，高要的繰絲業進行了第二次調整，即放棄自繰，而將蠶繭直接買給「大絲偈」：「育蠶家多售繭於大絲偈，不自繰矣」。從買蠶絲到買蠶繭，雖然是一種倒退，但也是使高要墟市經濟適應新環境的有益之舉。其結果使得高要的育蠶地區不斷擴大：育蠶以大小湘至祿步之兩岸為最多，桂林、黃岡亦不少，近年六、七、八、九區漸有育蠶者。育蠶業在新形式下取代了傳統繰絲業，原來依賴繰絲業的鄉村及墟市轉而成為依賴育蠶業的鄉村及墟市，雖然，自此之後，這些鄉村及墟市的經濟支撐條件發生了改變，但這些鄉村的民眾仍有收入，這些墟市得以保存而不致被廢棄。退而求其次，是高要墟市系統保型演化的一個具體舉措。

竹器加工業：在模仿中進步。高要的竹器編織業主要集中在新橋、金利、祿步等鄉村地區，竹器品種多樣，有籃、篩、籮、簍、雨帽等。其雨帽者，為當地竹器加工品之大宗，雨帽有錢頂、圓頂、料帽之別，錢頂、圓頂內地通用，料帽頂頭特大，銷流香港及外洋。還有的竹製產品以精密堅致、形式多樣（有圓，有方，有三角、六角、八角、櫻桃、鵝蛋、銀屐、扇面等形）取勝。高要竹製品還於宣統時在南京賽會上獲得獎牌，「其名譽可知，故銷流之旺幾遍全省。」〔註213〕光緒年間，洋籃出現在高要之墟市，因其形制新穎且頗受歡迎，故竹器製造者仿照洋籃形式改良高要的竹器產品，與洋籃競爭，

〔註212〕〔清〕馬呈圖纂輯：《廣東省宣統高要縣志》卷十一食貨篇二實業，臺北：成文出版社，1974 年版，第 485 頁。
〔註213〕〔清〕馬呈圖纂輯：《廣東省宣統高要縣志》卷十一食貨篇二實業，臺北：成文出版社，1974 年版，第 489 頁。

同樣獲得了豐厚的利潤：「又光緒初新橋始有洋籃出現，其法以竹削絲織而成籃，大籃容小籃，遞容至五籃為一套，每套時價約銀一元有奇。土人以此可獲厚利，日益推廣。至宣統時銷流極旺，新橋竹織品遂以此為大宗。（採訪冊）」〔註214〕可見，洋貨的衝擊，推動高要部分手工業改良產品，以適應市場，以保持其市場的壟斷地位。在此過程中，鄉村手工業通過墟市這一窗口，接收外來信息，適時改良產品，從而使自身行業在學習中不斷前進。與這些行業相關的墟市也因此而繼續繁榮。

織造業：在學習中更新。高要的織造業原來生產的是蕉布，據載：「有蕉布一種，其蕉不花不實，沿山溪種之，老則斬置溪中，揉其筋織為布，亦有粗細，產於廣利、寶槎等村者佳。（郝氏通志）」〔註215〕，而在光緒之後，高要的織造業轉向了主要生產棉織品：「至於棉織品，則光緒三十一年，藝徒學堂招生，教授織造工藝。畢業後各生自行籌資設所紡織，統計城中織造毛巾、土布，已達二十餘間，女工達四百餘人。（採訪冊）」〔註216〕棉織品是清後期的紡織品主流之一，銷售量極大，高要紡織業可謂轉型成功，這或許要歸功於「藝徒學堂招生，教授織造工藝」之舉。高要紡織業是在學習先進技術中不斷獲得發展機會的。與之相關的墟市同樣也獲得了更多的發展機會。

如此種種，實為高要手工業墟市經濟系統的保型演化，其為清代廣東墟市系統在面對經濟環境發生巨大改變而進行積極調整的成功典範。經過組分與結構的調整之後，清後期的高要墟市經濟體系成功轉型，成為與新環境相適應的新系統，其商務分會在各墟不斷開設便是一個很好的證明：「商務分會光緒二十九年十一月商部頒行商會簡明章程二十六條，各省商人有能籌辦者，應責成地方不得稍有阻遏，以順商情。（大清新法令）三十四年肇慶商務分會成立，以附城東門街廣生庵改建，商店約千間，商業以油米、草蓆為大宗。三十三年，祿步商務分會成立，會所在祿步墟，商店約四百餘間，商業以山貨為大宗。宣統二年，四班商務分會成立，會所在廣利墟。四班分六七兩區，六區為廣利，商店約四百餘間，商業以油米、爆竹為大宗；七區為永

〔註214〕〔清〕馬呈圖纂輯：《廣東省宣統高要縣志》卷十一食貨篇二實業，臺北：成文出版社，1974年版，第489頁。

〔註215〕〔清〕馬呈圖纂輯：《廣東省宣統高要縣志》卷十一食貨篇二實業，臺北：成文出版社，1974年版，第492～493頁。

〔註216〕〔清〕馬呈圖纂輯：《廣東省宣統高要縣志》卷十一食貨篇二實業，臺北：成文出版社，1974年版，第492～493頁。

安，商店約三百餘間。」〔註217〕

　　高要手工業墟市經濟系統的成功保型表明，在面對外來產品衝擊時，清代廣東的部分手工業，能通過學習、吸收外來先進因素而改良自身，重新佔領市場；或是調整行業內的資源配置，促使本行業的人力、物力、財力轉向於更有前途的行業，以保證當地墟市經濟整體繼續發展。

　　高要手工業墟市經濟系統的這種保型演化是一種自發的自組織行為。在沒有廣東墟市系統中樞的統一指令的情況下，高要手工業墟市經濟子系統的組分為了自身的生存發展，「只根據各自能夠獲取的局部信息而採取行動，只在局部範圍交換信息，不『瞭解』也不『考慮』自己的行動將對系統整體產生怎樣的影響，帶來何種後果」〔註218〕，因此，清後期高要手工業墟市經濟子系統的調整具有自發性。但只要條件適宜，這種自發運動能夠使整個廣東墟市系統呈現出有序運動，引發系統其他部分的調整，從而實現更新系統以適應新環境的目的。

　　可見，廣東的手工業發展具有靈活性，某些地區的手工業的應變能力、生存能力較強。這為面對新環境的廣東部墟市系統的繼續發展提供了強大的動力。清後期各地多有新開墟市，這也是當地墟市經濟體系調整有成效的一種表現，如香山：潭州沙崗墟（光緒十八年創設），石咀墟（黃梁鎮宣統二年新開，宣統三年約六百餘家）〔註219〕；再如陽江：同治元年立赤坎新墟，光緒三十四年立城內市場〔註220〕又如徐聞：光緒時創設市埠者 2，宣統創時創設市埠者 1〔註221〕。

2、系統轉型與墟市衰落

　　若傳統手工業轉型不順，則與之相關的墟市從此衰落。

　　面對經濟環境的改變，有些手工行業在內部及外部的各種不利因素的作用下，轉型失敗，走向衰落。如清後期的南海製茶業，其在國際競爭中失敗，

〔註217〕〔清〕馬呈圖纂輯：《廣東省宣統高要縣志》卷十一食貨篇二實業，臺北：成文出版社，1974 年版，第 493 頁。

〔註218〕苗東升：《系統科學精要》，北京：中國人民大學出版社，2006 年，第 137 頁。

〔註219〕〔清〕厲式金修，汪文炳、張丕基纂：《廣東省香山縣志》卷三輿地，臺北：成文出版社，1967 年版，第 63 頁。

〔註220〕〔清〕張以誠修；梁觀喜纂：《廣東省陽江志》卷二，臺北：成文出版社，1974 年版，第 193 頁。

〔註221〕〔清〕王輔之等纂修：《廣東省徐聞志》卷之一輿地，臺北：成文出版社，1974 年版，第 124～126 頁。

國際市場份額減少，漸漸走向衰落。據載：「（南海）茶葉從前為出口貨大宗，現在出口之數，歷年遞減。光緒十八年出口尚有六萬五千擔，至二十八年出口不過二萬四千擔。蓋西人多向錫蘭、印度購茶，以其價廉也。前後僅距十年，銷數之銳減已如是，中國茶業之失敗，亦大略可覩矣。」〔註222〕南海製茶業的國際競爭失敗，導致了其地部分以茶葉貿易為主要支撐的墟市的消失，如西樵官山墟茶市：「西樵山多產茶，山人向以植茶為業，官山墟有茶市一區，近高街百步石地方。近日茶葉失敗，山人往往將地售作墳墓，所產茶株比前百不存一，市地亦廢，今已夷為民居矣。」〔註223〕

恰如南海製茶業的衰落使得西樵官山墟茶市消失一樣，廣東茶葉行業的整體衰落，必然會給產茶地區的墟市帶來不良影響。廣東茶葉銷售鏈條中的第一環節的活動：茶葉種植者把茶葉賣給茶行收購者，多在茶葉產地附近的墟市進行，據載：「粵海關十年報告（1882～1891）指出：在本省，茶葉是由許多小種植者經營的。他們在鄉村市場上把茶葉售給茶行，由茶行將茶葉運到通商口岸出售或就地賣給廣州商人，外國商人再從廣州商人手中進貨。本地區茶葉的種植和加工製作都無任何改進。功夫茶的質量已大大下降。珠蘭香茶雖然還保持優質，但據說塵土和碎葉比十年前有所增加。」〔註224〕所以，茶葉貿易的減少，會使茶葉產地的墟市失去一種重要的發展動力，甚至因此而消失。

面對環境的改變，廣東墟市經濟體系進行了一定程度的調整，有的調整獲得了成功，有的調整卻以失敗告終，因而清後期廣東墟市出現差異性演化的局面：有些墟市依然發展，有些就此衰敗。

三、清代廣東墟市新系統的形成

新墟市系統在舊系統的轉型演化中確立。清後期廣東墟市在保型演化的

〔註222〕〔清〕鄭藝等修，桂坫等纂：〔宣統〕《南海縣志》卷四輿地略三，廣東省地方史志辦公室輯：《廣東歷代方志集成》，廣州：嶺南美術出版社，2007年，第153頁。

〔註223〕〔清〕鄭藝等修，桂坫等纂：〔宣統〕《南海縣志》卷四輿地略三，廣東省地方史志辦公室輯：《廣東歷代方志集成》，廣州：嶺南美術出版社，2007年，第153頁。

〔註224〕據廣州市地方志編纂委員會辦公室，廣州海關志編纂委員會編譯：《近代廣州口岸經濟社會概況——粵海關報告彙集》，廣州：暨南大學出版社，1996年，第860～861頁。

過程中對不適應環境的部分進行調整，從而使一系統得以延續發展。這一過程，其實也是廣東墟市系統在清後期所進行的轉型演化過程。在演化過程中，根據廣義達爾文原理〔註225〕，適應環境者被予以保留，不適者被進行調整或遭到淘汰。舊的廣東墟市體系通過轉型而成爲適應新環境的新系統。可見，清後期所形成的廣東墟市新系統與舊系統有著千絲萬縷的聯繫，但又確實與舊系統有許多不同之處。

（一）新系統中舊組分與新內容並存

在結構上，清代廣東墟市新系統既保留了舊系統的一些組成部分，也增加了一些新的內容。

其一，清代廣東墟市新系統仍存舊組分。舊組分是指：從舊系統延續到新系統的系統組成部分，其包括舊的墟市經濟生產方式、舊的墟市客體（貿易內容）、舊的地方墟市子系統等具體表現形式。

廣東墟市舊系統在新環境的刺激下而發生的應激反應，是一種具有保型意義的演化，其僅對不適應新環境的部分進行調整，而對與新環境能和諧相處的部分是予以保留的。因此，清後期所形成的廣東新系統包含舊系統的舊組分。

舊的墟市經濟生產方式仍然存在。舊的手工業生產方式在某些地區存在，如始興。宣統年間，始興手工業門類多樣，有至於造紙、挖煤、燒石灰、榨油、捆菸、製磚瓦，需工亦多。其餘織布、織草鞋、燒灰、造船、製香粉、製香菇、製墨煙、製茶、製松香、製硝、鑄鍋、造爐、醃鴨、製紙爆、製瓦缸、碗碟、木器、竹器、鐵器、首飾等等，但仍然沿襲著舊的生產方式，據載：「始興工業多沿舊法，新發明者少。」〔註226〕

舊的手工業生產方式在某些行業存在，如織席業。1900 年的廣東織席業仍保留著耕織結合的遺風。據載：「廣東一帶織席之業，……爲是業者，係鄉

〔註225〕廣義達爾文原理：即環境選擇原理在系統自組織過程中，一種結構或模式，特別是活的結構或模式，要接受環境的評價和選擇，被環境選擇的系統不一定是各方面最優者，但必定是能與環境協調共存者，至少是爲環境允許存在者。這是。（苗東升：《系統科學精要》，北京：中國人民大學出版社，2006年，第 137 頁。）

〔註226〕〔民國〕陳及時等纂修：《廣東省始興縣志》卷四輿地略實業，臺北：成文出版社，1974 版，第 311～313 頁。

間之人，俟田工畢時爲之。（香港汽機職席公司，譯八月字林西報，東西商報，1900 年，商四七，頁 17）」〔註227〕

舊的墟市客體（商品品類）仍然存在。舊的生產方式與舊手工行業的存在，使清後期的廣東墟市貿易保留了舊的內容。這些往往是民眾日常生活之必需品，如番禺大田市，市中貨物來自附近鄉村，除穀蔬等農產品外，就是糖、紗、麻等鄉村手工業產品：「（大田市）在大田鄉北約，嘉慶十年建，近市十鄉人多稼圃畜牧，女工習紡織，市中常聚五穀萊蔬薯芋糖欖紗麻等物，又鄉濱湖海，魚鮮尤盛。」〔註228〕光緒時之化州亦如此：「……，貿易無他奇，不過魚米鹽畜布麻諸物，然鄉民散處，日用所需，一皆倚便於墟，……。」〔註229〕因此，清後期廣東還保留了不少的傳統產品專業墟市，或是舊式生產所需之生產工具的專業墟市。如番禺之花墟：「花墟在河南莊頭（省城賣花者每日清晨赴墟載花入城）」〔註230〕；雞鵝鴨墟：「保和墟在大塘鷺岡村外（繁盛與窖頭墟相埒，省城販雞鵝鴨者皆交易於此）」〔註231〕。又如海陽之牛墟，據光緒二十六年刊本《海陽縣志》記載，海陽仍有專業牛墟〔註232〕。又如開平網市：樓「岡市，縣城東南二十五里，期趁一六，每歲八月十一日網市，尤爲熱鬧。」〔註233〕另外，各地的傳統特產貿易似乎仍然在墟市上進行，如宣統年間的始興，據載：「羅壩墟：……出口貨竹木紙頗多。」〔註234〕

舊的地方墟市子系統仍然存在。清後期，廣東某些地區的農副特產墟市子系統，若其貿易產品與洋貨不相重疊，即土貨與洋貨類型不同，那麼舊墟

〔註227〕彭澤益：《中國近代手工業史資料》（第二卷），北京：中華書局，1962 年，第 407 頁。

〔註228〕〔清〕李福泰修，史澄等纂：《廣東省番禺縣志》卷十八建置略五，臺北：成文出版社，1967 年版，第 213 頁。

〔註229〕〔清〕彭貽蓀修，彭步瀛纂：《廣東省化州志》卷二市集，臺北：成文出版社，1974 版，第 171 頁。

〔註230〕〔民國〕梁鼎芬等修，丁仁長等纂：《廣東省番禺縣續志》卷六建置墟市，臺北：成文出版社，1967 年版，第 109 頁。

〔註231〕〔民國〕梁鼎芬等修，丁仁長等纂：《廣東省番禺縣續志》卷六建置墟市，臺北：成文出版社，1967 年版，第 109 頁。

〔註232〕〔清〕盧蔚猷修，吳道鎔纂：《廣東海陽縣志》卷二十二建置略六，臺北：成文出版社，1967 版，第 212 頁。

〔註233〕〔民國〕余榮謀修，張啓煌纂：《廣東省開平縣志》卷十二建置下，臺北：成文出版社，1966 年版，第 87 頁。

〔註234〕〔民國〕陳及時等纂修：《廣東省始興縣志》卷六建置略墟市，臺北：成文出版社，1974 版，第 464 頁。

市客體受到洋貨的直接衝擊不會很大。因此，一些地區有別於洋貨的土產貿易變化亦不大，與之相關連的墟市子系統大多數能基本維持原狀。如龍門與石城，它們的農副特產墟市子系統都一值得到保留，直到民國時期依然如故：

龍門傳統的農副特產墟市子系統：

> 龍門位於廣東中東部的內陸丘陵區，其山區經濟主要以種植業與飼養業爲主：冬耕種麥，春耕種稻及花生，秋耕種稻及甘薯，此外間有種蔬菜、草菇、紅皮、蘿蔔、甘蔗、棉花、竹、杉等，副業多養豬、雞、鵝、鴨及牛。另外，其他的山區特產頗多，計有：附城、左潭、鐵岡、高明、上建、茅岡等區所出草菇別饒香味，種者日多；沙逕、麻榨、永漢皆出蔗糖，但產量不多，僅供本縣之用；龍門粉久已著名，隨處皆有，製售以沙逕所出爲最佳；沙逕之西溪有甜竹，以其筍爲脯，名溪筍，極爽脆，爲最佳之特產，惜所出無多耳；高明以造林爲多，所造皆杉木林也，頗爲建築家所許；上建棉花最有名，價特昂，人稱火棉；龍華以四鰓鱸著名；南昆遍山皆竹，人皆以製紙爲業，最盛時紙廠百餘家，今則僅存數十家，所出皆普通草紙，名南昆紙；南昆亦產茶，僅供自用，未有出口。〔註235〕以上產品，由於受產量及加工能力所限，僅僅通過墟市而銷流於附近地區。而行銷範圍較大的龍門墟市貿易特產爲：穀、杉木、竹紙、草菇、木炭、苗竹、生豬、丹竹、麥、雞鵝鴨等，具體貿易值如下：穀二十萬至四十萬元，杉木二十餘萬元，竹紙二十萬元，草菇十餘萬至二十萬元，木炭十餘萬元，苗竹八萬元，生豬六七萬元，丹竹二萬元，麥二萬元，雞鵝鴨萬餘元。貨物之買賣以墟市爲中心，縣內墟市如左……。〔註236〕

石城傳統的農副特產墟市子系統：石城位於廣東西部的高州府，其農業較爲落後：

> 樹藝之業，民間多種稻粱，但收穫不豐，只足敷邑內口食，一遇歲歉，饑荒在所不免，故窮民必載番薯以補助之，蓋可節省穀食三四

〔註235〕〔民國〕招念慈修，鄔慶時等纂：《廣東省龍門縣志》卷六縣民志二，臺北：成文出版社，1974年版，第110頁。

〔註236〕〔民國〕招念慈修，鄔慶時等纂：《廣東省龍門縣志》卷六縣民志二，臺北：成文出版社，1974年版，第112頁。

也。邑中出產以菸葉爲大宗，運銷於瓊州、至多間及於雷廉，歲獲
利在百萬之譜。然惟塘蓬、長山有之，別區則無。次如蒜頭出產，
頗饒，歲獲利不下數十萬，然亦惟吉水一隅之地始有，別區絕鮮。
至於甘蔗、柑橙出息較種稻爲勝，但出產亦非甚多。竹蔗各區皆種，
用以榨汁煮糖，獲利仍未大旺。向時以種番豆榨油，出息最鉅，農
家無有不種者，近來土質變異，出產漸形缺乏，故坡地多有荒棄。
〔註 237〕

蠶桑之業，邑境氣候最宜，惟舊鮮育蠶。良垌近始試辦，絲質甚佳，
但業此者寡，桑不成市。

桑稀則失所飼養，桑稠則不免廢棄，求與給不能適合，無利可獲，
是有待於勸導振興者也。

畜牧之業，牛羊雞豕，家自豢養，其專營此業如古人之谷量牛馬者，
則尚未之聞焉。〔註 238〕

森林之業絕無，所睹邑境盡成童山。（俱同上）〔註 239〕

由於農業基礎的薄弱，石城之工業發展水平較低：「工藝之業，邑內安鋪、
塘蓬各有鑊廠；安鋪、太平店各有碗廠。但出品不精，銷流未廣。」〔註 240〕

水平較低的石城工農業決定了石城之墟市貿易不甚興旺，貿易內容也以
日常用品爲主，據載：「商賈之業，邑中如市廛不過作小販賣，爲民間日用所
交易而已。」〔註 241〕其出口別處之特產不外乎爲煙葉、蒜頭。因爲環境的改
變，以前曾經爲地方帶來厚利的花生油一項，在石城墟市經濟子系統中漸漸
消失。雖然作此細微調整，石城墟市經濟子系統還是基本能夠適應新環境的。

無論龍門還是石城，其墟市要素基本不變，要素之間的結構也基本未變，

〔註 237〕〔民國〕鍾喜焯修，江珣纂：《廣東省石城縣志》卷二輿地志下實業，臺北：
　　　　成文出版社，1974 版，第 191～192 頁。
〔註 238〕〔民國〕鍾喜焯修，江珣纂：《廣東省石城縣志》卷二輿地志下實業，臺北：
　　　　成文出版社，1974 版，第 192 頁。
〔註 239〕〔民國〕鍾喜焯修，江珣纂：《廣東省石城縣志》卷二輿地志下實業，臺北：
　　　　成文出版社，1974 版，第 192 頁。
〔註 240〕〔民國〕鍾喜焯修，江珣纂：《廣東省石城縣志》卷二輿地志下實業，臺北：
　　　　成文出版社，1974 版，第 191 頁。
〔註 241〕〔民國〕鍾喜焯修，江珣纂：《廣東省石城縣志》卷二輿地志下實業，臺北：
　　　　成文出版社，1974 版，第 191 頁。

因此，在清後期，與龍門及石城一樣，以貿易地方土產為主的地方墟市子系統，基本上維持舊系統的原貌。這些是在新環境中經過細微的調整就能生存下來的舊式子系統，它們也是清後期廣東墟市經濟新系統的一個組成部分。

其二，清代廣東墟市新系統增添新內容。新內容是指：面對環境的改變，原有的廣東墟市舊系統自發地進行調整，其最初目的是為了保型，但實際的結果是促使了自身轉型，於是，很多組分、結構及功能都得到了更新，更新後的系統組分、結構及功能成為有利於墟市系統在新環境中存續的新內容。其包括新的墟市經濟生產方式、新的墟市客體等具體表現形式。

新的墟市經濟生產方式。如仿製洋煙：「（廣東）棠下地方距本埠（江門）十餘里，創有製造煙捲廠，揀選本處馳名煙葉，如法製成，每盒六十枝，售價洋元九角五分。（光緒三十三年江門口華洋貿易情形論略，通商各關華洋貿易總冊，下卷，頁 105）」〔註 242〕再如仿製自來火：「（廣州）西村文明閣自來火公司，設在粵漢鐵路首站。去年（1907 年）九月經已開辦，雇用工人二百名，男女小孩均備，只有手機一副，用以轉運自來火木料使之蘸藥，餘均人工手造製。出自來火極好，每包只售銅錢三十二枚，每包十盒，每盒百支。（光緒三十四年廣州口華洋貿易情形論略，通商各關華洋貿易總冊，下卷，頁 97。按據 Return of Trade and Trade Reports, 1908, pp.520-521 的記載，說這個公司成立於 1908 年 10 月）」〔註 243〕此類新型手工業的一大特色是繼續發揮廉價勞動力的優勢。從而使國產新式產品能在一定程度上與洋貨一比高下。

新的墟市客體。洋貨在鄉村墟市中流通，致使清後期廣東墟市客體出現了新內容。另外，新的生產方式的出現，又為墟市貿易內容再增添新成分——半土半洋產品。半土半洋產品，指的是洋貨仿製品或參考洋貨特點而進行改良的土貨。因此，清後期的廣東墟市客體由三部分組成：土貨、洋貨、半土半洋產品。洋貨與半土半洋產品進入廣東墟市市場後，與原有的土貨進行競爭，其結果是：（1）土貨被擠掉。由於土貨自身有問題，所以其競爭力不強，在競爭中常常遭受其他同類產品的排擠，從而失去原有的市場份額。（2）洋貨與半土半洋產品同分市場。墟市客體中的新成分——洋貨與半土半洋產品——之所以能夠在與土貨的競爭中取勝，其原因除了土貨自帶多項缺陷

〔註 242〕彭澤益：《中國近代手工業史資料》（第二卷），北京：中華書局，1962 年，第 340 頁。

〔註 243〕彭澤益：《中國近代手工業史資料》（第二卷），北京：中華書局，1962 年，第 332～333 頁。

外，最主要的是洋貨和半土半洋產品各具優勢。首先，洋貨的競爭優勢：價廉物美。如洋糖：「（製糖業）但土糖較洋糖味厚，本華人所喜用，而購用洋糖者，以其價賤耳。（光緒三十三年廈門口華洋貿易情形論略，通商各關華洋貿易總冊，下卷，頁 87）」〔註 244〕外國產品之所以在中國具有強大的競爭優勢，主要得益於外國先進的生產技術、先進的運輸技術、先進的經營思想，因而外國產品的成本相對較低。再有鴉片戰爭後中國的稅制對外國產品在中國境內的運銷有利。所以，洋貨逐漸滲入到中國各個層次的市場，包括城鎮墟市。其次，半土半洋產品的競爭優勢：成本低於洋貨，質量優於土貨。如國產玻璃：「（廣州）省城，現又有土製玻璃燈罩，將進口之舊玻璃罩及碎玻璃片熔煉製成。土制之罩，其樣式及顏色，均與德日兩國進口之罩相似。該公司號明新公司，設在東門，計本年製成售去之罩，約有七千打。（光緒三十四年廣州口華洋貿易情形論略，通商各關華洋貿易總冊，下卷，頁 97）」〔註 245〕再如國產洋傘：「（瓊州）海口各店，多有由港運來洋布傘骨等物，自行製成出售。雖此等土傘不如洋傘精美，然頗堅固耐用，即使取價略昂，亦不難於銷流也。（光緒二十二年瓊州口華洋貿易情形論略，通商各關華洋貿易總冊，下卷，頁 72）」〔註 246〕因此，半土半洋產品在清後期的廣東也擁有一定的市場。

（二）清後期廣東墟市新系統之創生

清後期廣東墟市新系統之創生途徑是整合舊組分與新內容。清後期廣東墟市新系統建立具有必然性。清代廣東墟市系統原本適應於環境，後來由於鴉片戰爭後環境發生巨大變化，以及系統自身的變化，導致系統與環境不再適應。對此，廣東墟市系統對原有的結構方案及行為模式進行了調整，形成重新適應環境的新系統。據系統科學研究表明：新系統產生的基本方式是差異的整合，即許多被當作未來系統的元素和子系統的事物或實體經過整合而形成統一整體。從未被整合的事物群體（集合）到經過整合形成具有新的湧現性的統一整體，就是新系統的創生過程。〔註 247〕新內容被整合到廣東墟市

〔註 244〕彭澤益：《中國近代手工業史資料》（第二卷），北京：中華書局，1962 年，第 290 頁。

〔註 245〕彭澤益：《中國近代手工業史資料》（第二卷），北京：中華書局，1962 年，第 341 頁。

〔註 246〕彭澤益：《中國近代手工業史資料》（第二卷），北京：中華書局，1962 年，第 293～294 頁。

〔註 247〕苗東升：《系統科學精要》，北京：中國人民大學出版社，2006 年，第 139 頁。

系統之後，其與舊組分既競爭又協同。這兩種相互作用方式都是系統產生自組織行為的動力。「沒有組分之間的合作，沒有系統與環境之間的合作，不會有新結構的出現。沒有組分之間的競爭，特別是沒有系統與環境中其他系統的競爭，也不會有新結構出現。」〔註248〕

被整合在一起的舊組分與新內容，展開了激烈的競爭。首先是新舊墟市對客源的競爭。據載，光緒時新建之新昌市，爭奪了附近舊墟市——長沙市與荻海市的部分客源：「長沙市，明初建，有遷移。清初長沙市已盛。長沙市之一大顧客為臺山，咸豐後荻海漸興，光緒初新昌創建，此二者分利於長沙。」〔註249〕另外，清末建立的新昌市、公益市和江寧市也與同治之前已經建立的金山市展開競爭，據載：「金山市：縣城東南四十里，期趁二七，邑中市場，同治以前自長沙、赤坎、水口而外，即推金山繁盛，其顧客至自隔河臺山者甚多，近五十年來彼方新昌、公益、江寧次第設市，金山遂形退減。（王志參採訪冊）」〔註250〕因為這段材料出自民國二十二年鉛印本《開平縣志》的記載，所以根據材料所提及的「近五十年來彼方新昌、公益、江寧次第設市，金山遂形退減」，可以推斷，清末臺山的新興墟市，吸引了部分原來屬於開平金山市的客源。其次是新舊墟市主體對墟市管轄權的爭奪。此類糾紛在位於邊界的墟市中最易發生，據載：「和平墟：距縣百里，尖石堡，光緒年間立。按此地原名和穀坪，繫屬恩平管轄。光緒三十四年劣紳陳某勾結新興人在此創立和平新墟，歸新興管轄，私將西至四里許土名大鑊襠恩新分界界石毀沒，土人不平鳴之官。宣統元年知縣李祖湘親勘屬實，申斥陳某擅割縣地，膽大妄為，詳革其衣頂焉。」〔註251〕土人之不平、知縣之所怒者，名為縣地被割，實為墟之租稅外流他縣也。縣地之爭，本質上是墟市管轄權與稅收權之爭。若爭奪成功，恩平人可以取代新興人成為和平新墟新的管理者，其結果是使和平新墟的墟市主體發生更替。

舊組分與新內容的協同發展。在競爭之外，協同是墟市新舊組分的另外一種重要的互動模式。據載，開平之長沙市建於明初，其在清初已盛，其主

〔註248〕苗東升：《系統科學精要》，北京：中國人民大學出版社，2006年，第136頁。

〔註249〕〔民國〕余榮謀修，張啟煌纂：《廣東省開平縣志》卷十二建置下，臺北：成文出版社，1966年版，第87頁。

〔註250〕〔民國〕余榮謀修，張啟煌纂：《廣東省開平縣志》卷十二建置下，臺北：成文出版社，1966年版，第87頁。

〔註251〕〔民國〕余丕承等修；桂坫等纂：《廣東省恩平縣志》卷之七建置二墟，臺北：成文出版社，1974年版，第363頁。

要顧客群爲臺山民眾；臺山之荻海市在咸豐後漸興；臺山之新昌市在光緒初被創建。〔註252〕此三者所處位置相近，長沙與臺山之荻海、新昌隔河對峙，因此，它們有條件通過協同作用集結成墟市群，引發互利的集群效應，成爲被「邑人統稱之曰三埠」〔註253〕的墟市經濟發達區。而後來的新墟市海門市也與舊墟市水口、長沙集結成「新三埠」〔註254〕，這是墟市系統新舊組分協同發展的另一個體現。

協同與競爭之下的始興墟市新系統：

舊的生產方式，舊的行業。即使到了宣統年間，始興工業仍多沿舊法，新發明者少〔註255〕。其舊工業主要有：「普通工人以木行、船行爲最多。杉木爲本境出產大宗，伐木、運木、編紮成排需工人四五千。工作本粗淺而鄰邑人不優爲之，往往木之出產地爲南雄、曲江、仁化等縣，而伐木、紮排必雇始興人爲之，以其有專長也。南雄至韶州航業爲始興人所專有，需工人三四千，農隙貧民賴此生活。至於造紙、挖煤、燒石灰、榨油、捆菸、製磚瓦，需工亦多。其餘織布、織草鞋、燒灰、造船、製香粉、製香菰、製墨煙、製茶、製松香、製硝、鑄鍋、造爐、醃鴨皆能爲之。而出品不多。其有一鄉專業，若石下、羅所、嶺頭之製紙爆，溯源、躍溪之制瓦缸、碗碟，外營、黃禾灣、姚前之編草席，狐狸坑、千家營、寨頭之造木礱，高椅坑之醃牛皮，留田之製皮皷，低壩之製木屐。雖製法守舊，而箕裘是紹，亦足以謀衣食之資，若夫日常所需，如木器、竹器、鐵器、首飾、縫紉、刺繡、建築等工作，本境之工足供本境之求，惟油漆、藥材、銅器、錫器，邑人爲之者少，往往需諸外地工人焉。」〔註256〕

舊的輸出產品。因爲舊的生產方式在清末的始興普遍存在，所以，其時始興的輸出品多爲舊式的傳統產品：「輸出品以杉木爲大，紙次之，菸油、石灰、黃麻各貨又次之。杉木產地，本境占十之八，南雄、仁化、曲江占十之

〔註252〕〔民國〕余榮謀修，張啓煌纂：《廣東省開平縣志》卷十二建置下，臺北：成文出版社，1966年版，第87頁。

〔註253〕〔民國〕余榮謀修，張啓煌纂：《廣東省開平縣志》卷十二建置下，臺北：成文出版社，1966年版，第88頁。

〔註254〕〔民國〕余榮謀修，張啓煌纂：《廣東省開平縣志》卷十二建置下，臺北：成文出版社，1966年版，第88頁。

〔註255〕〔民國〕陳及時等纂修：《廣東省始興縣志》卷四輿地略實業，臺北：成文出版社，1974版，第311～313頁。

〔註256〕〔民國〕陳及時等纂修：《廣東省始興縣志》卷四輿地略實業，臺北：成文出版社，1974版，第311～313頁。

二，然貿易皆始邑資本家爲之。春夏入山伐木，秋多編紮成排運往小唐、江門、馬房、新沙、西南、清遠、佛山等處，每排十二剪爲一梢，每剪木株視木之大小以爲多寡，每歲輸出木排約一千五六百梢或二千梢。紙分桶紙、京文紙兩種，桶紙每百斤爲一擔，京文紙則輕於桶紙，每年運往佛山、省城約一萬四五千擔。菸有黃菸、黑菸之別，黑菸少而黃菸多，用竹笪裏纏成捆，每捆百斤左右爲一件，黑菸運至韶州、英德、西南、四會各江銷行。黃菸運至佛山、省城銷行。每歲銷黑菸五百餘件，銷黃煙一千餘件，而黃菸尤恃牛莊爲銷路。近年菸價頓跌，出產因以減少。花生榨油有赤生、白生之別，流通頗遠，運銷韶州、清遠、佛山等處，每歲白生油三十餘萬斤。石灰運往南雄，每歲三百餘萬斤。黃麻運往韶州，每歲二十餘萬斤。竹排運往西南、佛山，每歲二三百剪。（編竹成排與木排同，惟每剪竹數較多。）松筒運往韶州，每歲數十萬株。香菇、多筍、紅瓜子運往韶州、省城、佛山：每歲香菇二三千斤，紅瓜子四五千斤，多筍二三萬斤。香粉以百斤爲一擔，運往西南、蘆苞，每歲一千餘擔。牛皮每歲可出一千餘塊，運至韶州，轉販省城、佛山。紙爆一百包爲一擔，每擔百斤，分四季運往韶州、英德、洽洸、清遠等處，每歲二三千擔。薯莨爲染料，運往西南、佛山，歲出三四萬斤。化柴爲炭，名曰雜炭，各山俱有，惟清遠港江工人較邑人爲擅長，每歲出產七八百萬斤，運至韶州、西南、佛山及順德、東莞、新會銷行。礱板、船板俱屬松板，運售韶州、佛山，每年礱板二萬餘塊，船板四五千塊，至於樟板、橈板、櫓板、杉皮等雖爲輸出品，而出產不多，所值固無幾焉。」〔註257〕

　　新舊齊備的輸入產品。雖然清末始興的輸出產品主要是舊式的傳統產品，但其地的輸入品卻是既包括舊式產品又包括新式產品。據載：「輸入品來自廣州及湘贛由雄韶兩處轉運入境多者爲洋紗、布疋，次則油鹽豆糖及各貨。本地原有土棉，婦孺紡織成布，曰家織布，厚重耐久，遠勝他布。然土機呆笨，紡織遲滯，洋紗既興，土紗幾至絕迹。邑人向喜用江西土布，自洋紗入境，兼以嘉應州興寧輸入各色布疋，江西布遂一落千丈。合計洋紗、布疋二宗，每歲銷行價值二十餘萬元。生油出本境，邑人獨嗜茶油，土產茶油不敷仰給，湘產歲需三十餘萬斤。火水油由廣州運入，歲需二十餘萬斤。食鹽爲雄贛埠引地，歲需八十餘萬斤。黃豆來自贛湘，歲需四五萬斤。黃糖來自曲

〔註257〕〔民國〕陳及時等纂修：《廣東省始興縣志》卷四輿地略實業，臺北：成文出版社，1974版，第314～316頁。

江，間有販自清遠者；白糖、冰糖俱來自廣州。黃糖歲需十餘萬斤，白糖、冰糖則不過數千斤。海味（土人名曰京果）、鹹魚、欖豉、醬料、缸瓦、蜜餞、糖果、蕉、荔、柑、橙俱由廣州運來，業此多南海之石井及周村人，每歲銷行價值七八萬元。藥材、甆漆、染靛，江西產也，贛人業之，每歲銷行價值：藥材二萬餘元，甆漆、染靛一萬餘元，土產棉苧甚稀，多由湖南運入，棉花歲需一二千斤，苧麻歲需二三萬斤。菸葉出自本境，而為肥料之菸骨，須運至江西之南安、廣州之西南，歲需十餘萬斤，其餘洋貨、故衣、鞋帽、巾襪、針線、絨絲、茶酒、銅鐵、筆墨、紙聯，皆由廣州輸入，每年銷行價值不下十萬元。惟綾羅綢綢以及珠玉等飾，因邑人樸實服之者少，每歲銷行，價值不過萬元。米穀一項本境出產可敷本境之食，附城各鄉有餘則運往韶州，而清化、都亨又需翁源、虔南米接濟，此往彼來，殆因水陸運輸之便焉。」〔註258〕正所謂：「統計全邑貿易總額約一百六十萬元，輸出輸入各居其半，其輸出貨品只紙、炭兩項，有佛山、清遠商人來境販運，其餘則皆本邑資本家為之。各墟營業商店，邑人約占十之七，外地商人約占十之三，外地商人以廣州為多，江西、福建、嘉應州次之，本境商業大略如此。」〔註259〕

始興墟市新系統，輸出品價值低，輸入品價值高。雖然此新系統適應環境，但並非是對地方經濟發展最有利的模式，其頻繁的貨物往來所帶旺的墟市經濟，或許是一種虛假繁榮。

新內容與舊組分的競爭協同、互動互應，促使各種新結構與新功能的出現，促成新系統的形成。

（三）清後期廣東墟市新系統之湧現

湧現性是標誌一個系統形成的本質特徵。據載：「設想在同一環境中出現大量不同的實體或小系統，由於同一環境的制約，它們逐漸發生相互聯繫、相互作用、相互回應，以至每一個實體的變化都受到其他實體的影響，並影響其他實體變化。但多個實體之間存在相互作用不等於形成一個新系統，可能只是互為環境，……。但如果其中的 n 個實體或小系統通過相互作用以及與環境中其他實體的相互作用而整合成為一個統一體，區分開內部與外部，

〔註258〕〔民國〕陳及時等纂修：《廣東省始興縣志》卷四輿地略實業，臺北：成文出版社，1974版，第316～318頁。

〔註259〕〔民國〕陳及時等纂修：《廣東省始興縣志》卷四輿地略實業，臺北：成文出版社，1974版，第318～319頁。

就表示創生出一個包含這 n 個組分的新系統。其本質差別是後者產生了整體湧現性，而前者沒有出現這種整體湧現性。確切的判據是，後者作爲整體具有統一的穩定定態，前者不存在穩定定態。」〔註260〕

湧現原理云：「一種自行組織起來的結構、模式、形態，或者它們所呈現的特性、行爲、功能，不是系統的構成成分所固有的，而是組織的產物、組織的效應，是通過眾多組分相互作用而在整體上湧現出來的，是由組分自下而上自發產生的。自下而上式、自發性、湧現性是自組織必備的和重要的特徵。」〔註261〕根據湧現原理，通過整合舊組分與新內容的清後期廣東墟市新系統，其新舊眾多組分的相互作用，會使系統在整體上湧現出一些有別於組分個體結構與功能的新特性，具體如下：

其一，機械化促進手工業的再次發展。

新技術、新設備的應用使某些行業在原地或異地重獲新生，如絲業。清後期廣東很多地區的絲業引進了機器進行生產，成效顯著。如三水有一家 1885 年左右創設的繰絲局，原來僅進行手工生產，在 1894 年後引進機器進行生產，每年產值約爲 700〜150 元：「查（三水）西南有一繰絲局，聞已創設十有四年〔註262〕矣。惟用機器者，不過五年〔註263〕而已。局內可容繰絲女工二百八十人，其工資以繰出之絲論其多寡，……。按蠶繭五擔可繰出絲一擔，每年約共出絲一百二十擔，俱由渡船運往省城發售，價在七百元至七百五十元之數，……。（光緒二十四年三水口華洋貿易情形論略，通商各關華洋貿易總冊，下卷，頁 73）〔註264〕」十九世紀末二十世紀初，絲業的機械化使得三水的墟市經濟面貌得到了改變，無論是農業生產還是商品流通都有一定的發展：「三水本來主要是農業區，但已逐漸變成產絲區了。最近幾年中，農民相當廣泛地種植桑樹，婦女也都學著如何養蠶。在西南開有大繭行三家，手工繰絲作坊五家，還有蒸汽繰絲廠兩家，使用外國機器，雇傭著工人三百人以上。西南市場上出售的蠶繭，每年計值關平銀三十萬兩，其中三分之二的繭子都是本地區生產的。出售的絲經估計每年約值關平銀九萬兩。」（Decennial Reports,

---

〔註260〕苗東升：《系統科學精要》，北京：中國人民大學出版社，2006 年，第 139 頁。

〔註261〕苗東升：《系統科學精要》，北京：中國人民大學出版社，2006 年，第 134 頁。

〔註262〕約 1885 年左右。

〔註263〕約 1894 年左右。

〔註264〕彭澤益：《中國近代手工業史資料》（第二卷），北京：中華書局，1962 年，第 386 頁。

1892-1901, Vol. II, p.264）〔註265〕到了宣統年間，廣東機械絲業的發展勢頭良好，僅廣府一屬，織絲之機就有約八萬副〔註266〕，全省的土絲出產總體狀況如下：「土絲一項，全省每年約出四千萬，順德四之二，番（禺）香（山）新（會）占其一，縣屬（南海）占其一，九江、西樵、大同、沙頭出絲最盛。從前未有機器繅絲，以手工為之，其絲略粗，只供人織綢及縐紗之用。近來洋莊絲出，其價倍昂，其利逾大。洋莊絲居十之六七，土莊十之三四而已。」〔註267〕如此看來，珠江三角洲地區是清末廣東的絲業發達區，如廣州西北面附近就形成了一個繅絲業中心，其絲廠共有一百八十多家：「查出絲地方係在省城（廣州）之東北〔註268〕，來往甚易，三水枝路之線，一過佛山，即經該處之一角，現有絲廠共約一百八十家，每家約用工人五百名。該處每年產絲約六七造，由（1910年）三月底起至九月止，約略估計出絲八萬擔，半係由絲廠繅成，販運出口，其餘均歸本處銷場之用。（宣統二年廣州口華洋貿易情形論略，通商各關華洋貿易總冊，下卷，頁109）」〔註269〕八萬擔的絲無論是「販運出口」還是「歸本處銷場之用」，都會為廣東墟市系統提供一筆可觀的貨源，這對活躍墟市經濟直接有利的因素。珠三角機器絲業的發達，還帶動了省內其他地區種桑育蠶業的發展，如肇慶府高要地區：「育蠶以大小湘至祿步之兩岸為最多，桂林、黃岡亦不少，近年六、七、八、九區漸有育蠶者。」〔註270〕可見清末高要的育蠶地區在不斷擴展。

　　清後期，機械化帶動絲業發展，絲業又帶動種桑育蠶業的發展，它們又共同推動地方經濟的發展，繁榮當地的墟市貿易。

　　其二，手工業發達區的專業墟市集聚發展。

〔註265〕彭澤益：《中國近代手工業史資料》（第二卷），北京：中華書局，1962年，第358頁。

〔註266〕彭澤益：《中國近代手工業史資料》（第二卷），北京：中華書局，1962年，第358頁。

〔註267〕〔清〕鄭藩等修，桂坫等纂〔宣統〕《南海縣志》卷四輿地略三，廣東省地方史志辦公室輯：《廣東歷代方志集成》，廣州：嶺南美術出版社，2007年，第158頁。

〔註268〕疑此「東北」為「西北」之誤。

〔註269〕彭澤益：《中國近代手工業史資料》（第二卷），北京：中華書局，1962年，第358頁。

〔註270〕〔清〕馬呈圖纂輯：《廣東省宣統高要縣志》卷十一食貨篇二實業，臺北：成文出版社，1974年版，第485頁。

清後期專業墟市出現集聚效應，即專業墟市在某些經濟發達區，特別是手工業發達區附近，成群出現。例如南海。同治年間〔註271〕南海專業墟的集聚發展狀況如下：

捕屬：

（1）雙門底賣書坊：阮文達公督粵時彌盛。（2）花市：在藩署前，燈月交輝，花香襲人，炎歊夜尤稱麗景。（3）燈市：在四牌樓暨（意為與或到）繡衣坊，旗民多業此，歲元旦迄上元最盛，復有菩提葉燈，諸名刹特宜。據周益公集採訪冊參修。（4）鴨欄：在□聯興街尾□海旁。（5）塘魚欄：在上陳塘。（6）海鮮埠：在柳波湧白馬頭。據採訪冊修。

主簿：

九江堡（7）沙口穀埠：道光癸卯闔鄉新設。（8）豬墟：道光間闔鄉設。（9）紗布墟：在大申東海，一四七日趁。（10）新桑墟：在大洲竹橋，咸豐中朱族設。

沙頭堡（11）穀市：在北村沙澳旁，今遷萬安通津旁。

大欖堡（12）穀墟：在官窯街馬步埠，咸豐丙辰建，二七四九日趁。

大通堡（13）貝水豬墟：在市南，嘉慶間設。

簡村堡（14）吉安穀市。（15）桑市。（16）豬市。（17）雞鴨市：四市相連，俱在官山墟海旁逢源街，同治丁卯建。（即同治六年）（18）灰市：近四市。（19）布市：在樵山北吉水竇旁，三六九日趁。

佛山堡（20）五鄉永和墟：在佛山聚龍上沙尾，咸豐丙辰，黃鼎司土爐堡、大富堡之塱邊古竈鄉、生村鄉，西龍堡之上七約鄉、江邊朱江鄉，大江羅姓鄉同建，販五鄉所產稻穀，一、六日趁。（21）瓜菜市：在五鄉永和墟前，後改建於太平上沙之金蘭街下派閘口添蔗欄。顏曰：五鄉永和蔗欄瓜菜市。有橫水農艇泊西隆堡江邊，載貨來往。

已上俱據採訪冊參修。〔註272〕

宣統年間南海主的專業墟市（22個）如下：

〔註271〕雖然引文材料的來源為：〔清〕鄭夢玉等修，梁紹獻等纂：《廣東省南海縣志》（清道光十五年修同治十一年刊本影印本），臺北：成文出版社，1967年版。但根據引文中「雞鴨市：四市相連，俱在官山墟海旁逢源街，同治丁卯建」的內容，可知此縣志不是道光年間修的，起碼是同治六之後的事情。

〔註272〕〔清〕鄭夢玉等修，梁紹獻等纂：《廣東省南海縣志》卷五建置略二，臺北：成文出版社，1967年版，第128～129頁。

（1）九江堡：①魚種行（一在六墟萬壽街尾五丫路，一在南方閘邊西岸社前。）②舊桑墟（在大墟東海六合街。）③鮮魚埠（在東方大穀天后宮前，今廢，公所尚存。）④豬仔埠（在東方大穀市，不限期日。）⑤豬墟（在南方沙口，道光二十五年合鄉設，一四七等日集。一在東方大河洲咀，道光間馮族設，三六九等日集。）

（2）沙頭堡：①繭市（舊在沙頭墟新市竹橋之東，後遷萬安通津，光緒甲申年建。）②布行（一在沙頭墟新市附絲行內，二五八期；一在石江墟。）；③蠶紙行（附絲行內）；④豬仔行（在沙頭墟舊市）；⑤魚行（在沙頭墟舊市）；⑥蝦市（在北村鄉向明門）；⑦蜆埠（在北村鄉觀音廟前海面）；⑧雞行（一在萬安通津外圍基上，一在沙頭墟新市雞行街。）；⑨瓜行（在水南書院前）；⑩瓜菜行（早市在沙頭墟舊市金甌里外內，晏市在沙頭墟舊市北勝街外。）；11、柴埠（在水南鄉崔宣義祠前河面）；12、桑仔市（在石井新穀埠後基圍邊）；13、貓狗市（在沙頭墟新市長樂街尾絲行口）；14、花市（在新市大有街）。

（3）恩州堡：茶墟。

（4）豐華堡：寨邊市（在寨邊鄉，其市以生牛皮製為熟牛皮供鞋料，又製熟牛皮膠以供染料、藥物。）；

（5）鼎安堡：岡墟（在橋頭鄉，所賣以魚罾、棉紗襪為大宗。）〔註273〕

清後期南海專業墟市特別多。首先，專業墟市的在數量上有所增長。根據以上材料，同治時南海主簿的專業墟市數為 15 個，宣統時南海主簿的專業墟市數上升到 22 個，其增長率約為 47%。其次，專業墟市在類型上也有所增長。同治時南海主簿的專業墟市類型主要有：穀埠、穀市、穀墟、豬墟、豬市、桑墟、桑市、紗布墟、布市、灰市、雞鴨市、瓜菜市等 12 種。宣統時南海主簿的專業墟市類型主要有：豬仔埠、豬仔行、豬墟、桑墟、桑仔市、蠶市、蠶紙行、魚種行、鮮魚埠、魚行、蝦市、蜆埠、雞行、貓狗市、瓜行、瓜菜行、茶墟、柴埠、花市、寨邊市（牛皮、牛皮膠）、岡墟（魚罾、棉紗襪）等 21 種，增長率為 75%。可見，宣統年間對比同治年間，南海地區有更多的專業墟市湧現，出現農產品墟市專業化的趨勢。宣統時南海主簿的專業墟市類型與同治年間的相比，消失了稻穀墟市及布墟市這兩種類型，而增加了以下新類型：蠶市、蠶紙行、魚種行、鮮魚埠、魚行、蝦市、蜆埠、貓狗市、柴埠、花市、寨邊市（牛皮、牛皮膠）、岡墟（魚罾、棉紗襪）。從新增能夠

〔註273〕〔清〕鄭蕚等修，桂坫等纂：《廣東省南海縣志》卷六建置略，臺北：成文出版社，1974 年版，第 773～775 頁。

的專業墟市類型上看，清末南海地區的墟市經濟所提供的農產品的種類及數量都有所增加，這可能與當地繅絲等機器手工業的發展提升了地區購買力有關。另外，手工業的發展，如皮鞋製造業、藥業、製襪業的發展，使得南海地區形成了一定規模的原料市場（如牛皮與牛皮膠墟市）與成品市場（如棉紗襪）。再次，專業墟市在某些出絲最盛的地區迅速增長。如沙頭堡，它是宣統時南海出絲最盛的地方之一：「土絲一項，……，縣屬（南海）占其一，九江、西樵、大同、沙頭出絲最盛。」〔註274〕，根據上述材料表明，它也是南海專業墟市的數量與類型最多的地區，專業墟市數 14 個，占南海專業墟市總數的 46%；專業墟市類型 14 種，約占總數的 67%。

宣統時南海墟市共有 49 個，其中專業墟市 30，〔註275〕約占墟市總數的 61%，比例相當高。這些專業墟市的類型多為農產品專業墟市與手工業產品的原料、產品的專業墟市。很明顯，這是一種服務於手工業、商業區的墟市集群模式。這種專業墟市的規模越大，就表明其所服務的手工業區就越發達。這與清後期的狀況是相吻合的。同治年間，廣東處在一種調整自我適應新環境的矛盾階段，探索的結果是：機械化生產、集中力量生產出口產品、生產與進口產品同類的產品，此三者似乎成為挽救廣東經濟的三副靈丹妙藥。從光緒開始，廣東特別是珠三角地區的地方經濟似乎因此而起死回生，一如上文所提及的繅絲、織絲業的機械化帶動地方經濟與墟市的繁榮。據載，宣統年間，「僅廣府一屬的織絲之機就有約八萬副（宣統二年廣州口華洋貿易情形論略，通商各關華洋貿易總冊，下卷，頁 109）」〔註276〕，保守估計，若按一副機器由一到兩名工人管理，則宣統時廣府地區單是從事絲織業的工人就有八到十六萬。因為這些手工業多分佈在鄉村地區，所以，這八到十六萬工人的衣食住行之所需多依賴於墟市。因此，廣東機器手工業的發展必然會推動墟市經濟的發展。其中一個表現就是，使手工業發達區附近的農產品專業墟市及原料成品專業墟大量地增加。據載，宣統時南海的出絲量占全省的四分

〔註274〕〔清〕鄭蒸等修，桂坫等纂：〔宣統〕《南海縣志》卷四輿地略三，廣東省地方史志辦公室輯：《廣東歷代方志集成》，廣州：嶺南美術出版社，2007 年，第 158 頁。

〔註275〕〔清〕鄭蒸等修，桂坫等纂：《廣東省南海縣志》卷六建置略，臺北：成文出版社，1974 年版，第 773～775 頁。

〔註276〕彭澤益：《中國近代手工業史資料》（第二卷），北京：中華書局，1962 年，第 358 頁。

之一：「土絲一項，全省每年約出四千萬，順德四之二，番（禺）香（山）新（會）占其一，縣屬（南海）占其一，……。」〔註277〕所以，服務於鄉村手工業的專業市的數量非常多。另外，南海宜農宜漁之地多，墟市發展的基礎好。再有，南海環繞著廣州——佛山特大經濟中心，其墟市不僅要爲當地鄉村手工業服務，還要爲這一特大經濟中心服務，所以，宣統時南海的專業墟市出現爆炸式的發展，數量與種類皆居全省之首。

其三，墟市貿易品類豐富。

清後期之墟市新系統建立前，墟市貿易的內容多爲農副產品以及國內生產的小手工業品。即使是南海這樣專業墟市發達的地區，也只是在省城的南海縣管轄部分才出現書籍、燈等豐富精神生活的手工業產品，其他地區的墟市則絕大多數只售農產品，不外乎與物質生活息息相關的糧食、家禽、家畜、水產、瓜菜、絲蠶、布匹等〔註278〕。再如乾隆時期陸豐之烏土敢市，多貿易海產。〔註279〕又如，嘉慶時澄海之日中爲市者，也僅作蔬米魚鹽之交易。〔註280〕又據道光二十三年（1843 年）刻本《英德縣志》記載，英德舊墟市系統發展的頂峰時期，其貿易內容也僅以當地土產爲主，如：「大灣市，……花生、包粟。……。白牛坑市，……柴船極多，水邊墟柴皆在此交收。……。暗逕墟，……包粟、花生、黃豆。」〔註281〕最多也就增加了國內其他地區生產的手工業產品，如：「九龍墟，……蘇杭雜貨備。」〔註282〕

清後期墟市新系統建立之後，在墟市貿易的手工業產品的類型明顯增加。清後期，各種手工業產品充盈了各地墟市，花式與數量遠超清前期和清中期。其一，有傳統國產商品，如同治番禺大田市：「近市十鄉人多稼圃畜牧，

〔註277〕〔清〕鄭蓁等修，桂坫等纂：〔宣統〕《南海縣志》卷四輿地略三，廣東省地方史志辦公室輯：《廣東歷代方志集成》，廣州：嶺南美術出版社，2007 年，第 158 頁。

〔註278〕〔清〕鄭夢玉等修，梁紹獻等纂：《廣東省南海縣志》卷五建置略二，臺北：成文出版社，1967 年版，第 129 頁。

〔註279〕〔清〕，王之正修，沈展才等纂：《廣東省陸豐縣志》卷二墟市街巷，臺北：成文出版社，1966 版，第 27 頁。

〔註280〕〔清〕李書吉等修，蔡繼紳等纂：《廣東省澄海縣志》卷八埠市，臺北：成文出版社，1967 版，第 81 頁。

〔註281〕〔清〕黃培爍，劉濟寬修；陸殿邦纂：《道光英德縣志》卷之四輿地略下風俗，《中國地方志集成》，上海：上海書店出版社，2003 年，第 314 頁。

〔註282〕〔清〕黃培爍，劉濟寬修；陸殿邦纂：《道光英德縣志》卷之四輿地略下風俗，《中國地方志集成》，上海：上海書店出版社，2003 年，第 314 頁。

女工習紡織，市中常聚五穀菜蔬薯芋糖檽紗麻等物，又鄉濱湖海，魚鮮尤盛。」
〔註283〕其二，有外國產品，「洋人心計甚工，除洋布大宗之外，一切日用皆能
體華人之心，仿華人之制，如藥材、顏料、瓶盎、針鈕、肥皂、燈燭、鐘錶、
玩器，悉心講求，販運來華，雖僻陋市集，靡所不至。（柯來泰：救商十議，
求自彊齋主人：皇朝經濟文篇，卷四五，頁 18）〔註284〕洋紗等外國產品確實
滲透到廣東的鄉村墟市，如三水城鄉各處婦女約逾數萬人，咸用洋紗織造土
布出售〔註285〕，再如光緒初洋籃在高要新橋的墟市出現〔註286〕。其三，有半
土半洋產品。如上文已經提到的用洋紗織成的土布，其最有代表性的當數在
興寧用洋紗織成、在佛山染青、出口新加坡「沖青布〔註287〕」。其他半土半洋
產品還有國產洋傘、國產捲煙、國產火柴、國產玻璃等等。以上所述之國產
產品、外國產品、半土半洋產品等三大類產品，在清後期的廣東墟市貿易中
都可以見到，所以，墟市貿易產品種類較以往豐富，是清後期廣東墟市新系
統所湧現的一種新特性。

其四，墟市新系統的外向性。

清後期的廣東墟市經濟系統，已被納入到國際經濟體系之中。國際市場
的起伏波動，都會被傳遞到廣東窮山僻壤的墟市經濟子系統。

清後期，國際市場通過輸入品影響廣東墟市經濟子系統。如南雄府之始
興縣，地處粵北山區，其墟市子系統為廣東墟市系統中最北的一個。宣統時，
其地墟市也充斥著各種洋貨，如有洋紗、布疋、火水油等〔註288〕。可見，偏
僻如始興者，也被納入了國際市場網絡之中。國際市場的任何變動，都會通
過所輸入洋貨的數量增減、價格變動來影響當地的墟市經濟。

〔註283〕〔清〕李福泰修，史澄等纂：《廣東省番禺縣志》卷十八建置略五，臺北：成文出版社，1967 年版，第 213 頁。
〔註284〕彭澤益：《中國近代手工業史資料》（第二卷），北京：中華書局，1962 年，第 165 頁。
〔註285〕彭澤益：《中國近代手工業史資料》（第二卷），北京：中華書局，1962 年，第 460 頁。
〔註286〕〔清〕馬呈圖纂輯：《廣東省宣統高要縣志》卷十一食貨篇二實業，臺北：成文出版社，1974 年版，第 489 頁。
〔註287〕彭澤益：《中國近代手工業史資料》（第二卷），北京：中華書局，1962 年，第 246 頁。
〔註288〕〔民國〕陳及時等纂修：《廣東省始興縣志》卷四輿地略實業，臺北：成文出版社，1974 版，第 318～319 頁。

　　清後期，國際市場通過對輸出品的需求增減來影響廣東墟市經濟子系統。茶是廣東出口產品之大宗，其在國際市場上的興衰足以影響產地墟市之興亡，如上文提到西樵官山墟茶市，它就是因為西樵茶的國際競爭失敗而廢。〔註289〕其他出口產品的國際銷路也會影響其產地的墟市經濟。粵海關十年報告（1892～1901）云：「此十年廣東的主要出口產品有玻璃手鐲、桂皮、瓷器、葵扇、食糖、地席、生絲、醃薑和蜜餞、茶、絲織品、紙張等等。」〔註290〕對照粵海關十年報告（1882～1891），可以找到以上大部分出口產品在廣東的生產區，據粵海關十年報告（1882～1891）載：「下面有關廣東省土特產的評論，有一部分是從赫司博士（Dr. Hirth）登載於 1874 年《中國評論》（China Review）上的一篇文章內節錄的：產絲地區——絲是廣東最值錢的產品——只限於珠江三角洲西部有限的幾個地方，包括順德、南海部分地區和香山。茶葉種植於本省北部高地和西江右岸地區。肉桂只在西江南岸的羅定州種植。葵扇是廣東的出口產品，為葵扇提供原料的葵樹，主要在新會地區種植，其主要市場是位於澳門西北約 30 英里的江門。生薑生長在毗鄰苗族地區的丘陵地帶和本省西北部，據說那裏廣泛種植這種植物。西江肇慶府也種植生薑。……。甘蔗種植在汕頭地區、東江兩岸、番禺、東莞、增城、陽春、雷州府和海南。……」〔註291〕根據以上兩則材料推斷，廣東的主要出口產品絲、茶、肉桂、葵扇、醃薑、蔗糖的主要產區為：順德縣、南海縣、香山縣、省內的北部高地和西江右岸地區、羅定州、新會縣、毗鄰苗族地區的丘陵地帶和省內西北部、肇慶府、汕頭地區、東江兩岸、番禺縣、東莞縣、增城縣、陽春縣、雷州府和海南瓊州府等地。那麼，上述這些地區的墟市經濟都會受到國際市場需求的影響。若將以上地區進行分類，可知，通過出口商品而接受國際市場影響的地區主要有（1）珠江三角洲的南海、番禺、順德、香山、新會、東莞、增城；（2）北部山區；（3）西部西江右岸地區、羅定、陽春；（4）

〔註289〕〔清〕鄭藩等修，桂坫等纂：〔宣統〕《南海縣志》卷四輿地略三，廣東省地方史志辦公室輯：《廣東歷代方志集成》，廣州：嶺南美術出版社，2007 年，第 153 頁。

〔註290〕據廣州市地方志編纂委員會辦公室，廣州海關志編纂委員會編譯：《近代廣州口岸經濟社會概況——粵海關報告彙集》，廣州：暨南大學出版社，1996 年，第 912～918 頁。

〔註291〕據廣州市地方志編纂委員會辦公室，廣州海關志編纂委員會編譯：《近代廣州口岸經濟社會概況——粵海關報告彙集》，廣州：暨南大學出版社，1996 年，第 886～887 頁。

西北部地區；（5）南路雷州、瓊州；（6）東部東江兩岸、汕頭地區。這些地區基本包括廣東的東、中、西、北、南各路，幾乎覆蓋整個廣東，可見，清後期，國際市場已經深入影響廣東墟市新系統的各個子系統。

（四）廣東墟市新系統自生長之體現

廣東墟市新系統從無到有。清後期，廣東墟市舊系統通過差異整合，更新爲新系統，解決了從無到有的問題。接下來，系統所要解決的問題是從差到好，這需要墟市系統的自我完善，「最簡單的自我完善是系統規模的增大，即系統組分的不斷增加，叫作自生長」。〔註292〕

廣東墟市新系統從差到好。清後期，廣東墟市新系統通過自生長來實現「從差到好」的自我完善過程。這主要表現在以下幾個方面：

（1）墟市數量增加，墟期延長。臨高墟市數目在道光時墟市數爲 15〔註293〕，光緒時墟市數爲 50〔註294〕，說明進入清後期，臨高墟市有了較大的發展。〔註295〕宣統徐聞市埠共 45，廢後又興者 1。〔註296〕光緒時英德墟市發展也較好，墟市共有 47 個。〔註297〕同治時番禺就已有 4 日／旬（二、五、七、十）的燕塘墟。〔註298〕宣統時番禺城內有市十，且市有分工。〔註299〕光緒化州墟市 36，墟期多爲 3 日／旬，還有附城墟者，已經成爲雙日市：「東關上墟（附城，雙日市期）、南關下墟（附城，雙日市期）」〔註300〕可見光緒化州附城之墟交易較爲頻繁，故隔日需有一墟，這一類在向市過渡。光緒時

〔註292〕苗東升：《系統科學精要》，北京：中國人民大學出版社，2006 年，第 143 頁。

〔註293〕〔清〕明宜修；張岳崧纂：《廣東省瓊州府志》卷九上建置都市，臺北：成文出版社，1967 年版，第 229 頁。

〔註294〕〔清〕聶緝慶修；桂文熾纂：《廣東省臨高縣志》卷五建置墟市，臺北：成文出版社，1974 年版，第 305～307 頁。

〔註295〕〔清〕明宜修；張岳崧纂：《廣東省瓊州府志》卷九上建置都市，臺北：成文出版社，1967 年版，第 229 頁。

〔註296〕〔清〕王輔之等纂修：《廣東省徐聞志》卷之一興地，臺北：成文出版社，1974 年版，第 124～126 頁。

〔註297〕〔清〕林述訓等修，單興詩、歐樾華等纂：《廣東省韶州府志》卷十一興地略墟市，臺北：成文出版社，1966 版，第 221 頁。

〔註298〕〔清〕李福泰修，史澄等纂：《廣東省番禺縣志》卷十八建置略五，臺北：成文出版社，1967 年版，第 212 頁。

〔註299〕〔民國〕梁鼎芬等修，丁仁長等纂：《廣東省番禺縣續志》卷六建置墟市，臺北：成文出版社，1967 年版，第 109 頁。

〔註300〕〔清〕彭貽蓀修，彭步瀛纂：《廣東省化州志》卷二市集，臺北：成文出版社，1974 版，第 166 頁。

茂名墟市經濟較爲發達，不僅數量多（37 個），而且增加了六個新墟市：荔枝墟、陳洞墟、嶺墟、谷籠墟、沙田墟、大嶺墟。再有，其墟期也較長：3 日／旬者約占墟市總數的 97%，更有一墟的墟期已增長至爲 4 日／旬。〔註301〕

（2）墟升級爲市。據載：「舊志於意溪、雲步、楓溪、浮洋、金石宮、大窖、龍湖、彩塘諸地統稱爲墟，蓋當時鄉中無所謂市也。百數十年來，人煙稠雜，比戶列廛，非復當時景象，必沿舊名，轉嫌不類，今統（212/213）易名曰：市，從其實也。」〔註302〕此文出自《廣東海陽縣志》，據此書之「重修海陽縣志序」云：前邑志有二：曰金，曰張。金志久佚，張志修於雍正庚戌，書雖存亦垂百七十年矣。〔註303〕可知清前期雍正時海陽縣之鄉村市場皆爲墟，而到了清後期光緒時，意溪、雲步、楓溪、浮洋、金石宮、大窖、龍湖、彩塘等墟，隨著人口、商鋪、貿易量等的增加，皆升級爲市。

（3）專業墟市的增加。清後期南海的專業墟市多，且在不斷地增加，宣統南海專業墟市共有 22 個，比同治時增加了 7 個。〔註304〕其他地區也有不少的專業墟市。同治番禺有烏湧墟水果專業墟，墟期二、五、八日，買賣梅子生果最盛〔註305〕；光緒海陽有專業牛墟〔註306〕；光緒四會有地豆墟（地豆）、豬市、豬仔市、牛行〔註307〕；宣統番禺有花市、魚欄、果欄等專業墟市〔註308〕，更有著名的花墟與三鳥專業墟：「花墟在河南莊頭，省城賣花者每日清晨赴墟

〔註301〕此處墟市之比例，只統計有標明墟期者。〔清〕鄭業崇等修，楊頤纂：《廣東省茂名縣志》卷二建置墟，臺北：成文出版社，1967 版，第 77 頁。

〔註302〕〔清〕盧蔚獻修，吳道鎔纂：《廣東海陽縣志》卷二十二建置略六，臺北：成文出版社，1967 版，第 212～213 頁。

〔註303〕〔清〕盧蔚獻修，吳道鎔纂：《光緒海陽縣志》卷首序文，《中國地方志集成》，上海：上海書店出版社，2003 年，第 392 頁。

〔註304〕〔清〕鄭蕚等修，桂坫等纂：《廣東省南海縣志》卷六建置略，臺北：成文出版社，1974 年版，第 773～775 頁；〔清〕鄭夢玉等修，梁紹獻等纂：《廣東省南海縣志》卷五建置略二，臺北：成文出版社，1967 年版，第 128～129 頁。

〔註305〕〔清〕李福泰修，史澄等纂：《廣東省番禺縣志》卷十八建置略五，臺北：成文出版社，1967 年版，第 212 頁。

〔註306〕〔清〕盧蔚獻修，吳道鎔纂：《廣東海陽縣志》卷二十二建置略六，臺北：成文出版社，1967 版，第 212 頁。

〔註307〕〔清〕陳志喆等修，吳大猷纂：《廣東省四會縣志》編二下墟市，臺北：成文出版社，1967 年版，第 212～213 頁。

〔註308〕〔民國〕梁鼎芬等修，丁仁長等纂：《廣東省番禺縣續志》卷六建置墟市，臺北：成文出版社，1967 年版，第 109 頁。

載花入城；保和墟在大塘鷺岡村外，繁盛與窖頭墟相埒，省城販雞鵝鴨者皆交易於此。」〔註309〕

（4）部分墟市的輻射範圍增大。光緒高明三洲墟輻射範圍較大，高要、南海、新會、順德、東莞、鶴山數縣人民水陸並至，百物咸備。〔註310〕有的墟市的輻射範圍突破了地區界限，進入了國際市場。據載：「三水縣江根墟為新開通商口岸。」〔註311〕由此可見，清後期三水縣江根墟已經成為國際市場網絡的一個組成部分了。

通過自生長，清代廣東墟市新系統穩固地紮根於鴉片戰爭後的新時代。

小 結

清代廣東墟市自成系統，與環境互動互應。隨著清前期、清中期、清後期的時序推移，隨著社會經濟環境的變遷，清代廣東墟市系統在時間維上呈現出：「生長壯大（清前期）──全盛（清中期）──枯榮共存（清後期）」演化軌迹。

其一，清前期廣東墟市系統共同發展。從清前期到清中期，廣東社會經濟處於恢復、發展的階段，這樣的環境有利於廣東墟市系統的生長、壯大，這一時期，廣東墟市系統整體發展，欣欣向榮。

其二，清中期廣東墟市系統盛極而衰。廣東墟市系統欣欣向榮的發展趨勢，於清代中期衝上頂峰。清中期極盛之廣東墟市系統，與自給自足的傳統自然經濟環境的契合度非常高，其為一成熟的、穩定的系統，各方面運轉良好，系統的湧現效應明顯，這從清中期廣東墟市數量中就可見一斑。然而，盛衰各有時，鴉片戰爭後，中國的社會性質自此改變，由自給自足耕織結合的自然經濟下的中央集權的封建社會，向半殖民地半封建社會轉變，清朝之運由此而衰。廣東墟市系統的存在環境亦隨之改變。對於劇變的環境，廣東墟市舊系統有諸多的不適應，表現為數量下滑等特徵。故清中期，廣東墟市系統亦隨環境由盛而衰。

〔註309〕〔民國〕梁鼎芬等修，丁仁長等纂：《廣東省番禺縣續志》卷六建置墟市，臺北：成文出版社，1967年版，第109頁。

〔註310〕〔清〕鄔兆麟修，蔡逢恩纂：《廣東省高明縣志》卷二地理墟市，臺北：成文出版社，1974年版，第101頁。

〔註311〕〔清〕李應珏：《廣東便覽》卷一，光緒年間刻本，第10頁。

其三，清後期廣東墟市系統分化舊組分，整合新內容。面對鴉片戰爭後的環境之種種不利，廣東墟市系統從此開始了保型演化。系統保型，目的是為了保持自身的存在，其關鍵在於調整自身組分與結構，以重新適應新環境。所以，保型演化過程實際上也是系統改變自身的轉型演化過程，當系統調整完畢而重新適應環境之時，舊系統也就轉變成為了新系統。這是一個有趣的現象：若不調整，舊系統將瓦解而不存；若調整，舊系統將轉化為新系統而消失。保型即轉型，是新系統生成的過程。因此，廣東墟市系統從清中期開始的保型演化，實際上就是為了適應鴉片戰爭後新環境而進行的轉型演化，轉型後與新環境相適應的廣東墟市系統，是一個與舊系統有著千絲萬縷的聯繫但又截然不同的新系統。其為新舊組分與新舊結構並存，且湧現出新功能的新系統。在清中期到清後期的轉型演化過程中，廣東各地墟市都經歷了一個或存或廢的被選擇過程，其選擇原則是「適者生存」，即與新環境相適應的墟市被予以保留，而不適應者則被系統拋棄。因此，清後期廣東墟市系統各組分表現為枯榮各異之態。

墟市被環境選擇背後的機制。墟市經濟興旺與否，主要取決於墟市的供應量及需求量的大小。供應量與生產發展狀況相關；需求量與消費能力相關，因而也間接地與生產水平相關。那麼，農業、手工業生產是墟市發展的支撐力量。鴉片戰爭後，國門被打開，洋貨如潮水般湧入廣東城鄉各地，其漸漸以物美價廉之優勢而大面積地取代土產品，在此背後，土產品生產大受打擊。在受到衝擊的土產品行業中，有因此而一蹶不振者，其影響是：一方面，生產單位倒閉，產量減少，另一方面，其從業者因失業而收入減少，從而導致購買力下降，與之相關的墟市漸漸衰落；也有積極進行自我調整者，如為了配合國際市場對生絲的需求，南海、番禺、順德等地積極發展生絲生產，到清後期，成為廣東最主要的生絲產區，據載：「產絲地區——絲是廣東最值錢的產品——只限於珠江三角洲西部有限的幾個地方，包括順德、南海部分地區和香山。」〔註312〕有了這樣一個支柱型手工業的支撐，南海、順德、番禺三地在清後期的墟市數量都很多，分別為：133 個〔註313〕、88 個〔註314〕、131

〔註312〕據廣州市地方志編纂委員會辦公室，廣州海關志編纂委員會編譯：《近代廣州口岸經濟社會概況——粵海關報告彙集》，廣州：暨南大學出版社，1996 年，第 886 頁。
〔註313〕〔清〕戴肇辰等修，史澄、李光廷等纂：〔光緒〕《廣州府志》卷六十九建置

個〔註315〕；再如高要的鄉村手工業在面對洋貨的衝擊時，適時仿洋貨之制而改革土產品，從而使地區經濟在一定程度上得以維持，因此，其清末墟市數量也能保持在 41 個〔註316〕的水平。可見，環境對墟市進行選擇的背後，是環境對與墟市相關的地區生產模式的選擇。因此，墟市的調整，牽連著其背後生產模式的調整。在眾多的調整中，廣東手工業的調整最引人注目，其具體的調整形式有：（1）利用進口材料製造傳統產品。（2）以本地或進口原材料仿製洋貨。（3）引進新設備、新技術，改進傳統手工業。（4）引進新設備、新技術，製造新產品。（5）產銷結合。（6）政府及民間倡辦「工藝局」。（7）勞動力的自發轉移。如此涉及多階層、包含多方案的清後期廣東手工業生產模式的調整，反映出廣東墟市系統自發調整的強烈願望與強大力量。

清後期廣東墟市新系統的湧現效應。清後期廣東墟市新系統，整合了新舊組分，整合了系統與環境，湧現出新的時代特性，主要表現為：（1）機械化促進手工業的再次發展。（2）專業墟市在手工業發達區集聚發展。（3）墟市貿易品類豐富。（3）受國際市場影響明顯。這些新特徵的湧現，標誌著清後期廣東墟市新系統的正式形成。

清後期廣東有一部分墟市相當興盛，但這只是廣東墟市經濟被納入到世界資本主義市場之後，國產原料輸出與洋貨輸入越來越頻繁的結果。這部分在清末相當發達的墟市，其發展模式肯定是與當時的社會經濟大環境相適應的，但當時的環境是一種畸形的環境，其主要對外國資本主義有利，而對中國發展則多有不利，所以，清末廣東墟市經濟的一度繁榮是一種虛假的繁榮。正如〔民國〕《開平縣志》所言：「近歲邑中新市踵興，舊市亦次第改造，建騎樓、開馬路，氣象一新。然充斥於市者，境外洋貨尤占大宗，農工不昌，徒飾闤闠之外觀，未足為悏源而往之道也。蓋凡土產豐者，籍賈入以外銷則利茲；土產絀者挹遠物以內注則利涸，故計學家以入口貨超於出口貨謂之漏

略六，廣東省地方史志辦公室輯：《廣東歷代方志集成》，廣州：嶺南美術出版社，2007 年，第 1054 頁。

〔註314〕〔清〕戴肇辰等修，史澄、李光廷等纂：〔光緒〕《廣州府志》卷六十九建置略六，廣東省地方史志辦公室輯：《廣東歷代方志集成》，廣州：嶺南美術出版社，2007 年，第 1055 頁。

〔註315〕〔民國〕梁鼎芬等修，丁仁長等纂：《廣東省番禺縣續志》卷六建置墟市，臺北：成文出版社，1967 年版，第 109～110 頁。

〔註316〕〔清〕馬呈圖纂輯：《廣東省宣統高要縣志》卷二地理篇二村鎮，臺北：成文出版社，1974 年版，第 62～85 頁。

厄，覘國然，覘邑何獨不然？邑人宜從根本圖之。」〔註317〕雖然其描述的是民國的狀況，但「然充斥於市者，境外洋貨尤占大宗，農工不昌，徒飾闤闠之外觀，未足爲恃源而往之道也」也正是清後期廣東墟市經濟的寫照。民國廣東墟市經濟之入超漏邑恰恰是清後期廣東墟市經濟虛假繁榮的延續。

〔註317〕〔民國〕余榮謀修，張啓煌纂：《廣東省開平縣志》卷十二建置下，臺北：成文出版社，1966 年版，第 88 頁。

第三章 清代廣東墟市在
空間上的分立

第一節 清代廣東墟市包括三大子系統

清代廣東地區的墟市相互聯繫、互動互應，形成統一整體，此為清代廣東墟市系統。若以空間作為劃分依據，清代廣東墟市系統可以分為若干子系統。由於清代廣東經濟的地區發展不平衡（如表現為前述之廣東各地產業組合類型相異），導致了廣東墟市系統的空間發展不平衡，即各地區子系統的發展水平各異，此為清代廣東墟市在空間上的分立。

第一節 清代廣東墟市包括三大子系統

據施堅雅教授研究表明：「……地文結構對形成地區經濟和地區社會體系超過一切的重要性，這類體系首先在較小的地文區劃——常常是較短的河流或支流的流域內發展。隨後，這種獨立體系又與別的獨立體系發生聯繫，形成較大的體系，又被包括入層級地文結構中，並受其制約。亞區社會體系整合形成大的地區經濟，最後在大區內部發展，……」[註1]

為了方便對墟市的空間演化進行研究，文章將清代廣東墟市系統分為三個子系統：珠江流域墟市子系統、韓江流域墟市子系統、南路墟市子系統。珠江流域墟市子系統主要包括：廣州府、惠州府、韶州府、肇慶府、羅定州、連州、連山廳等行政單位內的墟市；韓江流域墟市子系統主要包括：嘉應州和潮州府的墟市；南路墟市子系統主要包括：高州府、雷州府、廉州府、瓊

〔註 1〕 施堅雅主編；葉光庭等合譯：《中華帝國晚期的城市》，北京：中華書局，2000年，2002年重印，第 13 頁。

州府的墟市。如此的子系統劃分方案，是在綜合考慮自然和人文因素的前提下提出的，其將有益於對清代廣東墟市演化的空間差異的探討。

一、清代廣東墟市的三大子系統的劃分

山河形勢造就了清代廣東的珠江流域（包括粵東沿海諸河中的東海滘、龍津水地區及粵西沿海諸河中的漠陽江流域）、韓江流域（包括粵東沿海諸河中的黃岡河、練江、榕江地區）、南路三大自然分區。

（一）珠江流域，由西江、北江、東江和珠江三角洲諸河組成的復合流域，再加上惠州府獨流入海的河流及漠陽江流域。

1、西江水系。西江水系是珠江流域的主流。上游南盤江發源於雲南省霑益馬雄山，至梧州會桂江後始稱西江，此後由封川縣入肇慶府，向東流經三水與北江相通，隨後進入珠江三角洲網河區。西江在廣東境內的主要支流有：賀江、南江和新江。

2、北江水系。北江發源於江西省信豐石碣大茅坑，流入廣東韶關南雄後稱為始興江，其在曲江縣與武水（發源於湖南臨武）匯合後始稱北江，此後向南流經英德、清遠等縣，至三水與西江干流相通，隨後亦進入珠江三角洲網河區。主要支流有瀧水、翁水、滃水、政賓江、湟水、綏江等。

3、東江水系。東江發源於江西長寧椏髻缽（上游稱尋鄔水），流入廣東龍川，與九洲河（貝嶺水，發源於江西安遠）匯合後始稱東江，向西南流經河源、歸善、博羅等地，隨後經東莞石龍進入東江三角洲網河區。主要支流有九洲河、新豐江、秋鄉江、瀧頭水、西江等。

4、珠江三角洲水系。珠江三角洲水系，是由西、北江三水以下、東江石龍以下的網河水系和注入三角洲的其他河流組成的復合三角洲水系。注入三角洲的河流主要有流溪、增江、蜆岡水、倉步水等。網河區河道縱橫交錯，其中，西、北江水道相互貫通，形成西北江三角洲，而東江三角洲大致自成一體。珠江三角洲自東向西經由以下八大口門注入南海，它們分別是：虎門、蕉門、洪奇門、橫門、磨刀門、雞啼門、虎跳門、崖門。

5、惠州府獨流入海的東海滘及龍津水。東海滘發源於惠州府陸豐縣，於陸豐大德港注入南海；龍津水發源於惠州府海豐縣山地，於海豐謝道山注入南海。此獨流系統屬於惠州府，與珠三角地區聯繫緊密，故將其作為珠江流域的附屬部分進行研究。

6、漠陽江流域。漠陽江發源於肇慶府陽春縣雲浮山，於陽江北津港流入南海。由於漠陽江流域之陽春及陽江屬於肇慶府，故此流域與珠江流域聯繫密切，因而將其納入珠江流域的範疇進行研究。

（二）韓江流域，包括韓江流域本體以及粵東諸河附加體。

1、韓江流域本體：即通常意義上的韓江流域，它是廣東除珠江流域外的第二大流域。幹流梅江發源於永安南嶺，向東北流經嘉應州，後至大埔三河壩與汀水（發源於福建長汀）匯合，始稱韓江；後折而向南，至潮洲進入韓江三角洲，分為東溪、西溪、北溪，經各入海口注入南海。主要支流有汀水、琴江、興安江、石窟河、西河、程江、清遠河等。

2、粵東諸河附加體：由粵東地區獨流入海的河流組成，這些河流主要有：黃岡河、榕江、練江等。其中，黃岡河發源於潮州府饒平縣，於饒平黃岡鎮注入南海；榕江發源於惠州府陸豐縣鳳凰山，於潮州府牛田洋注入南海；練江發源於潮州府潮陽縣大南山。

（三）南路，包括粵西沿海諸河、欽廉諸河、海南島諸河三部分。南路河流也屬於相對短小的獨流入海型。

1、粵西沿海諸河　由粵西地區獨流入海的河流組成，這些河流主要有：漠陽江、鑒江、九洲江、擎雷水等。粵西沿海諸河多屬山地暴流性小河，河流短促。鑒江發源於高州府信宜縣，於吳川縣注入南海；九洲江發源於廣西東南部陸川縣，於高州府石城零綠港彙入珠母海；擎雷水發源於雷州府遂溪縣，在海康東部的雙溪注入南海。

2、欽廉諸河。由欽州、廉州地區獨流入海的河流組成。主要有欽江、廉江、平銀河、防城江等。欽江發源於靈山縣羅陽山山地，於欽州淡水灣注入龍門海。廉江發源於廣西鬱林洲大容山，於合浦縣彙入龍門海。

3、瓊崖諸河。瓊崖諸河指瓊州府與崖州的河流，主要由南渡河、萬泉河、大河水、安遠河、昌江、新昌江、倫江、縣前江等獨流入海的河流組成。這些河流都發源於中部山地，呈放射狀向各個方向獨流入海。其中，最長的是南渡河，其發源於黎母山山地，流經定安、瓊山等縣，於瓊山縣海口港入海。第二大河流為昌江，其發源於五指山，向西流經昌化入海。第三大河流為萬泉河，其發源於黎母山山地，向東流經樂會博鰲港注入南海。

水運時代以河流為紐帶，流域內的聯繫密切，三大區域的劃分切合當時的實際。

二、清代廣東墟市子系統的墟市數量表

清代廣東各墟市子系統的墟市數量如下表所示：

表 3-1 清代廣東墟市的三大子系統

所屬子系統	府／州	縣	順治	康熙〔註2〕	雍正〔註3〕	乾隆	嘉慶	道光	咸豐	同治	光緒	宣統
珠江流域子系統	廣州府	南海		25	54	54〔註4〕		166〔註5〕		48〔註6〕	133〔註7〕	58〔註8〕
		番禺		14	14	14〔註9〕				109〔註10〕	99〔註11〕	131〔註12〕

〔註2〕 資料來源：〔清〕金光祖纂修：〔康熙〕《廣東通志》卷五坊都附，廣東省地方史志辦公室輯：《廣東歷代方志集成》，廣州：嶺南美術出版社，2006年，第298～306頁。

〔註3〕 資料來源：〔清〕郝玉麟纂修：〔雍正〕《廣東通志》卷之十八都坊，廣東省地方史志辦公室輯：《廣東歷代方志集成》，廣州：嶺南美術出版社，2006年，第489～503頁。

〔註4〕 〔清〕張嗣衍修，沈廷芳纂：〔乾隆〕《廣州府志》卷四城池，廣東省地方史志辦公室輯：《廣東歷代方志集成》，廣州：嶺南美術出版社，2007年，第130頁。

〔註5〕 〔清〕潘尚楫修，鄧士憲等纂：〔道光〕《南海縣志》卷十三建置略五，廣東省地方史志辦公室輯：《廣東歷代方志集成》，廣州：嶺南美術出版社，2007年，第288～290頁。

〔註6〕 〔清〕鄭夢玉等修，梁紹獻等纂：《廣東省南海縣志》卷五建置略二，臺北：成文出版社，1967年版，第127～129頁。

〔註7〕 〔清〕戴肇辰等修，史澄、李光廷等纂：〔光緒〕《廣州府志》卷六十九建置略六，廣東省地方史志辦公室輯：《廣東歷代方志集成》，廣州：嶺南美術出版社，2007年，第1054頁。此133個墟市全為南海縣主捕與各司之墟市。另在會城之中，還有22個屬於南海縣的墟市。

〔註8〕 〔清〕鄭蕚等修，桂坫等纂：〔宣統〕《南海縣志》卷六建置略，廣東省地方史志辦公室輯：《廣東歷代方志集成》，廣州：嶺南美術出版社，2007年，第196頁。

〔註9〕 〔清〕張嗣衍修，沈廷芳纂：〔乾隆〕《廣州府志》卷四城池，廣東省地方史志辦公室輯：《廣東歷代方志集成》，廣州：嶺南美術出版社，2007年，第130頁。

〔註10〕 〔清〕李福泰修，史澄等纂：《廣東省番禺縣志》卷十八建置略五，臺北：成文出版社，1967年版，第212～213頁。

〔註11〕 〔清〕戴肇辰等修，史澄、李光廷等纂：〔光緒〕《廣州府志》卷六十九建置略六，廣東省地方史志辦公室輯：《廣東歷代方志集成》，廣州：嶺南美術出版社，2007年，第1054～1055頁。此99個墟市全為番禺縣各司之墟市。另在會城之中，還有7個屬於番禺縣的墟市。

〔註12〕 〔民國〕梁鼎芬等修，丁仁長等纂：《廣東省番禺縣續志》卷六建置墟市，臺北：成文出版社，1967年版，第109～110頁。

東莞		29	29	29〔註13〕			55〔註14〕
順德		36	36	36〔註15〕		96〔註16〕	88〔註17〕
新會		24	45	45〔註18〕	69〔註19〕		62〔註20〕
香山		9	12	12〔註21〕			31〔註22〕
三水		17	20	20〔註23〕	25〔註24〕		22〔註25〕

〔註13〕　〔清〕張嗣衍修，沈廷芳纂：〔乾隆〕《廣州府志》卷四城池，廣東省地方史志辦公室輯：《廣東歷代方志集成》，廣州：嶺南美術出版社，2007 年，第 131 頁。

〔註14〕　〔清〕戴肇辰等修，史澄、李光廷等纂：〔光緒〕《廣州府志》卷六十九建置略六，廣東省地方史志辦公室輯：《廣東歷代方志集成》，廣州：嶺南美術出版社，2007 年，第 1055～1056 頁。

〔註15〕　〔清〕張嗣衍修，沈廷芳纂：〔乾隆〕《廣州府志》卷四城池，廣東省地方史志辦公室輯：《廣東歷代方志集成》，廣州：嶺南美術出版社，2007 年，第 132 頁。

〔註16〕　〔清〕郭汝誠修，馮奉初等纂：《廣東省順德縣志》卷五建置略二墟市，臺北：成文出版社，1974 年版，第 449～454 頁。

〔註17〕　〔清〕戴肇辰等修，史澄、李光廷等纂：〔光緒〕《廣州府志》卷六十九建置略六，廣東省地方史志辦公室輯：《廣東歷代方志集成》，廣州：嶺南美術出版社，2007 年，第 1055 頁。

〔註18〕　〔清〕張嗣衍修，沈廷芳纂：〔乾隆〕《廣州府志》卷四城池，廣東省地方史志辦公室輯：《廣東歷代方志集成》，廣州：嶺南美術出版社，2007 年，第 131 頁。

〔註19〕　〔清〕林星章修，黃培芳等纂：《廣東省新會縣志》卷四津梁，臺北：成文出版社，1966 年版，第 110～111 頁。

〔註20〕　〔清〕戴肇辰等修，史澄、李光廷等纂：〔光緒〕《廣州府志》卷六十九建置略六，廣東省地方史志辦公室輯：《廣東歷代方志集成》，廣州：嶺南美術出版社，2007 年，第 1056 頁。

〔註21〕　〔清〕張嗣衍修，沈廷芳纂：〔乾隆〕《廣州府志》卷四城池，廣東省地方史志辦公室輯：《廣東歷代方志集成》，廣州：嶺南美術出版社，2007 年，第 132 頁。

〔註22〕　〔清〕戴肇辰等修，史澄、李光廷等纂：〔光緒〕《廣州府志》卷六十九建置略六，廣東省地方史志辦公室輯：《廣東歷代方志集成》，廣州：嶺南美術出版社，2007 年，第 1056 頁。

〔註23〕　〔清〕張嗣衍修，沈廷芳纂：〔乾隆〕《廣州府志》卷四城池，廣東省地方史志辦公室輯：《廣東歷代方志集成》，廣州：嶺南美術出版社，2007 年，第 133 頁。

〔註24〕　〔清〕李友榕等修，鄧雲龍等纂，《廣東省三水縣志》卷之一墟市，臺北：成文出版社，1966 年版，第 47 頁。

〔註25〕　〔清〕戴肇辰等修，史澄、李光廷等纂：〔光緒〕《廣州府志》卷六十九建置略六，廣東省地方史志辦公室輯：《廣東歷代方志集成》，廣州：嶺南美術出版社，2007 年，第 1056～1057 頁。

		11	26	26 〔註26〕	43 〔註27〕				29 〔註28〕	
增城										
龍門		5	5	5 〔註29〕					13 〔註30〕	
花縣		8	8	8 〔註31〕					22 〔註32〕	
從化		10	12	12 〔註33〕					20 〔註34〕	
清遠		7	7	7 〔註35〕					33 〔註36〕	
新寧		13	22	22 〔註37〕					58 〔註38〕	

〔註26〕 〔清〕張嗣衍修，沈廷芳纂：〔乾隆〕《廣州府志》卷四城池，廣東省地方史志辦公室輯：《廣東歷代方志集成》，廣州：嶺南美術出版社，2007年，第131頁。

〔註27〕 〔清〕熊學源修，李寶中纂：《廣東省增城縣志》卷之一里廛，臺北：成文出版社，1974年版，第176～177頁。

〔註28〕 〔清〕戴肇辰等修，史澄、李光廷等纂：〔光緒〕《廣州府志》卷六十九建置略六，廣東省地方史志辦公室輯：《廣東歷代方志集成》，廣州：嶺南美術出版社，2007年，第1056頁。

〔註29〕 〔清〕張嗣衍修，沈廷芳纂：〔乾隆〕《廣州府志》卷四城池，廣東省地方史志辦公室輯：《廣東歷代方志集成》，廣州：嶺南美術出版社，2007年，第132頁。

〔註30〕 〔清〕戴肇辰等修，史澄、李光廷等纂：〔光緒〕《廣州府志》卷六十九建置略六，廣東省地方史志辦公室輯：《廣東歷代方志集成》，廣州：嶺南美術出版社，2007年，第1056頁。

〔註31〕 〔清〕張嗣衍修，沈廷芳纂：〔乾隆〕《廣州府志》卷四城池，廣東省地方史志辦公室輯：《廣東歷代方志集成》，廣州：嶺南美術出版社，2007年，第133頁。

〔註32〕 〔清〕戴肇辰等修，史澄、李光廷等纂：〔光緒〕《廣州府志》卷六十九建置略六，廣東省地方史志辦公室輯：《廣東歷代方志集成》，廣州：嶺南美術出版社，2007年，第1057頁。

〔註33〕 〔清〕張嗣衍修，沈廷芳纂：〔乾隆〕《廣州府志》卷四城池，廣東省地方史志辦公室輯：《廣東歷代方志集成》，廣州：嶺南美術出版社，2007年，第132頁。

〔註34〕 〔清〕戴肇辰等修，史澄、李光廷等纂：〔光緒〕《廣州府志》卷六十九建置略六，廣東省地方史志辦公室輯：《廣東歷代方志集成》，廣州：嶺南美術出版社，2007年，第1056頁。

〔註35〕 〔清〕張嗣衍修，沈廷芳纂：〔乾隆〕《廣州府志》卷四城池，廣東省地方史志辦公室輯：《廣東歷代方志集成》，廣州：嶺南美術出版社，2007年，第131頁。

〔註36〕 〔清〕戴肇辰等修，史澄、李光廷等纂：〔光緒〕《廣州府志》卷六十九建置略六，廣東省地方史志辦公室輯：《廣東歷代方志集成》，廣州：嶺南美術出版社，2007年，第1057頁。

〔註37〕 〔清〕張嗣衍修，沈廷芳纂：〔乾隆〕《廣州府志》卷四城池，廣東省地方史志辦公室輯：《廣東歷代方志集成》，廣州：嶺南美術出版社，2007年，第132～133頁。

〔註38〕 〔清〕戴肇辰等修，史澄、李光廷等纂：〔光緒〕《廣州府志》卷六十九建置略六，廣東省地方史志辦公室輯：《廣東歷代方志集成》，廣州：嶺南美術出

	新安		18	31	31〔註39〕	41〔註40〕			24〔註41〕	
	佛岡〔註42〕								
直隸廳	赤溪〔註43〕								12〔註44〕
	連州〔註45〕								
	陽山〔註46〕		5		41〔註47〕	44〔註48〕			
	連山〔註49〕								
韶州府	曲江		5	21					27〔註50〕

版社，2007 年，第 1057 頁。

〔註39〕〔清〕張嗣衍修，沈廷芳纂：〔乾隆〕《廣州府志》卷四城池，廣東省地方史志辦公室輯：《廣東歷代方志集成》，廣州：嶺南美術出版社，2007 年，第 133 頁。

〔註40〕〔清〕舒懋官修，王崇熙等纂：《廣東省新安縣志》上卷墟市，臺北：成文出版社，1974 年版，第 81～84 頁。

〔註41〕〔清〕戴肇辰等修，史澄、李光廷等纂：〔光緒〕《廣州府志》卷六十九建置略六，廣東省地方史志辦公室輯：《廣東歷代方志集成》，廣州：嶺南美術出版社，2007 年，第 1057 頁。

〔註42〕明大埔坪地分屬清遠、英德；雍正九年置同知，隸廣州府；乾隆七年廢；嘉慶十六年復置，更名。（據上海古籍出版社、上海書店編：《二十五史》清史稿上，上海：上海古籍出版社、上海書店，1986 年，第 9110 頁。）

〔註43〕同治七年析新寧縣赤溪、曹沖等地置。（據上海古籍出版社、上海書店編：《二十五史》清史稿上，上海：上海古籍出版社、上海書店，1986 年，第 9110 頁。）

〔註44〕〔民國〕王大魯修，賴際熙纂：《廣東省赤溪縣志》卷三建置墟市，臺北：成文出版社，1967 版，第 79 頁。

〔註45〕初沿明制隸廣州府，雍正五年升爲直隸州，其陽山、連山割隸。嘉慶中連山直隸。（據上海古籍出版社、上海書店編：《二十五史》清史稿上，上海：上海古籍出版社、上海書店，1986 年，第 9110 頁。）

〔註46〕〔清〕熊兆熙修，周士彪纂：〔順治〕《陽山縣志》卷一輿地志，廣東省地方史志辦公室輯：《廣東歷代方志集成》，廣州：嶺南美術出版社，2008 年，第 21 頁。

〔註47〕〔清〕萬光謙纂修：〔乾隆〕《陽山縣志》卷五輿地志，廣東省地方史志辦公室輯：《廣東歷代方志集成》，廣州：嶺南美術出版社，2008 年，第 183 頁。

〔註48〕〔清〕陸向榮修，劉彬華纂：〔道光〕《陽山縣志》卷一輿地上，廣東省地方史志辦公室輯：《廣東歷代方志集成》，廣州：嶺南美術出版社，2008 年，第 416～417 頁。

〔註49〕連山直隸廳，本連山縣，隸廣州府；雍正五年改隸連州；嘉慶二十一年升爲綏猺廳。（據上海古籍出版社、上海書店編：《二十五史》清史稿上，上海：上海古籍出版社、上海書店，1986 年，第 9110 頁。）

〔註50〕〔清〕林述訓等修，單興詩、歐樾華等纂：《廣東省韶州府志》卷十一輿地略墟市，臺北：成文出版社，1966 版，第 220～221 頁。

	樂昌	2	4			10 〔註51〕	
	仁化	1	5			10 〔註52〕	
	乳源	3	1			18 〔註53〕	
	翁源	1	11			25 〔註54〕	
	英德	6	6		78 〔註55〕	47 〔註56〕	7 〔註57〕
南雄 直隸 州	保昌 〔註58〕			21 〔註59〕			
	始興			13 〔註60〕	16 〔註61〕		14 〔註62〕

〔註51〕 〔清〕徐寶符等修，李穆等纂：《廣東省樂昌縣志》卷一猺峒墟市，臺北：成文出版社，1967版，第32頁。

〔註52〕 〔清〕陳鴻修，劉鳳輝纂：〔同治〕《仁化縣志》卷一墟市，廣東省地方史志辦公室輯：《廣東歷代方志集成》，廣州：嶺南美術出版2008年，第357頁。

〔註53〕 〔清〕林述訓等修，單興詩、歐樾華等纂：《廣東省韶州府志》卷十一輿地略墟市，臺北：成文出版社，1966版，第221頁。

〔註54〕 〔清〕林述訓等修，單興詩、歐樾華等纂：《廣東省韶州府志》卷十一輿地略墟市，臺北：成文出版社，1966版，第221頁。

〔註55〕 〔清〕黃培爍，劉濟寬修；陸殿邦纂：《道光英德縣志》卷之十二街市，《中國地方志集成》，上海：上海書店出版社，2003年，第313～315，443頁。

〔註56〕 〔清〕林述訓等修，單興詩、歐樾華等纂：《廣東省韶州府志》卷十一輿地略墟市，臺北：成文出版社，1966版，第221～222頁。

〔註57〕 〔民國〕鄧士芬修；黃佛頤，凌鶴書等纂：《民國英德縣續志》卷之四建置略，《中國地方志集成》，上海：上海書店出版社，2003年，第587頁。（記事至宣統三年）

〔註58〕 嘉慶十一年後省。（據上海古籍出版社、上海書店編：《二十五史》清史稿上，上海：上海古籍出版社、上海書店，1986年，第9110頁。）

〔註59〕 〔清〕梁宏勳等修，胡定纂：〔乾隆〕《南雄府志》卷五營建志，廣東省地方史志辦公室輯：《廣東歷代方志集成》，廣州：嶺南美術出版2007年，第406頁。

〔註60〕 〔清〕鄭炳修，凌元駒纂：〔乾隆〕《始興縣志》卷五營建志，廣東省地方史志辦公室輯：《廣東歷代方志集成》，廣州：嶺南美術出版2007年，第70～71頁。

〔註61〕 〔清〕胡勳裕修，鄭粹纂：〔嘉慶〕《始興縣志》卷五建置志，廣東省地方史志辦公室輯：《廣東歷代方志集成》，廣州：嶺南美術出版2007年，第341～432頁。

〔註62〕 〔民國〕陳慶虞修，陳及時纂：〔民國〕《始興縣志》卷六建置略，廣東省地方史志辦公室輯：《廣東歷代方志集成》，廣州：嶺南美術出版2007年，第117～118頁。迄於宣統三年。

肇慶府	高要	22	22		39〔註63〕		41〔註64〕
	四會	11	11			37〔註65〕	
	新興	24	24				
	陽春	16	16				
	陽江	26	26		65〔註66〕		47〔註67〕
	高明	23	23			39〔註68〕	
	恩平	18	18		22〔註69〕		30〔註70〕
	廣寧	1	1		16〔註71〕		
	開平	0	15				46〔註72〕
	德慶州	2	2				
	封川	3	2		14〔註73〕		
	開建	4	5				

〔註63〕　〔清〕夏修恕、屠英修，何元等纂：《廣東省高要縣志》卷三輿地略一，臺北：成文出版社，1967 年版，第 39 頁。

〔註64〕　〔清〕馬呈圖纂輯：《廣東省宣統高要縣志》卷二地理篇二村鎮，臺北：成文出版社，1974 年版，第 62～85 頁。

〔註65〕　〔清〕陳志喆等修，吳大猷纂：《廣東省四會縣志》編二下墟市，臺北：成文出版社，1967 年版，第 212～213 頁。

〔註66〕　〔清〕李沄輯：《廣東省陽江志》卷二墟市，臺北：成文出版社，1974 年版，第 151～154 頁。

〔註67〕　〔民國〕張以誠修，梁觀喜纂：《民國陽江縣志》卷二，《中國地方志集成》，上海：上海書店出版社，2003 年，第 179～181 頁。（迄於宣統三年。）

〔註68〕　〔清〕鄒兆麟修，蔡逢恩纂：《廣東省高明縣志》卷二地理墟市，臺北：成文出版社，1974 年版，第 99～104 頁。

〔註69〕　〔清〕石臺修；馬帥元等纂：《廣東省恩平縣志》卷之四疆域，臺北：成文出版社，1966 年版，第 45～46 頁。

〔註70〕　〔清〕余丕承修，桂坫纂：《民國恩平縣志》卷之七建置二，《中國地方志集成》，上海：上海書店出版社，2003 年，第 553～554 頁。迄於宣統三年。

〔註71〕　〔清〕黃思藻纂修：《廣東省廣寧縣志》卷三疆域，臺北：成文出版社，1967 年版，第 44～45 頁。

〔註72〕　〔民國〕余榮謀修，張啓煌纂：《廣東省開平縣志》卷十二建置下，臺北：成文出版社，1966 年版，第 86～88 頁。（清已有墟市 46 個，民國建墟市 11，廢墟 3 個。）

〔註73〕　〔清〕溫恭修，吳蘭修纂：《廣東省封川縣志》墟市，臺北：成文出版社，1974 年版，第 87 頁。

惠州府	歸善		3	13	12〔註74〕				36〔註75〕	
	博羅		21	24					25〔註76〕	
	海豐		9	18	13〔註77〕				14〔註78〕	
	河源		2	12					27〔註79〕	
	龍川		3	3					18〔註80〕	
	陸豐								13〔註81〕	
	和平			13					22〔註82〕	
	長寧								17〔註83〕	
	永安			8			23〔註84〕		8〔註85〕	
	連平州			16					4〔註86〕	

〔註74〕〔清〕章壽彭等修，陸飛纂：《廣東省歸善縣志》卷六城池，臺北：成文出版社，1967版，第76頁。

〔註75〕〔清〕劉桂年，張聯桂修；鄧掄斌，陳新銓纂：《光緒惠州府志》卷八建置，《中國地方志集成》，上海：上海書店出版社，2003年，第126頁。

〔註76〕〔清〕劉桂年，張聯桂修；鄧掄斌，陳新銓纂：《光緒惠州府志》卷八建置，《中國地方志集成》，上海：上海書店出版社，2003年，第127頁。

〔註77〕〔清〕于卜雄纂：修《廣東省海豐縣志》十四建置，臺北：成文出版社，1966版，第79頁。

〔註78〕〔清〕劉桂年，張聯桂修；鄧掄斌，陳新銓纂：《光緒惠州府志》卷八建置，《中國地方志集成》，上海：上海書店出版社，2003年，第133頁。

〔註79〕〔清〕劉桂年，張聯桂修；鄧掄斌，陳新銓纂：《光緒惠州府志》卷八建置，《中國地方志集成》，上海：上海書店出版社，2003年，第130頁。

〔註80〕〔清〕劉桂年，張聯桂修；鄧掄斌，陳新銓纂：《光緒惠州府志》卷八建置，《中國地方志集成》，上海：上海書店出版社，2003年，第129頁。

〔註81〕〔清〕劉桂年，張聯桂修；鄧掄斌，陳新銓纂：《光緒惠州府志》卷八建置，《中國地方志集成》，上海：上海書店出版社，2003年，第134頁。

〔註82〕〔清〕劉桂年，張聯桂修；鄧掄斌，陳新銓纂：《光緒惠州府志》卷八建置，《中國地方志集成》，上海：上海書店出版社，2003年，第131頁。

〔註83〕〔清〕劉桂年，張聯桂修；鄧掄斌，陳新銓纂：《光緒惠州府志》卷八建置，《中國地方志集成》，上海：上海書店出版社，2003年，第135頁。

〔註84〕〔清〕葉廷芳等纂修《廣東省永安縣三志》卷之一地理都里，臺北：成文出版社，1974版，第171～173頁。

〔註85〕〔清〕劉桂年，張聯桂修；鄧掄斌，陳新銓纂：《光緒惠州府志》卷八建置，《中國地方志集成》，上海：上海書店出版社，2003年，第132頁。

〔註86〕〔清〕劉桂年，張聯桂修；鄧掄斌，陳新銓纂：《光緒惠州府志》卷八建置，

系統	府	縣						
	羅定直隸州	羅定州	15	9				30〔註87〕
		東安	11	11				
		西寧	4	4				25
韓江流域子系統	潮州府	海陽	8	9	9〔註88〕		26〔註89〕	
		潮陽	1	1	17〔註90〕		27〔註91〕	
		揭陽	13	26	24〔註92〕		10〔註93〕	
		南澳廳〔註94〕						
		饒平	5	11	17〔註95〕		19〔註96〕	
		惠來	5	7	11〔註97〕			

　　　　《中國地方志集成》，上海：上海書店出版社，2003 年，第 131 頁。

〔註87〕　〔民國〕周學仕修；馬呈圖纂；陳樹勳續修：《民國羅定志》卷一輿圖，《中國地方志集成》，上海：上海書店出版社，2003 年，第 251、220～240 頁。

〔註88〕　〔清〕周碩勳纂修：《乾隆潮州府志》卷十四墟市，《中國地方志集成》，上海：上海書店出版社，2003 年，第 166～167 頁。

〔註89〕　〔清〕盧蔚獻修，吳道鎔纂：《廣東海陽縣志》卷二十二建置略六，臺北：成文出版社，1967 版，第 212 頁。

〔註90〕　〔清〕周碩勳纂修：《乾隆潮州府志》卷十四墟市，《中國地方志集成》，上海：上海書店出版社，2003 年，第 167 頁。

〔註91〕　〔清〕周恒重修，張其曾羽纂：《廣東省潮陽縣志》卷四墟市，臺北：成文出版社，1966 年，第 46 頁。

〔註92〕　〔清〕劉業勤修，凌魚纂：《乾隆揭陽縣志》卷之一墟市，《中國地方志集成》，上海：上海書店出版社，2003 年，第 271 頁。

〔註93〕　〔清〕王崧修，李星輝纂：《光緒揭陽縣志》卷之一墟市，《中國地方志集成》，上海：上海書店出版社，2003 年，第 553 頁。

〔註94〕　本南澳鎮，地分四澳，雲、青二澳隸閩之詔安，隆、深二澳隸粵之饒平；雍正十年置海防同知，爲南澳廳治，深澳來屬。（據上海古籍出版社、上海書店編：《二十五史》清史稿上，上海：上海古籍出版社、上海書店，1986 年，第 9110 頁。）

〔註95〕　〔清〕周碩勳纂修：《乾隆潮州府志》卷十四墟市，《中國地方志集成》，上海：上海書店出版社，2003 年，第 168 頁。

〔註96〕　〔清〕劉抃原本，惠登甲增修，黃德容、翁荃增纂：《光緒饒平縣志》卷之二城池，《中國地方志集成》，上海：上海書店出版社，2003 年，第 46 頁。

〔註97〕　〔清〕周碩勳纂修：《乾隆潮州府志》卷十四墟市，《中國地方志集成》，上海：上海書店出版社，2003 年，第 168～169 頁。

	大埔		7	15	20 〔註98〕			
	豐順				7 〔註99〕		7	
	普寧		0	4	13 〔註100〕		27 〔註101〕	
	澄海		9	9	10 〔註102〕	16 〔註103〕	10	
	程鄉 〔註104〕		7	5				
嘉應 直隸 州	平遠		8	8	10 〔註106〕			

〔註98〕 〔清〕周碩勳纂修：《乾隆潮州府志》卷十四墟市，《中國地方志集成》，上海：上海書店出版社，2003年，第169頁。

〔註99〕 〔清〕周碩勳纂修：《乾隆潮州府志》卷十四墟市，《中國地方志集成》，上海：上海書店出版社，2003年，第170頁。

〔註100〕 〔清〕周碩勳纂修：《乾隆潮州府志》卷十四墟市，《中國地方志集成》，上海：上海書店出版社，2003年，第170頁。

〔註101〕 〔清〕盧師識修，賴煥辰纂：《光緒普寧縣志稿》卷一疆輿志，《中國地方志集成》，上海：上海書店出版社，2003年，第189～190頁。

〔註102〕 〔清〕周碩勳纂修：《乾隆潮州府志》卷十四墟市，《中國地方志集成》，上海：上海書店出版社，2003年，第169～170頁。

〔註103〕 〔清〕李書吉等修，蔡繼紳等纂：《廣東省澄海縣志》卷八埠市，臺北：成文出版社，1967版，第80頁。

〔註104〕 程鄉，雍正十一年之前隸屬潮州府；雍正十一年至嘉慶十二年之間不存在；嘉慶十二年至嘉慶十七年復置，隸屬嘉應州；嘉慶十七年省。（據上海古籍出版社、上海書店編：《二十五史》清史稿上，上海：上海古籍出版社、上海書店，1986年，第9110頁。）此表中康熙年間及雍正年間的數據分別來自於：〔清〕金光祖纂修：〔康熙〕《廣東通志》卷五城池，廣東省地方史志辦公室輯：《廣東歷代方志集成》，廣州：嶺南美術出版社，2006年，第298～307頁；以及〔清〕郝玉麟纂修：〔雍正〕《廣東通志》卷之十八都坊，廣東省地方史志辦公室輯：《廣東歷代方志集成》，廣州：嶺南美術出版社，2006年，第489～503頁。因為本文所引之郝玉麟纂修的〔雍正〕《廣東通志》是雍正九年刻本，所以在按府為單位統計墟市總數時，此表所記之康雍時期程鄉的墟市數目，都應歸入潮州府之列。

〔註106〕 〔清〕盧兆鼇等修，歐陽蓮等纂：《廣東省平遠縣志》卷之一疆域，臺北：成文出版社，1974版，第58頁。

系統	府	縣						
南路子系統	〔註105〕	鎮平		4				3〔註107〕
		興寧	7	12				
		長樂	1	13				
	高州府	茂名	14	21				35〔註108〕
		電白	13	23		32〔註109〕		34〔註110〕
		信宜		7				17〔註111〕
		化州	26	20				50〔註112〕
		吳川	11	11				16〔註113〕
		石城		21				34〔註114〕
	雷州府	海康		23				
		遂溪	10	14		29〔註115〕		
		徐聞		10				45〔註116〕

〔註105〕舊程鄉縣，隸潮州府；雍正十一年升爲嘉應州，直隸廣東布政使司；嘉慶十二年升爲嘉應府，復置程鄉縣，爲府治；十七年仍改爲直隸州，省程鄉縣。（據上海古籍出版社、上海書店編：《二十五史》清史稿上，上海：上海古籍出版社、上海書店，1986 年，第 9110 頁。）

〔註107〕〔清〕黃劍纂：《光緒鎮平縣志》卷六地志，《中國地方志集成》，上海：上海書店出版社，2003 年，第 261 頁。

〔註108〕〔清〕楊霽修，陳蘭彬纂：《廣東省高州府志》卷十建置三墟市，臺北：成文出版社，1967 版，第 128 頁。

〔註109〕〔清〕葉廷芳撰：《廣東省電白縣志》卷八建置，臺北：成文出版社，1968 版，第 371～374 頁。

〔註110〕〔清〕楊霽修，陳蘭彬纂：《廣東省高州府志》卷十建置三墟市，臺北：成文出版社，1967 版，第 128 頁。

〔註111〕〔清〕楊霽修，陳蘭彬纂：《廣東省高州府志》卷十建置三墟市，臺北：成文出版社，1967 版，第 128 頁。

〔註112〕〔清〕彭貽蓀修，彭步瀛纂：《廣東省化州志》卷二市集，臺北：成文出版社，1974 版，第 165～172 頁。

〔註113〕〔清〕毛昌善修，陳蘭彬纂：《廣東省吳川縣志》卷一墟市，臺北：成文出版社，1967 版，第 45 頁。

〔註114〕〔清〕楊霽修，陳蘭彬纂：《廣東省高州府志》卷十建置三墟市，臺北：成文出版社，1967 版，第 129 頁。

〔註115〕〔清〕俞炳榮，趙鈞謨等纂：《廣東省遂溪縣志》卷之四墟市，臺北：成文出版社，1967 年版，第 331～332 頁。

〔註116〕〔清〕王輔之等纂修：《廣東省徐聞志》卷之一輿地，臺北：成文出版社，1974

廉州府〔註117〕	合浦	4	5	18〔註118〕		39〔註119〕			40〔註120〕
	靈山	21	11	17〔註121〕	52〔註122〕	31〔註123〕			38〔註124〕
欽〔註125〕州直隸州〔註128〕	欽州	6	10	12〔註126〕		29〔註127〕			
	防城							14〔註129〕	

年版，第 124～126 頁。

〔註117〕 廉州府初沿明制，領州一縣二，光緒十四年欽州直隸。（據上海古籍出版社、上海書店編：《二十五史》清史稿上，上海：上海古籍出版社、上海書店，1986 年，第 9111 頁。）

〔註118〕 〔清〕周碩勳修，王家憲纂：〔乾隆〕《廉州府志》卷之六建置，乾隆二十一年刻本，廣東省地方史志辦公室輯：《廣東歷代方志集成》，廣州：嶺南美術出版，2006 年，第 90 頁。

〔註119〕 〔清〕張堉春修，陳治昌纂：〔道光〕《廉州府志》卷九建置三，道光十三年刻本，廣東省地方史志辦公室輯：《廣東歷代方志集成》，廣州：嶺南美術出版，2006 年，第 197～198 頁。

〔註120〕 〔民國〕廖國器修，劉潤剛、許瑞棠纂：〔民國〕《合浦縣志》卷一建置志，廣東省地方史志辦公室輯：《廣東歷代方志集成》，廣州：嶺南美術出版 2008 年，第 113～115 頁。訖於宣統三年。

〔註121〕 〔清〕周碩勳修，王家憲纂：〔乾隆〕《廉州府志》卷之六建置，乾隆二十一年刻本，廣東省地方史志辦公室輯：《廣東歷代方志集成》，廣州：嶺南美術出版，2006 年，第 90 頁。

〔註122〕 〔清〕張孝詩修，梁炅纂：〔嘉慶〕《靈山縣志》卷五疆域志，廣東省地方史志辦公室輯：《廣東歷代方志集成》，廣州：嶺南美術出版社，2007 年，第 85 頁。

〔註123〕 〔清〕張堉春修，陳治昌纂：〔道光〕《廉州府志》卷九建置三，道光十三年刻本，廣東省地方史志辦公室輯：《廣東歷代方志集成》，廣州：嶺南美術出版，2006 年，第 198～199 頁。

〔註124〕 〔民國〕劉運熙、立敏中纂修：〔民國〕《靈山縣志》卷六輿地志，廣東省地方史志辦公室輯：《廣東歷代方志集成》，廣州：嶺南美術出版 2008 年，第 187 頁。（民國三年修，可作清末之參考。）

〔註125〕 初沿明制，屬廉州府；光緒十四年升為直隸州，析靈山縣林墟司隸之，又析州屬防城、如昔二司置，防城縣來屬。（據上海古籍出版社、上海書店編：《二十五史》清史稿上，上海：上海古籍出版社、上海書店，1986 年，第 9111 頁。）

〔註126〕 〔清〕周碩勳修，王家憲纂：〔乾隆〕《廉州府志》卷之六建置，乾隆二十一年刻本，廣東省地方史志辦公室輯：《廣東歷代方志集成》，廣州：嶺南美術出版，2006 年，第 90 頁。

〔註127〕 〔清〕張堉春修，陳治昌纂：〔道光〕《廉州府志》卷九建置三，道光十三年刻本，廣東省地方史志辦公室輯：《廣東歷代方志集成》，廣州：嶺南美術出版，2006 年，第 198 頁。

〔註128〕 向隸越南，光緒十三年來屬。（據上海古籍出版社、上海書店編：《二十五史》清史稿上，上海：上海古籍出版社、上海書店，1986 年，第 9111 頁。）

瓊州府	瓊山	12	30		44〔註 130〕	50〔註 131〕		75〔註 132〕
	澄邁	11	18		59〔註 133〕			
	臨高	3	7		15〔註 134〕		57〔註 135〕	
	定安	7	30		36〔註 136〕		22〔註 137〕	
	文昌	4	28		43〔註 138〕			39〔註 139〕
	樂會	4	7		12〔註 140〕			6〔註 141〕

〔註129〕　〔清〕李燕伯纂修：〔光緒〕《防城縣小志》卷一地志諸圖，廣東省地方史志辦公室輯：《廣東歷代方志集成》，廣州：嶺南美術出版 2008 年，第 13～14 頁。

〔註130〕　〔清〕明宜修；張岳崧纂：《廣東省瓊州府志》卷九上建置都市，臺北：成文出版社，1967 年版，第 225 頁。

〔註131〕　〔清〕李文恒修；鄭文彩纂：《廣東省瓊山縣志》卷五建置六市，臺北：成文出版社，1974 年版，第 501～504 頁。

〔註132〕　〔清〕徐淦等修，李熙、王國憲纂：《民國瓊山縣志》卷五建置六都市，《中國地方志集成》，上海：上海書店出版社，2001 年，第 388～390 頁。此方志共載墟市 99 個，絕大部分有標明設立年代，其中，標明民國建立或新建者 13 個，顯示已廢者 11 個，而清代墟市則有 75 個（沒有標注年代者默認爲清代墟市）。存疑：本書記事到民國，但作者年代卻標注爲「清」。

〔註133〕　〔清〕明宜修；張岳崧纂：《廣東省瓊州府志》卷九上建置都市，臺北：成文出版社，1967 年版，第 226 頁。

〔註134〕　〔清〕明宜修；張岳崧纂：《廣東省瓊州府志》卷九上建置都市，臺北：成文出版社，1967 年版，第 229 頁。

〔註135〕　〔清〕聶緝慶修；桂文熾纂：《廣東省臨高縣志》卷五建置墟市，臺北：成文出版社，1974 年版，第 305～307 頁。

〔註136〕　〔清〕明宜修；張岳崧纂：《廣東省瓊州府志》卷九上建置都市，臺北：成文出版社，1967 年版，第 227 頁。

〔註137〕　〔清〕吳應廉修，王應斗纂：《光緒定安縣志》卷一輿地墟市，《中國地方志集成》，上海：上海書店出版社，2001 年，第 57～58 頁。

〔註138〕　〔清〕明宜修；張岳崧纂：《廣東省瓊州府志》卷九上建置都市，臺北：成文出版社，1967 年版，第 227～228 頁。

〔註139〕　〔清〕林帶英、李鍾岳纂修：《民國文昌縣志》卷三建置志墟市，《中國地方志集成》，上海：上海書店出版社，2001 年，第 207 頁。（自咸豐八年迄宣統三年。）

〔註140〕　〔清〕明宜修；張岳崧纂：《廣東省瓊州府志》卷九上建置都市，臺北：成文出版社，1967 年版，第 228 頁。

〔註141〕　〔清〕林大華纂修：《宣統樂會縣志》卷二墟市，《中國地方志集成》，上海：上海書店出版社，2001 年，第 729 頁。

	會同	6	12		14 〔註142〕	
	儋州	6	18		33 〔註143〕	
崖州直隸州〔註144〕	昌化	2	2		1 〔註145〕	27 〔註146〕
	萬州		19		20 〔註147〕	
	陵水		3		4 〔註148〕	
	崖州		7		10 〔註149〕	16 〔註150〕
	感恩		1		3 〔註151〕	

第二節　清代廣東墟市三大子系統的演化

在清代每一階段，廣東墟市三大子系統的演化特徵有所不同。爲了清楚地展現清代廣東墟市的空間演化規律，以下先在清代的前中後期三個時段內，分別對子系統的發展狀況進行比較；然後再通過系統總體的前後對比，

〔註142〕〔清〕明宜修；張岳崧纂：《廣東省瓊州府志》卷九上建置都市，臺北：成文出版社，1967 年版，第 228 頁。

〔註143〕〔清〕明宜修；張岳崧纂：《廣東省瓊州府志》卷九上建置都市，臺北：成文出版社，1967 年版，第 229 頁。

〔註144〕崖州舊隸瓊州府，光緒三十一年升爲直隸州。（據上海古籍出版社、上海書店編：《二十五史》清史稿上，上海：上海古籍出版社、上海書店，1986 年，第 9111 頁。）

〔註145〕〔清〕明宜修；張岳崧纂：《廣東省瓊州府志》卷九上建置都市，臺北：成文出版社，1967 年版，第 230 頁。

〔註146〕〔清〕李有益纂修：《光緒昌化縣志》卷二墟市，《中國地方志集成》，上海：上海書店出版社，2001 年，第 389 頁。

〔註147〕〔清〕胡端書修，楊士錦、吳鳴清纂：《道光萬州志》卷三形勝，《中國地方志集成》，上海：上海書店出版社，2001 年，第 490 頁。

〔註148〕〔清〕明宜修；張岳崧纂：《廣東省瓊州府志》卷九上建置都市，臺北：成文出版社，1967 年版，第 230 頁。

〔註149〕〔清〕明宜修；張岳崧纂：《廣東省瓊州府志》卷九上建置都市，臺北：成文出版社，1967 年版，第 231 頁。

〔註150〕〔清〕鍾元棣修，張雋、邢定綸纂：《民國崖州志》卷五建置，《中國地方志集成》，上海：上海書店出版社，2001 年，第 49 頁。（成書於光緒二十七年〔1901〕，光緒三十四年〔1908〕加以補訂。）

〔註151〕〔清〕明宜修；張岳崧纂：《廣東省瓊州府志》卷九上建置都市，臺北：成文出版社，1967 年版，第 231 頁。

以期探尋清代廣東墟市系統的空間演化規律。

一、清前期子系統發展狀況比較

　　清前期廣東墟市子系統的發展狀況比較，以雍正年間的墟市數據爲依據。從上表 3-1「清代廣東墟市的三大子系統」表可知，雍正《廣東通志》完整地記錄了廣東各縣的墟市數目，故以其爲清前期的典型進行分析。通過對雍正時期廣東各縣墟市數量進行計算，可以得出清前期廣東各府的墟市總數及排序，還可以計算出清前期廣東三大墟市子系統的墟市總數及排序。

　　以雍正年間的數據爲依據所產生的研究障礙及解決辦法。若按照雍正年間的數據進行流域劃分，會遇到一個問題，就是：上表所列之雍正年間的數據，來源於雍正九年刻本的郝玉麟（雍正）《廣東通志》，所以其惠州府包括了後來了才設置的嘉應州〔註152〕的一部分〔註153〕，因此，此時的惠州府既有屬於珠江流域的部分，如歸善、博羅等；又有屬於韓江流域的部分，如興寧、長樂。爲了方便研究，對惠州府各縣進行拆分，讓其歸屬不同的子系統：惠州府的興寧及長樂歸屬韓江流域，其餘部分屬於珠江流域。詳見下表：

表 3-2　清代前期廣東各地墟市數量〔註154〕

清 前 期 （ 雍 正 時 期 ）							
子　系　統	府	縣	市	墟	各縣墟市數	各府墟市總數	各府平均每縣墟市數
珠江流域墟市子系統（平均每縣的墟市數爲 13.3 個/縣）	廣州	南海	8	46	54	321	22.9
		番禺	8	6	14		
		東莞	4	25	29		
		順德	4	32	36		
		新會	14	31	45		

〔註152〕嘉應州：舊程鄉縣，隸潮州府；雍正十一年升爲嘉應州，直隸廣東布政使司；嘉慶十二年升爲嘉應府，復置程鄉縣，爲府治；十七年仍改爲直隸州，省程鄉縣。（據上海古籍出版社、上海書店編：《二十五史》清史稿上，上海：上海古籍出版社、上海書店，1986 年，第 9110 頁。）

〔註153〕由於整體研究的需要，上表採用清後期廣東的行政區劃，所以此表格的康雍時期數據，未能顯示惠州府包括興寧、長樂等縣的內容。

〔註154〕資料來源：〔清〕郝玉麟纂修：〔雍正〕《廣東通志》卷之十八都坊，廣東省地方史志辦公室輯：《廣東歷代方志集成》，廣州：嶺南美術出版社，2006 年，第 489～503 頁。

	香山	4	8	12		
	三水	3	17	20		
	增城	0	26	26		
	龍門	3	2	5		
	花縣	0	8	8		
	從化	0	12	12		
	清遠	3	4	7		
	新寧	0	22	22		
	新安	8	23	31		
連州	連州	0	0	0	0	0
	陽山	0	0	0		
連山廳	連山	0	0	0	0	0
韶州	曲江	0	21	21	48	8
	樂昌	0	4	4		
	仁化	0	5	5		
	乳源	0	1	1		
	翁源	0	11	11		
	英德	2	4	6		
南雄州	保昌	0	0	0	0	0
	始興	0	0	0		
羅定州	羅定州	0	9	9	24	8
	東安	0	11	11		
	西寧	0	4	4		
肇慶	高要	3	19	22	165	13.8
	四會	3	8	11		
	新興	2	22	24		
	陽春	0	16	16		
	陽江	1	25	26		
	高明	1	22	23		
	恩平	2	16	18		
	廣寧	0	1	1		
	開平	0	15	15		
	德慶州	2	0	2		
	封川	2	0	2		
	開建	0	5	5		

	惠州	歸善	13	0	13	119	10.8
		博羅	24	0	24		
		海豐	5		5		
		河源	0	12	12		
		龍川	3	0	3		
		和平	0	13	13		
		長寧	0	0	0		
		永安	0	8	8		
		連平州	1	15	16		
韓江流域墟市子系統（平均每縣的墟市數為9.5個/縣）		興寧	12	0	12		
		長樂	13	0	13		
	潮州	平遠	8	0	8	99	9
		鎮平	0	4	4		
		程鄉	2	3	5		
		海陽	0	9	9		
		潮陽	1	0	1		
		揭陽	22	4	26		
		饒平	8	3	11		
		惠來	7	0	7		
		大埔	12	3	15		
		普寧	4	0	4		
		澄海	9	0	9		
南路墟市子系統（平均每縣的墟市數為14.3個/縣）	高州	茂名	0	21	21	103	17.2
		電白	0	23	23		
		信宜	0	7	7		
		化州	0	20	20		
		吳川	0	11	11		
		石城	0	21	21		
	廉州	合浦	1	4	5	26	8.7
		靈山	0	11	11		
		欽州	1	9	10		
	雷州	海康	2	21	23	47	15.7
		遂溪	0	14	14		
		徐聞	0	10	10		

瓊州	瓊山	30	0	30	182	14
	澄邁	18	0	18		
	臨高	7	0	7		
	定安	30	0	30		
	文昌	28	0	28		
	樂會	7	0	7		
	會同	12	0	12		
	儋州	12	6	18		
	昌化	2	0	2		
	萬州	2	17	19		
	陵水	3	0	3		
	崖州	7	0	7		
	感恩	1	0	1		

從上表可得知清前期廣東各府及各墟市子系統的墟市平均數的排序情況，詳見下二表：

表 3-3　清前期廣東各府的墟市總數及排序〔註155〕

府級行政單位名稱	平均每縣墟市數（個/縣）	排　序
廣州府	22.9	1
高州府	17.2	2
雷州府	15.7	3
瓊州府	14	4
肇慶府	13.8	5
惠州府	10.8	6
潮州府	9	7
廉州府	8.7	8
羅定州	8	9
韶州府	8	9
南雄州	0	11

〔註155〕資料來源：〔清〕郝玉麟纂修：〔雍正〕《廣東通志》卷之十八都坊，廣東省地方史志辦公室輯：《廣東歷代方志集成》，廣州：嶺南美術出版社，2006年，第489～503頁。

表3-4 清前期廣東三大墟市子系統的排序〔註156〕

墟 市 子 系 統	平均每縣墟市數（個/縣）	排 序
南路子系統	14.3	1
珠江流域墟市子系統	13.3	2
韓江流域墟市子系統	9.5	3

根據表「清前期廣東三大墟市子系統的排序」顯示，清前期廣東南路的墟市經濟總體發展水平最高，其平均每縣的墟市數量最多；珠江流域墟市的發展水平位居第二，其平均每縣墟市數略少於南路；韓江流域墟市發展總體水平最為落後。造成清前期廣東各地墟市發展水平各異的原因是多方面的，現試歸納其主要影響因素如下：

南路位列第一，是因為南路墟市經濟的整體水平較高，高、雷、瓊三府的排位都靠前，分別居於二、三、四位。清初高雷瓊墟市經濟的整體水平較高與其地生產條件較好有關。南路多肥沃之地：如康熙遂溪：「山拱水繞，地曠田腴。」〔註157〕又康熙海康：「地近山海，有魚鹽穀米之裕。」〔註158〕又康熙徐聞：「枕山瀕海，地極南溟。……。東南土沃，居民以漁獵為業。」〔註159〕又康熙澄邁：「土田膏腴，物力兼饒。」〔註160〕又康熙茂名：「田土膏腴，習尚樸厚，務農重穀，人可自給。」〔註161〕由於南路的某些地區處於熱帶，光熱水條件配合較好，所以生物生長那個周期短，農產品產量相對較高，如瓊郡：「田疇三熟，蠶綿八登。」〔註162〕還有一些他處所無的特殊

〔註156〕 資料來源：〔清〕郝玉麟纂修：〔雍正〕《廣東通志》卷之十八都坊，廣東省地方史志辦公室輯：《廣東歷代方志集成》，廣州：嶺南美術出版社，2006年，第489～503頁。

〔註157〕 〔清〕金光祖纂修：〔康熙〕《廣東通志》卷二十一風俗，廣東省地方史志辦公室輯：《廣東歷代方志集成》，廣州：嶺南美術出版社，2006年，第1447頁。

〔註158〕 〔清〕金光祖纂修：〔康熙〕《廣東通志》卷二十一風俗，廣東省地方史志辦公室輯：《廣東歷代方志集成》，廣州：嶺南美術出版社，2006年，第1447頁。

〔註159〕 〔清〕金光祖纂修：〔康熙〕《廣東通志》卷二十一風俗，廣東省地方史志辦公室輯：《廣東歷代方志集成》，廣州：嶺南美術出版社，2006年，第1447頁。

〔註160〕 〔清〕金光祖纂修：〔康熙〕《廣東通志》卷二十一風俗，廣東省地方史志辦公室輯：《廣東歷代方志集成》，廣州：嶺南美術出版社，2006年，第1447頁。

〔註161〕 〔清〕金光祖纂修：〔康熙〕《廣東通志》卷二十一風俗，廣東省地方史志辦公室輯：《廣東歷代方志集成》，廣州：嶺南美術出版社，2006年，第1446頁。

〔註162〕 〔清〕金光祖纂修：〔康熙〕《廣東通志》卷二十一風俗，廣東省地方史志辦公室輯：《廣東歷代方志集成》，廣州：嶺南美術出版社，2006年，第1447頁。

產品，如會同檳榔：「土田擅數邑之繞，檳榔兼一方之利。」〔註163〕南路某些地區的民眾較為勤勞：如定安：「雖無商賈百工之資，而有勤儉務農之積。」〔註164〕再有康熙儋州：「民性簡率，工於射獵。家（畎）戶織，無飢寒傭佃之民，……。市有販易之婦，……。」〔註165〕天時地利人和造就了清前期南路墟市總體水平的領先地位。

珠江流域排名第二。其原因是：珠江流域內墟市發展的地域差異較大，兩極分化較嚴重，故總體發展水平位居第二。首先，廣州府的墟市經濟發展特別好。位居清前期廣東墟市發展前列的南海、東莞、順德、新安、增城都在廣州府內。這些地區的墟市經濟發展的基礎好，如農業發達：「（順德）輿地瀕海，田廣而腴。魚稻之饒，甲於他邑。」〔註166〕又貿易興旺：「（廣州府）家無積金而用度自裕者，則以魚稻賤耳。故負擔之夫，一錢適市，可以無饑，不致糊口於四方。」〔註167〕其次，肇慶府與惠州府的墟市經濟水平較高。肇慶府的新興、高要、高明、陽江，以及惠州府的博羅的墟市經濟發展不錯。此二府也有不少有利於墟市經濟發展的條件，如惠州府：「地多肥沃，樂兼山海，利擅魚鹽。」〔註168〕又高要：「魚米蔬果足以自給。」〔註169〕然而，流域內的韶州府與羅定州的墟市經濟相對落後。這或許與自然條件及區位有關。韶州府位於粵北山區，羅定州位於粵西山區，二者皆山多田少，其出產商品主要以附加值較低的農產品為主；手工業門類較為單一。如康熙羅定州：「俗尚質儉，不好華靡。布衣葛裾，茅屋土壁。安土重遷不務末。」〔註170〕

〔註163〕〔清〕金光祖纂修：〔康熙〕《廣東通志》卷二十一風俗，廣東省地方史志辦公室輯：《廣東歷代方志集成》，廣州：嶺南美術出版社，2006年，第1447頁。

〔註164〕〔清〕金光祖纂修：〔康熙〕《廣東通志》卷二十一風俗，廣東省地方史志辦公室輯：《廣東歷代方志集成》，廣州：嶺南美術出版社，2006年，第1447頁。

〔註165〕〔清〕金光祖纂修：〔康熙〕《廣東通志》卷二十一風俗，廣東省地方史志辦公室輯：《廣東歷代方志集成》，廣州：嶺南美術出版社，2006年，第1447頁。

〔註166〕〔清〕金光祖纂修：〔康熙〕《廣東通志》卷二十一風俗，廣東省地方史志辦公室輯：《廣東歷代方志集成》，廣州：嶺南美術出版社，2006年，第1442頁。

〔註167〕〔清〕金光祖纂修：〔康熙〕《廣東通志》卷二十一風俗，廣東省地方史志辦公室輯：《廣東歷代方志集成》，廣州：嶺南美術出版社，2006年，第1442頁。

〔註168〕〔清〕金光祖纂修：〔康熙〕《廣東通志》卷二十一風俗，廣東省地方史志辦公室輯：《廣東歷代方志集成》，廣州：嶺南美術出版社，2006年，第1444頁。

〔註169〕〔清〕金光祖纂修：〔康熙〕《廣東通志》卷二十一風俗，廣東省地方史志辦公室輯：《廣東歷代方志集成》，廣州：嶺南美術出版社，2006年，第1445頁。

〔註170〕〔清〕金光祖纂修：〔康熙〕《廣東通志》卷二十一風俗，廣東省地方史志辦公室輯：《廣東歷代方志集成》，廣州：嶺南美術出版社，2006年，第1448頁。

又康熙韶州府：「土曠民稀，著流並處。俗崇簡樸，厭薄紛華。以耕稼爲首務，人安故土，不樂商旅。市肆貿易，珍貨無所售。」〔註171〕再者，韶州府與羅定州的區位條件一般，兩地都遠離廣州、佛山、澳門等區域經濟中心較遠，所接受先進地區的經濟輻射輻射較弱。這些都有礙於韶州府與羅定州的墟市經濟的發展。基於以上原因，清前期珠江流域墟市總數在廣東之內位居第二。

韓江流域排名最後。究其原因，是：韓江流域，僅揭陽一縣的墟市發展水平較高，其他地區較爲落後，所以其排名靠後。此區墟市經濟發展的限制因素爲：韓江流域腹地較小；遠離區域經濟中心。故其總體經濟狀況偏下：「民多力耕，餘逐十一。……。女工蠶桑組織，近山之婦多樵，瀕海者兼拾海，錯以糊口。土薄民貧，其大較也。」〔註172〕

二、清前期縣域墟市經濟發達區〔註173〕

1、廣州府：南海（54）〔註174〕、新會（45）、順德（36）、新安（31）、
　　　　　東莞（29）、增城（26）、新寧（22）、三水（20）。
2、瓊州府：瓊山（30）、定安（30）、文昌（28）。
3、肇慶府：陽江（26）、新興（24）、高明（23）、高要（22）。
4、高州府：電白（23）、茂名（21）、石城（21）、化州（20）。
5、潮州府：揭陽（26）、大埔（20）。
6、雷州府：海康（23）。
7、廉州府：靈山（21）。
8、惠州府：博羅（24）。
9、韶州府：曲江（21）。

根據以上數據，清前期，廣東的墟市經濟發達區由一片、一帶、若干散點組成。

首先，珠江三角洲墟市經濟發達片，是清前期廣東墟市經濟最發達的地區。珠江三角洲地區的墟市經濟發達，特別是其中的西江三角洲尤爲發達。

〔註171〕〔清〕金光祖纂修：〔康熙〕《廣東通志》卷二十一風俗，廣東省地方史志辦公
　　　　室輯：《廣東歷代方志集成》，廣州：嶺南美術出版社，2006 年，第 1443 頁。
〔註172〕〔清〕金光祖纂修：〔康熙〕《廣東通志》卷二十一風俗，廣東省地方史志辦公
　　　　室輯：《廣東歷代方志集成》，廣州：嶺南美術出版社，2006 年，第 1445 頁。
〔註173〕選取雍正時期墟市數不少於 20 個的縣進行分析。
〔註174〕括號中的數字爲雍正《廣東通志》所記載的該縣的墟市數目。

此片包括南海、新會、順德、新安、東莞、增城、新寧、三水等地。

其次，南肇慶府〔註175〕及南路墟市經濟發達帶，是清前期廣東墟市經濟的次發達地區。此墟市經濟帶包括以下地區：高要、高明、新興、陽江、電白、茂名、化州、海康、瓊山、定安、文昌。其中，高要、高明、新興、陽江主要位於肇慶府的南部地區，且把這些地區稱爲南肇慶府。而電白、茂名、化州、海康、瓊山、定安、文昌，則主要位於廣東南路地區。所以，由上述11個縣所組成的清前期廣東墟市經濟發達帶，可稱爲南肇慶府及南路墟市經濟發達帶。這一地帶的結構是：肇慶府之高要、高明、新興、陽江組成此墟市經濟發達帶的北半部，其呈南北走向；南路之電白、茂名、化州、海康、瓊山、定安、文昌組成此墟市經濟發達帶的南半部，其呈「C」型。這兩部分通過陽江而連結成一體。

再次，曲江、揭陽、大埔、博羅、石城、靈山，是清前期廣東墟市經濟的六個增長點。這些增長點散佈在廣東各地：曲江位於粵北韶州府；博羅處於粵中偏東位置，屬於惠州府；揭陽及大埔位於粵東潮州府；石城與靈山分別位於粵西的高州府與廉州府。此六者爲清前期廣東墟市經濟發展較好的縣，其墟市經濟水平除了表現在墟市總數多之外，還表現在市所佔的比例較高、貿易時間較長等方面。如揭陽：據乾隆四十四年修的《揭陽縣正續志》記載，乾隆年間揭陽墟市較多，共有24個，其中，市有13個，約占墟市總數的54%，比例較高。墟共11個，其墟期較長，3日／旬之墟就有10個。〔註176〕無論是「市」的比例較高，還是墟期較長，都說明了清前期揭陽的墟市經濟發展狀態良好。

三、清中期縣域墟市經濟發達區

據「清代廣東墟市的三大子系統」表所呈現的數據可知，在有記載墟市數量的方志中，道光年間的最多，故本文主要選取道光時期的方志，作爲分析清中期廣東墟市空間演化特點的主要材料，再以嘉慶及咸豐時期的材料爲補充。通過對方志所載各縣的墟市數量進行對比分析，可知清中期廣東縣域墟市經濟最爲發達〔註177〕的地區有：〔註178〕

〔註175〕以高要爲界，高要及高要以南的肇慶府地區爲南肇慶府，其餘地區爲北肇慶府。
〔註176〕〔清〕劉業勤纂修《廣東揭陽縣正續志》卷一墟市，臺北：成文出版社，1974版，第178～179頁。
〔註177〕墟市經濟最爲發達的縣是指墟市數目在50個以上（含50個）的縣。
〔註178〕以下括號中的數字，未注明年代者，皆爲道光時期方志所載的墟市數。

1、廣州府：南海（166）、順德（96/咸豐）、新會（69）。南海在配合省佛超級經濟中心的過程中，墟市經濟得到了極大的發展，其時之墟市數量為 166 個，比清末光緒年間的 133 個還要多。即南海的墟市經濟在清中期時經歷了發展的顛峰。

2、韶州府：英德（78）。

3、瓊州府：瓊山（50）、澄邁（59）。澄邁是瓊州府北部的縣，與瓊山為鄰。

4、肇慶府：陽江（65）。

5、廉州府：靈山（52/嘉慶）。

而縣域墟市經濟較為發達的地區〔註179〕則有：

1、廣州府：增城（43/嘉慶）、新安（41/嘉慶）。

2、連州直隸州：陽山（44）。

3、肇慶府：高要（39）。

4、高州府：電白（32）。

5、瓊州府：定安（36）、文昌（43）、儋州（33）。

6、廉州府：合浦（39）。

由此可見，清中期珠江三角洲地區的墟市經濟依然領先。

清中期，廉州地區屬於墟市經濟發展水平中上的地區。合浦（39）、欽州（29）兩個墟市經濟增長點的出現，說明清中期南路墟市經濟發達帶，向廉州府進一步延伸。

四、清後期縣域墟市經濟發達區

清後期廣東縣域墟市經濟最為發達的地區〔註180〕包括：

廣州府：南海（133）〔註181〕、番禺（99）、東莞（55）、順德（88）、新會（62）、新寧（58）。

瓊州府：瓊山（75/宣統）、臨高（57）。

高州府：化州（50）。

〔註179〕墟市經濟最為發達的縣是指墟市數目在 30～50 個之間的縣。
〔註180〕墟市經濟最為發達的縣是指墟市數目在 50 個以上（含 50 個）的縣。
〔註181〕括號中的數字為光緒年間的方志所載的各縣墟市數，下同。若非光緒方志的數據，會有注明。

縣域墟市經濟較為發達的地區〔註182〕有：

廣州府：清遠（33）、香山（31）。

肇慶府：陽江（48/宣統）、開平（46/宣統）、高要（41/宣統）、高明（39）、
　　　　四會（37）、恩平（30/宣統）。

高州府：茂名（35）、電白（34）、石城（34）。

廉州府：合浦（40/宣統）、靈山（38/宣統）。

羅定直隸州：羅定（30/宣統）。

雷州府：徐聞（45/宣統）。

韶州府：英德（47/同治）。

瓊州府：文昌（39/宣統）。

惠州府：歸善（36）。

五、清代廣東墟市空間演化特點

因受材料所限，本文只討論清代廣東墟市發達區的空間演化特點。清代
廣東墟市發達區的空間演化，包括清代廣東墟市經濟增長點的移動、墟市經
濟發達區的盈縮、墟市經濟發達帶的走向等墟市經濟要素在空間上布局與演
化的內容。為了探尋清代廣東墟市發達區的空間演化軌迹，下面將對清代廣
東縣域墟市經濟發達區進行前後對比，詳見下表：

表 3-5　清前期與清後期的廣東縣域墟市經濟發達區

清前期縣域墟市經濟發達區〔註183〕	清後期縣域墟市經濟發達的地區〔註184〕
廣州府：南海（54）〔註185〕、新會（45）、順德（36）、東莞（29）、新寧（22）；三水（20）、增城（26）新安（31）。	廣州府：南海（133）〔註186〕、新會（62）、順德（88）、東莞（55）、新寧（58）；清遠（33）、香山（31）、番禺（99）。
瓊州府：瓊山（30）、文昌（28）；定安（30）。	瓊州府：瓊山（75/宣統）、文昌（39/宣統）；臨高（57）。

〔註182〕墟市經濟最為發達的縣是指墟市數目在30～50個之間的縣。

〔註183〕選取雍正時期墟市數不少於20個的縣進行分析。

〔註184〕墟市經濟最為發達的縣是指墟市數目在30個以上（含30個）的縣。

〔註185〕括號中的數字為雍正《廣東通志》所記載的該縣的墟市數目。

〔註186〕括號中的數字為光緒年間的方志所載的各縣墟市數，下同。若非光緒方志的
　　　　數據，會有注明。

肇慶府：陽江（26）、高明（23）、高要（22）、新興（24）。	肇慶府：陽江（48/宣統）、高明（39）、高要（41/宣統）、開平（46/宣統）、四會（37）、恩平（30/宣統）。
高州府：電白（23）、茂名（21）、石城（21）、化州（20）。	高州府：化州（50）；茂名（35）、電白（34）、石城（34）。
雷州府：海康（23）。	雷州府：徐聞（45/宣統）。
廉州府：靈山（21）。	廉州府：合浦（40/宣統）、靈山（38/宣統）。
惠州府：博羅（24）。	惠州府：歸善（36）。
韶州府：曲江（21）。	韶州府：英德（47/同治）。
潮州府：揭陽（26）、大埔（20）。	羅定直隸州：羅定（30/宣統）。

通過以上對比，可以發現清代廣東墟市發達區的空間演化有若干個特點，下面取幾個典型個案加以說明，這些案例包括：珠三角及其邊緣之番禺、開平、恩平，北江流域之英德、清遠、四會，東江流域之歸善。

（一）珠江三角洲墟市經濟加速發展

有清一代，珠江三角洲墟市經濟呈現出加快發展的態勢，較具代表性的是番禺。

已有數據顯示，同治和宣統年間，番禺的墟市數量分別為 109 個〔註187〕和 131 個〔註188〕，均超過了南海在同治時的 48 個〔註189〕和宣統時的 58 個〔註190〕。

番禺歷來是魚米花果之鄉，農業基礎好。其地水產豐富有魚〔註191〕、茭塘村蠔〔註192〕、白蜆〔註193〕、泥蝦〔註194〕等水產品；花果品種多樣，有西瓜、

〔註187〕〔清〕李福泰修，史澄等纂：《廣東省番禺縣志》卷十八建置略五，臺北：成文出版社，1967 年版，第 212～213 頁。

〔註188〕〔民國〕梁鼎芬等修，丁仁長等纂：《廣東省番禺縣續志》卷六建置墟市，臺北：成文出版社，1967 年版，第 109～110 頁。

〔註189〕〔清〕鄭夢玉等修，梁紹獻等纂：《廣東省南海縣志》卷五建置略二，臺北：成文出版社，1967 年版，第 127～129 頁。

〔註190〕〔清〕鄭蓁等修，桂坫等纂：〔宣統〕《南海縣志》卷六建置略，廣東省地方史志辦公室輯：《廣東歷代方志集成》，廣州：嶺南美術出版社，2007 年，第 196 頁。

〔註191〕〔民國〕梁鼎芬等修，丁仁長等纂：《廣東省番禺縣續志》卷六建置墟市，臺北：成文出版社，1967 年版，第 109 頁。

〔註192〕〔清〕屈大均：《廣東新語》，北京：中華書局，1985 年，2006 年重印，第 557 頁。

〔註193〕〔清〕屈大均：《廣東新語》，北京：中華書局，1985 年，2006 年重印，第 578 頁。

金瓜〔註195〕、花卉〔註196〕、蓼涌露頭花〔註197〕、排草〔註198〕、荔枝〔註199〕、
龍眼〔註200〕、柑桔、梅、香蕉、梨、栗、橄欖等〔註201〕；另產稻〔註202〕、甘
蔗〔註203〕、薑〔註204〕等農產品，還有雞鵝鴨〔註205〕等家禽產品。墟市經濟發
展的基礎好。

　　番禺地區的手工業及商業在清後期有所發展。首先，清後期番禺地區布
局有規模較大的工廠：「工業之較爲偉大者，官辦則有省城之錢局，河南之
士敏土廠，黃埔之船塢、水雷局，石井之兵工廠；商辦則有省城之電燈局，
河南之東雅印刷工廠，均和機器廠，……。」還有小北門工藝廠：「廣州舊
有工藝廠，在小北門內飛來廟之旁，光緒三十年署廣州府知府龔心湛籌建，
招集藝徒，延師教習。製造藤器凡床幾桌椅筐篋之屬皆備，並仿造景泰青器
皿，頗有可觀，銷流亦廣。……。」〔註206〕另外還有勸工廠及習藝所：「（南

〔註194〕〔清〕屈大均：《廣東新語》，北京：中華書局，1985 年，2006 年重印，第
　　　　594 頁。

〔註195〕〔清〕屈大均：《廣東新語》，北京：中華書局，1985 年，2006 年重印，第
　　　　705 頁。

〔註196〕〔民國〕梁鼎芬等修，丁仁長等纂：《廣東省番禺縣續志》卷六建置墟市，臺
　　　　北：成文出版社，1967 年版，第 109 頁。

〔註197〕〔清〕屈大均：《廣東新語》，北京：中華書局，1985 年，2006 年重印，第
　　　　700 頁。

〔註198〕〔清〕屈大均：《廣東新語》，北京：中華書局，1985 年，2006 年重印，第
　　　　682 頁。

〔註199〕〔清〕屈大均：《廣東新語》，北京：中華書局，1985 年，2006 年重印，第
　　　　622 頁。

〔註200〕〔清〕屈大均：《廣東新語》，北京：中華書局，1985 年，2006 年重印，第
　　　　622～626 頁。

〔註201〕〔清〕屈大均：《廣東新語》，北京：中華書局，1985 年，2006 年重印，第
　　　　633～634 頁。

〔註202〕〔清〕屈大均：《廣東新語》，北京：中華書局，1985 年，2006 年重印，第
　　　　634 頁。

〔註203〕〔清〕屈大均：《廣東新語》，北京：中華書局，1985 年，2006 年重印，第
　　　　634 頁。

〔註204〕〔清〕屈大均：《廣東新語》，北京：中華書局，1985 年，2006 年重印，第
　　　　706 頁。

〔註205〕〔民國〕梁鼎芬等修，丁仁長等纂，《廣東省番禺縣續志》卷六建置墟市，臺
　　　　北：成文出版社，1967 年版，第 109 頁。

〔註206〕〔民國〕梁鼎芬等修，丁仁長等纂：〔民國〕《番禺縣志》卷十二實業志，廣
　　　　東省地方史志辦公室輯：《廣東歷代方志集成》，廣州：嶺南美術出版 2007
　　　　年，第 244 頁。

海、番禺）南番兩縣設立勸工廠，將輕罪犯人撥入廠內，製造鞋底及棉布兩項。巡警總局，亦設習藝所，將犯人撥入所內，製造草鞋帽及竹器等類。（光緒三十三年廣州口華洋貿易情形論略，通商各關華洋貿易總冊，下卷，頁97）」〔註207〕。其次，清後期番禺地區的鄉村手工業發達。據載：

> ……。惟糖業頗發達。沙灣司之大涌口、大灣、二灣、三灣、大小烏、黑沙、傘洲、魚蝸頭、蝦渦頭、高沙、細瀝、沙鼻、石碁、曬繒坊、酬勞、平穩、市橋附近共有榨蔗僚八十餘家，每年出糖約八萬擔。茭塘司之小洲、土華、赤沙、西崗、北亭、瀝滘、上涌、瑞寶、大塘、上滘、侖頭、長洲、龍潭、黃埔、下渡、下滘、康樂共有榨蔗僚七十餘家，每年出糖約七萬擔。鹿步司之南崗、烏涌、鹿步、上元、南灣共有榨蔗僚十餘家，每年出糖約一萬擔。慕德里司之高增、馮塘、南興莊、馬房、三岺、沙莊、兔岡、七圖、三分莊、鍾落潭共有榨蔗僚二十餘家，每年出糖約二萬擔。慕德里司多製白糖，其他則製片糖或漏糖，而南崗之片糖最著。（據《全國商埠考察記》，《南中國絲業調查報告書》，番禺、增城、東莞、香山糖業調查報告書，《南村草堂筆記》、採訪冊）
>
> 油業頗發達，沙灣司之鍾村、平山、謝村、新塱，茭塘司之花隸、員岡、南村、新造、新洲、黃埔、深井，鹿步司之東圍，慕德里司之竹料、高塘均為生油之出產地，菜油、豆油、茶油、桐油亦出於此，但所出甚少。竹料生油得名最早，油榨之多則以鍾村為最。（據採訪冊）
>
> 布業昔甚發達，沙灣所處經緯俱細緻，以悅目著，朱坑藍最有名。茭塘所出經粗而緯細，以耐用著，牛仔榜最有名。……。（據《廣東新語》、採訪冊）
>
> 紡紗業在昔尤發達，新造地所出之棉花幼細而白長而靭，鬆而暖，為各屬冠，往時業此者甚多，幾於無男不種植，無女不紡織，布墟紗市隨地有之。……。約三分之一尚本其土，宜加以人事則棉業之復興亦非必不可能之事也。（據《南村草堂筆記》、採訪冊）

〔註207〕彭澤益編：《中國近代手工業史資料》（第二卷），北京：中華書局，1962年，第557～558頁。

染布之業亦與紡織業同時衰敗。市橋之曬地以曬薯莨著名。今雖能勉強支持，但只餘雲紗、生綢兩種耳。薯莨、竹布在昔銷場最大，今則多以高機土布代之。（據採訪冊）

當紡織業興盛之時，沙亭一帶獨以鑿銅鈕著。鑿鈕之業倒於光緒晚年，繼起者為高機、為繡花，然旋作旋輟，不能成行也。（據採訪冊）……。

昔日米店多兼蒸酒，大糠當柴，米糠攪糟，事甚便也。舂米業衰，蒸酒之業不無窒礙，然洋酒價昂，且飲者多好土酒，故蒸酒之業尚能維持現狀。（據採訪冊）

蒸酒之外能維持現狀者，首推磚瓦業，沙灣司之渡頭、杉岩、南莊、南山、北海，茭塘司之白蜆殼，鹿步司之南岡、車陂，均以燒磚瓦為業。磚窯、瓦窯共百餘座，有會館二，在蘭陵者曰熟瓦行，在渡頭者曰生瓦行。以出品精良，廣州建築多半用之，生意尚佳。（據採訪冊）

坑頭、上梅坑、南村、羅邊、市頭、沙邊、曾邊，以及南亭一帶，每年自十月至翌年正月多於田間搭蓋茅僚，製造切菜，東西北三江均有銷路，亦有運銷於南洋、金山埠者，又或醃製頭菜、鹹菜運往各屬售之。沙灣、赤沙、白鶴洲、坑口、大園等鄉亦多。頭菜、鹹菜之業，生意均佳，赤沙之鹹菜且能操縱市價。（據《南村草堂筆記》、採訪冊）

絞繩業分麻繩、草繩兩種，盛於新橋、大山、土華、小洲，以新橋為最多，一鄉所出，足供全邑之用。燕塘一帶，多製腐竹，產額亦富，擔運入城，絡繹不絕。（據採訪冊）

又有因獨具特色不受影響者，沙灣之白餅、大石之腐乳、沙河之粉、菠蘿之雞是也。……（據《北戶錄》、《樹萱錄》、《嶺表錄異》、《南村草堂筆記》、採訪冊）

執業人多者以泥水、造木、打石為最，工人數萬，多出自大山、大石一帶，而分佈於四鄉，有會館在大石及省城，均謂之三行仔。其次則造船，以河南為聚處，工廠八十間，……又次則花梨，花梨本木工之一，以專制花梨傢具，業專而精，自成一家，設肆於河南

者，共百餘間，頗有名。又其次則織造機房及機器廠，均在河南，
亦各有百餘間。又有牙刷業、澄面業、焙鴨業，亦在河南。製造牙
刷者不過數百人，澄面、焙鴨則工人更少，然俱能自樹一幟，……。
（據《駱駝錄》、《廣東新語》、採訪冊）〔註208〕

　　由上述材料可見，清後期番禺各鄉廣泛分佈著糖業、油業、布業、紡紗
業、染布業、蒸酒業、磚瓦業、絞繩業、切菜醃菜業等鄉村手工業。

　　再次，清後期番禺地區的工商業聯合發展，據載：「大約商業必兼工業，
而工業必兼商業，其有不兼者，則在省城之西關，非本邑之轄境矣。其所以
本邑商業雖有國內、國外之分，而工業亦有手工、機器之別，終竟不能不合
而言之也。」〔註209〕

　　總之，手工業及商業的發展，是番禺墟市經濟高速發展的主要動力。

　　清後期番禺經濟的發展需要更多的交易平臺，墟市數量因此而大增。同
治番禺墟市極多，市亦多。具體而言，共有109個墟市，市33個，墟76個。
〔註210〕宣統年間，番禺墟市數目一度達到131個〔註211〕。在這些墟市中，有
一部分是從明代保存至清代的，如：新造墟（明嘉靖三年建）〔註212〕、羅岡
墟〔註213〕、東圃墟〔註214〕、麥邊墟〔註215〕等，其中，羅岡墟規模較大，於
明代宣德間首建時已有鋪百餘〔註216〕。有專業墟，如烏湧墟，墟期二、五、

〔註208〕〔民國〕梁鼎芬等修，丁仁長等纂：〔民國〕《番禺縣志》卷十二實業志，廣
　　　　　東省地方史志辦公室輯：《廣東歷代方志集成》，廣州：嶺南美術出版 2007
　　　　　年，第242～244頁。
〔註209〕〔民國〕梁鼎芬等修，丁仁長等纂：〔民國〕《番禺縣志》卷十二實業志，廣
　　　　　東省地方史志辦公室輯：《廣東歷代方志集成》，廣州：嶺南美術出版 2007
　　　　　年，第244頁。
〔註210〕〔清〕李福泰修，史澄等纂：《廣東省番禺縣志》卷十八建置略五，臺北：成
　　　　　文出版社，1967年版，第212～213頁。
〔註211〕〔民國〕梁鼎芬等修，丁仁長等纂：《廣東省番禺縣續志》卷六建置墟市，臺
　　　　　北：成文出版社，1967年版，第109～110頁。
〔註212〕〔清〕李福泰修，史澄等纂：《廣東省番禺縣志》卷十八建置略五，臺北：成
　　　　　文出版社，1967年版，第212頁。
〔註213〕〔清〕李福泰修，史澄等纂：《廣東省番禺縣志》卷十八建置略五，臺北：成
　　　　　文出版社，1967年版，第212頁。
〔註214〕〔清〕李福泰修，史澄等纂：《廣東省番禺縣志》卷十八建置略五，臺北：成
　　　　　文出版社，1967年版，第212頁。
〔註215〕〔清〕李福泰修，史澄等纂：《廣東省番禺縣志》卷十八建置略五，臺北：成
　　　　　文出版社，1967年版，第213頁。
〔註216〕〔清〕李福泰修，史澄等纂：《廣東省番禺縣志》卷十八建置略五，臺北：成

八日，買賣梅子生果最盛。〔註 217〕又有墟市設施仍屬簡陋的燕塘墟，其無實鋪、僅有墟亭〔註 218〕，但這樣的簡陋墟市的墟期還是比較長的，其已成爲墟4 日／旬墟（二、五、七、十），表現出由墟向市過渡的趨勢。可見，清後期番禺墟市數量極多，交易時間也較長。

清後期番禺各墟市均爲工商業之所聚，據載：「捕屬而外，沙灣司有蔡邊、渡頭、抱旗、沙頭、傍江、大龍、石礎、古壩、紫泥、沙灣、鳳鳴、三塘、韋涌、山尾、市底、水坑等墟，安寧、市橋等市；茭塘司有新造、南村、大嶺、官橋、山門、明經、細墟、草河、河村、滘邊、梅坑、新洲、沙亭、板橋、官山、南華、赤崗、大塘里、仁洞、官堂、竹滘、潭山、西塱、植村、平步、赤沙等墟，員岡、大石、黃埔、市頭、窯頭、南箕、伍村、黃岡等市；鹿步司有蘿岡、東圃、烏涌、小逕、燕塘、南岡、黃陂、石岡、鹿步、棠下、三寶、麥邊等墟，瑞雲、石門、永泰、回龍等市；慕德里司有石龍、大同、官橋、石湖、竹料、鐘落潭、石井、沙滘、高塘、人和、高增、陳洞、茅山、滿塘、大橋坑、江村、站邊、瀝湖、樟木潭、紫泥、長山腳、巴由、赤泥等墟，佛嶺、蜆岡、橋頭、太和、龍歸、民樂、大田、石門頭等市；均爲工商業之所聚，而以河南爲最繁盛，有商店數千間，工廠數百間，席莊雖僅十餘間，而所辦洋莊席行銷於外洋（……），國外貿易上尚得占一席，其餘各墟市則農產品及日用品之貿易場耳。間有工藝品然，然亦不多也。（據舊志、採訪冊）」〔註 219〕

在清後期番禺域內，有超越墟市的範疇而向城鎮發展者，分別是市橋、新造、東圃、高塘，據載「各墟市之商業以市橋爲最，市橋在沙灣司各大鄉之間，一面又與沙田接壤，人民殷富，交通利便，有商店千餘間，所出薯莨、紗綢，名馳遠近，朱坑藍布亦有名，有商務分會成立於宣統二年。（據採訪冊）……。次則新造、東圃、高塘三墟，新造爲茭塘司商業之中心，棉花、橄欖、番薯最有名；東圃爲鹿步司商業之中心，糖葛最有名；高塘向爲慕德

文出版社，1967 年版，第 212 頁。

〔註217〕〔清〕李福泰修，史澄等纂：《廣東省番禺縣志》卷十八建置略五，臺北：成文出版社，1967 年版，第 212 頁。

〔註218〕〔清〕李福泰修，史澄等纂：《廣東省番禺縣志》卷十八建置略五，臺北：成文出版社，1967 年版，第 212 頁。

〔註219〕〔民國〕梁鼎芬等修，丁仁長等纂：〔民國〕《番禺縣志》卷十二實業志，廣東省地方史志辦公室輯：《廣東歷代方志集成》，廣州：嶺南美術出版 2007 年，第 240～241 頁。

里司商業之中心，自粵漢鐵路設站江村，所有商業漸有傾於江村之勢。新洲墟即外人所稱黃埔者也，商業亦盛，有商店百餘間，與市橋、新造等均已成固定之商場，比之其他數日一集之墟，每日一集之市，微有不同。（據《廣東新語》、《南村草堂筆記》、採訪冊）」〔註 220〕

另外，清後期番禺地區的形成了較多的專業墟市：「以上所舉為普通之墟市，更有特別之墟市，則貿易之品限於一物，依期常開者謂之墟，如新造之牛墟、黃陂之豬仔墟、市橋蔡邊之布墟是也。屆時乃開者謂之市，如大塘之果市，南村之烏欖市，鍾村、南村之花生市是也。又城隍廟前每晨必有泥水造木工人群集於此，以待雇工，至八時而止，受雇者為一日之散工。南村沙市街每歲正月初二日晨，亦有打耕種工者群集以待顧，至十一時而止，受雇者為一年之長工，欲雇工人者須按時往商，遲則不及矣。以工為市，此則尤為特別者也。（據採訪冊）」〔註 221〕

以上各個方面均表明，清後期番禺地區的墟市經濟加速發展，其亦為珠三角墟市經濟整體提速的縮影。

（二）北江墟市經濟增長熱點的南移

北江流域的墟市經濟增長點，由清前期的曲江變成了清後期的英德，北江流域的墟市經濟增長點有向南移動的特點。

為了方便對清前期與清後期各府的比較，以下將雍正九年的墟市數據按清後期的廣東的行政劃分進行統計。

表 3-6　清代廣東部分府級行政單位的墟市數量比較（一）〔註 222〕

府	縣	清　前　期					清　後　期		
		市	墟	各 縣墟市數	墟市總數	平均每縣墟 市 數	縣	各 縣墟市數	墟市總數	平均每縣墟 市 數
廣州	南海	8	46	54	321	22.9	南海	133	689	49.2
	番禺	8	6	14			番禺	99		

〔註 220〕〔民國〕梁鼎芬等修，丁仁長等纂：〔民國〕《番禺縣志》卷十二實業志，廣東省地方史志辦公室輯：《廣東歷代方志集成》，廣州：嶺南美術出版 2007年，第 241 頁。

〔註 221〕〔民國〕梁鼎芬等修，丁仁長等纂：〔民國〕《番禺縣志》卷十二實業志，廣東省地方史志辦公室輯：《廣東歷代方志集成》，廣州：嶺南美術出版 2007年，第 241 頁。

〔註 222〕未列出之府，皆因其在光緒時期的數據不全，所以無法與清前期進行比較。

	東莞	4	25	29			東莞	55		
	順德	4	32	36			順德	88		
	新會	14	31	45			新會	62		
	香山	4	8	12			香山	31		
	三水	3	17	20			三水	22		
	增城	0	26	26			增城	29		
	龍門	3	2	5			龍門	13		
	花縣	0	8	8			花縣	22		
	從化	0	12	12			從化	20		
	清遠	3	4	7			清遠	33		
	新寧	0	22	22			新寧	58		
	新安	8	23	31			新安	24		
韶州	曲江	0	21	21	48	8	曲江	27	137	22.8
	樂昌	0	4	4			樂昌	10		
	仁化	0	5	5			仁化	10		
	乳源	0	1	1			乳源	18		
	翁源	0	11	11			翁源	25		
	英德	2	4	6			英德	47		
惠州	歸善	13	0	13	107	10.7	歸善	36	184	18.4
	博羅	24	0	24			博羅	25		
	海豐	5		5			海豐	14		
	河源	0	12	12			河源	27		
	龍川	3	0	3			龍川	18		
	陸豐						陸豐	13		
	和平	0	13	13			和平	22		
	長寧	0	0	0			長寧	17		
	永安	0	8	8			永安	8		
	連平州	1	15	16			連平州	4		
高州	茂名	0	21	21	103	17.2	茂名	35	186	31
	電白	0	23	23			電白	34		
	信宜	0	7	7			信宜	17		
	化州	0	20	20			化州	50		
	吳川	0	11	11			吳川	16		
	石城	0	21	21			石城	34		

爲了研究需要，將上表簡化，如下：

表 3-7　清代廣東部分府級行政單位的墟市數量比較（二）〔註223〕

清前期（據雍正《廣東通志》記載）			清後期（據光緒年間方志記載）		
府	平均每縣墟市數（個）	排　序	府	平均每縣墟市數（個）	排　序
廣州府	22.9	1	廣州府	49.2	1
高州府	17.2	2	高州府	31	2
惠州府	10.7	3	韶州府	22.8	3
韶州府	8	4	惠州府	18.4	4

　　對比上表所列各府清前期與清後期，可知，清後期韶州府的墟市經濟有所上升，已經超越了惠州府。仔細分析清代韶州府各縣墟市數量的變化情況（詳見下表），可知，清代韶州府墟市總數排位的上升，主要歸功於英德墟市經濟的大發展。

表 3-8　清代部分時期韶州府各縣的墟市數

府/州	縣	順治	康熙	雍正	乾隆	嘉慶	道光	咸豐	同治	光緒	宣統
韶州府	曲江		5	21	21				27	27	
	樂昌		2	4	4				10	10	
	仁化		1	5	5				10	10	
	乳源		3	1	1				18	18	
	翁源		1	11	11				25	25	
	英德		6	6	6		78		47	47	

　　英德的墟市經濟在清中期發展較快，到了清後期仍保持較高的發展水平。如上表所示，清前期英德的墟市數量較少，在康乾盛世之時也僅有 6 個墟市。清中期，英德墟市數量迅速增長，到了道光年間，其墟市數已經增加到 78 個，超過同期珠三角的新會（69 個）的墟市發展水平。清後期，英德的墟市數量仍較多，同治光緒年間還有 47 個，接近同期珠三角墟市經濟排位第六位的東莞（55 個）的水平；而在同治光年緒間的韶州府內，英德的墟市數量最多，遠遠超過位列韶州府第二的曲江（27 個）。所以，韶州府的墟市總數在清後期的超過了惠州府與潮州府，主要有賴於英德墟市的迅速增加。

_____

〔註223〕未列出之府，皆因其在光緒時期的數據不全，所以無法與清前期進行比較。

英德有從商傳統，無論貧富，皆於樂爲商。據載：「（英德）富家樂商販，貧者就農耕。」〔註 224〕又有謂：「（英德）巨產之家，得米則南下於廣買鈔鹽；貧無以爲生者，採山之奇石以貨焉。」〔註 225〕

道光英德，墟市多；貿易內容豐富，以本地土產及外地手工業品爲主。道光英德墟市（英德道光二十三年（1843 年）刻本）共 71 個。〔註 226〕這是鴉片戰爭前廣東墟市貿易的一個代表，從中可知，洋貨大量湧入之前，廣東的墟市貿易內容多爲當地的土產，間或有一些國內其他地區生產的農產品及手工製品。如道光時的英德墟市的貿易內容豐富，主要有：

其一，本地產品：

米、酒、木料、麻、、藥材、油豆、穀麥、花生、山茶、香信等土產：如「鳳儀街市背村米；新市街市酒、米；新街市雜貨、木料；買麻街市麻。」〔註 227〕再如：「望夫岡墟，……，土產、藥材、油豆、穀麥、花生尤多，墟期二五八日。」〔註 228〕又如：「橫石塘墟，在縣北五十里下隅圖，由觀音坑入二十里，四山圍繞，中商民鋪舍數百戶，雜貨齊備，山茶、香信、豆麥、花生俱有，貯穀尤多，英石、赤砵、城廂等處商民咸資販糶，墟期三六九日。」〔註 229〕又如：「龍頭影墟，……，嘉慶年間創，多豆麥、穀麥、花生，期一、四、七。〔註 230〕柴炭：鎮江墟，……，創於嘉慶間，多柴炭。」〔註 231〕牛：如「獨山墟，……，市牛最多。」〔註 232〕再如：「橫石塘墟每墟宰牛五

〔註 224〕〔清〕黃培燦，劉濟寬修；陸殿邦纂：《道光英德縣志》卷之四輿地略下風俗，《中國地方志集成》，上海：上海書店出版社，2003 年，第 241 頁。

〔註 225〕〔清〕黃培燦，劉濟寬修；陸殿邦纂：《道光英德縣志》卷之四輿地略下風俗，《中國地方志集成》，上海：上海書店出版社，2003 年，第 241 頁。

〔註 226〕〔清〕黃培燦，劉濟寬修；陸殿邦纂：《道光英德縣志》卷之四輿地略下風俗，《中國地方志集成》，上海：上海書店出版社，2003 年，第 313～315 頁。

〔註 227〕〔清〕黃培燦，劉濟寬修；陸殿邦纂：《道光英德縣志》卷之四輿地略下風俗，《中國地方志集成》，上海：上海書店出版社，2003 年，第 313 頁。

〔註 228〕〔清〕黃培燦，劉濟寬修；陸殿邦纂：《道光英德縣志》卷之四輿地略下風俗，《中國地方志集成》上海：上海書店出版社，2003 年，第 313 頁。

〔註 229〕〔清〕黃培燦，劉濟寬修；陸殿邦纂：《道光英德縣志》卷之四輿地略下風俗，《中國地方志集成》，上海：上海書店出版社，2003 年，第 313 頁。

〔註 230〕〔清〕黃培燦，劉濟寬修；陸殿邦纂：《道光英德縣志》卷之四輿地略下風俗，《中國地方志集成》，上海：上海書店出版社，2003 年，第 313 頁。

〔註 231〕〔清〕黃培燦，劉濟寬修；陸殿邦纂：《道光英德縣志》卷之四輿地略下風俗，《中國地方志集成》，上海：上海書店出版社，2003 年，第 313 頁。

〔註 232〕〔清〕黃培燦，劉濟寬修；陸殿邦纂：《道光英德縣志》卷之四輿地略下風俗，《中國地方志集成》，上海：上海書店出版社，2003 年，第 314 頁。

六頭，多至十餘頭，……。」〔註233〕

其二，外地產品：

外地產品是指英德以外的國內其他區域的產品。道光年間在英德墟市銷售的外地產品主要有：（1）蘇杭綢緞、海味、雜貨：「城廂市，西門大街市蘇杭綢緞、海味、雜貨」；〔註234〕「望夫岡墟，在縣東三十里，地勢平曠，商民鋪屋數百戶，蘇杭雜貨備，……。」〔註235〕（2）南海、九江魚花：「河頭市，在望夫岡河邊，一名魚花埠，在北帝廟前，每春南海、九江客販賣魚花，必泊舟於此，四方來買魚花者皆聚此。」〔註236〕外地產品在英德墟市的出現，說明了英德墟市的輻射範圍突破了縣域甚至是省域的局限。

其三，特殊產品：

道光時期的英德墟市還出現了以勞動力爲特殊商品的貿易活動，據載：「老地灣市，在縣南十里琅岩圖，灰窯數十座，鑿石運煤工丁雲集，……。」〔註237〕可見，道光時英德礦業的發展，帶動了勞動力墟市的形成。

道光時期英德的三大墟市貿易中心。道光年間，英德形成了縣城、望夫岡、橫石塘等三個墟市貿易中心，其規模交大，貨物種類較多。

其一，縣城墟市貿易中心。道光英德縣城商業中心由六街七市組成。首先，縣城的六條主要商業街包括——「西門大街：市蘇杭綢緞、海味雜貨」；「鳳儀街：市背村米」；「新市街：市酒米」；「新街：市雜貨、木料」；「買麻街：市麻」；〔註238〕「北門街：在聞韶坊內，市竹籠」〔註239〕。其次，縣城墟市商業中心還包括七個主要的市，它們分別是——「西坊市：

〔註233〕〔清〕黃培爍，劉濟寬修；陸殿邦纂：《道光英德縣志》卷十六物產略，《中國地方志集成》，上海：上海書店出版社，2003年，第507頁。

〔註234〕〔清〕黃培爍，劉濟寬修；陸殿邦纂：《道光英德縣志》卷之四輿地略下風俗，《中國地方志集成》，上海：上海書店出版社，2003年，第313頁。

〔註235〕〔清〕黃培爍，劉濟寬修；陸殿邦纂：《道光英德縣志》卷之四輿地略下風俗，《中國地方志集成》，上海：上海書店出版社，2003年，第313頁。

〔註236〕〔清〕黃培爍，劉濟寬修；陸殿邦纂：《道光英德縣志》卷之四輿地略下風俗，《中國地方志集成》，上海：上海書店出版社，2003年，第313頁。

〔註237〕〔清〕黃培爍，劉濟寬修；陸殿邦纂：《道光英德縣志》卷之四輿地略下風俗，《中國地方志集成》，上海：上海書店出版社，2003年，第313頁。

〔註238〕〔清〕黃培爍，劉濟寬修；陸殿邦纂：《道光英德縣志》卷之四輿地略下風俗，《中國地方志集成》，上海：上海書店出版社，2003年，第313頁。

〔註239〕〔清〕黃培爍，劉濟寬修；陸殿邦纂：《道光英德縣志》卷之十二街市，《中國地方志集成》，上海：上海書店出版社，2003年，第443頁。

在仁厚街，街多酒肆」（買酒專業街）；「龍頸市：在城東北，賣米市」（專業米市）；「南門市：在康濟門外，賣雜貨市」；「龍門市：在縣西北，鄉人市土物集於此」；「鳳儀市：在西門街下，商人集蘇杭貨處」（蘇杭貨專業市）；「河坑市：在縣南竹逕都五里」；「南岸市：在縣對河，舟楫鱗集，店舍稠密」〔註240〕。

其二，望夫岡墟市貿易中心，包括望夫岡墟及河頭市。據載：「望夫岡墟，在縣東三十里，地勢平曠，商民鋪屋數百戶，蘇杭雜貨備，土產藥材、油豆、穀麥、花生尤多，墟期二五八日。」〔註241〕又「河頭市，在望夫岡河邊，一名魚花埠，在北帝廟前，每春南海、九江客販賣魚花，必泊舟於此，四方來買魚花者皆聚此。」〔註242〕此望夫岡墟市貿易中心，是縣城墟市貿易中心東面的一個次一級商業中心，其地勢平坦，河運便利，人口眾多，貨物種類齊全，是縣東一帶的鄉村商貿中心。

其三，橫石塘墟市貿易中心。據載：「橫石塘墟，在縣北五十里下隅圖，由觀音坑入二十里，四山圍繞，中商民鋪舍數百戶，雜貨齊備，山茶、香信、豆麥、花生俱有，貯穀尤多，英石、赤硃、城廂等處商民咸資販糴，墟期三六九日。」〔註243〕又：「橫石塘墟每墟宰牛五六頭，多至十餘頭，……。」〔註244〕橫石塘位於盆谷之中，是縣北的土產重要集散地。

道光時英德墟市經濟之發達，還表現在就連規模較小的墟市的貨物也較齊全，如：「剃頭嶺墟，……，墟小人眾，雜貨備。〔註245〕再如：黎洞墟，在黎溪圖，鋪屋數十間，雜貨各物齊。」〔註246〕

〔註240〕〔清〕黃培燦，劉濟寬修；陸殿邦纂：《道光英德縣志》卷之十二街市，《中國地方志集成》，上海：上海書店出版社，2003年，第443頁。

〔註241〕〔清〕黃培燦，劉濟寬修；陸殿邦纂：《道光英德縣志》卷之四輿地略下風俗，《中國地方志集成》，上海：上海書店出版社，2003年，第313頁。

〔註242〕〔清〕黃培燦，劉濟寬修；陸殿邦纂：《道光英德縣志》卷之四輿地略下風俗，《中國地方志集成》，上海：上海書店出版社，2003年，第313頁。

〔註243〕〔清〕黃培燦，劉濟寬修；陸殿邦纂：《道光英德縣志》卷之四輿地略下風俗，《中國地方志集成》，上海：上海書店出版社，2003年，第313頁。

〔註244〕〔清〕黃培燦，劉濟寬修；陸殿邦纂：《道光英德縣志》卷十六物產略，《中國地方志集成》，上海：上海書店出版社，2003年，第507頁。

〔註245〕〔清〕黃培燦，劉濟寬修；陸殿邦纂：《道光英德縣志》卷之四輿地略下風俗，《中國地方志集成》，上海：上海書店出版社，2003年，第313頁。

〔註246〕〔清〕黃培燦，劉濟寬修；陸殿邦纂：《道光英德縣志》卷之四輿地略下風俗，《中國地方志集成》，上海：上海書店出版社，2003年，第313頁。

道光時英德墟市發展還充分利用當地的水運條件，多作沿河分佈。沿河布局的主要墟市有：

> 沙口墟，……，面臨大河，鋪戶百餘間，雜貨備，而稻穀尤多，一四七期。

> 窰步墟，……，前臨翁水，右爲樟灘，左爲河坑，多市竹木，期一、四、七。

> 龍頭墟，……，地濱大江，爲下子貢嶺及湞陽峽通衢，期三六九日，芋麥花生牛豕俱有。

> 坑墟，……，爲縣扼塞，鋪戶數十間，市柴木酒米。

> 黃土坑墟，……，欖坑墟對岸，相隔數里，鋪店數百間，市柴炭穀米。〔註247〕

通過以上考察，可見英德在清中後期取代曲江，成爲北江地區墟市經濟的新增長點。這表明了在清中後期新環境的影響下，北江墟市經濟增長點出現南移趨海發展的新動向。

（三）東江墟市經濟增長熱點的南移

東江流域的墟市增長熱點，由清前期的博羅變成清後期的歸善，亦表現出向南移動的特點。

清前期，博羅的墟市經濟比歸善好。據雍正《廣東通志》記載：博羅的墟市數爲 24，而歸善的墟市數僅爲 13。〔註248〕惠州府主要通過東江與區域經濟中心廣州、澳門以及經濟發達的珠三角地區進行聯繫，所以，博羅既有東江的航運優勢，又有靠近經濟中心的優勢。相對而言，歸善雖然也有東江航運優勢，但其距廣州等經濟發達區就相對較員了。因此，清前期博羅墟市經濟發展較歸善爲優。到了清中期，隨著海路運輸的日漸發達，珠江流域、韓江流域及南路地區往來更加頻繁，歸善縣擁有平海、墩頭等海港，進出口貿易發展快。而位於內陸、僅具備河運優勢的博羅相形見拙。到了清後期，歸善的墟市數量大增，

〔註247〕〔清〕黃培爍，劉濟寬修；陸殿邦纂：《道光英德縣志》卷之四輿地略下風俗，《中國地方志集成》，上海：上海書店出版社，2003 年，第 313 頁。

〔註248〕資料來源：〔清〕郝玉麟纂修：〔雍正〕《廣東通志》卷之十八都坊，廣東省地方史志辦公室輯：《廣東歷代方志集成》，廣州：嶺南美術出版社，2006 年，第 489〜503 頁。

從清前期的 13 個（雍正時）增加到清後期的 36 個（光緒時）〔註249〕。而清後期博羅的墟市僅數 25 個（光緒時）〔註250〕，這與清前期的 24 個（雍正時）相差無幾。可見，歸善在清中後期取代博羅，成爲東江地區墟市經濟的新增長點。這也表明在清中後期新環境的影響下，東江墟市經濟增長點也出現南移趨海發展的新態勢。

（四）墟市經濟發達區之擴展與聯合

清後期珠江三角洲墟市發達區的面積不斷拓展，有與南肇慶墟市發達區連片的趨勢，其具體表現之一就是開平、恩平、四會、清遠等墟市經濟增長點的出現。

1、珠江三角洲墟市發達區的北向擴展

珠江三角洲墟市發達區向北面的四會及清遠擴展。

四會墟市經濟在清後期發展較好。光緒時，四會的墟市共有 37 個，其中墟 20 個，市 15 個，行 2 個。〔註251〕有地豆墟（地豆），豬市、豬仔市、牛行、穀行等專業墟市。〔註252〕清後期四會墟市經濟的發展，源於其與珠三角及其經濟發達地區聯繫的增強。首先，四會與經濟發達地區的人員往來增加。據載：「乾嘉以前，俗尚敦樸，富者守田業，貧者勤職事，物價不昂，家易給足，民無越境以謀生者，士之藉授徒以糊口者，亦上至廣寧而止。嘉慶末年，乃有遣子弟學工藝佐懋遷於佛山省城者，已固諱言之，親友亦私相謂曰：某近果切，干耶？何使其子弟出外學生意也？蓋俗謂貧曰『切干』，謀生曰『做生意』也。道光之初，俗漸奢華，富者日貧，貧者益不給，遂相率往佛山、省城，以圖生計。而士亦多就館於省鎮南海各鄉。洎乎各口通商，而後之上海之福州之天津之九江之漢口者，實繁有圖，父詔其子，兄勉其弟，皆以洋務爲汲汲。而讀書應試之人日少，即青衿中亦有舍本業而從事於斯者，同治以來更遠赴外洋各埠矣。男既輕去其鄉，婦亦從而傚之，而奢華之習乃日甚一

〔註249〕 〔清〕劉桂年，張聯桂修；鄧掄斌，陳新銓纂：《光緒惠州府志》卷八建置，《中國地方志集成》，上海：上海書店出版社，2003 年，第 126 頁。

〔註250〕 〔清〕劉桂年，張聯桂修；鄧掄斌，陳新銓纂：《光緒惠州府志》卷八建置，《中國地方志集成》，上海：上海書店出版社，2003 年，第 127 頁。

〔註251〕 〔清〕陳志喆等修，吳大猷纂：《廣東省四會縣志》編二下墟市，臺北：成文出版社，1967 年版，第 212～213 頁。

〔註252〕 〔清〕陳志喆等修，吳大猷纂：《廣東省四會縣志》編二下墟市，臺北：成文出版社，1967 年版，第 212～213 頁。

日，至於今爲極。還醇反樸未知何時，有心人不禁翼然高望者矣。」〔註253〕據上述材料所言，從清中期開始，四會人就開始到廣州、佛山等珠三角地區學藝謀生；待各口通商之後，四會民眾更是成群結隊地移向上海、福州、天津、九江、漢口等地；同治以來，更有遠赴外洋者。這些到經濟發達地區謀生的四會人，將資金、新技術、新信息、新觀念傳遞回四會，使當地的社會經濟面貌得以更新。其次，四會與珠三角地區的物資往來頻繁。其手工業產品常運銷珠三角，如香粉：「縣西南北各鋪，能蓄山水作碓處有之。……。載往西南、佛山香粉行發賣。」〔註254〕

清遠墟市數量在清後期也較多。光緒年間，清遠的墟市總數爲40個，市3墟37。〔註255〕隨著社會經濟的發展，區內原有的少數民族地區的經濟趨同於漢族地區：「又按舊志載有猺崗、池水鄉、上中下三崗共村三十，興仁一鄉有村十，港江一鄉有村十六，過岐清平鄉有村四，吉河鄉有村八。今所居皆土人。未知猺獠散於何處，抑或漸染日深，變爲衣冠文物之俗也。」〔註256〕清遠連接珠三角、港澳經濟發達區與粵北山區，是北江流域重要的轉運中心，經濟地位重要。清後期，隨著港澳珠三角的經濟輻射能力的加強，粵北與珠三角等發達地區的經濟往來越加密切，那麼，通過清遠的物流量及人流量都在增大，例如，僅粵北始興一地的土產與珠三角集聚的中外產品的交換就已經很頻繁了，這一過程，往往要通過清遠進行傳遞才能完成。如始興輸出之木材：「春夏入山伐木，秋冬編筏成排運往小唐、江門、馬房、新沙、西南、清遠、佛山等處，……。」〔註257〕始興輸出之花生：「花生榨油有赤生、白生之別，流通頗遠，運銷韶州、清遠、佛山等處，每歲白生油三十餘萬斤。……。」〔註258〕始興輸出之紙爆：「紙爆一百包爲一擔，每擔百斤，分四季運往韶州、

〔註253〕〔清〕陳志喆等修，吳大猷纂：《廣東省四會縣志》編一風俗，臺北：成文出版社，1967年版，第108～109頁。

〔註254〕〔清〕陳志喆等修，吳大猷纂：《廣東省四會縣志》編一物產，臺北：成文出版社，1967年版，第127頁。

〔註255〕〔清〕李文煊修，朱潤芸等纂：《廣東省清遠縣志》卷二輿地，臺北：成文出版社，1967年版，第27頁。

〔註256〕〔清〕李文煊修，朱潤芸等纂：《廣東省清遠縣志》卷二輿地，臺北：成文出版社，1967年版，第27頁。

〔註257〕〔民國〕陳及時等纂修：《廣東省始興縣志》卷四輿地略實業，臺北：成文出版社，1974版，第314～316頁。

〔註258〕〔民國〕陳及時等纂修：《廣東省始興縣志》卷四輿地略實業，臺北：成文出

英德、洽洸、清遠等處，每歲二三千擔。……。」〔註259〕始興輸出之雜炭：「化柴爲炭，名曰雜炭，各山俱有，惟清遠湞江工人較邑人爲擅長，每歲出產七八百萬斤，運至韶州、西南、佛山及順德、東莞、新會銷行。……。」〔註260〕再如始興輸入之黃糖：「黃糖來自曲江，間有販自清遠者；……。」〔註261〕過境物流量的增加往往會拉動當地經濟的發展，墟市經濟也會因此而得到推動。清後期清遠墟市上的土產墟市頗爲暢旺，如蔗市：「邑中所種玉蔗少糖蔗多，賣糖趁朝市列船成行，十月至正月每朝或五六十船、或七八十船，泊二碼頭對面。（採訪冊）」〔註262〕再如花生市：「落花生，……。邑人多植之，八九月時收成，賣者或在沙灘或在餘地，各墟市皆羅列成行。（採訪冊）」〔註263〕又如竹筍、茶葉市：「竹筍茶芽選後岡，舊東門外儼成行，商人網利爭先到，壟斷人多價愈昂。」〔註264〕

四會、清遠墟市經濟的發展，也證明了清代珠江三角洲經濟區的輻射能力不斷增強、輻射範圍不斷擴大，其經濟輻射能量不斷沿江溯源流動。

2、珠三角墟市經濟發達區的西向擴展

清後期，珠三角墟市經濟發達區呈向西拓展的態勢。西拓之珠三角墟市經濟發達區，與南肇慶墟市經濟發達區連成一片，漸成一體，此二者之間，由墟市經濟取得進一步發展的開平與恩平進行連接。

（1）開平墟市經濟熱點

清後期開平墟市數量爲 46〔註265〕，成爲南肇慶地區較爲重要的墟市經濟

版社，1974 版，第 314～316 頁。

〔註259〕〔民國〕陳及時等纂修：《廣東省始興縣志》卷四輿地略實業，臺北：成文出版社，1974 版，第 314～316 頁。

〔註260〕〔民國〕陳及時等纂修：《廣東省始興縣志》卷四輿地略實業，臺北：成文出版社，1974 版，第 314～316 頁。

〔註261〕〔民國〕陳及時等纂修：《廣東省始興縣志》卷四輿地略實業，臺北：成文出版社，1974 版，第 316～318 頁。

〔註262〕〔清〕李文煊修，朱潤芸等纂：《廣東省清遠縣志》卷二輿地，臺北：成文出版社，1967 年版，第 28 頁。

〔註263〕〔清〕李文煊修，朱潤芸等纂：《廣東省清遠縣志》卷二輿地，臺北：成文出版社，1967 年版，第 28 頁。

〔註264〕〔民國〕吳鳳聲，余榮謀修；朱汝珍纂：《民國清遠縣志》卷十四土產物，《中國地方志集成》，上海：上海書店出版社，2003 年，第 452 頁。

〔註265〕〔民國〕余榮謀修，張啓煌纂：《廣東省開平縣志》卷十二建置下，臺北：成文出版社，1966 年版，第 86～88 頁。（清已有墟市 46 個，民國建墟市 11，

增長點。

　　開平墟市發展歷史悠久。清代，開平保存的古市有：①元市：「李村市：元至正間建。」〔註266〕②明市：「長沙市：縣城東南三十五里，期趁二七。明初建，原在長沙洲北（今瓦磚堆埗頭即舊市遺址），嗣因洲北沿岸水道不及洲南深闊，明末遷建今址（遼陽佟世思以康熙中至恩平著《鮓話》一卷，敘縣城荒僻狀，謂覓寸絲尺布必遣人於九十里外之長沙。據此則長沙在清初已繁盛，赤墈未之及也。」〔註267〕

　　清後期，開平輸出產品較多，行銷範圍較廣。首先，農產品以竹為主。據載：「竹為貨殖大宗。」〔註268〕其次，手工業產品主要有麻布、棉布、竹器、油、線香、皮材、銀器、青磚等。其中，煙絲竹器、皮材銷售範圍較廣，據載：「煙絲：採鶴山及本邑之煙葉製成，境內以是為業者有數家，水口悅和號所製黃煙絲最有名，運銷廣西南寧、白色諸地，歲出所值不下百萬元。近因紙捲煙盛行稍減色。」〔註269〕又「竹器：破竹為經緯，織成大小方圓各器，銷行甚廣，捕屬之馬岡墟、沙屬之水口埠，人多業之，又篷廠鋪尤用葵竹，沙岡曾邊最成行。」〔註270〕又「皮材：邑中業此者，惟古博都郭氏，於水口埠開張煙皮店數家，專收買邑內水沙二種牛皮，炭焙成貨，售諸省港江佛及各墟市，銷流頗廣。」〔註271〕銀器附加值最高，銷行範圍也很大，據載：「銀器：用銀雜銅製首飾等物，銷行於本境及省港。」〔註272〕除此之外，其餘產品多為日用所需，如「麻布：有原白、機白、菠蘿麻及粗布各種。採辦湖南各處青麻白麻自行紡織，……。用雷州麻生紗織成者為菠蘿

　　　　廢墟3個。）

〔註266〕〔民國〕余榮謀修，張啟煌纂：《廣東省開平縣志》卷十二建置下，臺北：成文出版社，1966年版，第86頁。

〔註267〕〔民國〕余榮謀修，張啟煌纂：《廣東省開平縣志》卷十二建置下，臺北：成文出版社，1966年版，第87頁。

〔註268〕〔民國〕余榮謀修，張啟煌纂：《廣東省開平縣志》卷六輿地下，臺北：成文出版社，1966年版，第58頁。

〔註269〕〔民國〕余榮謀修，張啟煌纂：《廣東省開平縣志》卷六輿地下，臺北：成文出版社，1966年版，第62頁。

〔註270〕〔民國〕余榮謀修，張啟煌纂：《廣東省開平縣志》卷六輿地下，臺北：成文出版社，1966年版，第62頁。

〔註271〕〔民國〕余榮謀修，張啟煌纂：《廣東省開平縣志》卷六輿地下，臺北：成文出版社，1966年版，第62頁。

〔註272〕〔民國〕余榮謀修，張啟煌纂：《廣東省開平縣志》卷六輿地下，臺北：成文出版社，1966年版，第62頁。

麻，⋯⋯。」〔註273〕又「棉布：購洋棉紗織成。」〔註274〕又「油：用花生或芝麻製成，向時藉此起家者頗多。」〔註275〕又「線香：⋯⋯，各埠均有業之。」又「青磚：⋯⋯，光緒初年乃有始辟為磚窰者，⋯⋯。其質堅光澤，他處所出皆不及，故臺山全邑建築都購販於此。惟其式樣較小，不及東莞青磚，故未能銷售於新會以外，⋯⋯。」〔註276〕這些產品都起到豐富開平墟市貿易內容的作用。

僑匯等外來資金的注入，有助於開平墟市經濟的發展。光緒之前，開平一般經濟狀況為：「百工手藝為於農隙之時，不尚淫巧末伎，貧者或漬麻編竹以為業，無徒食者。」〔註277〕然而，「此素風大變。於光緒中葉以來，又男多出洋，女司耕作。⋯⋯。」〔註278〕又「邑中作賈於各省者司徒族人為多，餘或向美洲發展，則又工富商貧，以貨稅太重，難獲利也。」〔註279〕據上述材料可知，光緒時外出貿易及出洋謀生者漸多，所以，通過僑匯等方式融入開平社會的外來資金漸多，此對墟市經濟發展有所促進，主要表現在以下幾個方面：首先，清後期開平多有新建墟市。據《開平縣志》所載開平各時期的建墟數目為：元1，明2，清初1，順治1，康熙1，康雍間1，乾隆1，咸豐2，同治1，光緒8。可見，光緒時建墟最多，占整個順治到光緒間所建墟市的 1/2（只統計給出建墟時間的墟市）。僑匯等外來資金對墟市發展的推動作用由此可見一斑。其次，開平專業網市，輻射範圍大。據載：「樓岡市：縣城東南二十五里，期趁一六，每歲八月十一日網市，尤為熱鬧。是日凡順德、新會、新興、恩平、臺山各蛋民所製造之網，先期運至，以待發售，其鄰縣購網者亦結隊齊到，初十夜旅客露宿擠擁達旦，他市所未有。（王志參訪冊）」

〔註273〕〔民國〕余榮謀修，張啓煌纂：《廣東省開平縣志》卷六輿地下，臺北：成文出版社，1966 年版，第 61～62 頁。

〔註274〕〔民國〕余榮謀修，張啓煌纂：《廣東省開平縣志》卷六輿地下，臺北：成文出版社，1966 年版，第 62 頁。

〔註275〕〔民國〕余榮謀修，張啓煌纂：《廣東省開平縣志》卷六輿地下，臺北：成文出版社，1966 年版，第 62 頁。

〔註276〕〔民國〕余榮謀修，張啓煌纂：《廣東省開平縣志》卷六輿地下，臺北：成文出版社，1966 年版，第 62 頁。

〔註277〕〔民國〕余榮謀修，張啓煌纂：《廣東省開平縣志》卷五輿地下，臺北：成文出版社，1966 年版，第 46 頁。

〔註278〕〔民國〕余榮謀修，張啓煌纂：《廣東省開平縣志》卷五輿地下，臺北：成文出版社，1966 年版，第 46 頁。

〔註279〕〔民國〕余榮謀修，張啓煌纂：《廣東省開平縣志》卷五輿地下，臺北：成文出版社，1966 年版，第 46 頁。

〔註280〕再次，開平墟市範圍有所拓展。據載：「水口市，縣城東五十里，期趁五十，宋元間設太平墟於龍岡庵右芳草坪。明嘉靖間合六圖之羅汶墟（在泮村鵝僚後舊墟地）、九圖之太平墟（今尚有九圖社在紅花寺側），同遷今墟地，名沙坪墟。嗣屢遭火災，再易今名。光緒十六年就市東拓地增鋪，又稱新增者曰東埠。（王志參訪冊）」〔註281〕第四，開平多個墟市建立了商會。這些商會及其所在的墟市爲：「赤墈商會，在市內塘底街，光緒三十四年商人司徒懿、關崇耀等倡辦，同時捐建會所。（訪冊）縣城商會，宣統元年商人張遠詒、謝聖慈等倡辦，賃鋪辦公。（訪冊）水口商會，宣統元年商人朱昌鉅等倡辦，借市內舊公所辦公。（訪冊）長沙商會，宣統元年商人謝榮勳、譚衷才、梁奎照、譚德豪、陳紀常、譚耀棠等倡辦，賃鋪辦公。……。（訪冊）」〔註282〕

（2）恩平墟市經濟熱點。

清後期恩平墟市數量爲 32（市 2，墟 30）〔註283〕，成爲南肇慶地區墟市經濟的另一個增長點。清後期，輸入恩平的僑匯是其墟市經濟發展的主要助推力。據載：「邑人向業耕稼，遠出逐利者少。光緒而後，聞鄰邑經商海外者纍載而歸，心焉嚮往，乃拋棄父母妻子，近適南洋，遠至歐美，或洗衣裳或種瓜茱，得以汗血所蓄，彙歸故鄉，邑中得此灌輸，困難稍減，……。」〔註284〕隨著購買力的增加，各地貨物聚集恩平，如恩平房屋建造材料及日常用品就來自各方，據載：「……，廳桁多來自西北兩江，其取無盡、用不竭者惟山石而已。日用器物多資外來，如鐵鍋來自佛山、陽春，缸瓦來自南海、石灣，竹器來自開平、馬岡，鹹魚來自香山、那扶，……。」〔註285〕這些外地產品亦豐富了恩平的墟市貿易。

開平與恩平位於珠三角與南肇慶兩大墟市經濟發達區之間，此二者成爲

〔註280〕〔民國〕余榮謀修，張啓煌纂：《廣東省開平縣志》卷十二建置下，臺北：成文出版社，1966 年版，第 87 頁。

〔註281〕〔民國〕余榮謀修，張啓煌纂：《廣東省開平縣志》卷十二建置下，臺北：成文出版社，1966 年版，第 87 頁。

〔註282〕〔民國〕余榮謀修，張啓煌纂：《廣東省開平縣志》卷十二建置下，臺北：成文出版社，1966 年版，第 88 頁。

〔註283〕〔民國〕余丕承等修；桂坫等纂：《廣東省恩平縣志》卷之七建置二墟，臺北：成文出版社，1974 年版，第 359～363 頁。

〔註284〕〔民國〕余丕承等修；桂坫等纂：《廣東省恩平縣志》卷之四輿地三風俗，臺北：成文出版社，1974 年版，第 166～167 頁。

〔註285〕〔民國〕余丕承等修；桂坫等纂：《廣東省恩平縣志》卷之四輿地三屋制，臺北：成文出版社，1974 年版，第 186 頁。

墟市經濟熱點，表明到了清後期，南肇慶墟市經濟發達區有與珠三角墟市經濟發達區連成一體的趨勢。亦說明了清後期珠三角－港－澳經濟聯盟的輻射能力比清前期的珠三角－澳門經濟聯盟強。

（五）清代廣東墟市經濟三大發達區

有清一代，廣東有三個地區的墟市經濟長盛不衰，它們分別是：其一，珠江三角洲地區；其二，西海岸及瓊州府北部經濟區；其三，南肇慶。

六、清代廣東三大墟市發達區分析

清代墟市經濟一直發達的珠三角、西海岸及瓊州府北部、南肇慶等地區，都擁有一定數量的縣域墟市經濟發達區，如珠三角之南海、番禺、順德、東莞、新會等；西海岸及瓊州府北部之陽江〔註286〕、電白、化州、茂名、石城、海康、徐聞（海安）、瓊山、文昌等；南肇慶之高要、高明等。這些縣域墟市經濟發達區共同拉動清代三大墟市發達區的總體發展。

（一）珠江三角洲墟市經濟發達區

珠江三角洲墟市經濟長盛不衰，其原因在於珠三角形成系統，自成一體，「組分之間互補互惠，協同行動，相互促進，和諧共生」〔註287〕，產生正面的湧現效應，因此，珠江三角洲墟市經濟系統具有強大的綜合實力。

1、珠三角綜合實力之一：最大的物資集散地

珠江三角洲是全省最大的貨物集散地，物資供應充足。

珠三角位於三江匯流、江海之交的有利區位。據《粵海關十年報告（1892～1901）》載：「廣州本地的航運業興旺發達，原因是這個城市在珠江的位置給航運提供了有利條件，珠江的眾多支流在短距離內與西江、東江和北江相連接，大大方便了航運。」〔註288〕實際上，「珠江的眾多支流在短距離內與西江、東江和北江相連接，大大方便了航運」不僅是廣州的航運便利條件，也是整個珠江三角洲彙聚各地物資的有利條件。

〔註286〕陽江既屬於南肇慶墟市發達區，又屬於西海岸及瓊州北部經濟區，但由於其沿海，與西海岸各地較爲相似，所以此處將陽江歸入西海岸及瓊州北部經濟區。
〔註287〕苗東升：《系統科學精要》，北京：中國人民大學出版社，2006 年，第 58 頁。
〔註288〕據廣州市地方志編纂委員會辦公室，廣州海關志編纂委員會編譯：《近代廣州口岸經濟社會概況——粵海關報告彙集》，廣州：暨南大學出版社，1996 年，第 939 頁。

北江物產彙集珠三角各地。如：（始興）「春夏入山伐木，秋冬編桴成排運往小唐、江門、馬房、新沙、西南、清遠、佛山等處，……。」〔註289〕又「其輸出貨品只紙、炭兩項，有佛山、清遠商人來境販運，……。」〔註290〕又「黃菸運至佛山、省城銷行。……。花生榨油有赤生、白生之別，流通頗遠，運銷韶州、清遠、佛山等處，……。竹排運往西南、佛山，每歲二三百剪。……。香菰、冬筍、紅瓜子、運往韶州、省城、佛山：每歲香菰二三千斤，紅瓜子四五千斤，冬筍二三萬斤。香粉以百斤為一擔，運往西南、蘆苞，每歲一千餘擔。牛皮每歲可出一千餘塊，運至韶州，轉販省城、佛山。……。薯莨為染料，運往西南、佛山，歲出三四萬斤。化柴為炭，名曰雜炭，各山俱有，惟清遠港江工人較邑人為擅長，每歲出產七八百萬斤，運至韶州、西南、佛山及順德、東莞、新會銷行。礱板、船板俱屬松板，運售韶州、佛山，……。」〔註291〕

西江物產銷往珠三角。如（四會）火紙：「鄧村鋪紙廠最多，創始嘉道間，……。載往陳村歸紙行發賣。宜造元寶，名會樸。」〔註292〕

中外物產彙聚珠三角。珠江三角洲地區遍佈監管民船貿易的常關，據《粵海關十年報告（1902～1911）》載：「1907 年之前，西炮臺、東炮臺、佛山、紫洞、紫坭等地可徵收掛號費及銷號費。1907 年 10 月之後，只有三個常關：總關，位於鄰近海關的聯興街；陳村關，位於順德縣，水路距廣州約 45～50華里；濠滘關，位於陳村東南，乘小火輪 20 分鐘航程，濠滘關僅僅是個緝私分卡，並不征稅。」〔註293〕「這些常關機構監管的貿易完全是由民船裝運的。」〔註294〕通過在常關監控下的民船貿易，種類多樣的中外產品被輸送進入珠江

〔註289〕〔民國〕陳及時等纂修：《廣東省始興縣志》卷四輿地略實業，臺北：成文出版社，1974 版，第 314 頁。

〔註290〕〔民國〕陳及時等纂修：《廣東省始興縣志》卷四輿地略實業，臺北：成文出版社，1974 版，第 318 頁。

〔註291〕〔民國〕陳及時等纂修：《廣東省始興縣志》卷四輿地略實業，臺北：成文出版社，1974 版，第 314～316 頁。

〔註292〕〔清〕陳志喆等修，吳大猷纂：《廣東省四會縣志》編一物產，臺北：成文出版社，1967 年版，第 127 頁。

〔註293〕據廣州市地方志編纂委員會辦公室，廣州海關志編纂委員會編譯：《近代廣州口岸經濟社會概況——粵海關報告彙集》，廣州：暨南大學出版社，1996 年，第 959 頁。

〔註294〕據廣州市地方志編纂委員會辦公室，廣州海關志編纂委員會編譯：《近代廣州口岸經濟社會概況——粵海關報告彙集》，廣州：暨南大學出版社，1996 年，第 959 頁。

三角洲地區。據載：「這些民船有 14 種類型，它們來往於汕頭、香港、澳門、安南、陽江（Yeungmong）、潮州、瓊州及新寧等地。主要進口商品有人參（美國花旗參、日本參及高麗參）、鹹魚（來自馬六甲海峽）、蘇木、酒精、墨魚、大米、檳榔、糖漿、紙、木材、煙葉、皮革、煤油、未鞣的皮革、小山羊皮、外國棉汗衫、外國手帕及藥品。主要出口商品為藥材、草席、絲織品、罐頭水果和肉類、鹹肉、醃製水果、煤油、鴉片、軟木、竹、木柴、水泥、磚瓦、醋、醃製大蒜頭、黑石及陶器。」〔註 295〕

2、珠三角綜合實力之二：最大的手工業基地

珠江三角洲是全省最大的手工業製造基地，其中，廣州與佛山是兩個最重要的手工業基地。據載：「按錫器以廣州所造為良，諺曰：『蘇州樣，廣州匠』，香犀象蠶玳瑁竹木藤漆諸器，俱甲天下。冶則佛山，陶則石灣，皆良工也。又能仿取西洋諸法，製為機巧之器。」〔註 296〕另外，廣州－佛山是清後期廣東最大的織布業中心：「另一方面，有些城市及其鄰近地帶的織布業已經成為區域化的專業。從這些織布中心，向廣大地區發出大量的布匹。這種情形以下列各處為多，既長江流域的上海、漢口、沙市、萬縣；……；廣東的佛山、廣州及河南（按在廣州珠江對岸）。……。（Report of the Mission to China of the Blackburn Chamber of Commerce 1896-97, pp.217, 218）」〔註 297〕又佛山在清後期還形成了水平較高的加染業，其產品銷流甚廣，還出口海外：「在洋紗輸入以前，供給廣東和廣西東部的土布，大部分來自吉安府。經贛江到贛州，然後通過梅嶺的舊日驛道，循廣東的北江，經過三水運至廣州附近的佛山。土布即在佛山染成廣東人最喜愛的青布，叫做長青布。這種布經常大量地向新加坡及廣東人常到的各個地方輸出。自洋紗開始輸入中國後，經常由江西、興寧及其鄰近地帶移居的客家人便用洋紗織布。他們把這種布循廣東的東江經惠州運至佛山，染成青布，叫做沖青布，即仿「長青布」。這種布和它所仿製的布一樣，大部分輸出至新加坡。洋紗是由汕頭輸入的，在運往興寧以前，每件要完納關稅和釐金四兩七錢五分，合計徵從價稅百分之六。這

〔註 295〕據廣州市地方志編纂委員會辦公室，廣州海關志編纂委員會編譯：《近代廣州口岸經濟社會概況——粵海關報告彙集》，廣州：暨南大學出版社，1996 年，第 959 頁。

〔註 296〕〔清〕郝玉麟纂修：〔雍正〕《廣東通志》卷五十二物產，廣東省地方史志辦公室輯：《廣東歷代方志集成》，廣州：嶺南美術出版社，2006 年，第 1662 頁。

〔註 297〕彭澤益編：《中國近代手工業史資料》（第二卷），北京：中華書局，1962 年，第 238 頁。

種（洋紗織的）佈在運往佛山，再由佛山運至香港的途中，當然還要收稅。
我們（按指英國）的製造商如果在別的地方都能和這些土布競爭，這裏似乎
是一個很有利的機會。（Reportof the Mission to China of the Blackburn Chamber
of Commerce 1896-97, p.134）」〔註298〕除了個別行業極爲發達之外，佛山還形
成了門類齊全的手工業體系，其涉及衣食住行等各個方面，具體可分爲十類：
（1）衣服類。有機房土布行、布扣行、顧繡行、絨線行、頭繩行、絲絨行、
唐鞋行、布襪行、染房行、曬布行、自製顏料行等；（2）居住類。有泥水行、
大料行、搭棚行等；（3）飲食類。有舂米行、蒸酒行、茶居行等；（4）五金
類。有金箔行、一字銅行、鈕扣行、鐵鍋行、鐵線行、鐵釘行、土針行等；（6）
竹木工類。有皮箱行、雨遮行、竹器行等；（7）紙業工類。有花紅染紙行、
門神行等；（8）文具類。有端硯界尺行、筆行等；（9）雜物工作類。有香行、
葵扇行等；（10）雜工類。道巫行、肩輿行、鼓樂行等。〔註299〕另外，佛山的
手工業還機械化趨勢，據載：「工藝廠、……、梁秀號烏煙廠、……。以上十
二條多用機器製造，故列在各行工業之前。（據採訪冊）……。」〔註300〕由此
可見，清代廣州與佛山形成了廣東最大、門類最全、水平最高的手工業基地。

　　同時，珠三角的新會也是廣東重要的手工業中心，其支柱手工業爲葵扇
加工業。道光年間新會的墟市共有 69（墟 45，市 24）〔註301〕，是珠三角
內墟市經濟較爲發達的地區。其地職業的地域分異較爲明顯：「西南多農鮮
賈，依山瀕海者以薪炭耕漁爲業，民無積聚而多貧，……。東北多商鮮農，
貧者則習工技以資生，故其民饒，……。」〔註302〕新會農工商各業多依靠
蒲葵，所謂：「凡新會男女所以資生多出蒲葵焉。」〔註303〕蒲葵：「……。
新會之西沙頭、西涌、禮樂、新魁滘諸鄉多種之，凡新會男女所以資生多出

〔註298〕彭澤益：《中國近代手工業史資料》（第二卷），北京：中華書局，1962 年，
　　　　第 246 頁。

〔註299〕據〔民國〕戴曾謀修，冼寶榦纂：《佛山忠義鄉志》卷六實業，民國十二年
　　　　（1923），第 9～20 頁。

〔註300〕〔民國〕戴曾謀修，冼寶榦纂：《佛山忠義鄉志》卷六實業，民國十二年（1923），
　　　　第 7～9 頁。

〔註301〕〔清〕林星章修，黃培芳等纂：《廣東省新會縣志》卷四津梁，臺北：成文出
　　　　版社，1966 年版，第 110～111 頁。

〔註302〕〔清〕林星章修，黃培芳等纂：《廣東省新會縣志》卷二風俗，臺北：成文出
　　　　版社，1966 年版，第 61 頁。

〔註303〕〔清〕林星章修，黃培芳等纂：《廣東省新會縣志》卷二物產，臺北：成文出
　　　　版社，1966 年版，第 63 頁。

蒲葵焉。……，大抵貨之遠近精粗皆有。」〔註304〕農者種植蒲葵：「蒲葵：……。新會之西沙頭、西湧、禮樂、新魁滘諸鄉多種之，名曰葵田」〔註305〕；工者加工蒲葵：「……，名曰葵田，最宜為扇。扇大者二三尺可以蔽日，其葉末作蓑笠、蕈席、坐團，亦以編屋代瓦」〔註306〕，其邑城東門之梁姓村落，還成為為葵扇加工業生產零部件的專業村，據載：「扇有長柄、二旗、三旗、玻璃等名，……。長柄者，……，長其柄至數尺，柄之皮甚韌，斯而為藤縮扇之邊，復加大小二竹以合之，其小竹如絲名曰合仔（按邑城東門外數里有村梁姓，專以合仔為業，人呼為合仔梁。）」〔註307〕商者販賣蒲葵產品：督撫兩院每年採為方物而貨行於天下。〔註308〕另外，柑產品也是清中期新會墟市貿易的主要產品之一：新會柑之皮可製柑皮，「種植者千百株成圍，每歲大賈收其皮售於他省」；實可製柑餅；落實可為線香料：「四五月落實不堪食，暴乾為線香料」；老樹為薪，其灰還可拭銅錫物，去膩生光。〔註309〕

　　另外，珠江三角洲手工業的附加值相對較高。如此地為廣東最值錢的外銷手工業品——絲之主要生產地。據載：「廣東蠶桑之利，順德為最，南海次之，……。」〔註310〕又：絲是廣東最值錢的產品——只限於珠江三角洲西部有限的幾個地方，包括順德、南海部分地區和香山。〔註311〕

3、珠三角綜合實力之三：最大的經濟中心群

〔註304〕〔清〕林星章修，黃培芳等纂：《廣東省新會縣志》卷二物產，臺北：成文出版社，1966年版，第63頁。

〔註305〕〔清〕林星章修，黃培芳等纂：《廣東省新會縣志》卷二物產，臺北：成文出版社，1966年版，第63頁。

〔註306〕〔清〕林星章修，黃培芳等纂：《廣東省新會縣志》卷二物產，臺北：成文出版社，1966年版，第64頁。

〔註307〕〔清〕林星章修，黃培芳等纂：《廣東省新會縣志》卷二物產，臺北：成文出版社，1966年版，第64頁。

〔註308〕〔清〕林星章修，黃培芳等纂：《廣東省新會縣志》卷二物產，臺北：成文出版社，1966年版，第64頁。

〔註309〕〔清〕林星章修，黃培芳等纂：《廣東省新會縣志》卷二物產，臺北：成文出版社，1966年版，第63頁。

〔註310〕〔民國〕余丕承等修；桂坫等纂：《廣東省恩平縣志》卷之五輿地物產，臺北：成文出版社，1974年版，第285頁。

〔註311〕據廣州市地方志編纂委員會辦公室，廣州海關志編纂委員會編譯：《近代廣州口岸經濟社會概況——粵海關報告彙集》，廣州：暨南大學出版社，1996年，第886頁。

珠江三角洲是省內最大的經濟中心群，消費能力最強。

廣州經濟中心的歷史悠久，優勢尙存。粵海關十年報告（1882～1891）指出：「鑒於目前廣州作爲貿易中心的狀況，人們回憶起這個口岸曾經享有的可以自豪的優勢地位以及這種地位已被後起的對手取而代之的時候，自然會感到有些遺憾。但是應該注意，這個口岸是第一個也是長時期內唯一的與西方接觸的地方。當然，從外國人的觀點來看，它並非在各個方面都符合這個被指定的『角色』。它的內河交通向西伸展到雲南邊界，向北延伸到貴州、湖南和江西的一隅，作爲進出口商品的集散地，其自然區域可以說是極其有限的。連綿不斷的大庾嶺山脈，實際上把兩廣和大清帝國其他地方分割開來了。這條山脈從西藏開始，橫貫雲南、貴州，沿著湖南和廣西的邊緣，然後在福建北折，直抵浙江海邊。儘管受到上述限制，但仍保持貿易中心地位的廣州，其所包括的地區還是相當廣闊和富庶，足以維持其以前所壟斷的那樣大的貿易規模。」〔註312〕在鴉片戰爭後 的新環境下，廣州產生了新的經濟優勢。如稅率新優勢，《粵海關十年報告（1892～1901）》指出：「但是，子口稅單制度在某種程度上對廣州有利，……。」〔註313〕又《粵海關十年報告（1892～1901）》指出：「本十年內，外洋進口貿易是非常令人滿意的，而且有著良好的發展前景。1897年西江各口岸的開放，曾對廣州產生一些不良影響。在此之前，廣州一直是所有沿江各地的貨運集散中心，而現在情況不同了，就是佛山也可以比較便利地從三水得到供貨。但是，子口稅單制度在某種程度上對廣州有利，……。」〔註314〕

香山經濟也較發達。宣統香山商業：縣屬商業除澳門外，以城南石岐爲總匯，各鄉墟市亦有號稱暢旺者，如四都之欖邊墟，大都之南蓢墟，谷鎮之烏石墟，闤闠頗盛，欖鎮蠶市歲入百餘萬兩，黃圃蠶市，獲利亦豐，香洲埠已自闢商埠，（按……，宣統元年由邑人王詵集股創闢，……。）近聞淇澳亦

〔註312〕據廣州市地方志編纂委員會辦公室，廣州海關志編纂委員會編譯：《近代廣州口岸經濟社會概況——粵海關報告彙集》，廣州：暨南大學出版社，1996年，第 852 頁。

〔註313〕據廣州市地方志編纂委員會辦公室，廣州海關志編纂委員會編譯：《近代廣州口岸經濟社會概況——粵海關報告彙集》，廣州：暨南大學出版社，1996年，第 905 頁。

〔註314〕據廣州市地方志編纂委員會辦公室，廣州海關志編纂委員會編譯：《近代廣州口岸經濟社會概況——粵海關報告彙集》，廣州：暨南大學出版社，1996年，第 905 頁。

思接踵商業進步，當未有艾。至輸出輸入各品則以水運居多。〔註315〕

　　珠三角經濟中心群的集群作用強大，帶動域內更多地區的發展，所以，清後期帝國主義所訂開的商埠紛紛選址珠三角。如新會之江門商埠，光緒二十八年中英商約訂開。〔註316〕又順德有甘竹商埠，光緒二十三年中英緬甸條約開。〔註317〕又新寧有公益商埠。〔註318〕又三水有商埠，光緒二十三年中英緬甸條約訂開。〔註319〕

　　擁有強大經濟實力的珠三角，其消費能力亦很強。據載：「郡中南、番、東、順、新、香等邑，爲全省精華所萃，鄉會中額恒居十之七八，每歲出洋諸人彙回工資可一二千萬。近歲出絲售外洋二千餘萬。然生齒過多，省城內外近四百萬人，每邑又各數百萬，歲需安南、暹羅米二千萬石，鎮江、蕪湖及廣西等處米各三四百萬石。」〔註320〕由此可見，除自身經濟發達外，僑匯也是支持珠三角強大消費能力的主要因素之一。

4、珠三角綜合實力之四：江海聯運便利

　　因處江海交彙之處，故珠三角有開展江海聯運的良好條件，這極大地方便了客流與貨流的聚散。據《粵海關十年報告（1892～1901）》載：「1899年，本口岸的貿易金額比以前最好的年份——1895年——增長了白銀900萬兩，創造了一個『新紀錄』。各行各業生意均一派興旺。內河航運迅速增長，形成了一支航行於廣州和內地各口岸之間的理想船隊。是年關稅收入略超過白銀200萬兩，可以稱爲迄今爲止的『最好紀錄』。」〔註321〕又：「從西海岸運鹽來廣州的帆船是較大型的船隻，載重量約9000擔，每年可往返4個航次。」

〔註315〕〔清〕厲式金修，汪文炳、張丕基纂：《廣東省香山縣志》卷二輿地，臺北：成文出版社，1967年版，第67頁。

〔註316〕上海古籍出版社、上海書店編：《二十五史》清史稿上，上海：上海古籍出版社、上海書店，1986年，第9109頁。

〔註317〕上海古籍出版社、上海書店編：《二十五史》清史稿上，上海：上海古籍出版社、上海書店，1986年，第9109頁。

〔註318〕上海古籍出版社、上海書店編：《二十五史》清史稿上，上海：上海古籍出版社、上海書店，1986年，第9109頁。

〔註319〕上海古籍出版社、上海書店編：《二十五史》清史稿上，上海：上海古籍出版社、上海書店，1986年，第9109頁。

〔註320〕〔清〕李應珏：《廣東便覽》卷一，光緒年間刻本，第13～14頁。

〔註321〕據廣州市地方志編纂委員會辦公室，廣州海關志編纂委員會編譯：《近代廣州口岸經濟社會概況——粵海關報告彙集》，廣州：暨南大學出版社，1996年，第903～904頁。

〔註322〕又《粵海關十年報告（1892～1901）》指出：「一艘法國輪船現航行於廣州與廣州灣之間，開闢了一條新的貿易航線。」〔註323〕江海聯運，支持物流與客流從珠三角擴展到更大的範圍，這是珠三角具有強大經濟吸引力的重要支撐機制之一。

5、珠三角綜合實力之五：水網通達良好

珠三角地區水網交錯，鄉村水道四通八達。《粵海關十年報告（1892～1901）》指出：「城裏的道路保持得相當好，鄉村道路一般也很優良，但後者僅僅是人行的道路。鄉村的水道四通八達。」〔註324〕所以，珠江三角洲各地墟市之間因便利的水運而聯繫密切：據拱北關十年報告（一）（1882年～1891年）稱：「……，汽艇仍從這裏拖船到陳村、石岐和新會；從省城到順德縣的大良；南海的九江；香山的石岐和小欖；東莞的石龍；新會的荷塘；江門的白石和古嶗；新寧的新昌和潮蓮；鶴山的 Suitongki 和 Takitao（譯者注：這兩個地名一時查不到正確的中文原名，暫用原文的英文音譯地名。）；和到赤坎、單水口和開平的長沙。」〔註325〕水網密佈，使得物流與客流能在珠江三角洲快速流通，這是廣東其他地區所無法比擬的珠三角優勢之一。

6、珠三角綜合實力之六：技術傳播便捷

新技術在珠三角的傳播便捷。珠三角地區的廣州是歷史悠久的對外貿易中心，對外交流頻繁；珠三角地區地近港澳，與港澳聯繫緊密；珠三角地區華僑眾多，他們樂於將新事物、新技術、新信息帶回家鄉。以上天時、地利、人和三因素使珠三角地區有很多接觸外來先進文化的機會，也有易於接受外來先進文化的傳統。另外，珠三角是全廣東經濟、政治、文化、教育最發達的地區，有接受新事物、新技術的需求與能力。因此，珠三角地區往往成為

〔註322〕據廣州市地方志編纂委員會辦公室，廣州海關志編纂委員會編譯：《近代廣州口岸經濟社會概況——粵海關報告彙集》，廣州：暨南大學出版社，1996年，第906頁。

〔註323〕據廣州市地方志編纂委員會辦公室，廣州海關志編纂委員會編譯：《近代廣州口岸經濟社會概況——粵海關報告彙集》，廣州：暨南大學出版社，1996年，第906頁。

〔註324〕據廣州市地方志編纂委員會辦公室，廣州海關志編纂委員會編譯：《近代廣州口岸經濟社會概況——粵海關報告彙集》，廣州：暨南大學出版社，1996年，第930頁。

〔註325〕拱北海關志編輯委員會編：《拱北關史料集》，珠海：拱北海關 1998 年，第253頁。

外來先進文化進入中國的第一站。

如清末，珠三角地區成為外國化肥引進的試驗區，據《粵海關十年報告（1902～1911）》載：「1906 年，這裏成立了一家植興公司，目的在於引進化肥——主要是硝酸鈉和硫酸銨。至 1911 年，硝酸鈉的進口量達 12643 擔，而硫酸銨的進口量亦達到 800 擔。目前，這些化肥的使用僅限於珠江三角洲區域以內，用於種植煙草及扇葉棕櫚方面。」〔註326〕公司，是以營利為目的的，所以，其所引進的化肥一定會推銷到相關的農村。珠三角種煙草的地區主要是鶴山，種扇葉棕櫚的地區主要是新會，所以，化肥極有可能銷售於鶴山、新會等地區的墟市。

再如，新技術提升珠三角貨物及客流的通過率。

首先，清後期廣東修築的鐵路，多通過珠三角地區。如粵漢鐵路的修築：「鐵路粵漢南段，自廣州西迤三水，又北清遠、英德、曲江，至樂昌與湖南興寧路接」〔註327〕，為珠江三角洲乃至粵北地區的發展帶來的新機遇。據載：「粵漢鐵路的第一段，從黃沙到江村，約 17 英里長，於 1907 年 7 月 17 日通車。將近 1908 年年底時，鐵路一直通到距黃沙 45 英里的英德縣源潭。一年後，再往北延伸 10 英里，通過石碑坑（Shipihang）。1910，增加了一段大約 7 英里長的短線，通到鐵溪坑（Titkaihang）。翌年，再往北延伸 9.5 英里，抵達連江口（LinKonghow）。1911 年，該鐵路平均每月客運和貨運收入分別為 7028.68 元和 28122.87 元。現在每天有 3 列火車運行於黃沙與黎洞（Laitung）之間，其路程長達 65.75 英里；還有 3 列火車運行於黃沙和新街（Sunkai）之間，路程長達 19 英里。」〔註328〕又《粵海關十年報告（1902～1911）》指出：「1902 年底，廣州至三水的鐵路已經全部立好界樁。1903 年 11 月 15 日，這條鐵路的一段——從廣州至人口稠密的佛山鎮一段，正式開始通車。1904 年，廣州至三水的鐵路已全線通車。……。目前該線貨運很少，……。從山柏（Shanpak）至小塘（Chitung）修築了一條環形支線，從而使這條鐵路更加接

〔註326〕據廣州市地方志編纂委員會辦公室，廣州海關志編纂委員會編譯：《近代廣州口岸經濟社會概況——粵海關報告彙集》，廣州：暨南大學出版社，1996 年，第 975 頁。

〔註327〕據上海古籍出版社、上海書店編：《二十五史》清史稿上，上海：上海古籍出版社、上海書店，1986 年，第 9109 頁。

〔註328〕據廣州市地方志編纂委員會辦公室，廣州海關志編纂委員會編譯：《近代廣州口岸經濟社會概況——粵海關報告彙集》，廣州：暨南大學出版社，1996 年，第 978 頁。

近絲業中心龍江（Lungkong）和龍山（Lungshan）。目前，由水路運送絲及絲織品比較方便。若能從目前的三水終點站築一條短線到三水海關，再從佛山站築一條短線到河邊，這條鐵路就可處於更有利的地位，贏得貨運。建築這些短線的設想正在考慮之中。」〔註329〕此外，寧陽鐵路經過江門、新寧〔註330〕，三佛鐵路經過三水〔註331〕，廣九鐵路經過番禺〔註332〕、東莞〔註333〕。鐵路路線在珠三角的集中，大大提升了此區的物流、客流的通過率。

其次，如小火輪等先進設備在珠三角水上交通中的使用。據載：「之後，隨著形勢的發展，許多定期航線的客船開始採用小火輪拖引。1887 年初期，小火輪在三角洲水域拖帶本地帆船，或多或少違背了有關外國船隻——即洋式船隻——只能在條約口岸水域行駛的規定。……。」〔註334〕航運新技術在珠三角的廣泛應用亦帶動了水上貨流及客流的流通速度。

7、珠三角綜合實力之七：肥沃土地拓展

清代珠江口泥沙的不斷堆積，既是自然原因造成的，也有人為因素的影響，如上游地區因開發而導致的水土流失、下游地區因抗洪或圍墾而修築的堤圍，都會加速珠江河口地區的淤積。河口地區的泥沙不斷沉積成陸，為珠三角帶來更多肥沃的土地，據粵海關十年報告（1902～1911）指出：「整個珠江三角洲地區普遍種植水稻和桑樹。在鄰接珠江口和西江口的許多地方進行了大量的有價值的開墾工作。這樣開墾出來的土地，係由沖積土組成，非常適宜種植水稻，有些地方的收成很好，較前高 200 倍左右。所產大米質量優異，深受富裕階層人士歡迎。」〔註335〕這為珠三角的農業發展持續地提供優

〔註329〕據廣州市地方志編纂委員會辦公室，廣州海關志編纂委員會編譯：《近代廣州口岸經濟社會概況——粵海關報告彙集》，廣州：暨南大學出版社，1996 年，第 978 頁。

〔註330〕上海古籍出版社、上海書店編：《二十五史》清史稿上，上海：上海古籍出版社、上海書店，1986 年，第 9109 頁。

〔註331〕上海古籍出版社、上海書店編：《二十五史》清史稿上，上海：上海古籍出版社、上海書店，1986 年，第 9109 頁。

〔註332〕〔民國〕梁鼎芬等修，丁仁長等纂，《廣東省番禺縣續志》卷六建置墟市，臺北：成文出版社，1967 年版，第 110 頁。

〔註333〕上海古籍出版社、上海書店編：《二十五史》清史稿上，上海：上海古籍出版社、上海書店，1986 年，第 9109 頁。

〔註334〕據廣州市地方志編纂委員會辦公室，廣州海關志編纂委員會編譯：《近代廣州口岸經濟社會概況——粵海關報告彙集》，廣州：暨南大學出版社，1996 年，第 888～889 頁。

〔註335〕據廣州市地方志編纂委員會辦公室，廣州海關志編纂委員會編譯：《近代廣州

質肥沃的耕地，以繼續支持墟市經濟的高水平發展。

8、珠三角綜合實力之八：港澳交往密切

珠三角與香港及澳門，在地域上相近，在人文上相通，在經濟上相連，故其聯繫非常緊密。

廣州與港澳之間信件往來頻繁。廣州設有專門辦理與港澳之間公眾郵遞業務的港澳信館，據《粵海關十年報告（1882～1891）》載：「代辦郵政的店鋪相當多，可分為兩類：一類是港澳信館，只辦理港澳和廣州之間的公眾郵遞業務；另一類是輪船信局，它們的活動範圍較廣。兩者都是純粹的私營性質，資本來自私人。」〔註336〕

香港股票市場影響廣州的商業活動。據《粵海關十年報告（1882～1891）》載：「從當地商業角度來看，可以說，過去十年對所有各階層商人來說都是充滿著失望。當和平已經恢復，一個商業活躍繁榮的時期已經在望的時候，貿易卻遇到了不斷增加的苛捐雜稅的沉重負擔和不停波動的外匯兌換率的嚴重干擾。此外，香港股票市場瘋狂的投機活動，對一直持續到本年末期的普遍商業蕭條，無疑也產生了不小的壞影響。」〔註337〕

香港是廣州商人的居住地。據載：「十三行互市天下大利也，而全粵賴之中外之貨坌集，天下四大鎮殆未如也。蠻樓矗起干雲，油窗粉壁，青鎖碧欄，竟街兼巷，無詐無虞，文螺翠羽，留犁撓酒，炰羔擘豚，乾嘉之間，其極盛者乎。乃咸豐丙辰，天奪其魄，盡毀於火。後移市河南鼇洲等處，營繕草創，瑰麗巍峨，迥不逮昔。蓋各商樂居香港，獨司事留耳。迨己未，忽又言定移市中流沙，殆即拾翠洲，俗稱沙面。」〔註338〕

澳門日用之所需常靠珠三角供給。如赤溪炭多售澳門：「以樹木截為成段置於窯中，以火燒之成炭，多銷售香山、澳門等處。」〔註339〕又如：香山之

口岸經濟社會概況——粵海關報告彙集》，廣州：暨南大學出版社，1996年，第975頁。

〔註336〕據廣州市地方志編纂委員會辦公室，廣州海關志編纂委員會編譯：《近代廣州口岸經濟社會概況——粵海關報告彙集》，廣州：暨南大學出版社，1996年，第891頁。

〔註337〕據廣州市地方志編纂委員會辦公室，廣州海關志編纂委員會編譯：《近代廣州口岸經濟社會概況——粵海關報告彙集》，廣州：暨南大學出版社，1996年，第851頁。

〔註338〕〔清〕鄭夢玉等修，梁紹獻等纂：《廣東省南海縣志》卷五建置略二，臺北：成文出版社，1967年版，第127～128頁。

〔註339〕〔民國〕王大魯修，賴際熙纂：《廣東省赤溪縣志》卷二輿地下物產，臺北：

生果（烏欖、大蕉、荔枝、龍眼等居多）也輸往澳門。〔註340〕又據陳偉明教授的研究表明，清代澳門的社會生活資料來源主要包括「本地自給」、「內地供給」、「外貿供應」等三方面，其中，「清代澳門生活消費資料與生活消費品的內地供給，主要是由廣東地區，尤其是珠三角地區供應，這樣對於澳門的社會生活消費的內地供給提供了有力的保證，……。」〔註341〕

澳門還是珠三角主要外貿產品的轉口地。據《拱北海關年度報告》（光緒十三年，即 1887 年）載：「出口至澳門之土貨，首推薦茶、絲、糧、油及草包席。茶葉產自新會河沿岸之新寧、海平及鶴山等地，未經加工則運抵澳門烘烤包裝，再出口外洋。絲皆產自順德。此地絲廠廣布，多集中於西江左岸村落，然運抵澳門者，皆為生絲及大量之蠶繭，供繅絲用。……。」〔註342〕與香港及澳門的聯動發展，是無可比擬的珠三角綜合實力。

綜上所述，珠江三角洲形成清代廣東最大的經久不衰的墟市群。

（二）西海岸瓊北墟市經濟發達區

清代廣東西海岸及瓊州北部地區，墟市經濟發達且持續時間長，究其與其內因，主要有以下幾方面：

1、物產豐富獨特

瓊州貨物與大陸差異大，故暢銷大陸。首先，瓊州的農、林、水產產品獨具特色。其主要產品有：靈茶〔註343〕；澄邁、樂會、臨高美人葛〔註344〕；白蠟〔註345〕；檳榔〔註346〕；澄邁海南木材〔註347〕；檳榔：會同檳榔為上，樂會檳榔

成文出版社，1967 版，第 63 頁。

〔註340〕〔清〕厲式金修，汪文炳、張丕基纂：《廣東省香山縣志》卷二輿地，臺北：成文出版社，1967 年版，第 69 頁。

〔註341〕陳偉明：《清代澳門社會生活消費研究（1644～1911）》，廣州：廣東人民出版社，2009 年，第 21 頁。

〔註342〕莫世祥等編譯：《近代拱北海關報告彙編〔1887～1946〕》，澳門基金會 1998 年，第 126 頁。

〔註343〕〔清〕屈大均：《廣東新語》，北京：中華書局，1985 年，2006 年重印，第 385 頁。

〔註344〕〔清〕屈大均：《廣東新語》，北京：中華書局，1985 年，2006 年重印，第 423 頁。

〔註345〕〔清〕屈大均：《廣東新語》，北京：中華書局，1985 年，2006 年重印，第 606 頁。

〔註346〕〔清〕屈大均：《廣東新語》，北京：中華書局，1985 年，2006 年重印，第 628 頁。

僅次於會同〔註 348〕；又：「以檳榔爲命，四州皆產，文昌、瓊山、會同特多」
〔註 349〕；最爲特別的是海南之香，香之貿易也很特別〔註 350〕。其次，瓊州物產
豐富，編織業發達，其產品多種多樣，主要有：蒲葵帽、麥草帽、藤席、椰葉席
〔註 351〕；檳榔席、澄邁黃村席、定安席；〔註 352〕桄榔製品〔註 353〕；竹笠、椰葉
笠〔註 354〕。另外，紡織業之產品亦有特產，如黎錦〔註 355〕及儋州生絲帳〔註 356〕，
皆異於大陸地區所產。再有，會同海菜加工業〔註 357〕也獨具地方特色。

　　瓊山地理位置良好，自然條件優越，物資特別豐富。自然條件優越，則當
地物產種類繁多，據載，咸豐瓊山物產有：（1）布帛類主要有：「葛布（出瓊山、
澄邁、樂會、臨高者爲美人葛，通志）、蕉布（異物志、廣志）、麻布（俗謂菠
蘿麻，所在皆有之，其出定安、文昌者尤細，……。（郡志）〔註 358〕）、吉貝布
（舊志增）、土綢（舊志增）、鵝毛布（舊志增）、椒布（舊志）、花被、黎幔（多
出崖州，舊志增）。」〔註 359〕（2）飲饌類：「天門冬酒、老酒（舊志增）、鹿蹄

〔註 347〕　〔清〕屈大均：《廣東新語》，北京：中華書局，1985 年，2006 年重印，第
　　　　　654～656 頁。
〔註 348〕　〔清〕屈大均：《廣東新語》，北京：中華書局，1985 年，2006 年重印，第
　　　　　628 頁。
〔註 349〕　〔清〕明宜修；張岳崧纂：《廣東省瓊州府志》卷三輿地，臺北：成文出版社，
　　　　　1967 年版，第 60 頁。
〔註 350〕　據〔清〕屈大均：《廣東新語》，北京：中華書局，1985 年，2006 年重印，第
　　　　　670～671 頁。
〔註 351〕　〔清〕屈大均：《廣東新語》，北京：中華書局，1985 年，2006 年重印，第
　　　　　455 頁。
〔註 352〕　〔清〕屈大均：《廣東新語》，北京：中華書局，1985 年，2006 年重印，第
　　　　　455 頁。
〔註 353〕　〔清〕屈大均：《廣東新語》，北京：中華書局，1985 年，2006 年重印，第
　　　　　630 頁。
〔註 354〕　〔清〕屈大均：《廣東新語》，北京：中華書局，1985 年，2006 年重印，第
　　　　　667 頁。
〔註 355〕　〔清〕屈大均：《廣東新語》，北京：中華書局，1985 年，2006 年重印，第
　　　　　421 頁。
〔註 356〕　〔清〕屈大均：《廣東新語》，北京：中華書局，1985 年，2006 年重印，第
　　　　　421 頁。
〔註 357〕　〔清〕屈大均：《廣東新語》，北京：中華書局，1985 年，2006 年重印，第
　　　　　720 頁。
〔註 358〕　〔清〕李文恒修；鄭文彩纂：《廣東省瓊山縣志》卷三下輿地八物產，臺北：
　　　　　成文出版社，1974 年版，第 327～328 頁。
〔註 359〕　〔清〕李文恒修；鄭文彩纂：《廣東省瓊山縣志》卷三下輿地八物產，臺北：
　　　　　成文出版社，1974 年版，第 327～329 頁。

酒（舊志增）、燒酒（舊志增）、黃酒（舊志增）、三白酒（舊志未詳）、荔枝酒（郡志）、菊花酒（舊志增）、膏粱酒（舊志增）、桂酒（粵東筆記）、甜酒（舊志增）、山柑酒（舊志增）、黃桐酒（郡志）、桑寄生酒、龍眼花酒（粵東筆記）、粟酒（郡志增）、番薯酒（郡志增）、茶（瓊山、文昌出，近儋州者佳。（舊志）〔註360〕）、買梅茶（舊志未詳）、花椒（舊志增）、吳茱萸（舊志增）、落花生（郡志增）、芝麻油（舊志增）、山柚油（舊志增）；〔註361〕鹽（郡志）、醋（郡志）、醬、糖（郡志）、蜂蜜（舊志增）、（蜜製天門冬、益智子、菠蘿蜜、檳榔、青梅，其味更佳。（舊志）〔註362〕）曬蜆（舊志）、魚漂（舊志增）、海參（郡志）、蝦苗醬（新增）。」〔註363〕（3）器用類：漆器（舊志）、藤器（粵東筆記）、雕帶（舊志未詳）、椰冠（舊志）、椰杯（舊志、通志）、鸚鵡杯（螺殼為之，形如鸚鵡，用金銀鑲嘴以為酒器。）〔註364〕（4）皮：「牛皮、鹿皮、麞皮、山馬皮、獺皮、蚺蛇皮、檀蛇皮、沙魚皮」〔註365〕；（5）笠：「油紙笠、篾笠、葵笠、藤笠」〔註366〕。地理位置良好：「邑治附郭，土壤平衍，山無險峻，清流拱其前，洋海繞其後」〔註367〕，則各地之物產又易於在此聚集。豐富的物產帶來大量的商機，故有「瓊山人皆從事貿易」〔註368〕的傳統。

瓊東（會同）物產也很豐富。其地貨物主要有：「檳榔、椰子、南椰、雞羅、鹽（出於調懶）（福田市：在太平都，縣東南三十里，俗名調懶市。〔註369〕）；

〔註360〕〔清〕李文恒修；鄭文彩纂：《廣東省瓊山縣志》卷三下輿地八物產，臺北：成文出版社，1974年版，第331頁。

〔註361〕〔清〕李文恒修；鄭文彩纂：《廣東省瓊山縣志》卷三下輿地八物產，臺北：成文出版社，1974年版，第329～332頁。

〔註362〕〔清〕李文恒修；鄭文彩纂：《廣東省瓊山縣志》卷三下輿地八物產，臺北：成文出版社，1974年版，第333頁。

〔註363〕〔清〕李文恒修；鄭文彩纂：《廣東省瓊山縣志》卷三下輿地八物產，臺北：成文出版社，1974年版，第332～334頁。

〔註364〕〔清〕李文恒修；鄭文彩纂：《廣東省瓊山縣志》卷三下輿地八物產，臺北：成文出版社，1974年版，第334～335頁。

〔註365〕〔清〕李文恒修；鄭文彩纂：《廣東省瓊山縣志》卷三下輿地八物產，臺北：成文出版社，1974年版，第336頁。

〔註366〕〔清〕李文恒修；鄭文彩纂：《廣東省瓊山縣志》卷三下輿地八物產，臺北：成文出版社，1974年版，第336頁。

〔註367〕〔清〕李文恒修；鄭文彩纂：《廣東省瓊山縣志》卷二輿地四風俗，臺北：成文出版社，1974年版，第96頁。

〔註368〕〔清〕屈大均：《廣東新語》，北京：中華書局，1985年，2006年重印，第375頁。

〔註369〕〔清〕陳述芹纂修：《廣東省瓊東縣志（舊名會同縣志）》建置卷三，臺北：

布類：二絲、土葛、蕉布、麻布、棉布；皮類：牛皮、麞皮、山馬皮、蚺蛇皮、獺皮；油類：山柚、海棠、桐子…；酒饌：水酒、燒酒、荔枝、山柑、黃桐、黏酒、米粉、煮堆、米花、蜜浸、油餅、米粿；器屬：瓦器、藤笠、葵笠、蔑笠。」〔註370〕

　　南路的物產也很富有特色。首先，高州物產有：（1）脂麻，「電白沙院多，石城所產尤盛，通行外洋。」〔註371〕（2）棉布；麻布；蠶布；〔註372〕（3）油：「豆油最盛，咸豐來其利大興。（還有脂麻油、山茶油、茱子油、桐油、烏桕油、樟木油。）」〔註373〕（4）酒：「……，茂名之梅菉、石城之陀村所出大餅酒最勝，遠行外省。……。」〔註374〕（5）熟煙：「……，茂名根子白村大路坡所出多而佳，尤以根子裏八爲最，故根子煙馳名天下，石城則塘蓬、長山所出佳，而古岡頂尤勝，商販多致富。」〔註375〕（6）皮：故高州皮箱馳名天下〔註376〕；（7）高州香粉、火紙、竹器〔註377〕；高州葛布〔註378〕；茂名欖〔註379〕；茂名木耳〔註380〕；電白銀〔註381〕；石城布〔註382〕；石城正葛〔註383〕。（8）化州

成文出版社，1974 年版，第 87 頁。

〔註370〕〔清〕陳述芹纂修：《廣東省瓊東縣志（舊名會同縣志）》土產卷二，臺北：成文出版社，1974 年版，第 74～76 頁。

〔註371〕〔清〕楊霽修，陳蘭彬纂：《廣東省高州府志》卷七輿地七物產，臺北：成文出版社，1967 版，第 86 頁。

〔註372〕〔清〕楊霽修，陳蘭彬纂：《廣東省高州府志》卷七輿地七物產，臺北：成文出版社，1967 版，第 98 頁。

〔註373〕〔清〕楊霽修，陳蘭彬纂：《廣東省高州府志》卷七輿地七物產，臺北：成文出版社，1967 版，第 98 頁。

〔註374〕〔清〕楊霽修，陳蘭彬纂：《廣東省高州府志》卷七輿地七物產，臺北：成文出版社，1967 版，第 98 頁。

〔註375〕〔清〕楊霽修，陳蘭彬纂：《廣東省高州府志》卷七輿地七物產，臺北：成文出版社，1967 版，第 98 頁。

〔註376〕〔清〕楊霽修，陳蘭彬纂：《廣東省高州府志》卷七輿地七物產，臺北：成文出版社，1967 版，第 98 頁。

〔註377〕〔清〕楊霽修，陳蘭彬纂：《廣東省高州府志》卷七輿地七物產，臺北：成文出版社，1967 版，第 98 頁。

〔註378〕〔清〕屈大均：《廣東新語》，北京：中華書局，1985 年，2006 年重印，第 423 頁。

〔註379〕〔清〕屈大均：《廣東新語》，北京：中華書局，1985 年，2006 年重印，第 628 頁。

〔註380〕〔清〕屈大均：《廣東新語》，北京：中華書局，1985 年，2006 年重印，第 713 頁。

〔註381〕〔清〕屈大均：《廣東新語》，北京：中華書局，1985 年，2006 年重印，第

之「葛布、棉布、苧麻布、青麻布、黃麻布、蕉麻布、土絹、棉花、黃蠟、
蜂蜜、山茶油、芝麻油、狸皮、虎皮、豹皮、獺皮、麂皮、鹿皮、黃牛皮、
水牛皮、蛇皮、翠毛、山馬皮、茶葉、香油。」〔註384〕其次，徐聞產品有：「布
之品有六：棉布、葛布、踏區布、苧麻布、黃麻布、青麻布；〔註385〕絲之品
有八：絲、絲綢、水綢、絲經；〔註386〕用之品有八：蜜、黃蠟、吉貝、翠毛、
錢、紅花、青石、灰；〔註387〕食之品有八：茶、油、酒、糖、醬、醋、鹽、
粿。」〔註388〕

2、海運優勢突出

西海岸及瓊州北部地區，海港多，海路交通便利，四通八達。

西海岸與瓊州地區海運條件好，其中，瓊州府的海運尤為便利。瓊州各
地有便利的海路相通，據載：「（瓊州府）郡城北至海口港，出海北行半日至
雷郡徐聞縣之海安所。東行半日至文昌縣清瀾港，又一日至會同縣調懶港，
又半日至樂會縣博敖港，又半日至萬州蓮塘港，又一日至南山李村港，又一
日半至崖州臨川港。西行半日至澄邁縣東水港，又半日至臨高縣博鋪港，又
一日至儋州羊鋪港，又一日至昌化縣烏泥港，又一日至感恩縣抱羅港，又一
日至崖州保平港。俱有港汊可泊船。」〔註389〕又據清代明宜修、張岳崧纂
的《廣東省瓊州府志》載：「西至廉州四日。」〔註390〕即由瓊州到廉州的海

404 頁。

〔註382〕〔清〕屈大均：《廣東新語》，北京：中華書局，1985 年，2006 年重印，第
423 頁。

〔註383〕〔清〕屈大均：《廣東新語》，北京：中華書局，1985 年，2006 年重印，第
423 頁。

〔註384〕〔清〕彭貽蓀修，彭步瀛纂：《廣東省化州志》卷二物產，臺北：成文出版社，
1974 版，第 207 頁。

〔註385〕〔清〕王輔之修；駱克良等纂：《宣統徐聞縣志》，《中國地方志集成》，上海：
上海書店出版社，2003 年，第 452 頁。

〔註386〕〔清〕王輔之修；駱克良等纂：《宣統徐聞縣志》，《中國地方志集成》，上海：
上海書店出版社，2003 年，第 452 頁。

〔註387〕〔清〕王輔之修；駱克良等纂：《宣統徐聞縣志》，《中國地方志集成》，上海：
上海書店出版社，2003 年，第 452 頁。

〔註388〕〔清〕王輔之修；駱克良等纂：《宣統徐聞縣志》，《中國地方志集成》，上海：
上海書店出版社，2003 年，第 452 頁。

〔註389〕〔清〕明宜修；張岳崧纂：《廣東省瓊州府志》卷三輿地，臺北：成文出版社，
1967 年版，第 55 頁。

〔註390〕〔清〕明宜修；張岳崧纂：《廣東省瓊州府志》卷三輿地，臺北：成文出版社，
1967 年版，第 55 頁。

程為四日。還可以通過海路與外界交流，如瓊州與廣州、福建、浙江、越南等地的聯繫，據載「外路徐聞可半日到，若達廣州，由裏海行者順風五六日，大海放洋者三四日；福建則七八日；浙江則十三日。西至廉州四日。自儋州西行二日可達交趾，萬寧縣三日可抵斷山雲屯縣，崖州南行二日接占城外國。（牛志）」〔註391〕再如南路與澳門的聯繫：「出口至澳門之土貨，首推薦茶、絲、糧、油及草包席。……。糖、油、草席大多運自雷州、高州、欽州及海南島。亦有不少葵扇，雞蛋及生豬貿易。」〔註392〕又如南路與香港、新加坡等地的聯繫，據《粵海關十年報告（1892～1901）》載：「盡可能低價獲取外國鴉片的欲望，刺激著鴉片走私活動。在本十年的前半期，據悉有大量鴉片被非法偷運入境。由新加坡帆船載運，沿澳門西海岸或在海南偷卸上岸，然後再分佈到各鴉片銷售中心，其售價可以比已完稅鴉片低。在西海岸也有從香港走私來的鴉片，在可以逃避關稅和釐金的秘密地點偷卸上岸。」〔註393〕南路海運之利，方便了其與港澳地區的經濟交流，例如，澳門與香港的資本都對南路糖業的發展有所推動，據載：「海安糖客，或出於情願，或不得已，每先向澳門商人借銀回家種糖，隨俟糖斤收成，交還澳商發賣，然後彼此抵算數目。（光緒十五年瓊州口華洋貿易情形論略，通商各關華洋貿易總冊，下卷，頁101）」〔註394〕又有謂：「彼種蔗之家，專恃本地富戶借給資本。成糖之後，即邀送富戶，堆存棧內，以待香港買客前來購運。（光緒二十九年瓊州口華洋貿易情形論略，通商各關華洋貿易總冊，下卷，頁101）」〔註395〕

3、發展方式抱團

清代高雷廉瓊經濟上聯繫緊密，呈現出共同進退的抱團式發展態勢。瓊州與大陸上的高、雷、廉地區相近，故高、雷、廉往往是瓊州貨物進入大陸

〔註391〕〔清〕明宜修；張岳崧纂：《廣東省瓊州府志》卷三輿地，臺北：成文出版社，1967年版，第55頁。

〔註392〕莫世祥等編譯：《近代拱北海關報告彙編〔1887～1946〕》，澳門基金會1998年，第126頁。

〔註393〕據廣州市地方志編纂委員會辦公室，廣州海關志編纂委員會編譯：《近代廣州口岸經濟社會概況——粵海關報告彙集》，廣州：暨南大學出版社，1996年，第921頁。

〔註394〕彭澤益編：《中國近代手工業史資料》（第二卷），北京：中華書局，1962年，第324頁。

〔註395〕彭澤益編：《中國近代手工業史資料》（第二卷），北京：中華書局，1962年，第325頁。

的第一站。同時，高、雷、廉地區亦是大陸貨物銷往瓊州的主要通道。故在
貨物運銷的拉動下，高、雷、廉、瓊三地物流、人流往來頻繁，呈抱團式發
展之勢。瓊州與高、雷、廉往來頻繁，如高州吳川民眾僑居瓊州儋縣：「港口
鎮在德慶里，距縣一百三十里，商店百數十間，惟沙尾有茅房數十間，多係
臨高、吳川僑民所寓，生意以貨攤為多。……。貨物出口以魚類為多，生豬
次之。入口以油鹽、船板、蓬席、纜繩、甘蔗為大宗。」〔註396〕又：「（高州
石城）邑中出產以菸葉為大宗，運銷於瓊州、至多間及於雷廉，歲獲利在百
萬之譜。然惟塘蓬、長山有之，別區則無。」〔註397〕

　　高、雷、廉、瓊之間密切的經貿往來，帶起了整個南路地區的墟市發展
水平。因此，清前期南路各縣的墟市平均數字居全廣東之首。

　　清代，瓊州府特別是瓊州府北部地區的墟市經濟發展勢頭良好。清前期，
瓊州墟市處在不斷完善之中。如臨高之東門市，據載：「（瓊州府臨高縣）東
門市，舊在臨江橋之東，知縣陳垂改於縣治前，李繩祖改於縣治東門內。然
皆露處，遇暑雨輒無以避。康熙四十二年，知縣樊庶捐蓋市房，商民便之。」
〔註398〕東門市在不斷遷移當中尋找最佳的貿易位置，同時，其墟市設施也不
斷得到完善：原為露處，遇暑雨輒無以避，後由知縣樊庶出資捐蓋市房。如
此一來，東門市就可能從此慢慢出現固定商鋪了。另外，康熙年間臨高的多
文市也在逐步完善與規範當中，據載：「多文市，治東南三十里，其市舊有租
地，每至年終，市生橫收，商者擾之。康熙四十三年，知縣樊庶捐俸悉買其
地，聽賈者建屋宇貿遷，商民稱便，其市日盛。」〔註399〕清中期，瓊州府原
來墟市經濟發達的地區繼續發展，同時，在清前期墟市經濟並不甚發達的澄
邁後來居上，墟市數竟達 59，遠超瓊山的 44。另外，與清前期相比，儋州、
萬州的墟市數亦增加較多。總體而言，清中期瓊州府墟市經濟最發達的縣仍
然集中在府境的北部地區，這一墟市經濟發達區較清前期向西、向東南有所

〔註396〕〔民國〕彭元藻修；王國憲纂：《廣東省儋縣志》卷二輿地市鎮，臺北：成文
　　　　　出版社，1974 版，第 134 頁。
〔註397〕〔民國〕鍾喜焯修，江珣纂：《廣東省石城縣志》卷二輿地志下實業，臺北：
　　　　　成文出版社，1974 版，第 191 頁。
〔註398〕〔清〕聶緝慶修；桂文熾纂：《廣東省臨高縣志》卷五建置墟市，臺北：成文
　　　　　出版社，1974 年版，第 305 頁。
〔註399〕〔清〕聶緝慶修；桂文熾纂：《廣東省臨高縣志》卷五建置墟市，臺北：成文
　　　　　出版社，1974 年版，第 305～306 頁。

擴展。清後期，瓊山墟市的數量繼續增長，在宣統年間達到 75〔註400〕之多，超過同期珠三角東莞（55 個〔註401〕）、新會（62 個〔註402〕）、香山（31 個〔註403〕）的數量，接近順德（88 個〔註404〕）的水平。臨高墟市增長也較快，其在光緒時的墟市數為 50 個〔註405〕，比道光時的 15 個〔註406〕增加了 35 個，增長率為 230%。昌化的墟市增長率也很高，其在道光時的墟市數僅有 1 個〔註407〕，到了光緒年間則增加到 27 個，增長率為 260%。這反映出清後期瓊州府北部仍然是墟市經濟發展的發達地區，西南部昌化地區的墟市經濟也取得了較大的發展。

　　廉州地區的墟市經濟亦呈發展之勢。有清一代，廉州地區的生產能力有所增強，產品種類不斷增加。康熙廉州貨之屬僅為鹽、油、糖、棉花、布五類〔註408〕，民眾生活清苦，故「廉俗淳樸，衣無華彩，故貧婆亦負擔貿易

〔註400〕〔清〕徐淦等修，李熙、王國憲纂：《民國瓊山縣志》卷五建置六都市，《中國地方志集成》，上海：上海書店出版社，2001 年，第 388～390 頁。此方志共載墟市 99 個，絕大部分有標明設立年代，其中，標明民國建立或新建者 13 個，顯示已廢者 11 個，而清代墟市則有 75 個（沒有標注年代者默認為清代墟市）。存疑：本書記事到民國，但作者年代卻標注為「清」。

〔註401〕〔清〕戴肇辰等修，史澄、李光廷等纂：〔光緒〕《廣州府志》卷六十九建置略六，廣東省地方史志辦公室輯：《廣東歷代方志集成》，廣州：嶺南美術出版社，2007 年，第 1055～1056 頁。

〔註402〕〔清〕戴肇辰等修，史澄、李光廷等纂：〔光緒〕《廣州府志》卷六十九建置略六，廣東省地方史志辦公室輯：《廣東歷代方志集成》，廣州：嶺南美術出版社，2007 年，第 1056 頁。

〔註403〕〔清〕戴肇辰等修，史澄、李光廷等纂：〔光緒〕《廣州府志》卷六十九建置略六，廣東省地方史志辦公室輯：《廣東歷代方志集成》，廣州：嶺南美術出版社，2007 年，第 1056 頁。

〔註404〕〔清〕戴肇辰等修，史澄、李光廷等纂：〔光緒〕《廣州府志》卷六十九建置略六，廣東省地方史志辦公室輯：《廣東歷代方志集成》，廣州：嶺南美術出版社，2007 年，第 1055 頁。

〔註405〕〔清〕聶緝慶修；桂文熾纂：《廣東省臨高縣志》卷五建置墟市，臺北：成文出版社，1974 年版，第 305～307 頁。

〔註406〕〔清〕明宜修；張岳崧纂：《廣東省瓊州府志》卷九上建置都市，臺北：成文出版社，1967 年版，第 229 頁。

〔註407〕〔清〕明宜修；張岳崧纂：《廣東省瓊州府志》卷九上建置都市，臺北：成文出版社，1967 年版，第 230 頁。

〔註408〕〔清〕徐成棟修：〔康熙〕《廉州府志》卷之四戶役志，康熙六十一年刻本，廣東省地方史志辦公室輯：《廣東歷代方志集成》，廣州：嶺南美術出版，2006 年，第 400 頁。

以爲活計」〔註409〕。所以雍正年間，合浦、靈山、欽州三地的墟市數僅爲5個、11個、10個。〔註410〕乾隆年間，廉州食貨增加到二十三種：「滴酒、白酒、過酒、燒酒、麻葉、蜜餞、米黴、麻彈、松子、米花、氣果、荷包黴、茶、醬、醋、紅麴、豆豉、豆腐、鹽、油、糖、棉花、布。」〔註411〕到了道光年間更是增加到二十三種：「滴酒、甜酒、泰和燒、糟燒、綠豆甜、白酒、醋、豆豉、豆腐、鹽（其利最大）、油、蜜餞、米黴、麻彈、松子、米花、氣果、紅麴、茶、醬、麥、糖、棉花、布。」〔註412〕隨著生產的發展，廉州墟市數量取得了一定的增長，如道光年間，合浦、靈山、欽州的墟市數分別達到 39 個、31 個、29 個〔註413〕。其時廉州墟市貿易一片興旺，因「廉介粵西，支持門戶皆女子，……，或逐末趁墟，肩挑貿易，皆婦女爲之〔註414〕」，故想必常可見女子負販之舉，亦常可見熱鬧之趁墟場面：「以亥日聚市，黎蛋壯稚以荷葉包飯而往，謂之趁墟。」〔註415〕經濟的發展使得廉州與欽州的地位不斷提升，成爲清後期廣東的一個重要經濟區，亦是外國侵略者垂涎之區，故其北海市稅關、商埠於光緒二年被英煙臺會議條約定開。〔註416〕

〔註409〕　〔清〕徐成棟修：〔康熙〕《廉州府志》卷之二地理志，康熙六十一年刻本，廣東省地方史志辦公室輯：《廣東歷代方志集成》，廣州：嶺南美術出版，2006年，第 345 頁。

〔註410〕　資料來源：〔清〕郝玉麟纂修：〔雍正〕《廣東通志》卷之十八都坊，廣東省地方史志辦公室輯：《廣東歷代方志集成》，廣州：嶺南美術出版社，2006 年，第 489～503 頁。

〔註411〕　〔清〕周碩勳修，王家憲纂：〔乾隆〕《廉州府志》卷十七物產，乾隆二十一年刻本，廣東省地方史志辦公室輯：《廣東歷代方志集成》，廣州：嶺南美術出版，2006 年，第 318 頁。

〔註412〕　〔清〕張堉春修，陳治昌纂：〔道光〕《廉州府志》卷六輿地六，道光十三年刻本，廣東省地方史志辦公室輯：《廣東歷代方志集成》，廣州：嶺南美術出版，2006 年，第 93 頁。

〔註413〕　〔清〕張堉春修，陳治昌纂：〔道光〕《廉州府志》卷九建置三，道光十三年刻本，廣東省地方史志辦公室輯：《廣東歷代方志集成》，廣州：嶺南美術出版，2006 年，第 197～199 頁。

〔註414〕　〔清〕周碩勳修，王家憲纂：〔乾隆〕《廉州府志》卷之四風俗，乾隆二十一年刻本，廣東省地方史志辦公室輯：《廣東歷代方志集成》，廣州：嶺南美術出版，2006 年，第 38 頁。

〔註415〕　〔清〕張堉春修，陳治昌纂：〔道光〕《廉州府志》卷四輿地四，道光十三年刻本，廣東省地方史志辦公室輯：《廣東歷代方志集成》，廣州：嶺南美術出版 2006 年，第 75 頁。

〔註416〕　上海古籍出版社、上海書店編：《二十五史》清史稿上，上海：上海古籍出版

　　雷州府墟市亦取得了一定的發展。據（康熙）《海康縣志》（康熙二十六年修，民國十八年鉛印本）載，康熙年間，海康墟市共 25 個〔註417〕，且經濟的發展促使「市」首先在消費人群相對密集的縣城附近出現，它們分別是：北門市（北城外）及南門市（南城外）〔註418〕。

　　南路的其他地區的墟市經濟亦多有發展。如嘉慶時瓊東嘉積市已爲瓊屬巨鎮〔註419〕；再如道光定安墟市 36 個〔註420〕、道光文昌墟市 43 個〔註421〕、道光澄邁墟市 59 個〔註422〕、道光儋州墟市 33 個〔註423〕、道光萬州墟市 27 個〔註424〕；又如光緒高州全府墟市多達 172 個〔註425〕。

　　根據以上分析，南路墟市經濟的長期繁榮，得益於其在特殊自然條件下的豐富且獨特的物產。

（三）肇慶南半部墟市經濟發達區

　　清代廣東肇慶府高要以南的墟市經濟持續發達，這主要是依靠高要、陽江等地區的帶動。

　　高要是西江航運中心。肇慶府當兩廣交流的必由之路，境內的西江是溝通粵桂兩大區域的通道，也是雲、貴、桂地區通向海洋的主要通道之一，高要則是這一主要通道上的航運樞紐。據載：「肇慶爲西江流域，西通梧州，東趨省會，南入新江以達新興，商業之交通，親朋之酬酢，莫不以肇慶爲中心

　　　　　社、上海書店，1986 年，第 9111 頁。
〔註417〕〔清〕鄭俊修，宋紹啓纂：《廣東省海康縣志》上卷三十六，臺北：成文出版社，1974 年版，第 83～84 頁。
〔註418〕〔清〕鄭俊修，宋紹啓纂：《廣東省海康縣志》上卷三十六，臺北：成文出版社，1974 年版，第 84 頁。
〔註419〕〔清〕陳述芹纂修：《廣東省瓊東縣志（舊名會同縣志）》建置卷三，臺北：成文出版社，1974 年版，第 87 頁。
〔註420〕〔清〕明宜修；張岳崧纂：《廣東省瓊州府志》卷九上建置都市，臺北：成文出版社，1967 年版，第 227 頁。
〔註421〕〔清〕明宜修；張岳崧纂：《廣東省瓊州府志》卷九上建置都市，臺北：成文出版社，1967 年版，第 227 頁。
〔註422〕〔清〕明宜修；張岳崧纂：《廣東省瓊州府志》卷九上建置都市，臺北：成文出版社，1967 年版，第 226 頁。
〔註423〕〔清〕明宜修；張岳崧纂：《廣東省瓊州府志》卷九上建置都市，臺北：成文出版社，1967 年版，第 229 頁。
〔註424〕〔清〕明宜修；張岳崧纂：《廣東省瓊州府志》卷九上建置都市，臺北：成文出版社，1967 年版，第 230 頁。
〔註425〕〔清〕楊霽修，陳蘭彬纂：《廣東省高州府志》卷十建置三墟市，臺北：成文出版社，1967 版，第 128～129 頁。

點。彼此來往全恃帆船，以故夾岸下碇帆檣如織，而舵工、舟子之屬賴此謀生者，輒數千人。肇河水面之繁盛固可念也。光緒二十年始有肇梧單行及肇省輪託，而航業之狀況一變矣。」〔註426〕清後期西江對外開放，西江與香港的直接聯繫得到了加強。據《粵海關十年報告（1892～1901）》載：「1897 年，引入〔註427〕注目的事件是西江對外開放，因而貨運和客運可以直接從香港到達本省西部，甚至進入廣西。」〔註428〕再據《粵海關十年報告（1892～1901）》載：「1898 年發生的最突出的事件是本省內河航運對任何國籍的輪船實行開放，結果，運輸日益興旺伐達，而且還出現了進一步增長的趨勢。」〔註429〕同時也使內地之間以及內地與省會之間的交流加強。據《粵海關十年報告（1892～1901）》載：「西江河輪運輸的蓬勃發展，雖然從稅收這一角度來看，尚未產生任何光輝燦爛的結果，但無疑將促進內地之間以及內地與省會之間的交流。這樣將促進和加快小批量商品的集散和流通。」〔註430〕

　　高要是鄉村手工業中心。高要接近經濟發達的珠江三角洲地區，手工業基礎好，形成服務於省港澳乃至兩廣的加工業中心，與珠三角的廣州、佛山製造業中心遙相呼應，形成三足鼎立而又互相補充之勢。此三大手工業中心的聯合發展，造就了廣州府及肇慶府北部地區的高附加值手工業的一枝獨秀局面。高要的鄉村手工業製造業發達。據載「……黃岡以石工著名；雕刻印刷多水坑人；紡織縫衣製銅器多金利人；車玉器畫瓷器及各種機器則金利富灣人也；……織席以三班、四班、五班爲多，附城亦有之，近益以毛巾、紙扇；四班、硯州、龍頭則多業爆竹；二班則多業竹器；頭班、祿步則多業蠶絲；而大小湘下至羚羊峽沿江一帶，率多蠶而不繅，附城有繅絲廠而未發達。女工縫紉而外織席爲多，……。」〔註431〕又：「至於棉織品，則光緒三

〔註426〕〔清〕馬呈圖纂輯：《廣東省宣統高要縣志》卷十一食貨篇二實業，臺北：成文出版社，1974 年版，第 494～495 頁。

〔註427〕此「入」字應爲「人」字之誤也。

〔註428〕據廣州市地方志編纂委員會辦公室，廣州海關志編纂委員會編譯：《近代廣州口岸經濟社會概況——粵海關報告彙集》，廣州：暨南大學出版社，1996 年，第 903 頁。

〔註429〕據廣州市地方志編纂委員會辦公室，廣州海關志編纂委員會編譯：《近代廣州口岸經濟社會概況——粵海關報告彙集》，廣州：暨南大學出版社，1996 年，第 903 頁。

〔註430〕據廣州市地方志編纂委員會辦公室，廣州海關志編纂委員會編譯：《近代廣州口岸經濟社會概況——粵海關報告彙集》，廣州：暨南大學出版社，1996 年，第 953 頁。

〔註431〕〔清〕馬呈圖纂輯：《廣東省宣統高要縣志》卷十一食貨篇二實業，臺北：成

十一年，藝徒學堂招生，教授織造工藝。畢業後各生自行籌資設所紡織，統計城中織造毛巾、土布，已達二十餘間，女工達四百餘人。（採訪冊）」〔註432〕高要手工業不乏高附加值者，如高要錫器：「錫器　錫來自廣西賀縣，邑人以之雕刻成器，最著者曰：鍾鼎水碗，凡大燕會非此不足以昭隆重，故肇刻水碗名盛一時。又神祠之蓮藕燈、八寶香案、圓方爐鼎，亦以此間所製爲極精。餘如薰香盒、琴形牙粉盒、煙草盒、茶盒、檳盒、茶盅座、花瓶暖酒壺及香奩小品，雕刻山水、花卉、草篆、人物，靡不精巧悅目，婚嫁購用，銷流極廣，……。」〔註433〕

陽江是西海岸的重要海運港口。陽江「邑濱於海」〔註434〕，海運便利，且「土膏之美侔於內地，即園廛亦資爲利，加之魚鹽蜃蛤之生生不已者，所在咸有，……」〔註435〕，故農業生產條件良好，水產豐富，所以，陽江墟市經濟發展的基礎厚實。

本區還有一些輻射範圍廣、影響力強的著名墟市。如長沙市、新昌市、荻海市；〔註436〕又金山市、公益市、江寧市；〔註437〕又赤塸市〔註438〕、樓岡網市〔註439〕；等等。

航運便利、物產豐富、手工製造業發達、靠近珠三角港澳經濟發達區等，都是南肇慶墟市經濟高水平發展的有力支撐鏈條。

文出版社，1974年版，第483頁。

〔註432〕〔清〕馬呈圖纂輯：《廣東省宣統高要縣志》卷十一食貨篇二實業，臺北：成文出版社，1974年版，第492～493頁。

〔註433〕〔清〕馬呈圖纂輯：《廣東省宣統高要縣志》卷十一食貨篇二實業，臺北：成文出版社，1974年版，第489頁。

〔註434〕〔清〕李沄輯：《廣東省陽江志》卷二風俗，臺北：成文出版社，1974年版，第177頁。

〔註435〕〔清〕李沄輯：《廣東省陽江志》卷二風俗，臺北：成文出版社，1974年版，第177頁。

〔註436〕〔民國〕余榮謀修，張啓煌纂：《廣東省開平縣志》卷十二建置下，臺北：成文出版社，1966年版，第87頁。

〔註437〕〔民國〕余榮謀修，張啓煌纂：《廣東省開平縣志》卷十二建置下，臺北：成文出版社，1966年版，第87頁。

〔註438〕〔民國〕余榮謀修，張啓煌纂：《廣東省開平縣志》卷十二建置下，臺北：成文出版社，1966年版，第86頁。

〔註439〕〔民國〕余榮謀修，張啓煌纂：《廣東省開平縣志》卷十二建置下，臺北：成文出版社，1966年版，第87頁。

七、各具特色的墟市子系統分佈格局

　　清代廣東各地的墟市經濟發展不平衡，不但表現在較大範圍的流域經濟上，還表現在中觀的府域經濟或縣域經濟上。以下選取珠江流域的從化縣、恩平縣，南路的瓊州府、遂溪縣、臨高縣作爲典型加以說明。

（一）珠江流域墟市子系統

　　從化位是珠江三角洲北部的丘陵區，地形相對封閉，其墟市經濟較爲落後；恩平是珠三角西面的墟市經濟增長點，河流在經濟中表現出明顯的作用。

1、從化：三角洲邊緣山區型墟市分佈格局

　　從化位於珠江三角洲北部邊緣地區，多山地、丘陵，其在清代的墟市分佈狀況如下：「吾從地窄民貧，爲墟者一十有三：與城密邇有曰沙坦墟，此墟之最大者也，以四九爲期，戊子年遷於鼓樓潭。曰街口墟，離城二里許，其大十倍沙坦焉。由此而南走，則有曰太平場墟，離城六十里，亦墟之大者也，以一六爲期，而附近之龍騰村赴之，黃泥、蒗水、南頭等村亦赴之。由此而北走，則有曰孔門墟，離城一百六十里，紙峒之門戶在焉，以四九爲期，亦墟之大者也。而流溪三峒之民赴之，十八山猺獞之民亦赴之。由此而西走則有曰白鶴橋墟，此地遠於從而近於清，爲兩邑之民所奔走焉，以三八爲期，白土村赴之，高埔、岐坑等村又赴之，且清之帽子嶺、古樓嶺皆所就近必赴者也。由此而東走則有曰蔴村墟，離城二十里，以一六爲期，蔴村一村人赴之。自東而東之則有曰太平墟，離城十里，以二七爲期，楓院一村人赴之。自西而西之則有曰烏柏墟，亦離城十里，以三八爲期，近大凹嶺下，故大凹一村人赴之。若夫南山之南則有曰烏石墟，離城二十里，以二七爲期，西嶺人之所赴也。北山之北則有曰青草墟，離城四十里，以三八爲期，大石峒人之所赴也，而屋棗村亦赴之。至於米步墟，離城七十里，以五十爲期，坐於田心爲四堡之中央焉，故四堡人赴之。由米步而入則有曰良口田墟，離城八十里，以一六爲期，坐於良口爲十八山之咽喉焉，則牛背脊等村人赴之。由良口田而入，則有曰石嶺墟，坐於裏峒，離城六十里，以二七爲期，去縣逾遠其徑逾深，則以東近石牀，故爲石牀村人之所赴也；西近新圍，故爲新圍村人之所赴也；南近石灰嶺，故爲石灰嶺人之所赴也。此從化墟市之大較也。至於墟之貿易有無抑又可知矣。舊志所載，墟市□有一處多與今不同，康熙三十一年，天妃廟成，設總墟於其右，旋興旋廢。市舊有二，今惟東門市存

焉。」〔註440〕

三角洲邊緣山區墟市經濟不甚發達。從化雖處於發達的珠江三角洲地區邊緣，但由於其地多丘陵山地，於經濟發展多有不利，故地窄民貧，墟市經濟不甚發達，爲墟者僅一十有三。縣城附近最大的沙坦墟，也僅處於每旬兩日集的水平，以四九爲期。其他大墟也是多是每旬兩日集，如輻射範圍覆蓋龍騰、黃泥、薑水、南頭等多個村莊的太平場墟，僅以一六爲期：「由此而南走，則有曰太平場墟，離城六十里，亦墟之大者也，以一六爲期，而附近之龍騰村赴之，黃泥、薑水、南頭等村亦赴之。」〔註441〕又如：孔門墟，流溪三峒之民及十八山猺獞之民亦赴之，墟期也只是每旬兩日進行貿易：「由此而北走，則有曰孔門墟，離城一百六十里，紙峒之門戶在焉，以四九爲期，亦墟之大者也。而流溪三峒之民赴之，十八山猺獞之民亦赴之。」另外，市的數量很少，僅分佈在縣城城門附近：「市舊有二，今惟東門市存焉。」〔註442〕可見康熙時從化之墟市並不發達。

多僅輻射一村服務之墟。如蔴村墟：「由此而東走則有曰蔴村墟，離城二十里，以一六爲期，蔴村一村人赴之」。再如太平墟：「自東而東之則有曰太平墟，離城十里，以二七爲期，楓院一村人赴之」。可見，蔴村、楓院兩村規模交大，消費需求旺盛。又烏柏墟：「自西而西之則有曰烏柏墟，亦離城十里，以三八爲期，近大凹嶺下，故大凹一村人赴之「。又烏石墟：若夫南山之南則有曰烏石墟，離城二十里，以二七爲期，西嶺人之所赴也。

某些墟市布局在各堡之中間位置，輻射範圍呈圓形。如米步墟：「至於米步墟，離城七十里，以五十爲期，坐於田心爲四堡之中央焉，故四堡人赴之」。

山區墟有分佈在山口位置者。如良口田墟：「由米步而入則有曰良口田墟，離城八十里，以一六爲期，坐於良口爲十八山之咽喉焉，則牛背脊等村人赴之」。

深入山區之墟，輻射範圍較大。如石嶺墟：「由良口田而入，則有曰石嶺墟，坐於裏峒，離城六十里，以二七爲期，去縣逾遠其徑逾深，則以東近石

〔註440〕〔清〕郭遇熙等纂：《廣東省從化縣志》疆域，臺北：成文出版社，1974 年版，第 69～70 頁。

〔註441〕〔清〕郭遇熙等纂：《廣東省從化縣志》疆域，臺北：成文出版社，1974 年版，第 69 頁。

〔註442〕〔清〕郭遇熙等纂：《廣東省從化縣志》疆域，臺北：成文出版社，1974 年版，第 70 頁。

牀，故爲石牀村人之所赴也；西近新圍，故爲新圍村人之所赴也；南近石灰嶺，故爲石灰嶺人之所赴也」。

臨界之墟，輻射範圍也較廣。據載：「由此而西走則有曰白鶴橋墟，此地遠於從而近於清，爲兩邑之民所奔走焉，以三八爲期，白土村赴之，高埔、岐坑等村又赴之，且清之帽子嶺、古樓嶺皆所就近必赴者也」。

天妃廟旁曾有總墟。據載：「舊志所載，墟市□有一處多與今不同，康熙三十一年，天妃廟成，設總墟於其右，旋興旋廢。」〔註443〕

從化地區丘陵廣布，市場被分割成若干部分，每一部分都有一、二墟市分佈。由於地形的限制，從化的農、工各業水平偏低，所以墟市經濟的基礎相對薄弱，墟市規模因而較小。另外，由於地形的阻隔，從化墟市難於連片發展，故其長期保持低水平的分散發展格局。

2、恩平：三角洲邊緣趨河型墟市分佈格局

恩平位於珠江三角洲的西面地區，是高雷瓊廉與珠三角聯繫的要道之一，珠三角的輻射作用及河流的運輸作用，對恩平的墟市經濟格局的形成與演化具有重大影響。

光緒恩平，墟市共有 30 個，其中市僅兩個。〔註444〕光緒前後，恩平縣城各個方向墟市經濟發展不平衡：（1）縣南，3 墟。（2）縣東，於光緒前有 4 墟，光緒後增 1 市 1 墟。證明光緒後縣東墟市經濟有所發展，且某些地區交易頻繁，出現了「市」（和安市）。（3）縣西，6 墟。光緒前，縣西墟市經濟曾一度呈較強之勢，惜光緒後沒有較大的發展。（4）縣北，光緒前 9 墟，光緒後增 7 墟 1 市。與其他方向對比，光緒前縣北墟市發展具有一定的優勢，其墟市數量較其他方向爲多，但其時優勢不明顯。光緒後，縣北墟市經濟的發展優勢凸顯，縣北新增墟市8，遠超增加了兩個墟市的縣東。〔註445〕

可見，清光緒之前，恩平縣北的墟市經濟最爲發達，縣西次之，縣東再次，縣南最弱。光緒之後，縣北的優勢得到強化，其墟市數量大增，遠超其

〔註443〕〔清〕郭遇熙等纂：《廣東省從化縣志》疆域，臺北：成文出版社，1974 年版，第 70 頁。

〔註444〕〔民國〕余丕承等修；桂坫等纂：《廣東省恩平縣志》卷之七建置二墟，臺北：成文出版社，1974 年版，第 359～363 頁。

〔註445〕據〔民國〕余丕承等修；桂坫等纂：《廣東省恩平縣志》卷之七建置二墟，臺北：成文出版社，1974 年版，第 359～363 頁。

他方向。縣東墟市經濟有所發展，新增者爲 2，與不再增長的縣西墟市數目持平，且因其出現了「市」而略勝於全爲墟的縣西。縣南墟市發展一直較慢。可見，恩平墟市經濟的發展動力一直是北向最大，東西向力量相當，南向最弱。光緒後北向、東向動力增強，西向動力減弱，南向動力仍舊很弱。這與縣北有河流分佈及珠三角經濟發達區在其東面有關。

（二）南路墟市子系統

南路墟市子系統在半島與島嶼地形控制下，呈現出獨特的墟市分佈格局。

1、遂溪：趨海分佈的半島型墟市格局

道光遂溪的墟市分佈狀況如下：（1）離縣城五十里之外（含五十里）的範圍內，市多墟少：全縣共有市 13，分佈在離縣城五十里之外（含五十里）的占12/13。所以，道光年間遂溪的市主要分佈在離縣城五十里之外（含五十里），且這一範圍內市多墟少。（2）在離縣城五十里之內（不含五十里），墟多市少：全縣共有墟 16，分佈在離縣城五十里內外的墟各占其半，但在離縣城五十里之內（不含五十里），有墟 8，有市僅爲 1，所以，道光年間遂溪的在離縣城五十里之內（不含五十里）的範圍內，墟多市少。〔註446〕這與遂溪所處之地爲半島型地區有關。因爲半島地區，海港沿海分佈，遠離位於半島中央的縣城，墟市爲了方便運輸而有靠近海港分佈的趨勢，所以，分佈在半島上的遂溪墟市也表現出遠離位於中央地帶的縣城，而趨海分佈的格局，呈串珠狀分佈狀態。

2、臨高：趨海分佈的島嶼型墟市格局

光緒臨高墟市經濟，數量多卻發展不平衡。光緒臨高縣共有墟市 50 個〔註447〕，數量雖多，但墟市的發展狀況不盡相同，例如，墟市的服務人口差別很大，據載：「多文市、和舍市、博厚市、波蓮市、馬嫋市（五市人煙稠密）；美臺市、嘉來市、皇桐市、調良市、浪波市（五市居民稀少採訪冊）」〔註448〕

光緒臨高墟市，大致呈沿海分佈之狀態。如下圖。這種趨海布局的態勢在臨高西北部表現得最爲明顯。在臨高西北，墟市不僅靠近海岸線分佈，而且，

〔註446〕據〔清〕俞炳榮，趙鈞謨等纂：《廣東省遂溪縣志》卷之四墟市，臺北：成文出版社，1967 年版，第 331～332 頁。

〔註447〕〔清〕聶緝慶修：桂文熾纂：《廣東省臨高縣志》卷五建置墟市，臺北：成文出版社，1974 年版，第 305～307 頁。

〔註448〕〔清〕聶緝慶修：桂文熾纂：《廣東省臨高縣志》卷五建置墟市，臺北：成文出版社，1974 年版，第 306 頁。

墟市與港口相配合，組成外圈港口——內圈墟市的雙環結構。自北而南，外圈分佈著：博鋪港、烏石港、博泊港、博遠港、調羅港、黃龍港、新盈港、安全港、頭嘴港；內圈分佈著：東英市、水邱市、調良市、新盈市、美珠市、博文市、南寶市。在地域分佈上出現了一市一港口或一市多港口的對應模式，如東英市對應博鋪港，水邱市則與博泊港及博遠港形成地域上接近的對應關係。臨高墟市的趨海分佈實際上也是趨港口分佈，由此可以推斷，如臨高這種島嶼型墟市的發展與港口經濟有很大關係。港口經濟影響島嶼型墟市的分佈格局。

圖 3-1　臨高墟市趨海分佈格局〔註 449〕

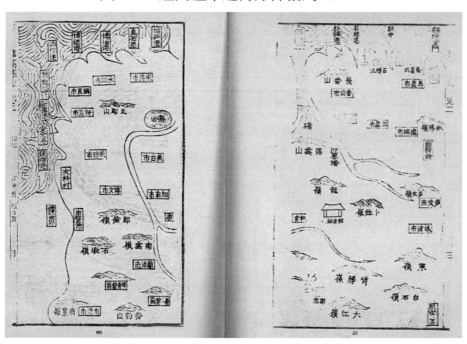

可見，臨高島嶼型墟市，與遂溪的半島型墟市相似，也表現出趨海呈串珠狀分佈的格局。

3、瓊州：東西不平衡的墟市經濟格局

清代瓊州府各縣的墟市發展水平參差不齊，這在墟市數量上有所反映，詳見下表：

〔註 449〕〔清〕聶緝慶修；桂文熾纂：《廣東省臨高縣志》卷二輿地，臺北：成文出版社，1974 年版，第 88～89 頁。

表3-9 清代瓊州府各地墟市數目

府/州	縣	順治	康熙	雍正	乾隆	嘉慶	道光	咸豐	同治	光緒	宣統
瓊州府	瓊山		12	30			44	51			75
	澄邁		11	18			59				
	臨高		3	7			15			50	
	定安		7	30			36			22	
	文昌		4	28			43			39	
	樂會		4	7			12			15	
	會同		6	12			14				
	儋州		6	18			33				
崖州直隸州〔註450〕	昌化		2	2			1			27	
	萬州			19			27				
	陵水			3			4				
	崖州			7			10			16	
	感恩			1			3				

　　清代瓊州府（包括崖州直隸州）各地的墟市經濟發展不平衡。如，雍正年間，墟市數目最多者為瓊山縣（30 個），而最少者為感恩縣（1 個），兩者高下懸殊。再如，各地墟市數目相差亦甚遠，最多者為澄邁（59），最少者為昌化（1）。總體而言，雍正、道光兩朝，瓊州府（包括崖州直隸州）的墟市經濟呈兩極分化的態勢：儋州－澄邁〔註451〕－瓊山－定安－文昌一線墟市經濟非常發達；昌化－感恩－崖州－陵水一線墟市經濟相對落後。在落後的墟市中，屬於崖州者相對較多。這種墟市經濟的地區不平衡狀態在道光時表現得更加明顯，詳見下圖。

〔註450〕崖州舊隸瓊州府，光緒三十一年升為直隸州。（據上海古籍出版社、上海書店編：《二十五史》清史稿上，上海：上海古籍出版社、上海書店，1986 年，第 9111 頁。）
〔註451〕儋州與澄邁之間的臨高不沿海，墟市數目相對較少。

圖 3-2　道光瓊州府（包括崖州直隸州）各地墟市分佈不均衡

澄邁５９　　瓊州府瓊山縣４４
臨高１５

儋州３３　　　　　　　　定安３６
　　　　　　　　　　　文昌４３

　　　　　　　　　　會同１４
　　　　　　　　　　　樂會１２

昌化１
　感恩３　　　　　　　萬州２７

　　　　　陵水４
崖州１０

從上圖可知，瓊州府的墟市經濟的地域分異表現為北部強、南部弱，東
部強、西部弱的形勢。這種墟市經濟的地域分異現象，是在不同的自然及社
會條件的作用下形成的。如瓊州府瓊山縣的平原面積廣闊，又與港澳珠三角
等經濟發達區的聯繫密切，還處於香港等經濟發達區與廉州、欽州等地航線
的補給點上，所以，瓊山縣的自然及社會優勢為全島之冠，故其墟市經濟發
展水平亦為全島之最。再如，瓊島東部的光熱水組合條件優於西部，故東部
的墟市經濟總體水平亦高於西部。

綜上所述，清代廣東各種地貌類型與各種社會經濟條件的不同組合，深
刻地影響各地墟市的布局與發展，從而使清代廣東的府、縣域墟市的中觀分
佈格局各具特色。

第三節　清末羅定墟市──山區墟市的繁榮

墟市，一般僅為城鄉物資交流及農村地區互通有無之場所，往往不為統
治者所重視，亦難得文人墨客之垂青，故流傳下來的相關記載較少。因此，
一般情況下，很難從歷史地理學的角度對清代廣東墟市的形態、功能、網絡
結構等作深入研究。然而，難能可貴的是，在周學仕修、馬呈圖纂、陳樹勳
續修的〔民國〕《羅定志》〔註452〕的卷一輿圖中，編纂者用分幅地圖，詳細

〔註452〕周學仕修、馬呈圖纂、陳樹勳續修的《民國羅定志》分兩部分：前九卷修至
　　　　宣統三年止，其中卷一輿圖亦當至宣統三年止；第十卷補充民國事略。

地記載了清末羅定各地的情況，前後共有八十多幅小圖。製圖者認爲：「輿地紀載，非圖莫名。古稱圖經滋事尤重。然但憑意造，差謬滋多」，所以「今從實側，因經緯之度，定道里之數，山川、疆域、城鎮、鄉村，可按格而稽。爲作輿圖。」〔註453〕正因製圖者製圖思想先進、敬業、嚴謹，才爲後世留下了「方向、比例尺、圖例和注記」三要素及等高線齊全的科學的清末羅定地圖。地圖顯著地標明清末羅定各墟市的位置，且清晰地顯示各墟市的各片街區。（如圖 3-3 所示）這些地圖數據，實在是研究清代廣東墟市之形態、結構、空間發展趨勢等歷史地理問題的珍貴材料。〔註454〕以下根據這些地圖對清末羅定的墟市進行微觀分析。

清末羅定墟市數量教多。據〔民國〕《羅定志》的卷一輿圖載，宣統時羅定的墟市共有 30 個〔註456〕，分別是：羅定街（包括南門外較場頂內的豬墟、穀墟、布墟，牛墟），南平墟，替濮街，黎少墟，橫江墟，萬車墟，三家店墟，鼇頭墟，都門墟，古欖墟，雲致墟，羅平墟，水擺墟，太平墟，素龍墟，圍底墟，替感墟，蘋塘墟，回龍墟，蒚塘墟，蒚東墟，羅陽分界墟，泗綸街，連州街，分界墟，羅鏡墟，船步街，沙蒚舊墟，沙蒚新墟，金雞墟。〔註457〕具體分佈如圖 3-5 所示：（爲了更好地傳遞地圖的意義，先將圖例列於圖前，如圖 3-4 所示）

〔註453〕周學仕修；馬呈圖纂；陳樹勳續修：《民國羅定志》卷一輿圖，《中國地方志集成》，上海：上海書店出版社，2003 年，第 219 頁。

〔註454〕向地圖觀測者陳紹堪先生、觀測兼製圖者梁榮樞先生、方志倡修者蔡廷鍇先生等致敬。

〔註456〕周學仕修；馬呈圖纂；陳樹勳續修：《民國羅定志》卷一輿圖，《中國地方志集成》，上海：上海書店出版社，2003 年，第 251、220～240 頁。

〔註457〕周學仕修；馬呈圖纂；陳樹勳續修：《民國羅定志》卷一輿圖，《中國地方志集成》，上海：上海書店出版社，2003 年，第 251、220～240 頁。

圖 3-3　《民國羅定志》卷一輿圖之圖例〔註 455〕

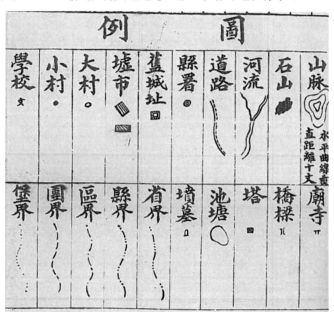

圖 3-4　清末羅定墟市分佈圖圖例

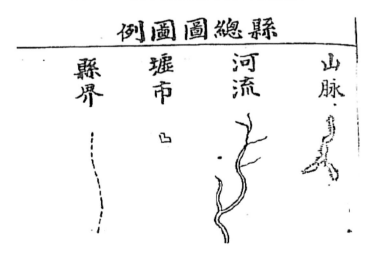

〔註 455〕周學仕修；馬呈圖纂；陳樹勳續修：《民國羅定志》卷一輿圖，《中國地方志集成》，上海：上海書店出版社，2003 年，第 23 頁。本節的地圖若無說明，則皆來源於周學仕修；馬呈圖纂；陳樹勳續修的《民國羅定志》卷一輿圖，第 23～120 頁。

圖 3-5　清末羅定墟市分佈圖

一、多種多樣的墟市形態

清末羅定的墟市形態各異，大致可以分為以下兩類：

（一）長方形

清末羅定的墟市，大部分屬於長方形。呈長方形的墟市具體有：替濮街、黎少墟、橫江墟、萬車墟、三家店墟、鼇頭墟、都門墟、古欖墟、雲致墟、羅平墟、水擺墟、太平墟、素龍墟、圍底墟、替感墟、蘋塘墟、回龍墟、蒳塘墟、蒳東墟、沙蒳舊墟、沙蒳新墟、羅陽分界墟。（下列各圖是部分長方形墟市）

3-6　清末羅定長方形墟市組圖

（二）不規則型

清末羅定的墟市，還有部分呈現出不規則形態，它們分別是：羅定街、泗綸街、連州街、分界墟、羅鏡墟、船步街、金雞墟、南平墟。（下列各圖是部分不規則型墟市）

3-7　清末羅定不規則形墟市組圖

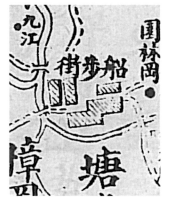

二、趨於複雜的墟市結構

隨著墟市經濟的日益發展，清末羅定墟市的內部結構日趨複雜，主要有以下八種類型。

（一）清末羅定墟市結構的八種類型

清末羅定墟市的結構，有的比較簡單，僅有一片街區，有的非常複雜，由多片街區組成，街區最多者達到十幾片。按照墟市所含街區的數量不同，可將清末羅定墟市分成以下幾種結構類型：

1、由一片街區組成者 4，約占羅定墟市總數的 13%。它們分別是：三家店墟、鼇頭墟、都門墟、回龍墟。

2、由兩片街區組成者 15，占羅定墟市總數的 50%。其中，有兩片街區的面積相等者，亦有不相等者。

   （1）兩片街區面積相等者為：黎少墟、橫江墟、萬車墟、古欖墟、雲致墟、水擺墟、太平墟、素龍墟、替感墟、葛塘墟、葛東墟、連州街、分界墟、沙葛舊墟、沙葛新墟

   （2）兩片街區一大一小者是：替濮街、羅陽分界墟、南平墟

3、由三片街區組成者 2，占羅定墟市總數的 6%。分別是：圍底墟、蘋塘墟

4、由四片街區組成者 2，占羅定墟市總數的 6%。分別是：羅平墟、船步街（本來有五片街區，但最南面的兩片街區已經連成一體。）

5、由五片街區組成者 1，占羅定墟市總數的 3%。其為：金雞墟

6、由八片街區組成者 1，占羅定墟市總數的 3%。其為：羅鏡墟

7、由十片街區組成者 1，占羅定墟市總數的 3%。其為：泗綸街

8、由二十片街區組成者 1，占羅定墟市總數的 3%。其為：羅定街

圖 3-8　清末羅定墟市結構示例

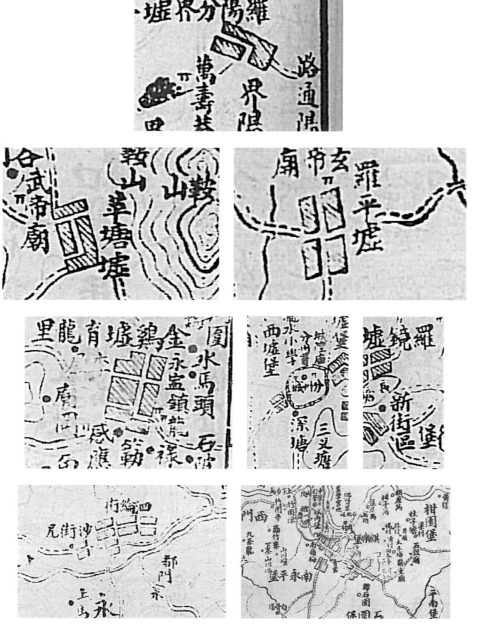

　　以上分析結果表明，清末羅定的墟市，規模越小，結構就越簡單，基本上呈長方體形態；規模越大，結構就越複雜，呈現出各種各樣不規則的空間分佈形態。

（二）清末羅定墟市等級的四個級別

根據所含街區的數量及面積，可將清末羅定的墟市劃分為四個級別：

一級墟市：羅定街、泗綸街、羅鏡墟。據光緒年間的地圖顯示，光緒時羅鏡已經成為大鎮，如下圖：

圖 3-9　清末羅定大鎮分佈圖〔註458〕（圖中○代表大鎮）

那麼，在清末與羅鏡水平相當的泗綸街，以及發展水平在羅鏡之上的羅定街，實際上都已經達到鎮級水平，可以納入「鎮」的範疇。這種相當於鎮級的一級墟市共有 3 個，占清末羅定墟市總數的 10%。

二級墟市：金雞墟、船步街、圍底墟。二級墟市的街區都較多，金雞墟與船步街都由四五片大的街區組成，圍底墟雖然僅有三片街區，但其在河東的兩個街區的面積較大，所以其可歸入二級墟市之列。二級墟市總共 3 個，占清末羅定墟市總數的 10%。

三級墟市：蘋塘墟、羅平墟、太平墟、素龍墟、分界墟、羅陽分界墟、南平墟。蘋塘墟、羅平墟都由四片街區組成，太平墟、素龍墟、分界墟、南平墟都由兩片大街區組成，羅陽分界墟由一大一小街區組成，大街區的規模

〔註458〕資料來源：〔清〕周世棠、孫海環：《二十世紀中外大地圖》，上海：新學會社藏版，光緒三十二年（1906 年），第二十六圖。

較大。三級墟市，總共 7 個，約占清末羅定墟市總數的 23%。

　　四級墟市：三家店墟、鼇頭墟、都門墟、回龍墟、黎少墟、橫江墟、萬車墟、古欖墟、雲致墟、水擺墟、替感墟、蕅塘墟、蕅東墟、連州街、沙蕅舊墟、沙蕅新墟、替濮街。這些墟市基本上都是由一片街區或者兩片小街區組成。其共有 17 個，約占清末羅定墟市總數的 57%。

　　可見，清末羅定，除了 10% 的少數墟市能達到鎮級發展水平之外，其餘大部分都是規模較小、結構較簡單的中小型墟市（23%＋57%＝80%）。

三、處寬谷要衝的墟市區位

　　羅定地區，水系紛繁，河流交彙處常常是墟市分佈地。羅定位於廣東西部，與廣西相鄰，其所在的羅定盆地，是西江支流羅定江上游的寬廣盆地。盆地中水系紛繁，眾多的河流形成很多的交彙處。這些河流交點多為衝要之處，交通運輸條件優越，往往成為羅定墟市的分佈之所。如泗綸街分佈在都門水與上瀧水交彙之處（如下「泗綸街」圖）；再如圍底墟位於大河與二河交彙之處（如下「圍底墟」圖）；又如船步墟位於三流合一之處（如下「船步街」圖）；又替濮街、黎少墟、橫江墟、萬車墟、分界墟等都布局在河流交彙點。

圖 3-10　泗綸街

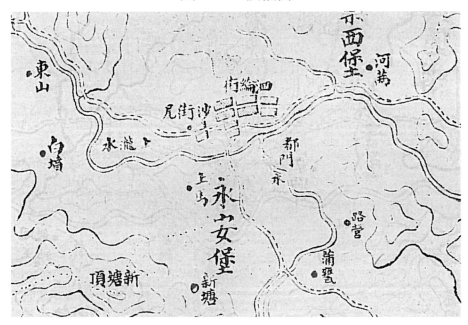

圖 3-11　圍底墟

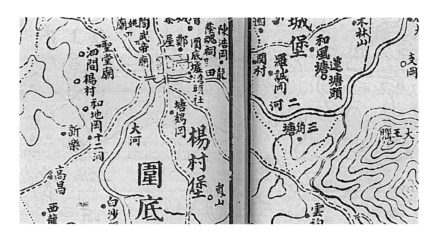

圖 3-12　船步街

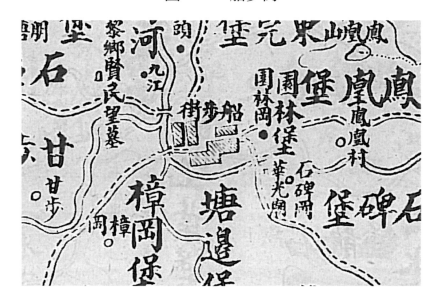

　　羅定地區，道路眾多，陸路相交之要塞亦常為墟市分佈地。分佈在陸路交彙點的墟市有：橫江墟、萬車墟、三家店墟、雲致墟、羅平墟、水擺墟、太平墟、素龍墟、圍底墟、蘋塘墟、羅陽分界墟、羅定街、泗綸街、連州街、船步街、羅鏡墟、沙㙟舊墟、金雞墟。

　　綜合上述內容，位於水路或陸路交彙處的墟市有：替濮街、黎少墟、橫江墟、萬車墟、三家店墟、雲致墟、羅平墟、水擺墟、太平墟、素龍墟、圍底墟、蘋塘墟、羅陽分界墟、羅定街、泗綸街、連州街、分界墟、羅鏡墟、

船步街、沙㙟舊墟、金雞墟。共二十一個。

　　水陸交通線交彙處，更是墟市分佈的理想場所。水陸交彙之處，形成交通樞紐，通達四方，物流、客流、信息流往來頻繁，是墟市貿易的極佳場所，故羅定墟市多布局在這些地點。位於水陸要塞的清末羅定墟市有：替濮街、黎少墟、橫江墟、萬車墟、古欖墟、太平墟、圍底墟、羅定街、泗綸街、船步街。共十三個，約占墟市總數的 43%。

　　其中，泗綸街、船步街、圍底墟、太平墟、羅定街、羅鏡墟是清末羅定最為發達的六個交通樞紐。泗綸街所處位置，既是二水交彙之處，又是二路交彙之處，還是河路交彙之處，即從泗綸街出發，可以通往 6 個方向，其交通條件非常優越。船步街與圍底墟的水路交通樞紐地位更加突出：從船步街出發，沿陸路可以通往 5 個方向，沿水路可以通往 4 個方向；從圍底墟出發，沿陸路可以通往 6 個方向，沿水路可以通往 3 個方向。另外，羅定街及太平墟也是重要的水陸交通中心，可通往 6、7 個不同的方向。而羅鏡墟則完全是陸路交通中心，沿陸路可以通往 6 個方向。

四、沿陸路發展的生長態勢

　　清末羅定墟市，受陸路交通線的影響頗大。首先表現為墟市沿陸路拓展的態勢；其次還表現為陸路交通線能串聯起羅定的所有墟市，而水路河流則不然。

（一）沿陸路交通線延伸

　　清末的羅定墟市，絕大部分都呈現出沿著道路延伸的狀態。首先，遠離河流的墟市沿道路發展。如蘋塘墟、羅陽分界墟、替感墟、回龍墟等。

圖 3-13　蘋塘墟與羅陽分界墟

其中，替感墟與回龍墟都只有一片長方型街區；蘋塘墟與羅陽分界墟都由若干片街區組成，但整體也呈現出長方形的空間形態。以上四者之長方形墟區的長，與道路基本平行，表現出順著道路走向而發展的狀態。其次，大部分靠近河流的墟市也表現出沿陸路延伸的狀態。最具代表性的當數羅定街。

圖 3-14　羅定街

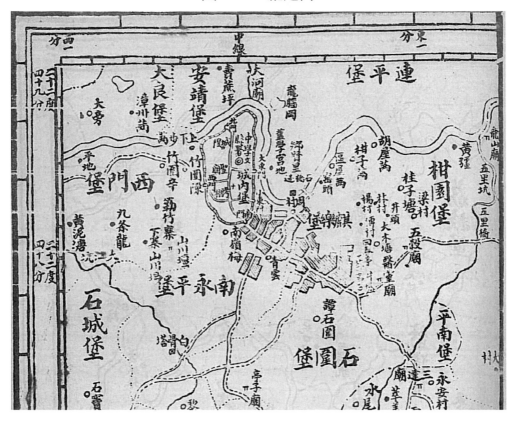

羅定街是羅定州城小東門與南門外的大片街區。街區整體呈北西－南東走向，一條同樣是北西－南東向的道路穿過其中，很明顯，羅定街主要就是沿著這一條道路發展的。同時，在這一條主要道路的南側，延伸出兩條北東－南西向的道路，其中，在靠東面的道路上，也有沿其方向發展的小部分街區；而在靠西面的道路上，則有南平墟順其方向延伸。由於受到道路相交格局的影響，羅定街在空間上表現出不規則的形狀，但其街區的主體仍然是沿陸路呈北西－南東走向。這與分佈在其西北面且向東北方向流去的羅定江恰恰是背道而馳。此外，靠近河流的替濮街、素龍墟、萬車墟等都表現出明顯

的遠離河流而沿道路延伸的狀態。而泗綸街的沿道路發展模式卻有其特別之
處：泗綸街的街區整體基本呈東西走向，一條東西走向的河流穿過其中，道
路將泗綸街分為南北兩部分，北面部有八片街區，而南面部分僅有兩片小街
區，這兩片小街區的南面是呈東西走向的上瀧水。雖然，泗綸街附近的河流
與道路都是東西走向，但因為泗綸街的大部分街區都位於道路的北面，因而
遠離河流，所以，在清末主要影響泗綸街發展的因素是陸上的道路而非河流。
故清末泗綸街也沿陸路延伸。縱觀清末羅定的 30 個墟市，只有古欖墟呈現出
明顯的沿河分佈態勢，其他絕大部分墟市都基本上沿陸路方向發展，所以，
清末羅定墟市主要受道路影響，呈現沿陸路延伸的發展態勢。

（二）陸路交通線串聯起清末羅定的所有墟市

　　清末羅定的陸路交通線能串聯起所有墟市，河流水路則不然。以下墟市
不沿河分佈，但沿陸路交通線分佈，所以只有陸路才能將其串聯起來：替感
墟、蘋塘墟、回龍墟、水擺墟、蕑塘墟、蕑東墟、羅陽分界墟、連州街、羅鏡
墟、沙蕑舊墟、沙蕑新墟、金雞墟、南平墟。

　　以上兩方面都說明了在清末，陸路交通成為拉動羅定墟市經濟發展的主
要動力。

五、錯落有致的墟市網絡

　　清末羅定墟市網絡由 30 個墟市組成，它們按大小相間的方式聯結成網。
如一級墟市羅鏡墟的附近僅分佈著三級與四級的墟市。

　　清末羅鏡墟已成大鎮。據蔡廷鍇將軍回憶，清末的羅鏡墟頗為繁盛，大
小店鋪密佈：「羅鏡商店密邇，街巷渠道狹窄，……。」〔註459〕蔡將軍當年
曾兩次在羅定墟租鋪經商：「（民國前三年）（一好友）他說：『做生意不一定
要大本錢，多少人白手興家；本錢多的做大的，本錢少的做小的，你自己既
會做裁縫，不如在羅鏡墟開一間縫衣店，兼做各種雜貨，既不用大本錢，又
可兼顧耕種。且你父親會行醫，就在店中掛塊招牌。一則可兼顧店中事務，
再則又免得來來往往上門。』……。既籌足了本錢，即到羅鏡墟籌備。先行
在墟內租一間小房，雇一位泥水匠，稍為修理一下，布置了一張縫衣臺，一

〔註459〕蔡廷鍇：《蔡廷鍇自傳》，哈爾濱：黑龍江人民出版社，1982 年，第 66～67
　　　　頁。

張小櫃檯，一個貨架，準備些油鹽醬醋鹹淡雜貨。父親擇定開張日子，多雇一位雜工，寫好招牌，到四月初四日，小店鋪便開張了。招牌是『昌源號』。自己帶徒弟，雜工住在店裏，父親早來晚歸。此時正值淡月，生意平常，但縫衣工作，一樣不停手。六月收割時，我與徒弟輪流回家幫助收割，吾妻勤而力大，兩弟亦已漸大可以幫做。趕完農事，即返店。收割之後，生意較前為旺，我又添幾種貨物。……。」〔註460〕又「（民國紀元前一年）春耕後一日，父親對我說：「現在你兄弟均長大能做工，你妻亦勤慎，有她在家中料理，甚為放心。不如我往羅鏡墟批一間小鋪，專門行醫，你們兄弟時常出入亦方便。」父親此舉我甚贊同，即答：「父親既有此心，甚好，甚好。」遂往羅鏡批鋪，在西墟批得一間狹小店鋪，設備甚簡單，不若往年之「昌源」。因為僅是父親個人住宿，無其他生意，所以並無店號，亦不雇工人。有時繼母前往料理，到墟期，我弟兄亦輪流到去問候。父親住墟之後，我與二弟仍上門縫衣，二弟工作雖欠精，已可獨自為人縫衣了。……。」〔註461〕商業興旺、物流往來頻繁的清末羅鏡墟，也是信息流的彙集地，蔡將軍當年就是在羅鏡墟獲得新軍招兵的信息而走上從軍道路的：「（民國前二年）那時滿清將亡，政治昏亂，已失其統馭能力。盜匪不時出沒，革命黨人又甚活躍，有統領何仁山，帶有一營新軍，說是來三羅清鄉。我聽說有新軍來，兩年前的投軍心情，又復勃發，認為時機復至，再不可失。遂即往羅鏡墟閒遊探聽。不兩日，新軍開到羅鏡墟。當入墟時，隊伍甚整，個個精神抖抖，使我更為羨慕。……。」〔註462〕如此貿易繁榮，商品、信息集中的羅鏡墟，當為清末羅定的一級商業中心。

在一級墟市羅鏡墟的附近僅有三級與四級墟市分佈。其東面分佈著三級墟市太平墟，其西面分佈著四級墟市水擺墟與三級墟市分界墟。以上四個墟市組成了「三級墟市——四級墟市——一級墟市——三級墟市」的空間分佈序列，呈現出高低級墟市相間分佈的特徵。

〔註460〕蔡廷鍇：《蔡廷鍇自傳》，哈爾濱：黑龍江人民出版社，1982年，第55～56頁。
〔註461〕蔡廷鍇：《蔡廷鍇自傳》，哈爾濱：黑龍江人民出版社，1982年，第66～67頁。
〔註462〕蔡廷鍇：《蔡廷鍇自傳》，哈爾濱：黑龍江人民出版社，1982年，第59頁。

圖 3-15　一級墟市羅鏡墟與東邊的三級墟市太平墟

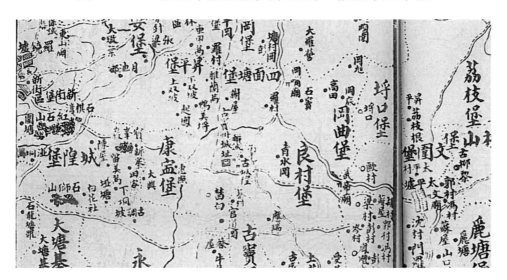

圖 3-16　一級墟市羅鏡墟與西邊的四級墟市水擺墟及三級墟市分界墟

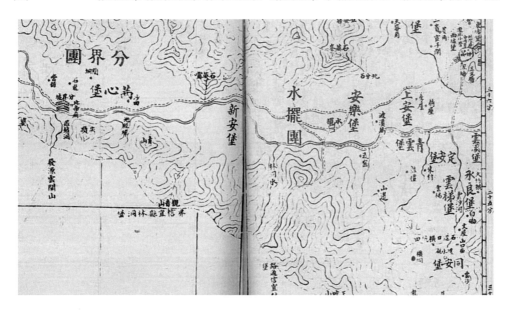

　　另一個一級墟市泗綸街的周圍都是四級墟市。泗綸街的東面是四級墟市三家店，東南面是四級墟市萬車與雲致，西北面為四級墟市鼇頭，西南面是四級墟市都門。也呈現出一級墟市與若干個四級墟市搭配的格局。

　　在二級墟市船步墟的周圍則分佈著三級與四級墟市。船步墟的東面是四

級回龍墟，北面是四級替感墟，西北面是三級羅平墟，西南面是四級沙蕭舊墟
與沙蕭新墟。也表現出一種二、三、四級墟市組合的現象。

圖 3-17　泗綸街（一級）與三家店墟、萬車墟、雲致墟、鼇頭墟、都門
　　　　　墟等四級墟市

圖 3-18　二級墟市船步墟與周圍則的三、四級墟市

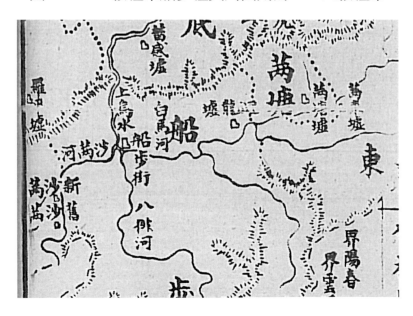

六、外重內輕的墟市格局

丘陵將羅定盆地分割成若干部分。羅定盆地雖然寬廣，但丘陵散佈其間。盆地中部有一低丘，盆地東部、西部、西南部、東南部都分佈著高矮不一的丘陵。因此羅定盆地被其間大小不等的丘陵分割成若干部分：（1）北部盆地，面積最大；（2）中部偏西盆地；（3）中部偏東盆地；（4）中部偏南盆地；（5）泗綸地區的盆谷走廊；（6）從東部一直延伸到西南部的「金雞－船步－羅鏡－分界」谷地走廊，且稱其為東部－南部盆谷連廊。另外，（1）～（4）的四個盆地連成一體，圍繞著中間的低丘，組成「州城－素龍－羅平－連州－三家店－橫江－替濮」環形盆地分佈帶，且稱之為中北部盆地環。

羅定三大盆谷區的交流多有不便。以上中北部盆地環與兩個盆谷走廊之間，隔著或高或矮的山丘，河流切割山丘，往往導致羅定的許多河道水流湍急。湍急的水流往往不利於運輸與交流，所以，羅定三大盆谷地區之間的交往，常會受到或多或少的阻礙。特別是東部－南部盆谷連廊，偏居羅定的東部及南部邊境，與其他兩個盆谷區之間都隔著眾多山嶺，因此，其對內交往路途遙遠又諸多不便。但由於東部－南部盆谷連廊位於邊區，因此，它們受外縣的經濟輻射反而更大。例如，位於東部－南部盆谷連廊的羅（鏡）－太（平）－分（界）－水（擺）地區盆地相連，自成一體，其與州城交流的通道僅有陸路金山徑與牛路徑，水路有瀧水相連，但此水道有非常險要的一段。據載：「由縣城南行三十里，一排高山擋住去路，如果沒有兩條踐踏滑熟的山徑——金山徑和牛路徑，或許會疑惑是跑到荒無人迹的深山。沿山徑，兩旁都是峭壁，蜿蜒曲折約有五里；行盡山路，便豁然開朗，無限的原野，滿是青蔥的禾稻或菽麥。除了樹林村莊，再不會有阻隔視線的山崗。羅鏡河、太平河，就在這大原野當中的官渡頭匯合成為瀧江，奔向東北，橫穿一排蠻山，成為奇隘的雙喉馬垳。」〔註463〕又：「雙喉馬垳，成為亂石河床，水道狹窄曲折而湍急，蠻石當中，幾不知水道。篷船必為亂石所碎，是以一般行旅，都不敢坐船經此奇險的雙喉馬垳。可是羅鏡船夫，卻具神妙的駕駛術，當篷船將到雙喉馬垳，船夫便請搭客一律臥下，他們便放下船篙換兩塊小木槳，站在船頭，目不轉睛的看著當前，用手向著舵的做著手勢。那時篷船順流急駛，有如奔馬，直奔屹立河中的蠻石，真是間不容髮；而站在船頭的船夫，就使出絕技來，不知怎樣撥了兩槳，篷船就轉彎在石前擦過，才度過這奇險的雙

〔註463〕蔡廷鍇：《蔡廷鍇自傳》，哈爾濱：黑龍江人民出版社，1982年，第10頁。

喉。羅鏡船夫的絕技，在別的地方，我想是很難見到的。」〔註464〕故羅－太－分－水地區與羅定的其他地區的聯繫較為不暢順。

但羅定三大盆谷區的各自對外聯繫卻頗為緊密。例如，雖然羅－太－分－水地區與縣內其他盆谷區聯繫多有不便，但其與南面的高州府卻因有六條道路相通〔註465〕而交流方便。因此，這一地區與高州常有貿易往來，這種貿易聯繫一直延續到民國，據載：「（民國三年）後來，聞說高州方面，生意可做，許多人販物往賣，均能獲利。逐與吾妻商量，決作負販生涯，即探詢能銷何種貨物，何種貨物好賺。時將近年，紙料易銷，逐將養鴨所賺作本，購辦紙料、年貨等物，挑往高州所屬之黃堂、石骨等圩售賣。在各圩場則收買山貨、頭毛、雞鴨毛等物回羅鏡圩發售。當時七八天可來往一次，每辦貨三五擔，亦獲微利。如此負販生活雖稍獲利，而終日奔走，無時休息，生活亦良苦矣。」〔註466〕羅鏡屬於平原地區，其手工業較為發達，手工業產品有優勢，而高州方面之山貨可與之互補。可見，羅鏡等邊境地區與外縣的聯繫較本縣的其他地區強，不僅源於其與外縣在地域上的接近，還因為其與外縣之間的產品差異性較大，互通有無的願望較強。再如，金雞墟，其位於東部邊境，因山嶺阻隔而孤立一方，對內聯繫途徑較少，但與新興、雲浮、陽春的聯繫通道卻有很多。

圖 3-19 金雞墟

〔註464〕蔡廷鍇：《蔡廷鍇自傳》，哈爾濱：黑龍江人民出版社，1982 年，第 10～11 頁。

〔註465〕周學仕修；馬呈圖纂；陳樹勳續修：《民國羅定志》卷一輿圖，《中國地方志集成》，上海：上海書店出版社，2003 年，第 251、220～240 頁。

〔註466〕蔡廷鍇：《蔡廷鍇自傳》，哈爾濱：黑龍江人民出版社，1982 年，第 82 頁。

同理，州城羅定街雖然是全羅定的經濟中心，但其與羅鏡、泗綸、金雞等重要墟市的聯繫卻是路途遙遠而曲折。但因其位於縣境的北部，所以其與外界的水陸聯繫都很方便。

內鬆外緊的經濟關係，導致清末羅定形成外重內輕的墟市格局。因為羅定三大盆谷區的對內聯繫鬆散、對外聯繫緊密，所以，很多邊境地區的墟市因為與外界的經濟互動頻繁而得到充分發展，從而成為較高級別的墟市，如北部邊境的羅鏡街、西部邊境的泗綸街、西南邊境的羅鏡墟，它們都是清末羅定的一級墟市，既一級墟市100%布局在邊境。另外二級墟市的金雞墟也分佈在邊境地區，即二級墟市的1/3也分佈在邊境。可見，清末羅定的重要墟市多分佈在縣境的外圍地區。實際上，清末羅定的30個墟市分別組成內外兩個圈層，外部圈層由羅定街、橫江墟、三家店墟、泗綸街、鼇頭墟、都門墟、分界墟、水擺墟，羅鏡墟、太平墟、沙蕑舊墟、沙蕑新墟、船步街、回龍墟、蕑塘墟、蕑東墟、羅陽分界墟、金雞墟、蘋塘墟等19個墟市組成。內部圈層由南平墟、替濮街、黎少墟、萬車墟、雲致墟、連州街、古欖墟、羅平墟、替感墟、圍底墟、素龍墟等11個墟組成。外部圈層墟市數量多、內部圈層墟市數量少，從而形成外重內輕之形；一、二級墟市主要集中於外部圈層，而內部圈層多為四級墟市，從而形成外重內輕之實。（如圖3-20所示）

小 結

清代廣東墟市系統，可劃分為珠江流域子系統、韓江流域子系統、南路子系統。

清前期，南路墟市子系統的總體發展水平最高；珠江流域墟市子系統屈居第二；韓江流域墟市子系統最低。若從州府的層面上考察，清前期廣東各州府的排序狀況如下：第一位為廣州府（22.9）〔註467〕；第二位為高州府（17.2）；第三位為雷州府（15.7）；第四位為瓊州府（14）；第五位為肇慶府（13.8）；第六位為惠州府（10.8）；第七位為潮州府（9）；第八位為廉州府（8.7）；第九位為羅定州（8），並列第九位為韶州府（8）。〔註468〕

〔註467〕括號中的數字為平均每縣墟市數。
〔註468〕南雄府墟市數為0，所以不對其進行排序。

圖 3-20　呈雙圈形分佈的清末羅定墟市格局

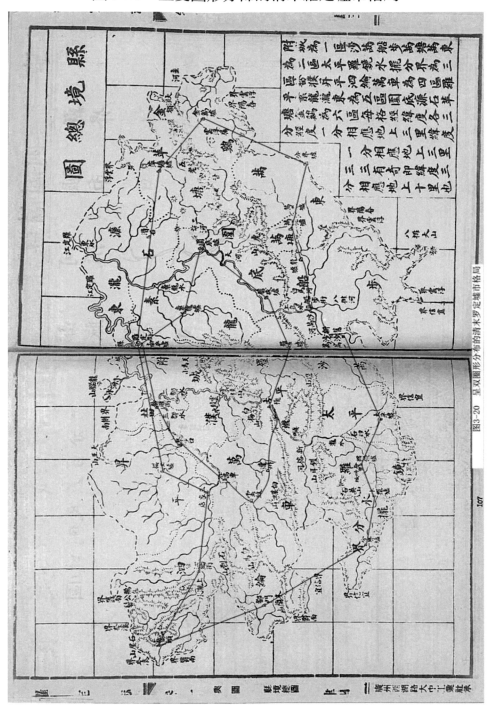

　　清代廣東墟市經濟最發達的三個地區。由於清中期及清後期的各縣墟市數據未能收集齊全，所以無法對比三大墟市子系統在清中期及清後期的排位狀況。但可以肯定的是，有清一代，以下三個地區的墟市經濟最為發達，它們分別是：珠江三角洲地區（特別是西江三角洲地區），西海岸及瓊州府北部地區，南肇慶府地區。它們的背後，各有支撐其成為墟市經濟發達區的條件：（一）珠江三角洲墟市經濟穩居領先地位的原因：在於珠三角形成系統，自成一體，其組分之間互補互惠，協同行動，相互促進，和諧共生〔註469〕，產生正面的湧現效應，因此，珠江三角洲墟市經濟系統具有強大的綜合實力：（1）全省最大的物資集散地——物資供應最豐富。（2）全省最大的手工業基地——產品豐富。（3）全省最大的經濟中心群——消費能力最強。（4）江海聯運便利，物流、客流聚散便捷。（5）水網通達良好，區內聯繫緊密。（6）技術實力強大。（7）肥沃土地拓展，為農業生產提供有利條件，從而不斷夯實手工業及商業發展的基礎。（8）港澳往來密切，形成強大的珠江三角洲－香港－澳門區域經濟聯合體。因有以上八大優勢，珠江三角洲成為清代廣東最大、最發達的墟市經濟群。（二）西海岸及瓊州府北部地區墟市經濟長盛不衰的原因：（1）物產獨特且豐富。（2）海運優勢突出，與香港、澳門等經濟發達地區交流方便。（3）高雷廉瓊的抱團式發展。（三）南肇慶墟市經濟區長期興旺的原因：航運便利、物產豐富、手工製造業發達、靠近珠三角港澳經濟發達區等，都是南肇慶墟市經濟高水平發展的有力支撐鏈條。綜上所述，清代廣東的墟市經濟發達區都具有以下特點：首先，區域內部條件好，或是物產特別豐富，或是手工業異常發達。其次，區內互動互應、互利互補，形成獨具特色的墟市經濟小系統。再次，交通發達，與香港、澳門等經濟發達區往來密切。

　　若從動態角度考察清代廣東墟市經濟發達區的空間演化軌迹，則有三個值得注意的趨勢：其一，墟市發達區的面積不斷擴大；其二，墟市發達區有連片發展的趨勢；其三，墟市經濟增長熱點表現出趨海發展的態勢。首先，清前期廣東的墟市經濟發達地帶由一片、一帶、若干散點組成。一片為珠江三角洲墟市經濟發達片，一帶為南肇慶府〔註470〕及南路墟市經濟發達帶，散

〔註469〕據苗東升：《系統科學精要》，北京：中國人民大學出版社，2006 年，第 58頁。
〔註470〕以高要為界，高要及高要以南的肇慶府地區為南肇慶府，其餘地區為北肇慶府。

點爲曲江、揭陽、大埔、博羅、石城、靈山等六個墟市經濟發展熱點。清中期，珠江三角洲地區的墟市經濟依然領先，同時，南路墟市經濟發達帶，向廉州府進一步延伸。這反映出清代墟市經濟發達區在不斷擴大。到了清後期，開平、恩平、四會、清遠等熱點的增加，也說明了清代墟市經濟發達區的範圍在不斷擴大。同時，開平與恩平位於珠三角與南肇慶兩大墟市經濟發達區之間，此二者成爲墟市經濟熱點，表明到了清後期，南肇慶墟市經濟發達區有與珠三角墟市經濟發達區連成一體的趨勢。再有，清後期，北江流域的墟市經濟增長熱點，由清前期的曲江變成了清後期的英德，可見北江流域的墟市經濟增長熱點有向南移動的特點。無獨有偶，東江流域的墟市增長熱點，也由清前期的博羅變成了清後期的歸善，亦表現出向南移動的特點。因此，墟市經濟增長熱點表現出趨海發展的態勢。

　　各具特色的地方墟市分佈格局。受自然及人文條件的影響，清代廣東各地，形成各具特色的地方墟市分佈格局。如羅定的外重內輕的雙圈型盆地墟市結構，再如大埔縣的南北強東西弱的河谷型墟市格局，又如臨高與遂溪的島嶼及半島型沿海串珠狀墟市分佈格局，等等。